ZEITEN und MENSCHEN

Band 1

Herausgegeben von:

Hans-Jürgen Lendzian
und
Wolfgang Mattes

Autoren:

Ulrich Bröhenhorst,
Axel Jürgens,
Hans-Jürgen Lendzian
Christoph Andreas Marx,
Wolfgang Mattes

Best.-Nr. 034500 3

Schöningh

Bildquellenverzeichnis

ABZ–Bildarchiv, Zürich: S. 137 r. o.; aus: Ägypten–Das Land der Pharaonen, Time-Life-Bücher/Amsterdam 2/1993 (Foto: Jon und Anne Abbott): S. 125 M. o.; Ägyptisches Museum, Kairo: S. 94 r. o., S. 95 (Foto: Jürgen Liepe, Berlin); B. & C. Alexander/Focus, Hamburg: S. 63 u.; Alinari, Florenz: S. 204 l. u.; American School of Classical Studies, Athen (Foto: Marie und Craig Mauzy): S. 181 l. und r.; Ancient Art and Architecture, Harrow/Middlesex: S. 72 u. l.; Anderson, Rom: S. 204 r. o.; Frank Andraschko, Reppenstedt: S. 59 M. r.; Anthony, Beuerberg: S. 16 o. M. und M. r., S. 18 (3. Bild von l.), S. 19 M., S. 25 u. M., S. 141, S. 243 l. u.; aus: Archäologie in Deutschland Nr. 2/1998, Konrad Theiss Verlag/Stuttgart (Zeichnung: Z. Burian): S. 41 l. u.; Archäologischer Park, Xanten: S. 230 o. M. und r., S. 232, S. 233/2; Archäologisches Landesmuseum, Schleswig: S. 59 u. r.; Archiv für Kunst und Geschichte, Berlin: S. 144, S. 152/153 (Kolorierung: John Drummond, Time-Life-Books), S.156 r. (außen), S. 192, S. 224 u. l.; ARENOK, Paris/Landmann: S. 58; Artia, Prag: S. 39 M. r.; Ashmolean Museum, Oxford: S. 126 (Griffith Institute), S. 165 r. M.; Badisches Landesmuseum, Karlsruhe: S. 238; C. Bevilacqua, Mailand: S. 162; Bildarchiv Preußischer Kulturbesitz, Berlin: S. 72 r. M., S. 73 o. M., S. 75/2, S. 76, S. 94 l., S. 132 (gr. Abb.; Antikensammlung), S. 156 r. (innen), S. 167 (Antikensammlung, Foto: Johannes Laurentius, 1992), S. 171 (Antikensammlung, Foto: Christa Begall), S. 206, S. 208 (Foto: Alfredo Dagli Orti, 1993), S. 218, S. 230 r. M.; Bongarts Sportfotografie/Lutz Bongarts, Hamburg: S. 132 (kl. Abb.); Brian Brake/John Hillelson Agency, London: S. 191 o. l.; British Museum, London: S. 25 o., S. 72 r. o. und S. 73 o. l. (Foto: Michael Holford), S. 121, S. 122, S. 130 r. o., S. 133 r. o., S. 168/169, S. 173, S. 175 o., S. 184 M., S. 216/2; aus: H. Holzbauer/K..-H. Zuber (Hg.) u. a., bsv–Geschichte 1 N, ©Bayerischer Schulbuchverlag/München [2]1992, S. 137 o. (Zeichnung: Detlev Richter): S. 225; aus: Göran Burenhult, Die ersten Menschen, Jahr Verlag/Hamburg o. J. (Zeichnung: Peter Schouten): S. 36, S. 70/71 o.; aus: Göran Burenhult, Die Menschen der Steinzeit, Jahr Verlag/Hamburg o. J. (Foto: G. Burenhult): S. 54; aus: Göran Burenhult, Naturvölker heute, Jahr Verlag/Hamburg o. J. (Weldon Owen Pty. Ltd., Australien): S. 63 o., S. 64, S. 65, S. 66, S. 67/2; Concepts/K. O`Farrell: S. 33 M. (Foto); Hans–Joachim Cornelissen, Monte Estoril: S. 43 o.; Pierre Crotti, Lausanne: S. 39 u. /2; DAI, Athen: S. 143; DAI, Kairo: S. 82/83; Deutsches Architekturmuseum, Frankfurt: S. 49 o.; Deutsches Museum, München: S. 13 l., aus: Diercke Weltatlas, © Westermann Schulbuchverlag GmbH, Braunschweig: S. 191 (Karte); dpa, Frankfurt/M.: S. 131, S. 151 u. r. (European Press); aus: P. Duell, The Mastaba of Mereuka, Chikago 1938: S. 114 r. o.; Egmont Children's Books, London (Zeichnung: Philipp Hood): S. 220 o.; aus: Werner Ekschmitt, Die Sieben Weltwunder, Philipp von Zabern/Mainz 91993 (nach J.–Ph. Lauer): S. 107; Evangelisches Gemeinde– und Verwaltungsamt im Kirchenkreis Trier: S. 242; Explorer, Paris/M. Evans: S. 42 o.; D. Faltings, Heidelberg: S. 115 l.; Joachim Feist, Pliezhausen: S. 38 u. r.; Forschungsinstitut für Alpine Vorzeit der Universität Innsbruck: S. 23, S. 56; Foto Marburg: S. 240; GAIA Books Ltd., London: S. 62 M./2; Gamma Liaison, New York: S. 28/29 (gr. Abb.); aus: Ernst H. Gombrich, Eine kurze Weltgeschichte für junge Leser, © DuMont Buchverlag/Köln 1988 (Erstausgabe 1935), Titelseite: S. 13 r.; Robert Harding Ass., London: S. 127, Fanny Hartmann, Bern: S. 45 u. l., S. 71 r.; Christoph Haußner, München: S. 145; aus: E. Heinrich, Die Tempel und Heiligtümer im alten Mesopotamien (DAA XIV 2), Berlin 1982: S. 79; aus: Margot Hellmiß, Die sieben Weltwunder, © 1994 Loewe Verlag/Bindlach (Illustrationen: Stephan Kaluza): S. 186/187; nach: Helvetica archäologica, CH–Biel-Benken: S. 50; Wolfram Hoepfner, Berlin: S. 170; A. Howarth/Woodfin Camp/Focus: S. 55 u. l.; Institut für Ur- und Frühgeschichte der Universität Tübingen: S. 69 M.; © Chr. Jungblut, Hamburg: S. 62 u. r.; Kestner-Museum, Hannover: S. 110 und S. 116 (Foto: Michael Lindner, Hannover), S. 123, S. 125; Kodansha International USA Ltd.: S. 142, S. 176 r., S. 188 u. l.; Kunsthistorisches Museum, Wien: S. 87 u. (Foto: Ingrid Asmus–Seipel, Konstanz), S. 92 (Inv. Nr. ÄS 8301), S. 137 M.; laenderpress, Düsseldorf/Mainz: S. 16 o. l. und M. (1. und 2. Bild von l.) und u. (2. und 3. Bild von l.), S. 18 (1., 4., 5. und 6. Bild von l.), S. 19 r., S. 164 (kl. Abb.), S. 237 r. o., S. 243 l. o. laif, Köln: S. 34 o. M.; Landesamt für Archäologie, Dresden: S. 39 o. r.; Landesamt für Bodendenkmalpflege/Archäologisches Landesmuseum Mecklenburg-Vorpommern: S. 52 (Foto: Otto Braasch), S. 53 o.; aus: Dominique Le Doare/Daniel Soret, Vorgeschichte in der Bretagne, Edition d'Art/Chateaulin o. J. (Foto: Doare/Soret): S. 55 u. r.; Limesmuseum, Aalen: S. 236; aus: W. Lindsay/H. Taylor, Geschichte des Lebens, Gerstenberg/Hildesheim 1994 (Foto: H. Taylor): S. 30 u. /2; Lotos Film, Kaufbeuren/E. Thiem: S. 86, S. 130 r. u., S. 138; Louvre, Paris: S. 227l., S. 229; aus: David Macauly, Wo die Pyramiden stehen, © Artemis & Winkler Verlag/Düsseldorf–Zürich. S. 104-106; Gemeinnützige Stiftung Leonhard v. Matt, Buochs/CH: S. 197, S. 213; aus: Jane McIntosh, Achäologie, Gerstenberg/Hildesheim 1995: S. 69 o.; Wolfgang Meier, Bad Salzufflen: S. 8, S. 9, S. 14 (Mädchen); Metropolitan Museum of Art, New York: S. 124, S. 174 r. u.; Mittelrheinisches Landesmuseum, Mainz: S. 234 l.; Arnoldo Mondadori, Verona: S. 31 o. r.; Musées Royaux d'Art er d'Historie, Brüssel: S. 174 M.; Museo Nazionale, Neapel: S. 185, S. 196/2; Museum für Vor– und Frühgeschichte, Berlin: S. 42 u., S. 44 u. /M2–4); National Museum of Denmark: S. 39 M. M.; Natural History Museum, London: S. 32/2, S. 35 (in Grafik M.); Neanderthal Museum, Mettmann: S. 38 u. l., S. 41 l. o.; W. Neumeister, München: S. 150 o.; Niedersächsisches Landesverwaltungsamt/Institut für Denkmalpflege/Archäologisches Archiv, Hannover: S. 33 l.; Ogando, Köln (Montage: bdw, Nr 3/1998): s. 41 r.; Oriental Institute der Universität Chicago: S. 103 u., S. 177; Planet Earth Pictures/Peter Scooner: S. 31 o. l.; Axel Poignant Archive: S. 69.; John Reader/Science Photo Library/Focus: S. 35 o. r.; John Reader/Science Photo Library/The Photo Library: S. 70 l.; Regionalkrankenhaus Bozen/Südtiroler Archäologiemuseum (www.iceman.it): S. 57 r.; aus: J. H. Reichhoff, Das Rätsel der Menschwerdung, DVA/Stuttgart 2/1990: S. 33 M. (Zeichnungen); © Les Editions Albert René, Paris: S. 212; Rheinisches Landesmuseum, Bonn: S. 44 o.; Rheinisches Landesmuseum, Trier; S. 191 o. r., S. 217 o., S. 228, S. 237 l.; Roemer– und Pelizaeus–Museum, Hildesheim: S. 96, S. 97 (Foto: P. W. Windszus), S. 111, S. 113 (Foto: P. W. Windszus); © Roemer– und Pelizaeus–Museum, Hildesheim und Verlag Philipp von Zabern, Mainz: S. 114 l. und u. r., S. 115 r.; Römisch-Germanisches Museum, Köln: S. 120; Römisch–Germanisches Museum/Archäologische Gesellschaft, Köln: S. 45 M. l.; Römisch–Germanisches Zentralmuseum, Mainz: S. 57 l. und M.; Römisch–Germanisches Zentralmuseum/Forschungsinstitut für Vor- und Frühgeschichte/Forschungsbereich Altsteinzeit, Neuwied: S. 39 o. l. und M.; Michael Ruetz/Focus, Hamburg: S. 160; Scala, Florenz: S. 181 M., S. 210, S. 211, S. 221 o. l., S. 227 r.; Günter Schlottmann, Paderborn: S. 17 u., S. 20 o., S. 21 u., S. 25 r., S. 34 o. r., S. 35 (in Grafik o. r.), S. 40/2, S. 45 u. M. und r., S. 46, S. 61/2, S. 151 l.o.; aus: Friedemann Schrenk, Die Frühzeit des Menschen, C. H. Beck-Wissen in der Beck'schen Reihe (Nr. 2059), C. H. Beck'sche Verlagsbuchhandlung/München (Zeichnung: Claudia Schnubel): S. 34 u.; Abdel Gaffar Shedid, München: S. 103 o.; Ulrich Sinn, Würzburg: S. 139 o.; Staatliche Antikensammlung und Glyptothek, München: S. 176 l., S. 183, S. 230 l. o., S. 230 M.; Staatliche Münzsammlung, München: S. 27 o. l., S. 184 l., S. 189 u. r.; aus: Henri und Anne Stierlin; Das Gold der Pharaonen, Editions Pierre Terrail/Paris 1993 (Foto: Stierlin): S. 90 l.; Tony Stone, Hamburg: S. 16 o. r. und u. l., S. 18 (2. Bild von l.), S. 19 l., S. 34 o. l., S. 35 (in Grafik o. l./2); aus: Eugen Strouhal, Ägypten zur Pharaonenzeit, Wasmuth/Tübingen–Berlin 1994: S. 108; Tampa Museum of Art (Foto: Bastón Design Inc.): S. 175 u.; Tampa Museum of Art (Foto: Bastón Design Inc.): S. 175 u.; F. Teichmann, Stuttgart: S. 130 (gr. Abb); Thames and Hudson Inc., New York: S. 172 (Rekonstruktion: William Suddaby), S. 178 (Rekonstruktion: Alan Sorell); Times Books, London: S. 70/71 u. M.; topic Verlag, Karlsfeld: S. 102; Trinity College, Cambridge: S. 24; Uffizien, Florenz: S. 198 u. M.; Helmuth Uhlig; Berlin: S. 49 u.; Vatikanische Museen, Rom: S. 204 r. u.; Wadsworth Atheneum, Hartford/Conn.: S. 161; Hans-Josef Wendel, Düsseldorf: S. 38 o. l.; Illustration von Fritz Wendler, aus: Ernst Probst, Deutschland in der Steinzeit, © 1991 C. Bertelsmann Verlag/München in der Verlagsgruppe Bertelsmann: S. 47 u.; White Star S. r. l., Italien: S. 100 (Foto: Antonio Attini), S. 128/129, S. 221 u.; Wolgensinger, Zürich: S. 84; Roger Wood, London: S. 191 u. M.; ZEFA, Düsseldorf/London: S. 59 u. l., S. 72 r. u. und S. 73 o. r. (Foto: K. Goebel); weitere: Verlagsarchiv Schöningh, Paderborn.

Sollte trotz aller Bemühungen um korrekte Urheberangaben ein Irrtum unterlaufen sein, bitten wir darum, sich mit dem Verlag in Verbindung zu setzen, damit wir eventuell notwendige Korrekturen vornehmen können.

Umschlaggestaltung: Veronika Wypior

Website
www.schoeningh.de

E-Mail
info@schoeningh.de

ab 2002 Schöningh Verlag im Westermann Schulbuchverlag GmbH
Jühenplatz 1–3, D-33098 Paderborn

Druck: westermann druck GmbH, Braunschweig

Druck 6 5 4 Jahr 06 05 04

ISBN 3-14-034500-3

Dieses Werk folgt der reformierten Rechtschreibung und Zeichensetzung. Ausnahmen bilden Texte, bei denen künstlerische, philologische oder lizenzrechtliche Gründe einer Änderung entgegenstehen.

Inhaltsverzeichnis

Inhaltsverzeichnis

Inhaltsverzeichnis

Die Methoden-boxen in diesem Buch

Liebe Schülerinnen und Schüler,

das neue Fach Geschichte beginnt auch mit einem neuen Schulbuch. Wir, das Team der Autorinnen und Autoren, haben uns überlegt, wie wir dieses Buch für euch so interessant und lehrreich wie möglich machen können. Beim Durchblättern werdet ihr feststellen, dass es eine Fülle von Vorschlägen für den Unterricht enthält. Einzelne Elemente kommen immer wieder vor. Deshalb wollen wir sie euch kurz vorstellen.

Jedes große Kapitel beginnt mit einer **Aufmacherseite.** Diese Doppelseite enthält Anregungen für ein erstes Gespräch über das neue Thema. Vielleicht wisst ihr schon eine Menge über die Anfänge der Menschheit, die Ägypter, die Griechen oder die Römer. Mithilfe der Aufmacherseite könnt ihr erzählen, was ihr schon einmal gehört, gelesen oder gesehen habt, und ihr könnt sagen, was euch am Thema besonders interessiert. Dazu ein Tipp: Wenn jeder von euch am Beginn eines neuen Kapitels aufschreibt: „Was ich schon über dieses Thema weiß …"/„Was ich gerne wissen möchte …" und das dann in der Klasse vorliest, kann jeder von euch zu Beginn einer Reihe einmal drankommen. Vielleicht habt ihr es schon öfter bemerkt: Wenn man gleich am Anfang einer Unterrichtsreihe aktiv einsteigen kann, geht die Mitarbeit auch nachher viel leichter.

In jedem Fach muss man bestimmte Methoden und Arbeitsweisen beherrschen um erfolgreich mitarbeiten zu können. Für das Fach Geschichte gehören spezielle Dinge dazu, wie der Umgang mit Texten aus alter Zeit, Landkarten oder Bildern, aber auch allgemeine Dinge wie zum Beispiel die Fähigkeit erfolgreich in einer Gruppe zu arbeiten. Um das zu lernen, gibt es die **Methodenboxen** in diesem Buch. Wir hoffen, dass die Arbeitstechniken und Methoden, die ihr euch so erarbeiten könnt, auch über das Fach Geschichte hinaus von Nutzen sind.

Wenn ein Materialangebot die Überschrift **Forschungsstation** trägt, dann kann es für euch so richtig losgehen. Hier sollt ihr selbst als Geschichtsforscherinnen und Geschichtsforscher arbeiten und einer spannenden Frage möglichst ohne fremde Hilfe nachgehen. Dahinter steckt die Idee, dass man besonders gut und mit Freude lernt, wenn man selber etwas gestalten kann – ebenso wie die Forscherinnen und Forscher, die sich auch freuen, wenn sie etwas Neues entdeckt haben.

Wenn eine Seite mit **„Als wären wir dabei gewesen …"** überschrieben ist, findet ihr darunter immer die Schilderung eines spannenden Ereignisses aus vergangener Zeit. Hier könnt ihr Geschichte sozusagen hautnah erleben, so als hättet ihr selbst zuschauen können. Wir haben für die Gestaltung dieser Seiten immer einen oder mehrere Berichte aus alter Zeit benutzt, damit die beschriebenen Ereignisse auch den Tatsachen entsprechen.

Was würde uns das Lernen nützen, wenn wir uns wichtige Erfahrungen nicht einprägen könnten? Ihr kennt das vom Vokabeln lernen. Man muss üben und wiederholen, sonst vergisst man zu schnell wieder. Aber:
Üben und Wiederholen, das muss nicht langweilig sein. Ihr werdet das sehen, wenn ihr am Ende jedes größeren Kapitels den Abschnitt **Stopp: Ein Blick zurück** bearbeitet.

In dem neuen Fach Geschichte geht es um vergangene **Zeiten** und die **Menschen**, die darin gelebt haben. Wie haben die ersten Menschen gelebt? Wie haben die Menschen so tolle Bauwerke wie die Pyramiden erschaffen können? Welche Kämpfe haben sie ausgetragen? Welche Sehnsüchte hatten sie? Das ist nur eine kleine Auswahl der Fragen, mit denen ihr euch beschäftigen werdet. Wenn wir die Handlungen anderer Menschen betrachten, denken wir immer auch über uns selbst nach. Und deswegen geht es im Fach Geschichte besonders darum, Antworten auf die folgenden Fragen zu finden:

- → Wo kommen wir her?
- → Was können wir aus der Vergangenheit lernen?
- → Wie sollen wir unsere Zukunft gestalten?

Wir hoffen, dass ihr mit Freude bei der Sache sein werdet und dass **Zeiten und Menschen** für die Gestaltung des Unterrichtes eine interessante Grundlage sein wird.

Geschichte...

Sammeln und ordnen an der „Zettelwand"

Ein neues Fach auf dem Stundenplan

GESC
N
W
O
S
AMERIKA
1100
1200
1300

(Jenny N., 12 Jahre)

Geschichte und Zeit

Auf den Begriff gebracht: Geschichte

Egal, ob ihr gemalt habt, über Jennys Bild nachgedacht oder eure Vorstellungen zum Begriff Geschichte zusammengetragen habt, zwei Dinge dürften dabei allen deutlich geworden sein: Geschichte hängt mit Geschehen zusammen und Geschichte hat vor allem mit Menschen und ihren Lebensweisen zu tun. Dabei fragen wir nach uns und nach anderen.

In der Familie möchten wir wissen, wer unsere Vorfahren sind, wo und wie sie gelebt haben. Welche Probleme haben sie gehabt? Wie sind sie damit umgegangen? Was haben sie im Vergleich zu uns anders oder gleich gemacht und warum? Worin sind wir ihnen ähnlich oder auch gleich? Was verbindet uns auch heute noch mit ihnen? In gleicher Weise fragen wir neugierig oft auch danach, wie es anderen Menschen auf der Welt, die vor uns gelebt haben, ergangen ist.

Dabei kann unser Interesse, wie es das Bild auf der vorangehenden Doppelseite zum Ausdruck bringt, ganz verschiedenen Menschen in ihrer Zeit gelten. In einem Fall steht die Art und Weise des Lebens der Menschen im römischen Reich vor mehr als zweitausend Jahren im Mittelpunkt des Interesses. Im anderen Fall beschäftigen wir uns fragend mit dem grausamen Schicksal der Ermordung von Millionen Menschen in den Konzentrationslagern durch das nationalsozialistische Deutschland in den Vierzigerjahren des zwanzigsten Jahrhunderts und versuchen damit aus unserer Sicht heute verantwortungsvoll umzugehen.

Beide Beispiele verweisen auf ein weiteres entscheidendes Grundmerkmal von Geschichte: Wenn wir uns mit Geschichte beschäftigen, dann beschränken wir uns nicht darauf herauszufinden, was wo und warum geschehen ist, sondern wir müssen immer auch klären, wann sich die Geschehnisse ereignet haben. Und da gibt es noch etwas Besonderes. Die Zeit, in der sich die Dinge abgespielt haben, ist genau betrachtet nicht mehr da. Wir blicken von heute zurück. Wer sich mit Geschichte beschäftigt, versetzt sich immer in eine – allerdings unterschiedlich lange – zurückliegende Zeit zurück. Zum Ereignis (Wer?, Was? und Warum?) und zum Raum (Wo?) gehört also immer die Zeit (Wann?).

So lautet auch der Titel eures Geschichtsbuchs. Nicht ohne Grund, wie man sieht.

Wie sehr hat die Uhr das Leben der Menschen verändert?

Älteste erhaltene mechanische Wanduhr der Welt (14. Jhdt.)

Man sieht sie nicht wirklich, wir können sie nicht in der Hand halten und doch spüren und wissen wir, dass sie da ist. Sie bestimmt unser Leben und den Gang der Dinge unaufhaltsam Tag für Tag. Die Rede ist von der Zeit.

Wenn wir heute wie selbstverständlich auf die Uhr schauen um genau zu wissen, wie spät es ist, ist es den meisten von uns kaum bewusst, dass solch eine präzise minuten- und sekundengenaue Zeitmessung eine recht späte Entwicklung im Verlauf der Geschichte ist. Räderuhren, die die Zeit in kleinen Einheiten (Stunden, Minuten) messen, gibt es erst seit dem 14. Jahrhundert. Über weite Strecken und Zeiträume bestand anscheinend keine Notwendigkeit Zeiträume und Zeitpunkte exakt zu bestimmen. Dass man Zeit messen kann und dass dies hilfreich für die Gestaltung und Organisation des Lebensalltags ist, entdeckten allerdings die Menschen schon sehr früh. Immer dienten dabei Sonne und Mond zum Messen von Zeit. Die Beobachtung, dass die beiden Gestirne Sonne und Mond ihre Bahn mit größter Regelmäßigkeit durchlaufen, bildete die Grundlage für genauere Messungen von Zeit. Tag, Monat und Jahr als Zeiteinheiten waren das Ergebnis. Damit hatte man auch die Grundlage für den Kalender gefunden.

Mit dem Kalender war es dann auch zum ersten Mal möglich, Ereignisse in der Vergangenheit zeitlich genau festzuhalten. Allerdings musste man für die Einordnung der Ereignisse nach Jahres-, Monats- oder sogar Tagesangaben irgendwo im gleichmäßigen Fluss der Jahre einen Festpunkt ansetzen, von dem aus man mit dem Zählen begann. Diesen Festpunkt haben Völker sehr verschieden angesetzt. Somit gibt es auch heute noch unterschiedliche Zeitrechnungen nebeneinander. In vielen Ländern auf der Welt hat man die Geburt Christi als Ausgangspunkt genommen, auf den hin wir die geschichtlichen Daten einordnen. Für unsere Zeitrechnung ist das Jahr 1 das (angenommene) Jahr von Christi Geburt. Da es das Jahr 0 nicht gibt, gilt für unsere Zeitrechnung also Folgendes: Der Zeitraum von der Geburt Christi bis zum Jahr 99 ist das erste Jahrhundert. Das zweite Jahrhundert umfasst die Jahre 100 bis 199 usw. Von diesem Festpunkt (Christi Geburt) aus rechnen wir vor (z. B. 1997, 1998, 1999) oder zurück. Die Zeit vorher zählen wir in umgekehrter Reihenfolge mit dem Zusatz „v. Chr.“ ≈ vor Christus (z. B. 753 v. Chr.).

Wie rechnen andere Völker die Zeit?

Jüdischer Kalender: Die Juden beginnen ihre Zeitrechnung mit der Weltschöpfung, die sie auf das Jahr 3761 v. Chr. ansetzen.
Römischer Kalender: Die Römer begannen ihre Zeitrechnung mit dem Vorgang der Gründung der Stadt Rom. Sie erfolgte, wenn wir der Gründungssage Glauben schenken können, im Jahr 753 v. Chr.
Islamischer Kalender: Die islamische Zeitrechnung beginnt mit der Auswanderung ihres Propheten Mohammed nach Medina. Sie erfolgte nach unserer Zeitrechnung im Jahre 622 n. Chr.

M 1 Diese Abbildung findet sich in einem Jugendbuch:

1. Überlege, was auf dem Bild dargestellt wird.
2. Findest du die Abbildung gelungen? Sprich darüber mit deinen Tischnachbarn.

M 2 Die Uhr und ihre Auswirkungen

Die Maschine, die die Zeit mechanisierte, regelte nicht nur die Tätigkeit des Tages: Sie machte die menschlichen Reaktionen unabhängig von Auf- und Untergang der Sonne und knüpfte sie an den Gang der Uhrzeiger; so führte sie genaues Maß und exakte Zeitkontrolle in jede Lebenstätigkeit ein, indem sie eine unabhängige Norm aufstellte, nach welcher der ganze Tag geplant und eingeteilt werden konnte.

(aus: L. Mumford: Mythos der Maschine, Wien 1974, S. 325)

1. Wie hat nach Aussage des Textschreibers die Uhr das Leben der Menschen verändert?
2. Versuche die Veränderungen am Beispiel eines Arbeitstages eines Menschen zu beschreiben.
3. Wie denkst du über diese Auswirkungen auf das Leben der Menschen?

Geschichte als Geschichte von Generationen

Wir und die Vergangenheit

Zehntelsekunden, Sekunden, Minuten, Stunden, Tage, Wochen, Monate, Jahre, Jahrzehnte, Jahrhunderte, Jahrtausende, Millionen von Jahren. Unendlich ist die Zeit. Aber wir Menschen können sie in Abschnitte – kleine und große Einheiten – einteilen und für uns als Ordnungsprinzip nutzbar machen. So organisieren wir nach dem Prinzip von vorher und nachher unser Heute (die Gegenwart) oder planen vorausschauend die Zukunft. Selbst die Vergangenheit können wir durch unser Gedächtnis bewahren. Allerdings können wir die vergangene Zeit selbst nur in einem sehr kleinen Abschnitt erinnern. Ihr könnt es selbst leicht ausprobieren.

Projekt: Aus meiner „eigenen Geschichte"

Tipp: So könntest du vorgehen:

1. Lege auf einer Doppelseite im Geschichtsheft (besser noch auf einem Stück Tapetenrolle) eine Zeitleiste an und versieh sie mit Zeitmarkierungen.
2. Überlege genau, welche Zeitunterteilung in deinem Fall sinnvoll und zweckmäßig ist.
3. Versuche möglichst viele Erinnerungen aus deinem Leben zusammenzubringen und dir wichtige Geschehnisse zu notieren.
4. Trage die eigenen Lebensdaten mit stichwortartigen Erläuterungen an der Zeitleiste ein. Dazu zählen wichtige Lebensereignisse, an die du dich selbst erinnerst oder die du von anderen erfahren hast. Du kannst auch Bilder dazu malen, Fotos und Fotokopien (z. B. Geburtsurkunde) hinzufügen.
5. Nun kannst du der Zeitleiste folgend deinen Mitschülerinnen und Mitschülern aus deiner Lebensgeschichte zeitlich geordnet erzählen.

Denk noch einmal nach!

- Versuche herauszufinden, bei welchen Ereignissen deiner Lebensgeschichte du ganz allein nur auf deine eigenen Erinnerungen zurückgreifen konntest.
- In welchen Fällen hast du andere Informationsquellen benutzt und für deine Erzählung verwendet? Markiere diese Fälle an deiner Zeitleiste.
- Wie erklärst du dir das?

Was ist das: eine Generation?

Schon als Kinder lernen wir, dass die Eltern „älter“ sind als wir selbst. Sie haben schon gelebt, als wir selbst noch nicht geboren waren. Großmutter und Großvater haben noch früher gelebt. Damit ist der Anfang einer Generationsreihe gemacht, die weit in die Vergangenheit führt.

Die Mitglieder einer Familie kannst du mit Hilfe eines Stammbaums ordnen. Die jeweils auf einer Altersstufe lebenden Mitglieder einer Familie – Kinder, Eltern, Großeltern – bilden jeweils für sich genommen eine Generation. Daher sprechen wir in einer Familie von der „jüngeren Generation“, der „Vätergeneration“ und der „Großvätergeneration“. Die Ausdrücke „Müttergeneration“ und „Großmüttergeneration“ werden selten verwendet. Das Wort stammt aus der lateinischen Sprache und bedeutet so viel wie „Altersstufe“. Nach dem Gesetz der Natur gilt, dass Menschen leben, weil vor ihnen schon andere gelebt haben. Erwachsene Menschen beschließen miteinander zu leben; sie zeugen und bringen Kinder zur Welt. Ihre Kinder bilden ihre Nachkommenschaft und leben auf der folgenden Altersstufe: Sie bilden die nächste Generation.

Im weitesten Sinne des Wortes bezeichnen wir also die Menschen ungefähr gleicher Altersstufe und ähnlicher Lebenserfahrung als eine Generation. In diesem Sinne gehören deine Klassenkameradinnen und -kameraden und du zur Generation der Jugend der 90er-Jahre des ausgehenden zwanzigsten Jahrhunderts.

„Das ist bei uns seit Generationen so üblich.“ Wenn jemand dies sagt, möchte er zum Ausdruck bringen, dass schon seit hundert und mehr Jahren gleiche Gewohnheiten gepflegt werden. So sind manche Familien schon Buchhändler und Verleger in der vierten oder fünften Generation. Die Menschen in den Städten und Dörfern feiern jedes Jahr traditionell ihr Schützenfest, ihren Karneval oder religiöse Feste. Es war schon immer so seit langer Zeit und wird auch in Zukunft so bleiben. Auf diese Weise bewahren wir die Erinnerung an althergebrachte überlieferte Gewohnheiten. Wir halten sie in der Gegenwart wach. Generationen sind somit auch wichtige Träger gemeinsamer althergebrachter Gewohnheiten, Sitten und Gebräuche. Sie sind Träger historischer Traditionen.

Woher komme ich? – Meine Wurzeln

Du kannst versuchen, einen Stammbaum deiner Familie aufzuzeichnen. Die notwendigen Daten dazu (z.B. Geburtsdaten und -orte der Eltern, Großeltern usw.) kannst du, soweit sie dir nicht bekannt sind, erfragen oder auch nachschauen (Tipp: Familienbuch). Wer möchte, kann seinen Stammbaum mit in die Schule bringen und aus seiner Familie erzählen. Häufig erfährt man nämlich bei Nachfragen manch Interessantes und Spannendes über seine Vorfahren und deren Leben.

Nur altes Gemäuer?

Tipp:

Hier kann auch eine ganz moderne Informationsquelle gute Dienste leisten: Wir benutzen das „Internet“. Wenn ihr in eurer Schule eine solche Möglichkeit habt, nutzt sie unter Anleitung eurer Lehrerin oder eures Lehrers. Auch Mitschülerinnen und Mitschüler stehen manchmal als Expertinnen und Experten dafür zur Verfügung.

1. Suche dir ein Gebäude aus und erzähle, was du darüber weißt. Ein Lexikon hilft dir weiter.
2. Malt sie auf große Bögen ab und klebt die Bögen auf Plakatkartons, sodass ihr Poster erhaltet, die man herumtragen und später in der Klasse aufhängen kann. Teilt euch innerhalb der Klasse die Arbeit.
3. Stellt mithilfe von Nachschlagewerken das Alter der Bauwerke fest und tragt zusammen, was ihr über sie nachlesen könnt.

Wir stellen uns die Zeiträume der Geschichte vor

Die Geschichte der Menschheit umgreift natürlich viel mehr Zeit als die Geschichte einer Familie, die wir uns noch erzählen lassen können. An den Bauwerken aus der Geschichte wird sichtbar, was Menschen zum Teil schon vor sehr langer Zeit schaffen konnten und geschaffen haben. Um eine anschauliche Vorstellung davon zu bekommen, wie viel Zeit seit dem Bau der Bauwerke vergangen ist, könnt ihr mit den abgemalten Postern einen Versuch auf dem Schulhof oder dem Sportplatz oder auch auf einem langen Gang im Schulgebäude machen.

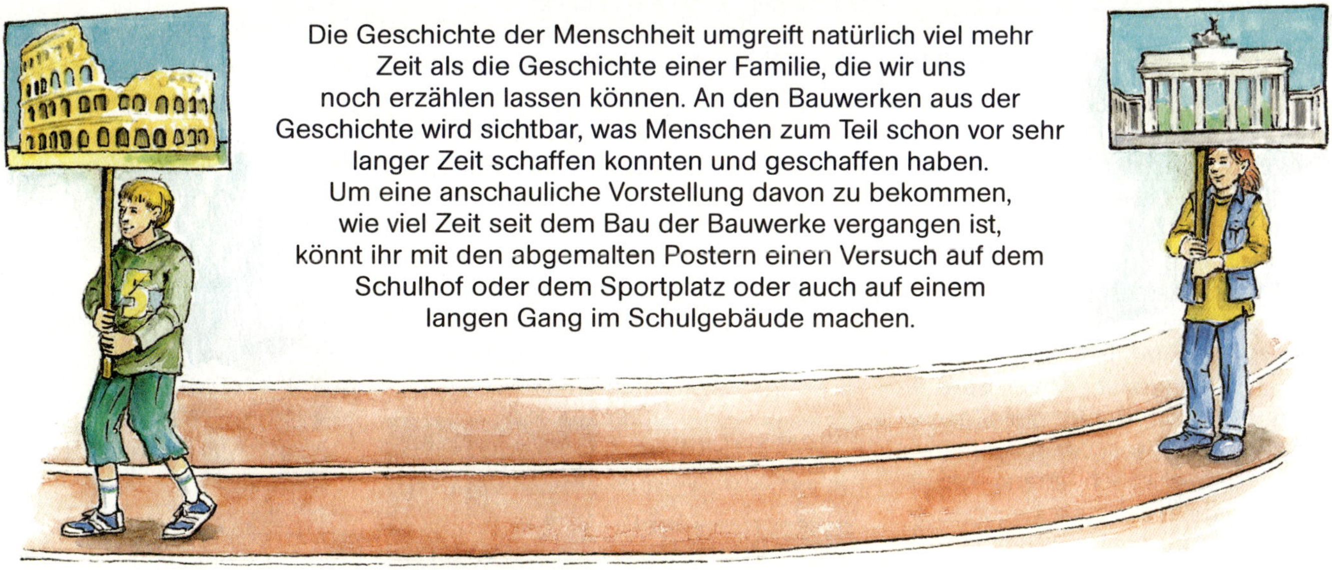

1. Stellt euch vor, dass ein normaler Schritt für je 10 Jahre der abgelaufenen Zeit seit dem Bau der Bauwerke steht. Rechnet die Zahl der Schritte für die einzelnen Bauwerke aus. Bedenkt dabei, dass unsere Jahreszählung vom Jahr der Geburt Christi ausgeht und einige Bauwerke früher (vor der Geburt Christi) gebaut worden sind. Das hat Folgen für die Berechnung. Geht auf den Schulhof oder auf den Sportplatz oder auf den längsten Gang in der Schule und setzt einen Punkt als **Heute** fest. Wenn ihr den Versuch auf einem kleinen Platz oder im Schulgebäude durchführen wollt, müsst ihr den Maßstab verändern und einen Schritt für 100 Jahre ansetzen und für die Bauten des 20. Jahrhunderts nach Chr. auf dem letzten Schritt eine Fußlänge für 20 Jahre nehmen; falls ein Metermaß zur Verfügung steht, könnt ihr genauer vorgehen (1 m ≈ 10 bzw. 100 Jahre, 1 cm ≈ 1 Jahr bzw. 10 Jahre).
2. Mitschüler entfernen sich mit den Postern auf einer Linie so viele Schritte vom **Heute**-Punkt, wie ihr für das einzelne Bauwerk ausgerechnet habt, bleiben dann stehen und halten ihr Poster hoch.
3. Betrachtet nun die Gesamtanlage der Poster vom **Heute**-Punkt aus und sprecht über das, was ihr seht. Alle Bauwerke sind „alt" – aber wie könnt ihr das vom **Heute**-Standort aus genauer ausdrücken? Stellt euer eigenes Alter, das Alter eurer Eltern und Großeltern – falls ihr es wisst – in der Anlage dar.

Weitergedacht …

Sollen die Menschen von HEUTE für die Erhaltung der noch vorhandenen alten Gebäude oder ihrer Reste sorgen, auch wenn das manchmal viel Geld kostet?

Die „historische Zeit" auf der Zeitleiste

Um die Geschichte in ihren unvorstellbar langen Zeiträumen und im Verlauf ihrer zeitlichen Abfolge zu ordnen und überschaubar zu machen, haben die Geschichtsforscherinnen und -forscher die Geschichte in mehrere große Zeitabschnitte unterteilt. Die früheste Zeit nennen sie Vor- und Frühgeschichte, dann folgen das Altertum (Antike), das Mittelalter und die Neuzeit. Besondere Probleme bereitet dabei der Zeitraum Neuzeit. Dieser Zeitabschnitt, der dem Namen nach streng genommen jeweils bis zum heutigen Tag reicht, wird eigentlich immer länger, da die Zeit nicht aufzuhalten ist. Um auch diesen Zeitabschnitt noch einmal sinnvoll zu unterteilen benutzen wir für die Geschichte unserer Zeit die Bezeichnung Zeitgeschichte. Damit ist die unmittelbare Vergangenheit gemeint oder auch die „gegenwärtige Geschichte", all das, was sich gerade zum gegenwärtigen Zeitpunkt ereignet.

Diese Zeiteinteilung hat sich eigentlich als nützlich für die großräumige zeitliche Orientierung in der Geschichte erwiesen. Der Zeitablauf lässt sich mittels einer Zeitleiste darstellen. Sie wird ähnlich wie ein Meterstab in Abschnitte unterteilt. Eine solche Zeitleiste hilft uns geschichtliche Ereignisse anschaulich zeitlich ein- und anzuordnen. Die geschichtlichen Ereignisse werden in ihrer Abfolge nach Jahrtausenden, Jahrhunderten, Jahrzehnten, Jahren und Tagen geordnet aufgereiht.

Die Wissenschaftler nennen ein solches Ordnungsprinzip und Vorgehen **chronologisch.** Das Wort leitet sich aus dem Griechischen ab. „Chronos" war in der griechischen Götterwelt der Gott der Zeit.

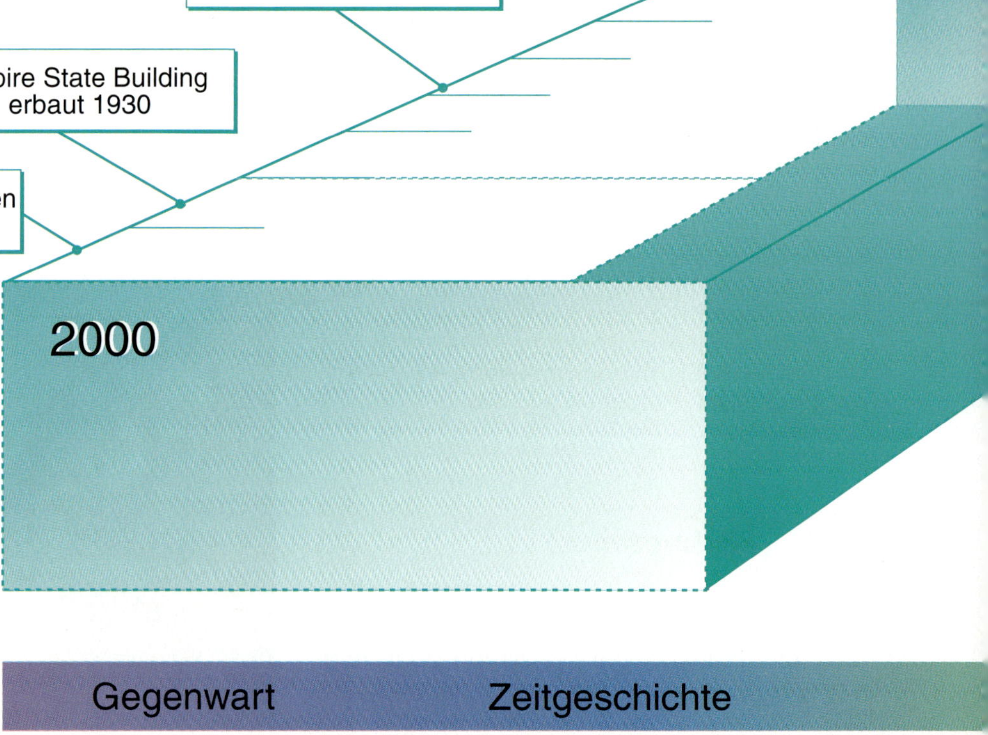

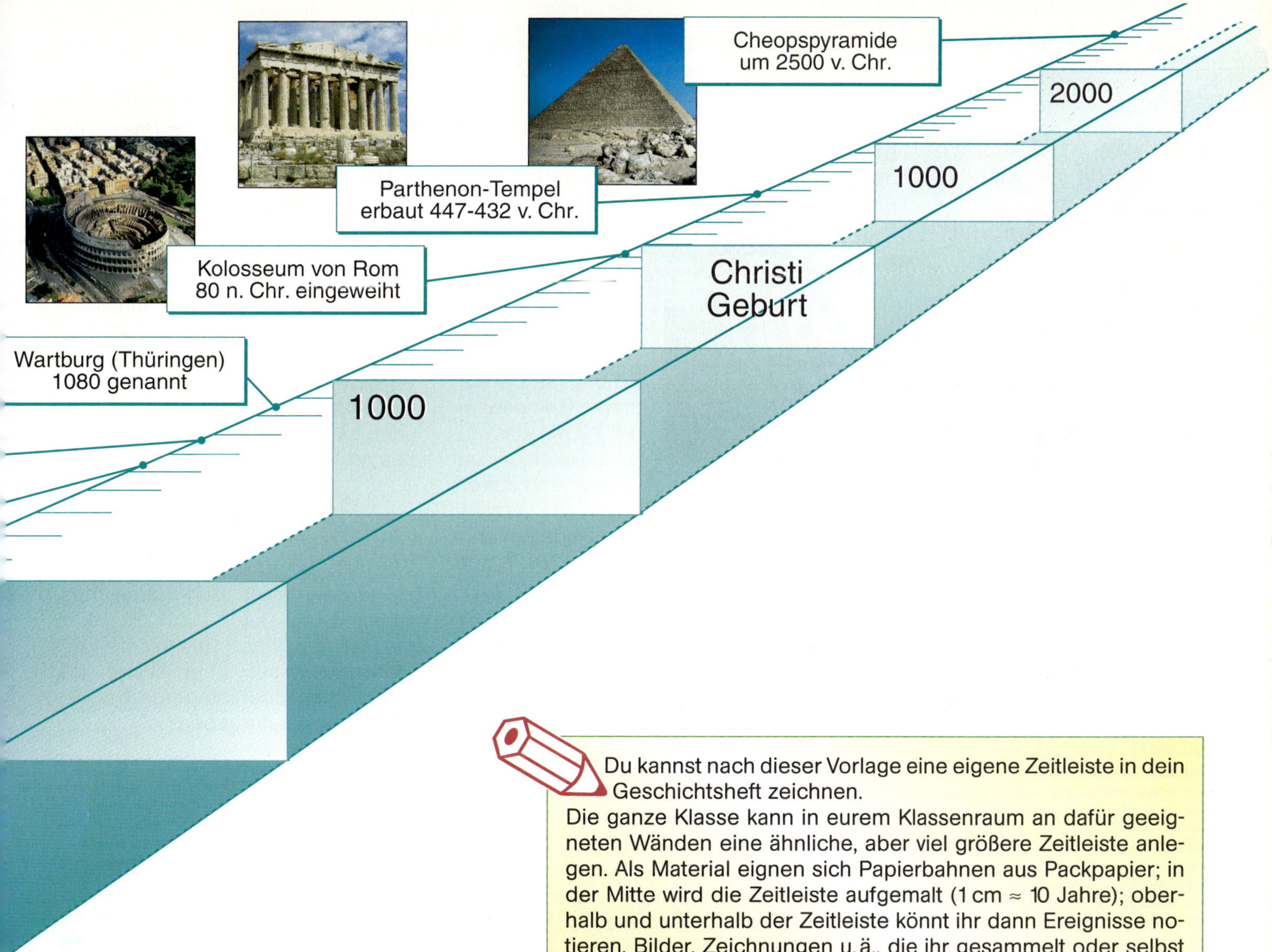

Du kannst nach dieser Vorlage eine eigene Zeitleiste in dein Geschichtsheft zeichnen.

Die ganze Klasse kann in eurem Klassenraum an dafür geeigneten Wänden eine ähnliche, aber viel größere Zeitleiste anlegen. Als Material eignen sich Papierbahnen aus Packpapier; in der Mitte wird die Zeitleiste aufgemalt (1 cm ≈ 10 Jahre); oberhalb und unterhalb der Zeitleiste könnt ihr dann Ereignisse notieren, Bilder, Zeichnungen u. ä., die ihr gesammelt oder selbst angefertigt habt, anbringen. Am Ende des Schuljahres habt ihr dann eine eigene Geschichtsdarstellung in der Klasse, einen „Geschichtsfries“ der an mindestens einer Wand entlangläuft und auch gut aussieht.

„Weißt du noch, früher...“ – Wie und wann wird Vergangenheit wieder lebendig?

„Dabei gewesen“ – Mündliche Überlieferung

Wenn Familienmitglieder, Verwandte oder Bekannte zusammenkommen, z. B. bei einer Hochzeit oder einem „runden Geburtstag“, dann sprechen sie nach einiger Zeit garantiert von der Vergangenheit und erzählen Geschichten von früher. Mal lachen alle Anwesenden laut und herzlich in Erinnerung an komische Szenen, dann aber erleben wir auch, dass sie ernst und nachdenklich werden. Denn zu hören gibt es lustige und traurige Geschichten. Die Eltern, die Großeltern oder vielleicht sogar noch eine lebende Urgroßmutter oder der Urgroßvater können solche Geschichten aus vergangenen Jahren erzählen, weil sie sie selbst erlebt haben und sich erinnern. Sie sind Zeitzeugen. „Weißt du noch, damals ...?“

So beginnt bei solchen Gelegenheiten häufig das Zurückblicken auf vergangene Zeiten. Und wenn sich jemand, der erzählt, nicht mehr an alle Einzelheiten erinnert, fragt er andere in der Runde. „Wie war das damals eigentlich noch genau ...?“ Bereitwillig ergänzen dann andere Anwesende Fehlendes aus ihrer Erinnerung der Dinge. Dabei ist dann aber Widerspruch anderer Zuhörer, die auch selbst dabei waren oder über das, was berichtet wird, gehört haben, nicht selten. „Nein, nein, das habe ich ein wenig anders in Erinnerung“, tönt es aus dem ein oder anderen Munde. Meinungen und unterschiedliche Ansichten werden ausgetauscht. Manchmal kann man sich einigen, öfters auch nicht. Wenn Menschen bei solchen oder anderen Anlässen aus ihrem Leben erzählen, dann wird für die Zuhörer durch mündliche Überlieferung Vergangenheit wieder lebendig. Vor allem die jüngere Generation kann auf diese Weise des Zuhörens eine Menge erfahren über Ereignisse, Lebensgewohnheiten und -umstände, auch Alltägliches vergangener Zeiten. Ältere Familienmitglieder, Bekannte und Verwandte werden zu mündlichen Quellen der Geschichte. Sie vermitteln Bedeutsames für unser Wissen um die Vergangenheit.

Aber Vorsicht!

Wie weit, genau, allgemeingültig und zuverlässig lässt sich Familiengeschichte und damit auch ein Stück der allgemeinen Geschichte der Menschheit auf dem Wege der mündlichen Überlieferung über Generationen weitergeben?

Wie würdest du die Frage beantworten?

Zeitzeugen

Über Zeiten, die wir nicht selbst miterlebt haben, können ältere Menschen berichten. Dabei ist es nicht ungewöhnlich, dass die Oma spürbar andere Erinnerungen hat als der Opa, der zur gleichen Zeit mit ihr gelebt hat. Wir müssen bedenken, dass Zeitzeugen immer eine eigene, *ihre* Geschichte erzählen.
Da wird, wie wir es auch selbst tun, ausgewählt, weggelassen, hinzugefügt, vielleicht auch mal übertrieben.
Die Erfahrungen des einen sind somit nicht ohne weiteres auf alle Menschen übertragbar.

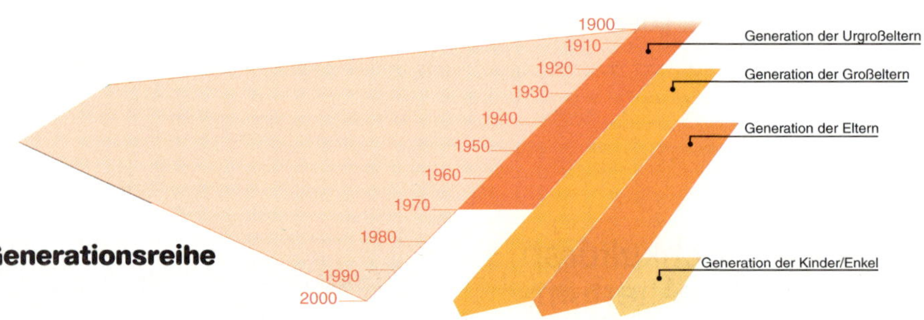

Generationsreihe

Projekt:

Zeitzeugen erzählen interessante Geschichten aus der Vergangenheit

Wir erfahren schon viel Interessantes aus der Geschichte auf dem Wege der mündlichen Überlieferung.
Was zum Beispiel Eltern und Großeltern über die vergangene Zeit erzählen können, ist eine wichtige Quelle für das Wissen um vergangene Zeiten. Probieren wir es doch einmal selbst aus:

Tipp:

Wie könnten wir vorgehen, wenn wir aus den Erinnerungen älterer Mitmenschen etwas über vergangene Zeiten erfahren möchten, was uns an einem Thema interessiert?

1. Wir überlegen und entscheiden, wer ein geeigneter Gesprächspartner sein könnte.
2. Wir sammeln und notieren Fragen, die uns zu diesem Thema interessieren.
3. Wir planen ein „Interview" und führen die Zeitzeugenbefragung durch.
4. Wir bedenken die Möglichkeiten, wie wir all das, was wir zu unseren Fragen als Informationen erhalten, sammeln und dauerhaft festhalten können.
   (Tipp: Kassettenaufnahme)

Ein Kreisgespräch

Geschichte steht in Geschichtsbüchern ... aber wie kommt sie dort hinein?

Das eigene Gedächtnis sowie die Erinnerung älterer Zeitzeugen – beides wichtige geschichtliche Quellen – reichen nur begrenzt in die Vergangenheit zurück. Schon wenn die eigene Lebensgeschichte rückwärts geschaut überschritten wird und es darum geht, Vergangenes aus der Familien- und Generationengeschichte zu erfahren, reichen Erinnerungen als Quelle nicht aus. Noch weniger erfahren wir auf diesem Wege etwas über die Lebensweise, Sitten und Gebräuche anderer menschlicher Gesellschaften. Und wenn wir daran interessiert sind?

Eine sehr nahe liegende und auf den ersten Blick auch bequeme und einleuchtende Weise, etwas über die Vergangenheit anderer Menschen zu erfahren, ist in ein Geschichtsbuch zu schauen. Geschichtsbücher informieren sogar über Zeiten, die viele tausend Jahre zurückliegen. Hier eine Kostprobe aus eurem Schulgeschichtsbuch:

Frauen im Alten Ägypten – da staunten die Griechen

Der Grieche Herodot bereiste um 450 v. Chr. Ägypten. Er berichtete u.a.: „In Ägypten gehen die Frauen auf den Markt und treiben Handel und die Männer sitzen zu Hause und weben."

Wie kommt Herodot zu diesen erstaunlichen Behauptungen? Wir wissen heute aus vielen Textquellen, dass überwiegend Männer Handel trieben, aber auch Frauen. Das Spinnen und Weben war in den durchschnittlichen Familien Aufgabe der Frauen. In den großen Haushalten der reichen Ägypter hat es möglicherweise auch Männer gegeben, die an Webstühlen arbeiteten. Aber das war die Ausnahme. Die Stellung der Frau in anderen antiken Kulturen, vor allem auch in Griechenland, war eindeutig niedriger als in Ägypten. So staunte Herodot über das, was ihm fremd war; genau beobachtet hat er nicht.

Die Männer gehorchen den Frauen?

400 Jahre nach Herodot schrieb der Grieche Diodor, der in Rom lebte: „Bei den Ägyptern herrscht die Frau über den Mann. Deshalb versprechen in einem Ehevertrag die Männer, dass sie ihrer Frau in jeder Beziehung gehorchen wollen." Auch das ist eine erstaunliche Feststellung. Da tatsächlich aus dem Alten Ägypten Eheverträge überliefert worden sind, lässt sich die Aussage Diodors überprüfen (s. S. 118 u. 119).

„Mann" und „man"

Wenn wir die Sprache der Ägypter mit anderen Sprachen vergleichen, stoßen wir auch heute noch auf etwas Besonderes: Anders als in vielen anderen Sprachen waren in der...

Fortsetzung S. 110f.

... aber wie kommt sie dort hinein?

Diese Frage könnt ihr beantworten, wenn ihr die ganze Darstellung über die Frauen im Alten Ägypten nachlest und die nachfolgenden Seiten (S. 23–25) aufmerksam lest.

1. Ihr solltet zuerst die gesamte Darstellung in eurem Buch S. 110f. lesen.
2. Arbeitet dann die Seiten 23–25 durch.
3. Jetzt kann jeder versuchen ausführlich am Beispiel der Darstellung über die ägyptischen Frauen die Frage in der Überschrift zu beantworten.

Haben ein Kriminalfall und Geschichte etwas gemeinsam?

Wie sieht die Arbeit von Kriminalpolizisten aus?

Wenn sich ein Unglücksfall ereignet hat oder wenn ein Verbrechen begangen worden ist, verständigen wir die Polizei. Im Falle eines vermuteten Verbrechens wird die Kriminalpolizei mit der Untersuchung beauftragt.
Die Tat ist geschehen, vorbei. Der Kriminalpolizist kann nur aus einzelnen Spuren einer Tat den ganzen Tathergang ermitteln. Denn er war kein Tatzeuge. Schon deshalb ist er bemüht so schnell wie möglich am Tatort zu sein. Tatkräftig unterstützt von den Kollegen aus der Abteilung Spurensicherung sucht er nach allen möglichen Spuren des Geschehens, die hinterlassen worden sind. Er sichert sie, damit nichts Wichtiges vertuscht, übersehen wird oder verloren geht. Kriminalpolizisten leisten Detektivarbeit. Spurensuche, Spurensicherung und Spurenauswertung, das ist ihr Beruf. Auf diesem Wege versuchen sie im Nachhinein ein Gesamtbild des Tathergangs zu zeichnen. Sie rekonstruieren Tat und Tathergang so weit und genau es auf der Grundlage der vorhandenen Spuren möglich ist. Rekonstruieren heißt, man versucht etwas Vergangenes wiederherzustellen. In einem abschließenden Bericht fasst der Kriminalpolizist die Ergebnisse seiner Ermittlungen zusammen. Es ist zunächst einmal seine Sicht des Geschehens. Nicht alle teilen sie ohne Einschränkung. Denkt zum Beispiel an den Rechtsanwalt vor Gericht, der als Verteidiger auftritt. Er ist in manchen Punkten anderer Meinung. Nur das hat Bestand, wofür man unwiderlegbare Beweisstücke beibringen kann.

Was sind die Gemeinsamkeiten mit der Arbeit von Geschichtsforschern?

Es gibt auffällige Parallelen zwischen der Arbeit der Kriminalpolizei und der Arbeit von Geschichtsforschern. Die Forscherinnen und Forscher sind sozusagen „Zeitdetektive". Zu diesen Zeitdetektiven gehören die berufsmäßigen Historikerinnen und Historiker, aber auch die interessierten Schülerinnen und Schüler und viele andere Menschen, die sich auf Geschichtssuche begeben. Niemand von ihnen war dabei, als das Ereignis in der Vergangenheit passierte. Sie folgen vergleichbar dem Kriminalpolizisten gezielt Spuren der Geschichte um sich ein Bild machen zu können. Das Ereignis, dessen Spuren sie verfolgen, ist vorbei, ist geschehen und als solches nicht wiederholbar. In dieser Rolle als Zeitdetektive müssen sie die vorgefundenen Spuren geschichtlicher Vorgänge erst einmal so zusammensetzen, dass sie eine Vorstellung davon bekommen, wie sie sich wahrscheinlich abgespielt haben. Geschichtliche Spurensuche, Spurensicherung und Spurenauswertung kann somit auch mit den besten Methoden und aller Genauigkeit nur erreichen, dass der Spurenleser, der jeweilige „Zeitdetektiv", in seinem Kopf eine Vorstellung vom Geschehen aufbaut (konstruiert), das Geschehene also geistig nachbaut (re-konstruiert). So ist es kaum überraschend, dass es nicht in allen Fällen nur eine richtige oder denkbare Aussage über die Vergangenheit gibt. Es kommt nicht selten vor, dass die Forscherinnen und Forscher zu unterschiedlichen Ergebnissen zum gleichen Sachverhalt kommen, weil sie Spuren verschieden gedeutet haben. Die Ergebnisse solcher geschichtlicher Rekonstruktionsarbeit finden wir in Geschichtsbüchern wie in diesem hier abgedruckt. Euer Geschichtsbuch „Zeiten und Menschen" ist bildlich gesprochen sozusagen der „Fahndungsbericht" der Schulbuchautorinnen und -autoren, die dieses Schulgeschichtsbuch für euch geschrieben haben.

Wie spannend ein geschichtlicher Fall sein kann, könnt ihr auf den Seiten 56–58 nachlesen!

Zeitspuren – Woher weiß man, ...

Quellen ...

Die Vergangenheit hat in der Welt, in der wir leben, vielerlei Spuren hinterlassen, die uns über das, was früher, also vor unserer Zeit war, Auskunft geben. Da, wo uns mündliche Zeugen fehlen und vor allem auch zusätzlich zu ihnen, steht uns neben der menschlichen Erinnerung noch vielfältiges schriftliches und nichtschriftliches Material als geschichtliches Zeugnis zur Verfügung. Alle diese Materialien, die uns Informationen über vergangenes Geschehen liefern, bezeichnen wir als „historische Quellen“. Das Wort „historisch“ stammt aus dem Lateinischen, der Sprache der alten Römer, und bedeutet „geschichtlich“. Der Begriff Quelle wird im übertragenen Sinne gebraucht. Als Quelle bezeichnen wir eigentlich eine Stelle im Erdboden, wo Wasser aus der Erde sprudelt. Hier ist der Ursprung für einen kleinen Bach, einen größeren Fluss oder sogar einen mehrere tausend Kilometer langen Strom wie den Nil. So wie das Wasser für den Fluss aus einer Quelle, fließt unser Wissen über vergangene Zeiten, die Geschichte, aus den erhaltenen Zeugnissen aus diesen Zeiten. Ein besonderes Kennzeichen aller Zeugnisse, die wir als Quellen einstufen, ist, dass sie zeitlich sehr nah zu dem Ereignis entstanden sind, über das sie Auskunft geben.

Schriftliche Quellen

Zu den schriftlichen Quellen zählen die Geschichtsforscher alle schriftlichen Aufzeichnungen (z.B. Urkunden, Verträge, Berichte aus der Zeit, Reden, Briefe, Gesetzestexte) und viele andere Dokumente von Zeitgenossen aus früheren Zeiten; alles, was Menschen aufgeschrieben und hinterlassen haben, seitdem sie schreiben konnten. Schriftliche Quellen gibt es erst seit ungefähr 5000 Jahren. Je nach der Zeit, aus der sie stammen, können sie mit der Hand geschrieben oder auch gedruckt sein. Auch sind sie nicht alle auf Papier geschrieben. Manche Aufzeichnungen sind auf einen Stein gemeißelt, auf Ton- oder Wachsunterlage eingeritzt, ja sogar in Metall gestanzt. Wenn niemand mutwillig die schriftlichen Aufzeichnungen vernichtet oder verfälscht, bleiben sie oft in ursprünglicher Form und ihrem Originalwortlaut für die Nachwelt erhalten. Man kann dieTexte immer wieder nachlesen und nutzen.
Das ist ein unschätzbarer Vorteil gegenüber mündlicher Überlieferung. Dort gerät im Laufe der Zeit vieles in Vergessenheit, geht verloren oder wird einfach „umerzählt“. Schriftliche Aufzeichnungen ermöglichen zudem in vielen Fällen genauere Informationen zum Sachverhalt. Nicht nur das Geschehen selbst wird mitgeteilt, sondern wir erfahren gleichzeitig – im Unterschied zur Informationsgewinnung durch Überreste – in den Texten häufig Aufschlussreiches über Ursachen, Gründe, Folgen und Gedanken der Menschen.

… was früher war?

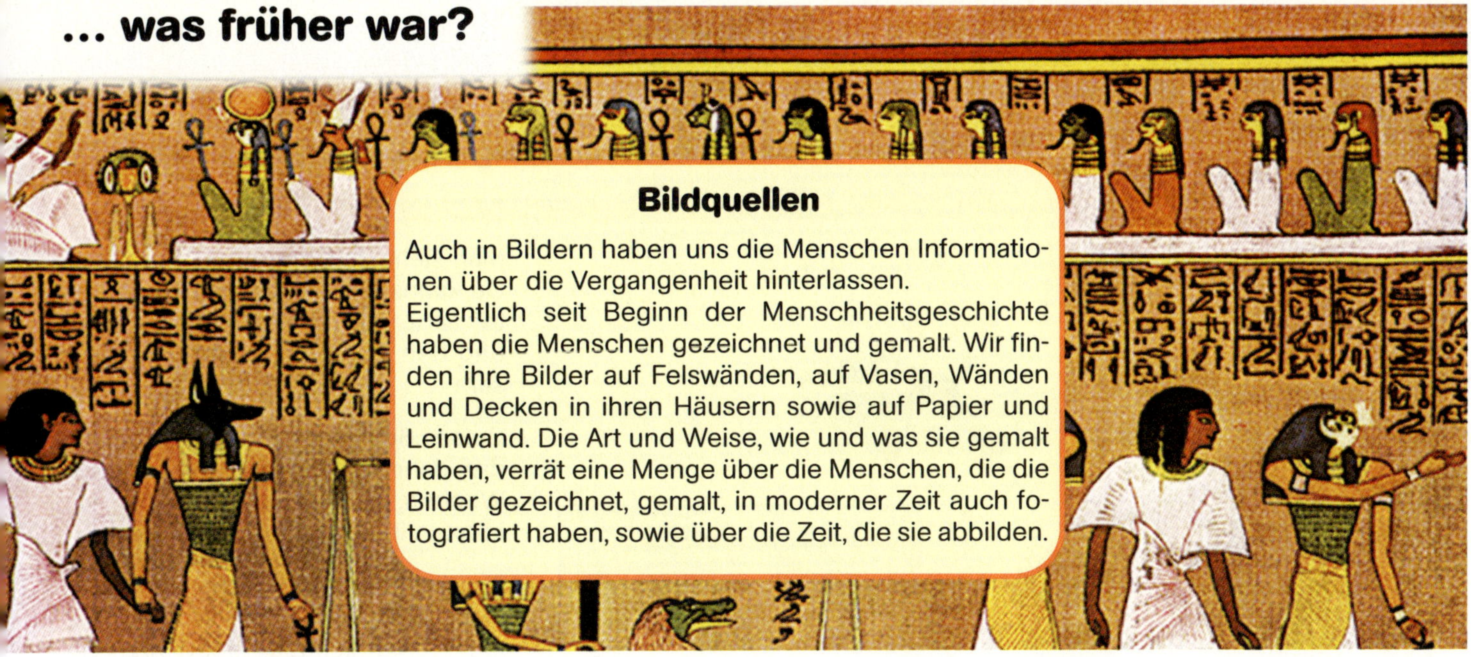

Bildquellen

Auch in Bildern haben uns die Menschen Informationen über die Vergangenheit hinterlassen.
Eigentlich seit Beginn der Menschheitsgeschichte haben die Menschen gezeichnet und gemalt. Wir finden ihre Bilder auf Felswänden, auf Vasen, Wänden und Decken in ihren Häusern sowie auf Papier und Leinwand. Die Art und Weise, wie und was sie gemalt haben, verrät eine Menge über die Menschen, die die Bilder gezeichnet, gemalt, in moderner Zeit auch fotografiert haben, sowie über die Zeit, die sie abbilden.

Funde, Bauwerke, Gegenstände …

Wir finden sie im Erdboden versteckt, genauso wie auf dem Dachboden oder als sichtbaren Gebäuderest oder gar als intaktes Bauwerk in unserer Stadt. Nichtschriftliche Zeugnisse, Sachquellen oder auch Überreste, wie sie die Geschichtsforscher mit einem Sammelbegriff bezeichnen, finden sich für alle Zeiträume der Geschichte.

Dazu zählen zum Beispiel:

Gebrauchsgegenstände aller Art,
Werkzeuge,
Waffen, Münzen,
Knochen,
Gräber,
Bauwerke,
Denkmäler.

Alle diese Dinge sagen auf ihre Weise etwas über die Menschen und die Zeit aus, in die sie gehören. Für lange Zeiträume der Geschichte gibt es im Übrigen nur nichtschriftliche Quellen.

1. Nun kannst du erklären, warum für historische Materialien der Begriff „Quelle“ gewählt worden ist.

schriftliche Quellen	mündliche Quellen	bildliche Quellen	gegenständliche Quellen (Sachquellen)
……	……	……	……

2. Trage Beispiele, die dir einfallen, in die Tabelle ein.
3. „Quelle ist nicht gleich Quelle!“ Suche dir ein Beispielpaar aus und erzähle dazu.

Moderne historische Quellen

Fotos, Schallplatten und sonstige Tonträger, Filme, Videos, CD-ROMs und Computerdisketten sind im 19., 20. und 21. Jahrhundert zu wichtigen Informationsquellen geworden. Sie sind nicht nur Nachrichtenübermittler für heutiges Geschehen, sondern mit ihrer Hilfe können wir auch Informationen über zurückliegende Zeiten bekommen. Der technische Fortschritt hat es möglich gemacht, dass wir sozusagen Ereignisse und Zeiten „live“ erleben können, obwohl wir gar nicht dabei waren bzw. sein konnten, weil wir zum Beispiel noch gar nicht auf der Welt waren.

Alles verstanden?

Drei Rätsel für Geschichtseinsteiger: Wovon ist die Rede?

Man sieht sie nicht.
Du kannst sie nicht in der Hand halten, aber sie bestimmt dein Leben und den Gang der Dinge unaufhaltsam …

Dieser Begleiter geht mit uns durch das Jahr und ordnet unsere Tage, Wochen, Monate, Jahre. Aber wir können ihm nicht die Hand geben.

Aus ihr fließt das Wasser für einen Fluss, aber auch unser Wissen über die Vergangenheit, aber als Geschichtsforscherinnen und Geschichtsforscher trinken wir nicht daraus.

Silbenrätsel

In diesem Rätsel sollen die wichtigsten Begriffe des Einstiegskapitels herausgefunden werden. Du kannst sie aus dem Silbensalat heraussuchen, in dein Heft schreiben und mit einer kurzen Erklärung versehen, z. B. so:

Quellen ≈ So bezeichnet man alle Materialien aus alter Zeit, die uns Auskunft über die Geschichte geben.

1. Damit kann man Ereignisse aus der Vergangenheit zeitlich genau einordnen.
2. Mit dieser Übersicht werden die Mitglieder und Verwandtschaftsverhältnisse in einer Familie dargestellt.
3. So bezeichnen wir die Gruppe der Menschen mit ungefähr gleichem Alter.
4. Für die Zeit des Altertums in der Geschichte verwenden die Geschichtsforscherinnen und Geschichtsforscher auch ein anderes Wort.
5. So kann man Menschen bezeichnen, die bestimmte Ereignisse in der Vergangenheit miterlebt haben.
6. Das ist ein Sammelbegriff für Fundstücke, Gegenstände und Ruinen aus alter Zeit.
7. Gesucht wird ein Wort aus der lateinischen Sprache, das übersetzt „geschichtlich“ heißt.
8. Das Wort verwendet man als Sammelbegriff für schriftliche Quellen wie Urkunden, Verträge, Reiseberichte, Reden, Briefe, Gesetzestexte.

an – baum – der –
do – ge – gen –
his – ka – ke – ku –
len – men – ne –
ra – res – risch –
stamm – te – te –
ti – tion – to –
über – zeit – zeu

3-mal A, B oder C?

I

In diesem Buch werdet ihr einen Herrscher kennen lernen, der „Alexander der Große“ genannt wird. Er wurde im Jahre 356 v. Chr. geboren.
Welchen Geburtstag könnte er im Jahre 2005 feiern?

A seinen 2320-igsten
B seinen 2360-igsten
C seinen 2361-igsten

II

Die Geschichtswissenschaftlerinnen und Geschichtswissenschaftler ordnen die Ereignisse aus der Vergangenheit nach Jahrtausenden, Jahrhunderten, Jahrzehnten, Jahren und Tagen. Wie nennt man dieses Ordnungsprinzip?

A chronologisch
B kalendarisch
C generatiös

III

Wir unterscheiden zwischen den Jahrhunderten vor Christi Geburt und den Jahrhunderten danach. Das 21. Jahrhundert n. Chr. wird von 2000 bis 2099 dauern. Von wann bis wann aber dauerte zum Beispiel das 5. Jahrhundert v. Chr.?

A von 500 bis 599 v. Chr.
B von 499 bis 400 v. Chr.
C von 599 bis 500 v. Chr.

„Ich fasse zusammen, was ich bis jetzt über das neue Fach Geschichte erfahren habe …“

„Ich weiß, was Quellen sind und Generationen und Stammbäume und andere Fachbegriffe und ich kann sie in klaren Sätzen erklären.“

„Ich könnte auch versuchen meine Familiengeschichte aufzuschreiben.“

Projektvorschlag: Deine Familiengeschichte

Sucht, wenn ihr das möchtet, Angaben über eure eigene Familie zusammen und legt zu Hause Stammbäume an. Dazu könnt ihr die Verwandtschaft befragen, in Fotoalben blättern und viele Fragen stellen. Euren Stammbaum könnt ihr ausmalen. So werdet ihr viel über euch selbst und eure Familie erfahren. Vielleicht schreibt ihr auch die eine oder andere lustige oder interessante Geschichte aus eurer Familie auf. Wer will kann – natürlich freiwillig – seinen Stammbaum mit in die Schule bringen, den Mitschülerinnen und Mitschülern zeigen und vielleicht Geschichten dazu erzählen.

Unseren Vorfahren auf der Spur

Kurz vor Weihnachten 1994 entdeckte ein junger Franzose, J. M. Chauvet, aus Zufall den Eingang zu einer Höhle. Tief im Inneren fand er Malereien auf den Felswänden. Man hat die Farbe untersucht und ist ziemlich sicher, dass die Bilder etwa vor 30.000 Jahren entstanden sind.

Wie wirken die Bilder auf dich?
Was kannst du erkennen?
Beschreibe!
Was meinst du zu den Aussagen und Fragen der Kinder?
Welche Fragen möchtest du stellen?

Die ersten Spuren der Menschheit

Der Mensch ist blutjung, aber die Erde ist uralt

Die Bilder in der Chauvet-Höhle sind etwa 30.000 Jahre alt. Für uns Menschen ist dies eine gewaltige Zeitspanne, aber die Geschichte des Lebens auf der Erde ist viel, viel älter.
Vor einer unvorstellbar langen Zeit ist die Erde entstanden, nämlich vor etwa 4 bis 5 Milliarden Jahren. Vor etwa 600 Millionen Jahren lebten im Wasser die ersten größeren Lebewesen und in weiteren riesigen Zeiträumen entwickelten sich nach und nach die ersten Wirbel- und Säugetiere.

Die Geschichte der Erde

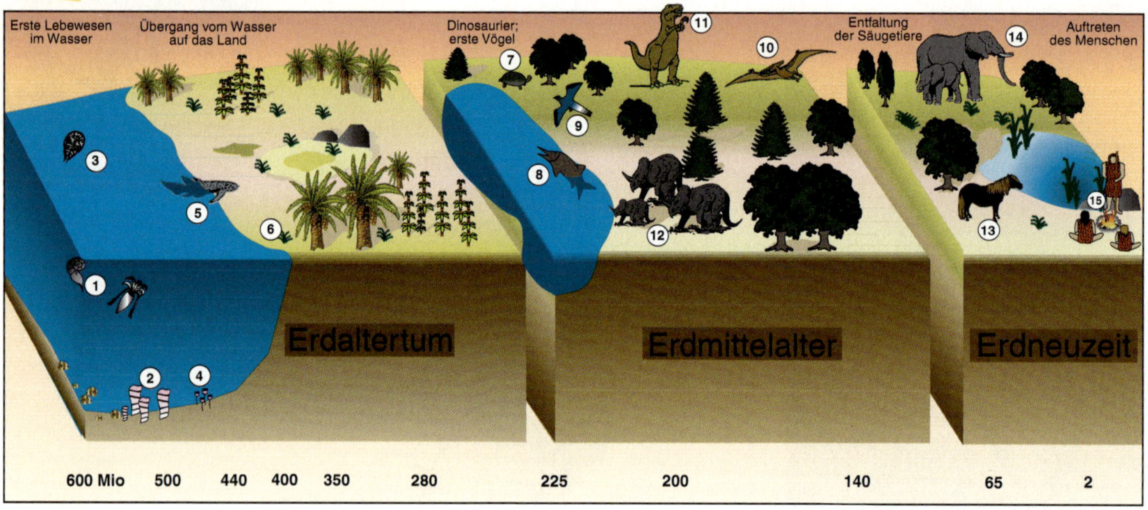

1 Kopffüßler
2 Korallen
3 Trilobit
4 Seelilien
5 Quastenflosser
6 Baumfarn
7 Ur-Schildkröte
8 Ichthyosaurier
9 Archaeopteryx
10 Pteranodon
11 Tyrannosaurus
12 Triceratops
13 Urpferd
14 Urelefant
15 Mensch

Welches Lebewesen ist das älteste, welches das jüngste?
Bringe folgende Lebewesen in die richtige Reihenfolge:
Archaeopteryx, Mensch, Quastenflosser, Trilobit, Tyrannosaurus, Urpferd.

	lebte um	Name
1.		
2.		

Ein Trilobit – zwei Fossilien: links als Steinkern…

… und rechts als Abdruck (Gegenstück)

Fossilien – versteinertes Leben

Die Tiere und Pflanzen aus der Urzeit haben Spuren hinterlassen. Diese Überreste nennen wir Fossilien. In der Umgangssprache benutzt man auch oft das Wort Versteinerung.
Wie Versteinerungen entstehen, zeigt das Beispiel des Trilobiten (vgl. Abbildung). Vor etwa 450 Millionen Jahren, als die ganze Erde noch mit Wasser bedeckt war, hat dieser Trilobit im Meer gelebt. Nach seinem Tode sank der Körper auf den Meeresgrund ab und wurde dort von Schlamm und Sand luftdicht zugedeckt. Nach und nach ersetzten Mineralien die ehemals organischen Stoffe. Das Tier selbst existierte nicht mehr, aber es entstand eine naturgetreue Nachbildung aus Stein. Da dieser Steinkern aus einem anderen Material besteht als das umgebende Gestein, konnte man ihn mit einigem Geschick freilegen. Jetzt kam der Trilobit ein zweites Mal zum Vorschein – nicht als Steinkern, sondern als Abdruck.

Wir holen uns die Urzeit ins Klassenzimmer

- Hast du eine Versteinerung zu Hause? Bringe sie mit! Erzähle, woher dein Fund stammt.
- Vielleicht hast du Lust die Klasse genauer über ein interessantes Tier aus der Vorgeschichte zu informieren. Halte einen kurzen Vortrag, z.B. über einen Quastenflosser, über den Archaeopteryx oder über ein Tier deiner Wahl.
  Du kannst in einem Lexikon nachschlagen oder ein Sachbuch aus der Bibliothek ausleihen.

Quastenflosser
(Fotografie)

Mein Tier ist ein ?

Archaeopteryx
(Rekonstruktionszeichnung)

Projekt:

Versteinerung im Zeitraffer – Wir stellen selbst Fossilien her

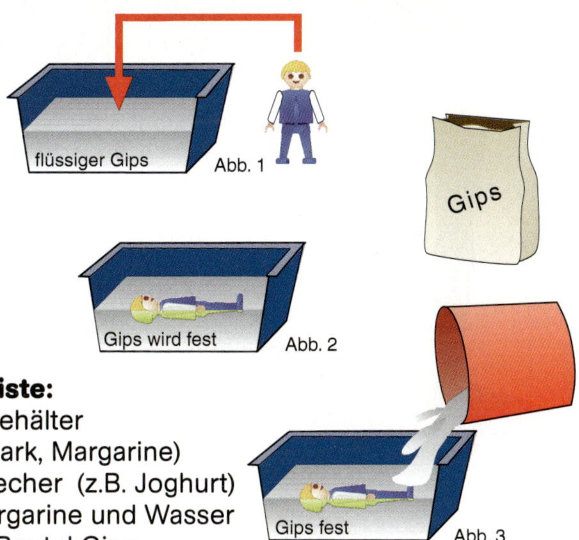

Materialliste:
1 Plastikbehälter (z.B. Quark, Margarine)
2 leere Becher (z.B. Joghurt)
etwas Margarine und Wasser
1 kleiner Beutel Gips
1 Fundstück, das ihr versteinern lassen wollt (z.B. eine große Muschel, eine Playmobilfigur …)
für den Steinkern: etwas Zement

Anleitung:

1. Den Plastikbehälter fettest du von innen mit Margarine ein.
2. In einem Becher wird jetzt Gips angerührt (Wasser), dann etwa 2 cm hoch in den Behälter gegossen.
3. Jetzt wird das Fundstück eingefettet und in den noch flüssigen Gipsbrei gedrückt (Abb. 1).
4. Warte, bis der Gips trocken ist (Abb. 2).
5. Die abgetrocknete Gipsoberfläche mit dem eingegipsten Fundstück wird mit Margarine eingefettet.
6. Rühre neuen Gips an, gieße ihn in den Behälter (Abb. 3).
7. Ist der Gips ausgehärtet, kannst du den Gipsblock aus dem Behälter nehmen, beide Hälften voneinander trennen und auch deinen Fund herausnehmen: Die Abdrücke müssten deutlich erkennbar sein!
8. Willst du einen Steinkern haben, musst du jetzt beide Gipshälften kräftig mit Margarine einfetten, vor allem die Abdrücke!
9. Rühre in einem leeren Becher etwas Zement oder Mörtel an (zähflüssig!) und fülle die Hohlräume in den beiden Gipshälften damit aus.
10. Lege beide Gipshälften übereinander.
11. Warte einen Tag; dann kannst du die Gipshälften voneinander trennen und den Steinkern herausnehmen.

Zwei berühmte Verwandte: Lucy und der Junge vom Turkana-See

Wie Lucy gefunden wurde

Heute ist der 30. November 1974. In der Nähe der Stadt Hadar in Ostafrika scheint die Sonne schon am frühen Morgen glühend heiß vom Himmel. Die beiden amerikanischen Archäologen Don Johanson und Tom Gray stöhnen in der Hitze. Am Mittag wird es weit über 40 Grad heiß sein. Trotzdem bleiben sie bei ihrer Absicht mit dem Jeep in ein abgelegenes Wüstental zu fahren um dort die Suche nach Fossilien fortzusetzen. In diesem Tal, am Rande des afrikanischen Grabens (Rift Valley), ist schon einmal ein interessanter Fund gemacht worden: das Kniegelenk eines Vormenschen. Vielleicht haben sie ja Glück. Sie nehmen einen Schluck Wasser aus ihrer Feldflasche – und auf geht's. Unterwegs im Jeep hören sie einen ihrer Lieblingssongs von den Beatles: „Lucy in the sky with diamonds". Dann geht die Suche los. Fast wortlos gehen die Männer auf und ab, den Blick konzentriert auf den Boden gerichtet. Wenn in der vorherigen Regenzeit der lockere Boden weggeschwemmt worden ist, könnte eine Knochenspitze aus dem Boden ragen. Vielleicht hat ja auch der Wind etwas freigelegt. Aber mehrere Stunden geschieht nichts. Die Augen schmerzen, in der Hitze flimmert alles. Als beide Männer schon zum Lager zurückkehren wollen, bemerkt Johanson an einer Felsböschung ein merkwürdiges, braun gefärbtes Stück. Es ist kaum größer als eine Streichholzschachtel. Johanson hebt es auf und zeigt es Gray. Beide haben die gleiche Vermutung: Das könnte Teil eines Unterarmknochens sein. Fieberhaft suchen sie weiter. Schicht um Schicht werden Sand und Erde abgetragen, mit Zahnstochern und feinen Pinseln werden immer mehr Knochenteile zutage gefördert. Zum Schluss sind etwa 40% eines weiblichen Skeletts gefunden worden. Johansen und Gray wissen sofort, dass sie einen sensationellen Fund gemacht haben. „Bei 43 Grad Hitze begannen wir, auf und ab zu hüpfen. Wir konnten unsere Gefühle mit niemandem andern teilen, also umarmten wir einander, verschwitzt und übel riechend, wie wir waren." Kein Zweifel, das waren uralte Knochen! Jetzt fehlte nur noch ein zugkräftiger Name. Johansen stellte den Kassettenrecorder auf volle Lautstärke, die ganze Welt sollte es wissen: Lucy war gefunden!

(Frei erzählt nach: Donald C. Johanson und M. Edey: The Beginnings of Humankind, New York 1981)

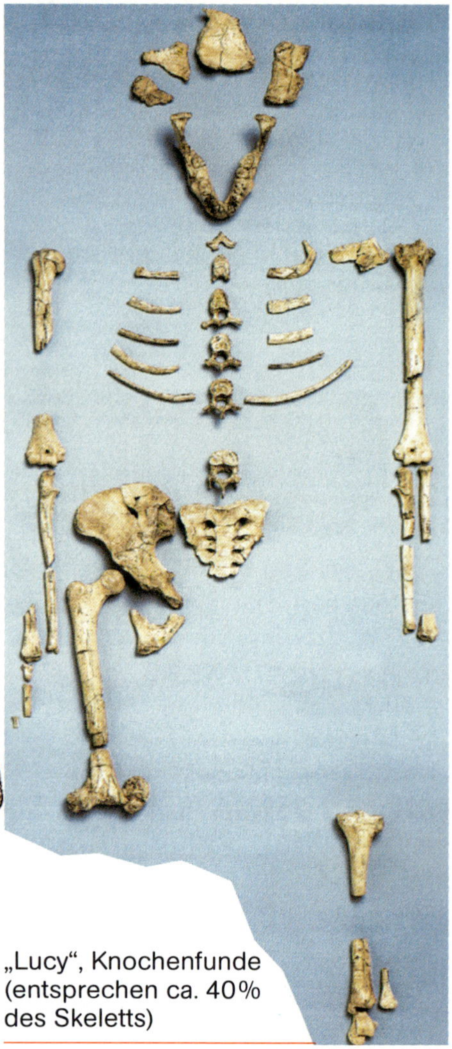

„Lucy", Knochenfunde (entsprechen ca. 40% des Skeletts)

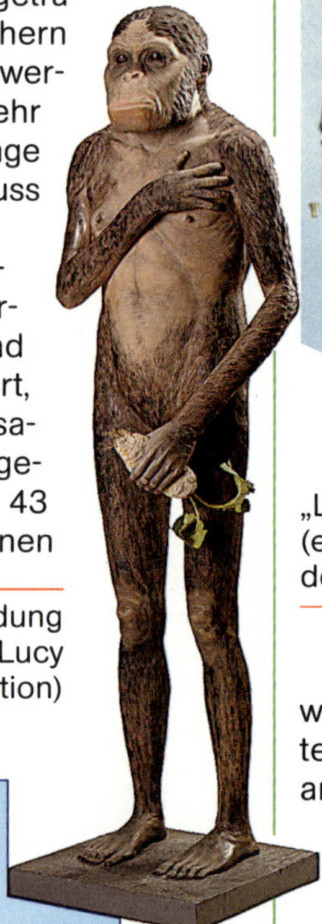

Nachbildung von Lucy (Rekonstruktion)

Lucy-Steckbrief

Geschlecht:	(sehr wahrscheinlich) weiblich
Größe:	etwa 1,20 m
Gewicht:	etwa 30 kg
Alter:	mindestens 20, höchstens 30 Jahre
Zähne:	grobe Backenzähne (pflanzliche Nahrung)
Gehirn:	etwa 420 ccm, ähnlich den Menschenaffen
Wann gelebt?	vor etwa 3,2 Mio. Jahren
Werkzeuge?	vermutlich keine
Fortbewegung:	kletternd und auf zwei Beinen (aufrechter Gang)
Todesursache:	unbekannt

Der Junge vom Turkana-See

Knapp 10 Jahre nach Lucy erregte ein weiterer Skelettfund großes Aufsehen. In Kenia, am Rande des Turkana-Sees, fand der afrikanische Archäologe Kamoya das fast vollständig erhaltene Skelett eines Frühmenschen (Homo erectus), der vor etwa 1,5 Millionen Jahren gelebt hat. Am Knochenbau ist abzulesen, dass er nicht nur aufrecht ging, sondern auch bereits ein guter Läufer gewesen sein muss. Die Beckenknochen verraten, dass dieser Frühmensch männlich war. Seine Zähne sind besonders interessant: Trotz seiner Körpergröße von 1,65 m und des Gewichtes von 48 kg war er noch nicht erwachsen. Er hatte gerade erst die Milchzähne verloren und in seinem Kiefer brach der zweite Backenzahn durch. Dies geschieht bei heutigen Menschen etwa im Alter von zwölf Jahren, Schimpansen aber bekommen die zweiten Backenzähne schon mit sieben Jahren. Wie alt war der Junge wirklich? Forscher, die die Zahnentwicklung mit der Hirngröße (etwa 1000 ccm) vergleichen, nehmen an, dass er etwa zehn Jahre alt war, als er starb. Anders als zehnjährige Schimpansen war er aber noch ein Kind. Als Erwachsener hätte er vermutlich eine Größe von 1,85 m und ein Gewicht von 68 kg erreicht und damit genau die Körpermaße von Menschen, die auch heute noch in dieser sehr heißen Gegend leben. Seine Kindheit hat sich von den ersten Lebensjahren eines Menschenaffen deutlich unterschieden: Er hatte viel Zeit um Steine zu behauen oder das Jagen und Nüsseknacken zu erlernen. Eine hoch entwickelte Sprache besaß er nicht, denn ihm fehlten noch die Nervenstränge um viele Laute zu erzeugen. Ob er schon das Feuer beherrschte? Wir wissen es nicht. Auch ist nicht herauszufinden, woran der Junge gestorben ist.

Steinwerkzeug, wie es auch der Turkana-Junge gekannt haben dürfte (Fundort: Ostafrika)

Veränderungen der Schädelform und des Gehirns (vereinfacht)

Hirnvolumen 420 ccm
etwa 3,2 Mio. v. Chr.
Lucy

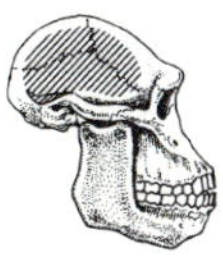

1000 ccm
etwa 1,5 Mio. v. Chr.
Turkana-Junge

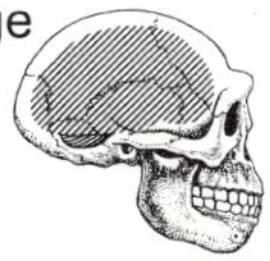

1400 ccm
Gegenwart
Homo sapiens

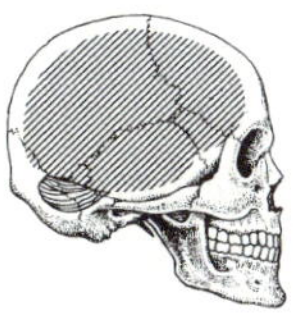

1. Lege nach dem Muster des Lucy-Steckbriefes auch für den Jungen vom Turkana-See einen Steckbrief an.
2. Sammle Gründe für beide Vermutungen:

Der Junge vom Turkana-See ist bereits ein moderner Mensch	Der Junge vom Turkana-See ist noch kein moderner Mensch
...	...

3. Herr Kamoya hat davon berichtet, dass ihm manchmal im Traum ein Vormensch begegne: „Im Traum stelle ich dann Fragen, aber bevor ich Antwort erhalte, werde ich wach." Welche Fragen würdest du dem Jungen vom Turkana-See stellen?

Wo stand die Wiege der Menschheit?

Wenn du in die Gesichter dieser Kinder blickst, fallen dir sicher die Unterschiede besonders auf. Die Kinder haben schwarze, gelbe oder weiße Haut. Sie haben glatte, krause oder lockige Haare. Auch ihre Augen und Nasen sind ganz anders geformt. Für einen Biologen spielen diese Unterschiede kaum eine Rolle. Er weiß, dass das Erbgut aller Menschen fast gleich ist. Diese biologische Ähnlichkeit ist einfach zu erklären: Alle Menschen haben die gleichen Vorfahren. Die Spuren führen nach Afrika – zu Lucy und zum Jungen vom Turkana-See.

Wie entwickelte sich der Mensch?

Die Vorgeschichte der Menschheit ist sehr kompliziert. Man hat keine schriftlichen Quellen aus dieser Zeit und ist auf wenige Funde angewiesen. Es gilt aber als sicher, dass unsere Vorfahren von Afrika aus die ganze Welt besiedelt haben, denn in Afrika sind die entscheidenden Fossilien gefunden worden. Nicht nur Lucy und der Turkana-Junge, auch die ältesten Fußabdrücke aufrecht gehender Lebewesen stammen aus diesem Gebiet (Laetoli, Tansania).
Die Klimaforscher haben eine Erklärung gefunden, warum gerade Ostafrika zur Wiege der Menschheit geworden sein dürfte. Vor etwa 8 bis 6 Millionen Jahren trennten sich nämlich hier die Entwicklungslinien der späteren Menschenaffen und der ersten menschenähnlichen Lebewesen. Grund für diese Entwicklung war ein Klimawechsel. Wo vorher noch dichte Regenwälder gestanden hatten, bildete sich eine trockene Graslandschaft mit wenigen Bäumen aus. In dieser Savanne hatten reine Baumbewohner keine Überlebenschance.
Aber es entwickelten sich Lebewesen, die ihre Lebensgewohnheiten und den Körperbau der neuen Umgebung anpassten. Sie experimentierten mit der Fortbewegung am Boden und lernten nach und nach den aufrechten Gang, der ihnen in den offenen Grasgebieten große Vorteile brachte.
Zu diesen Lebewesen gehörte auch Lucy. Ihr wissenschaftlicher Name Australopithecus (≈ südlicher Affe) warnt davor, sie einen Menschen zu nennen. Wie eng ihr Kontakt zu den Affen war, die sich in die dichten Wälder Zentralafrikas zurückgezogen hatten, ist unbekannt.

Erläutere die Zeichnung. Der erste Satz könnte lauten:
An der Zeichnung kann man klar erkennen, welche wichtige Rolle „Lucy" in der Entwicklung zum modernen Menschen spielt …

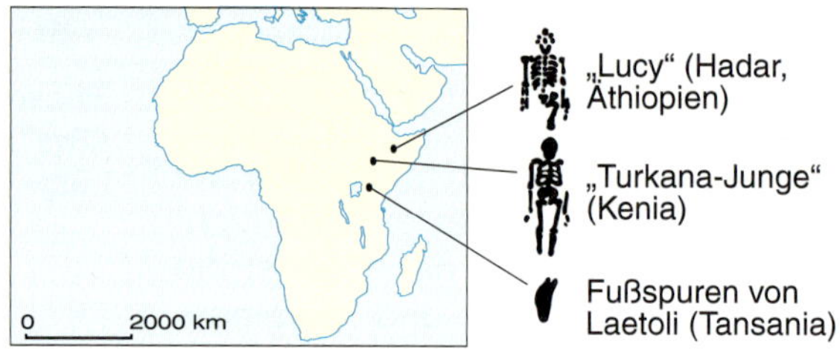

Fundorte in Afrika

M 1

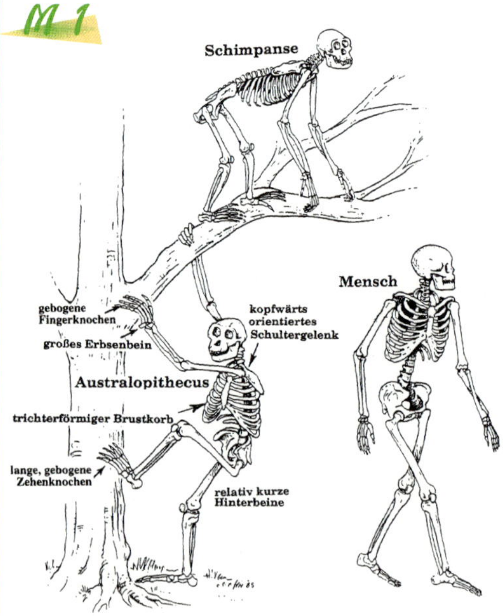

Der aufrecht kletternde Vormensch: Bindeglied zwischen Affe und Mensch

Woher stammt der moderne Mensch?

Die Fußspuren in Laetoli verlaufen schnurgerade. Aber es führt keine gerade Linie zu uns heutigen Menschen. Warum viele Nachfahren Lucys ausgestorben sind und nur wenige Arten sich weiterentwickelt haben, ist trotz modernster Forschungsmethoden nicht immer genau zu klären.

Fast alle Wissenschaftler aber nehmen heute an, dass die Erde von Afrika aus besiedelt wurde. Es spricht einiges dafür, dass diese Besiedelung in zwei Wellen erfolgt ist.

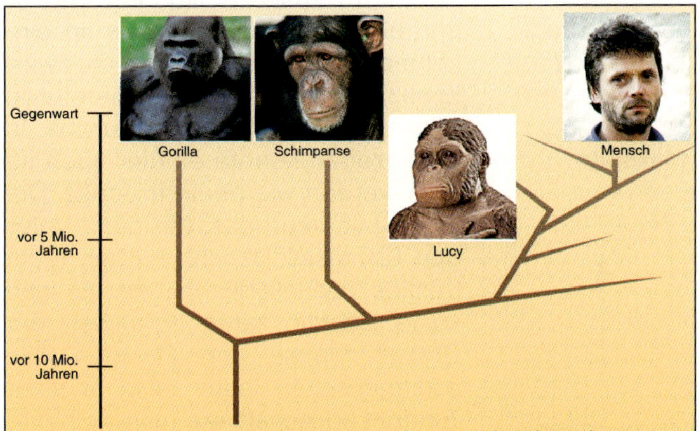

Stammbaum der Menschenaffen und der Menschen

Vor etwa 1,8 Millionen Jahren gab es einen ersten Versuch, als aufrecht gehende Lebewesen Afrika verließen. Aber diese Frühmenschen, zu denen etwa der Junge vom Turkana-See gezählt wird und aus denen sich wieder neue Untergruppen entwickelt haben (z.B. der Neandertaler), konnten sich nicht durchsetzen. Der zweite Besiedelungsversuch war erfolgreicher. Vor etwa 100.000 Jahren machten sich die ersten „modernen" Menschen auf den Weg. Sie breiteten sich nach und nach über die gesamte Erde aus.

Die Archäologin Mary Leakey untersucht bei Laetoli (Tansania) Fußspuren (3,6 Mio. Jahre alt).

M 2

Besiedlung der Erde durch den modernen Menschen

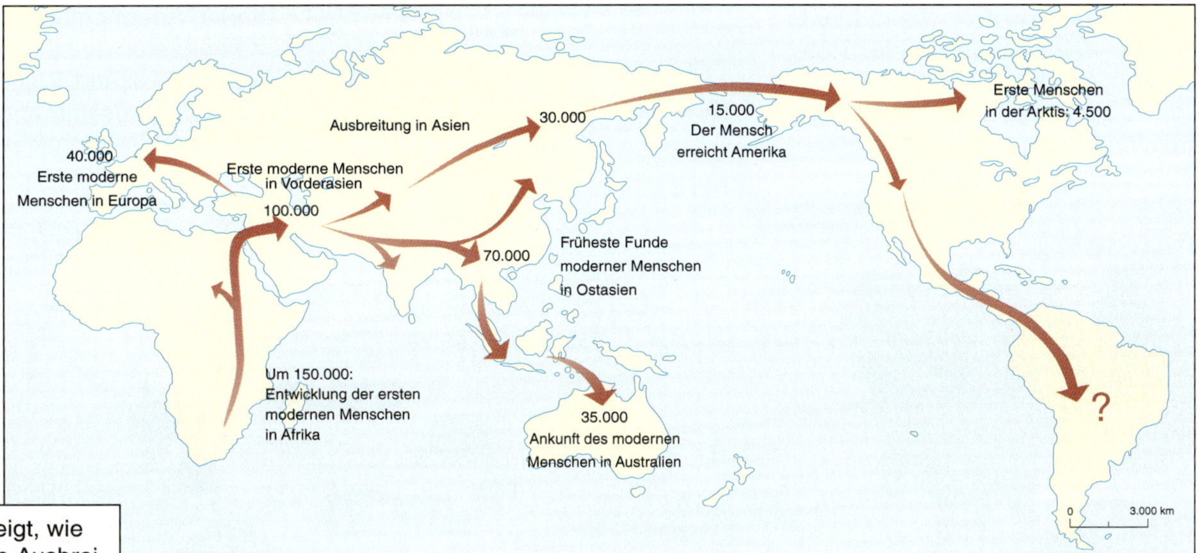

Die Karte zeigt, wie man sich die Ausbreitung des modernen Menschen, des homo sapiens, vorstellt. Die Pfeile zeigen die Richtung der Ausbreitung. Die Zahlen bedeuten Jahre vor der Gegenwart.

In welcher Reihenfolge erreichte der moderne Mensch die Gebiete Afrika, Amerika, Arktis, Australien, Europa, Ostasien, Vorderasien? Übertrage die Tabelle in dein Heft. Schreibe die richtige Reihenfolge auf, notiere auch die Jahre.

Besiedlung der Erde durch den modernen Menschen

Reihenfolge	Gebiet/Erdteil	Besiedlung ab
1	Afrika	150.000
2	?	?

Wir erforschen die Altsteinzeit

Lucy oder der Turkana-Junge bei uns in der Fußgängerzone? Die Aufregung wäre groß. Zu deutlich sind die Unterschiede zu uns heutigen Menschen. Um 40.000 vor Christus aber hatte sich das Skelett dieser Menschen so weit entwickelt, dass sie uns äußerlich sehr ähnlich waren. Bei entsprechender Kleidung und nach einem kurzen Friseurbesuch würden sie nicht mehr als fremd auffallen. Deshalb sprechen die Wissenschaftler auch von den „Jetztmenschen“. Ihre Art zu leben, zu wohnen und zu arbeiten unterschied sich jedoch völlig von dem, was heute bei uns als normal gilt. Bis vor wenigen Jahrzehnten besaß man keine genauen Informationen über diese ersten modernen Menschen. Einzelne Fundstücke, z. B. die Knochen von großen Elefanten (dem Mammut) oder Zeichnungen wilder Tiere in Höhlen, führten zu vielen Vermutungen über diese Zeit, die wir Altsteinzeit nennen.

Wie Geschichtsforscher mit Vermutungen umgehen

Eine dieser Vermutungen lautete: „In Europa war es in der Altsteinzeit wärmer als heute“. Die Wissenschaftler haben viele Funde genau betrachtet, beschrieben und untersucht. Sogar Bohrungen im Gletschereis wurden vorgenommen. Dabei stellten sie fest, dass sich das Klima in Europa recht häufig verändert hat. Zwischen 100.000 und 10.000 vor Christus war es in Europa fast immer sehr kalt. Die langen Eiszeiten waren nur von wenigen wärmeren Jahrtausenden unterbrochen. Zumindest Nordeuropa war immer mit Eis bedeckt, das an einzelnen Stellen über 2000 m dick war! Etwas angenehmere Temperaturen gab es nur im südlichen Europa. In Warmzeiten konnte es hier auch so heiß werden wie heute in Afrika. Die Teile Mitteleuropas, die nicht unter den Eismassen lagen, müssen recht trostlos ausgesehen haben. Es gab keine Bäume, kaum Sträucher, nur Gräser, Moose und Flechten. Die Jetztmenschen lebten also in einer Tundra-Landschaft, wie man sie heute noch in Sibirien, Grönland oder Alaska findet. Knochenfunde von Tieren aus Kaltgebieten bestätigen diesen Auswertungsbefund. Wenn man alle Informationen zusammenträgt, kann man die Eiszeitlandschaft rekonstruieren.

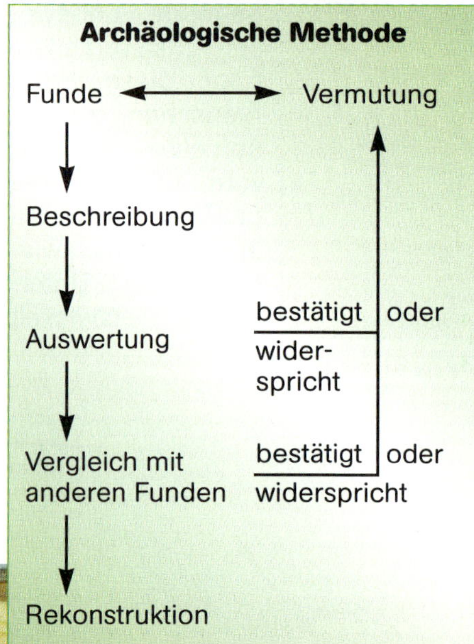

Die Rekonstruktion zeigt – in künstlicher Anhäufung – einige Tiere, die in der kalten Eiszeit-Tundra leben konnten.

Die ersten modernen Menschen in Europa

Um dir die Forschungsarbeit zu erleichtern findest du hier einige Kästchen mit Vermutungen über die ersten modernen Europäer. Einige wurden durch die neuere Forschung bestätigt. Andere stellten sich als falsch heraus. Schau genau hin und überprüfe selbst! Wenn du selbst weitere Vermutungen über die ersten Europäer hast, kannst du die Liste noch ergänzen.

Du kannst jetzt selbst in die Rolle einer Forscherin oder eines Forschers schlüpfen und Vermutungen überprüfen. Auf der nächsten Doppelseite findest du zahlreiche Fundstücke und Rekonstruktionen aus der Zeit der ersten Jetztmenschen in Europa, die zwischen 40.000 und 10.000 vor Christus am Rande der Vereisungszone gelebt haben. In unserer Forschungsstation kannst du mit den Materialien genauso arbeiten wie die Vorgeschichtsforscher und die archäologische Methode anwenden.

Die ersten modernen Europäer waren ziemlich dumm.

Sie lebten in Höhlen.

Sie jagten wilde Tiere.

Die Menschen lebten in Familien.

Sie haben nur ganz einfache Werkzeuge benutzt.

Die Frauen kümmerten sich nur um die Kinder, sonst taten sie nichts.

?

Wir forschen selbst

Lege in deinem Heft eine Tabelle nach diesem Muster an. Trage deine Untersuchungsergebnisse ein.

Tipp: In kleinen Gruppen macht die Arbeit viel mehr Spaß; man kann sich auch gegenseitig helfen.

Die ersten Jetztmenschen in Europa: Wie sie lebten, wohnten und arbeiteten

	Fundstück 1	Fundstück 2	Fundstück 3
Kurze Bezeichnung und Beschreibung Auswertung: – Was verrät der Fund über die Menschen? – Welche Vermutung wird bestätigt / widerlegt? Welches andere Fundstück passt gut zu der Auswertung?			

Die ersten Jetztmenschen in Europa: Funde und Rekonstruktionen aus der Zeit zwischen 40.000 und 10.000 v. Chr.

FORSCHUNGS STATION

M 1

Darstellung eines Wisents. Zeichnung auf einer Felswand (Fundort: Niaux, Frankreich)

M 2

Honigsammlerin (Felszeichnung aus Spanien)

M 3

Funde in der Chauvet-Höhle
(vgl. S. 28 und 29):

Der Eingang der knapp 500 Meter langen Höhle wurde noch in der Eiszeit durch einen Erdrutsch verschüttet. Dadurch blieben die Malereien und das Höhleninnere völlig intakt. Der Boden war übersät mit Tierknochen. In der Höhle selbst ist es ganz dunkel, aber im Boden finden sich kleine Vertiefungen mit Ascheresten: Überbleibsel von Beleuchtungsfeuern. In ihrem Licht und im Schein von Holzfackeln können die Felswände bemalt worden sein. In anderen Höhlen sind auch Öllampen gefunden worden sowie Trommeln, Flöten und Schwirrhölzer.

(Autorentext)

M 4

Typische Werkzeuge der Altsteinzeit: Harpunenspitze und Nähnadel aus Knochensplittern, Schaber und Messerklingen aus behauenem Stein

M 5

Wildpferd (Elfenbeinschnitzerei aus der Vogelherdhöhle, Württemberg; etwa 5 cm lang)

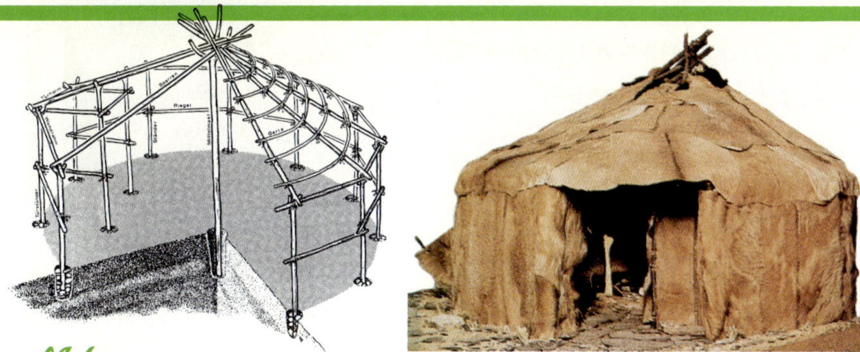

M 6 Typische Behausung der Altsteinzeit (Rekonstruktion nach Funden in Gönnersdorf, Rheinland)

M 7 Faustkeil aus Stein (Fundort: Eilenburg, Sachsen; ca. 14 cm lang)

M 8

Jäger greifen ein Hirschrudel an (Felszeichnung, Spanien)

M 9 Angelhaken aus Knochen (Dänemark)

M 10 Skelett eines Mannes, der mit einer Kette aus Elfenbeinperlen bestattet wurde (Sungir, Russland)

M 11

Schulterblatt eines Steinbocks, Steinwerkzeuge (Fund von Château-d'œx, Schweiz)

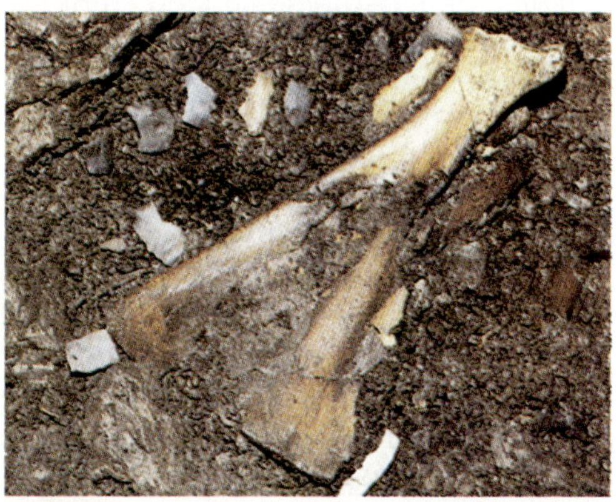

M 12 Felsdach von Château-d'œx (Schweizer Voralpengebiet, aktuelle Fotografie). Die Südwand des Felsblocks ist geneigt und bedeckt eine geschützte Fläche von 10 m Länge und 1 bis 2 m Breite. Der Platz ist über Jahrtausende hinweg genutzt worden, wie zahlreiche Knochen von Wildtieren und Steinwerkzeuge beweisen.

FORSCHUNGS STATION

Wir überprüfen die eigenen Ergebnisse

Vielleicht geht es dir jetzt so ähnlich wie den beiden Kindern:

Die Zweifel der Kinder sind gar nicht schlimm. Im Gegenteil: Richtige Wissenschaftler sind immer vorsichtig!
Bei der Vorgeschichte ist Vorsicht besonders angebracht. Man ist auf „stumme Funde“ angewiesen, die man erst zum Sprechen bringen muss.
Sicher aber willst du wissen, was nach dem heutigen Stand der Forschung als richtig zu gelten hat. Deshalb fasst der unten stehende Text zusammen, was wir im Augenblick über die Zeit der ersten Jetztmenschen in Europa wissen. Diese Zeit nennt man übrigens die *Altsteinzeit,* weil viele Werkzeuge aus Stein hergestellt worden sind. Wenn du den Text genau liest, wirst du immer wieder Hinweise auf die Funde und Rekonstruktionen finden, die du selbst untersucht hast. Du kannst deine Ergebnisse also selbst überprüfen.

Die Zeit der ersten Jetztmenschen (Altsteinzeit)

Die Menschen hatten keine festen Wohnplätze, da sie im Wechsel der Jahreszeiten den Wildtieren hinterherzogen. Diese Lebensweise ist typisch für Nomaden. Nur selten dürften sie das Glück gehabt haben, feste Lagerplätze aufzusuchen (z. B. in Höhlen oder unter Felsüberspründen). Meistens errichteten sie Zelte aus Ästen und Zweigen. Dieses Gerüst bedeckten sie mit Tierhäuten. Am Boden beschwerten schwere Steine diese Häute. So konnte der Wind die Zelte nicht so leicht zerstören. Einige dieser Lagerplätze hat man gefunden. Bekannt ist der Platz von Gönnersdorf (Rheinland). Hier haben vor etwa 13.000 Jahren Jetztmenschen viele Tierknochen hinterlassen. Am häufigsten waren die Knochen von Rentieren. Es fanden sich aber auch Überreste vom Schneehasen und vom Eisfuchs sowie von Vögeln. Die Knochen großer Wildtiere, etwa vom Wollnashorn, vom Auerochsen oder vom Mammut, lagen vereinzelt herum. Reste von Holzkohle und Aschenhaufen zeigen, dass das Fleisch der Tiere gebraten wurde.
In einer kleinen Familie hätten die Menschen nicht überleben können. Treibjagden oder der Fischfang mit Netzen konnten nur in größeren Gruppen erfolgreich durchgeführt werden, auch die Versorgung der kleinen Kinder klappte in einer größeren Gruppe besser. Vermutlich lebte man deshalb in einer Horde von mindestens 15 bis 20 Personen zusammen.
Die Arbeit der Nahrungsbeschaffung war vermutlich unter Männern und Frauen aufgeteilt: Für die Jagd auf große Wildtiere dürften in erster Linie die Männer zuständig gewesen sein, die Frauen haben Beeren, Kräuter und Kleintiere gesammelt. Einige Wissenschaftler nehmen an, die Frauen hätten so bis zu 80 % der Nahrung beschafft.
Die Werkzeuge bestanden aus Stein, Knochen oder Holz. Da sich überwiegend Geräte aus Stein erhalten haben, sprechen wir von der *Steinzeit.* Ein Allzweckgerät war der Faustkeil.
Die ersten Jetztmenschen waren mit Sicherheit nicht dumm. Sie waren geschickt genug sich in einer lebensfeindlichem Umgebung zu behaupten. Beeindruckend sind auch Höhlenmalereien und andere „Kunstwerke“. Zentrales Thema waren die wilden Tiere. Welcher Sinn hinter den Tierdarstellungen steht, ist unbekannt. Die Motive können wir erkennen, aber die Botschaften hinter den Bildern können wir nicht eindeutig lesen. Sollte das Jagdglück beschworen werden? Sollte ein magischer Zauber die Jäger schützen? Oder sind sie Ausdruck der reinen Freude an der Kunst? Wir wissen es nicht genau. Auf jeden Fall wird deutlich, dass diese Menschen schon über viele Fragen des Lebens nachgedacht haben.

Neues vom Neandertaler – Streit in der Wissenschaft

Im Jahre 1856 wurden im Neandertal bei Düsseldorf Knochenreste eines aufrecht gehenden Frühmenschen gefunden, der vor etwa 30- bis 35.000 Jahren gelebt hat. Seine robuste Figur (75 kg bei 1,60 m Körpergröße) und seine Körperkräfte (30% mehr Muskelmasse als heutige Menschen) waren dem Leben unter Eiszeitbedingungen angepasst. In Europa und Vorderasien sind mittlerweile über 300 ähnliche Skelettfunde gemacht worden. Man weiß, dass sich diese Neandertaler aus dem Typ des homo erectus (Turkana-Junge) entwickelt haben und gegen 30.000 v. Chr. ausstarben. Waren die Neandertaler im Vergleich zum heutigen Menschen primitive Lebewesen oder waren sie uns schon sehr ähnlich? Über diese Frage sind die Wissenschaftler unterschiedlicher Meinung.

M1

M2

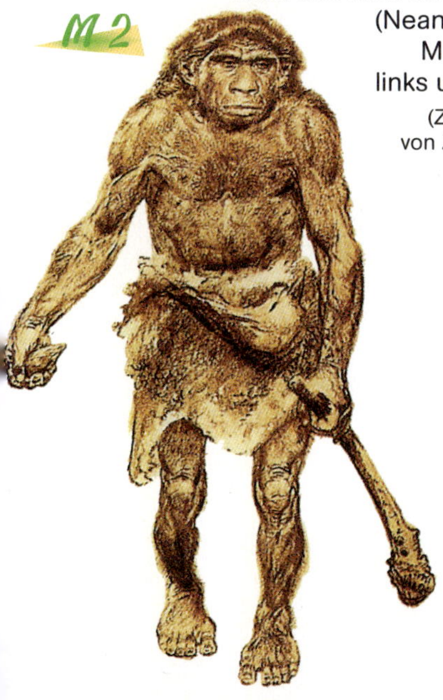

Rekonstruktionen des Neandertalers: oben aus dem Jahre 1997 (Neanderthal-Museum), links um 1960 (Zeichnung von Z. Burian)

M3 Die Einschätzung des Archäologen Fr. Schrenk

Neandertaler bestatteten ihre Toten und gaben ihnen Grabbeigaben mit. Zum ersten Mal in der langen Geschichte der Menschheitsentwicklung nahm man sich der Verstorbenen an. [In einem Grab] fanden sich unter und über einem Neandertaler-Skelett Pollen von Heckenrosen, Lichtnelken und Traubenhyazinthen: Der Tote wurde auf einem Bett aus Blüten beigesetzt und mit Blumen bestreut. […]

In Shanidar, Kurdistan, wurde das Skelett eines Mannes gefunden, der besonders unter Krankheiten und Verletzungen schwer zu leiden hatte: Auf einem Auge war er durch eine massive Kopfverletzung erblindet, ihm fehlte eine Hand, ein Arm war verkrüppelt, sein linkes Bein war mehrfach gebrochen und wieder verheilt, die Knochensubstanz war verändert. Die Tatsache, dass er trotz dieser schweren Behinderungen lange Zeit überlebte, kann nur damit erklärt werden, dass ihm von Mitgliedern der Gruppe aktive Hilfe und Fürsorge zuteil wurde. So darf vielleicht bei den Neandertalern ein hohes Maß an Mitgefühl und Verantwortungsbewusstsein angenommen werden.

(Die Frühzeit des Menschen, München 1997, S.112f.)

M4 Die Einschätzung des Münchener Biologen Pääbo

Frage: Herr Pääbo, was haben Sie und Ihr Team untersucht?

Antwort: Wir haben versucht, aus dem Oberarmknochen des ersten gefundenen Neandertalers die Erbsubstanz zu isolieren. Nach 7 Jahren hat es jetzt endlich geklappt.

Frage: Was haben Sie herausgefunden?

Antwort: Wir haben das Erbgut des Neandertalers mit dem Erbgut heutiger Schimpansen und Menschen verglichen. Das Ergebnis war verblüffend: Der Neandertaler liegt ungefähr auf halber Strecke zwischen Mensch und Schimpanse.

Frage: Also hat der Neandertaler gar nichts mit uns heutigen Menschen zu tun?

Pääbo: Wenig. Wahrscheinlich hat es einen gemeinsamen Vorfahren gegeben. Aber vor etwa 600.000 Jahren haben sich die Wege getrennt. Als der moderne Mensch auftauchte, hatte der Neandertaler keine Chance. Wenn er überlebt hätte, müsste man sich ernsthaft fragen, ob man ihn in einem Zoo unterbringen müsste.

(Nach: Süddeutsche Zeitung, 11.7.1997)

Oberarmknochen aus dem ersten Neandertaler-Fund (1856). Aus der herausgesägten Halbscheibe isolierten die Münchener Wissenschaftler die Erbsubstanz.

1. Wie wird der Neandertaler in M3 beurteilt, wie in M4?
2. Wieso kommen die Wissenschaftler zu unterschiedlichen Ergebnissen?
3. Vergleiche die Abbildungen M1 und M2: Welche Rekonstruktion passt zu M3, welche zu M4?

Großwildjäger in der Altsteinzeit

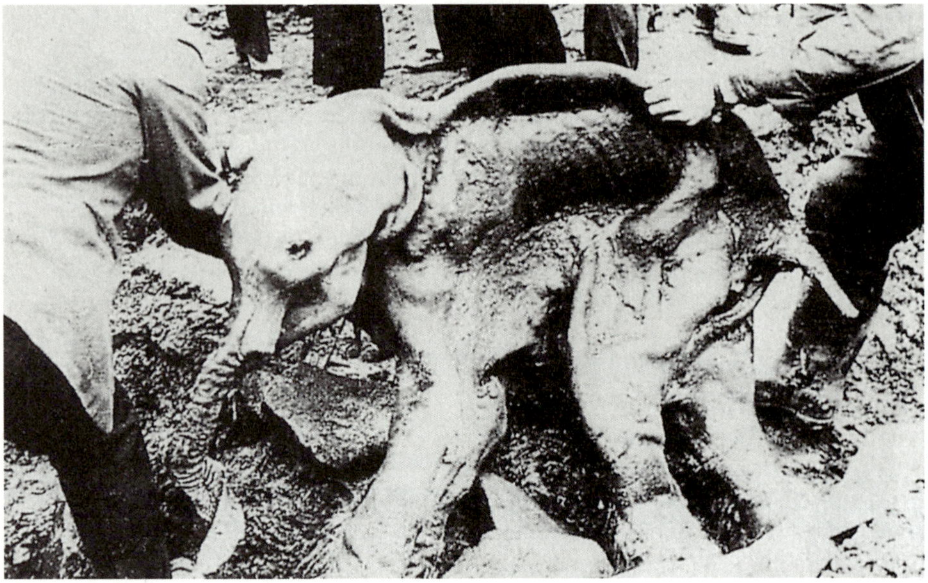

Wenn wir ein typisches Handwerksgerät der Altsteinzeit nennen müssen, denken wir an den Faustkeil. Das typische Tier für die kalten Perioden der Altsteinzeit ist das Mammut. Noch vor 10.000 Jahren haben die letzten Exemplare in Sibirien gelebt, bevor diese Tierart endgültig ausgestorben ist.

1977 entdeckte man in Sibirien ein 12.000 Jahre altes Mammutbaby (Fotografie). Sein Körper war im Gletschereis völlig erhalten geblieben. Die Todesursache ist unbekannt.

M 1 Lexikon-Artikel

Mammut

Ein Mammut konnte etwa 4 m groß werden und wog 4 Tonnen. Die äußere Speckschicht betrug oft 10 cm, darüber befand sich ein dunkles Fell mit struppigen, langen Haaren. Bei ausgewachsenen Exemplaren waren die Stoßzähne 3 m lang und wogen jeweils 200 kg.
Da die Mammutherden ständig zwischen Sommer- und Winterweiden hin und her zogen, legten sie jährlich bis zu 3000 km zurück. Ein Mammut musste fast ununterbrochen fressen um sich am Leben zu erhalten. Im Magen eines gut erhaltenen Mammuts in Sibirien hat man 15 kg Moose und Jungtriebe von Bäumen gefunden.

(Autorentext)

M 2 Verwertung eines Mammuts

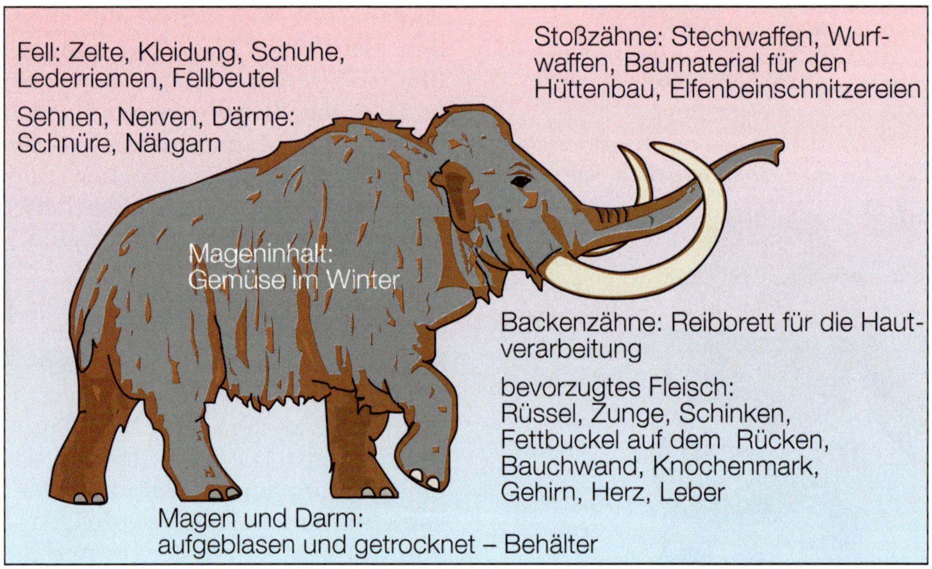

Nutze die Materialien M 1 und M 2 für einen Vortrag über das Mammut. Stelle zuerst Informationen zusammen zu den Gliederungspunkten „äußere Erscheinung“, „Nahrung“, „Bedeutung für die Menschen der Altsteinzeit“.

Wie hat man sich die Jagd vorzustellen?

Das Leben der ersten Jetztmenschen war sehr gefährlich. Neben dem Klima und dem Hunger waren auch wilde Tiere eine ständige Bedrohung. Besonders mutig mussten die Jäger sein, wenn sie Tiere wie einen Elefanten (Warmzeit) oder ein Mammut (Eiszeit) erlegen wollten. Zwei Jagdarten sind durch Funde nachgewiesen worden:

Darstellung der Mammutjagd im „Park der Vorgeschichte" (bei Lascaux, Frankreich)

1. Die Jagd mit einem Speer

An einem kleinen See bei Verden (Niedersachsen) hat man das fast vollständige Skelett eines etwa 45 Jahre alten Elefanten gefunden, der ca. 5 m hoch und 5 t schwer war. Zwischen den Rippen steckte ein 2,5 m langer Eibenholzspeer mit einer feuergehärteten Spitze. In der näheren Umgebung lagen Steingeräte wie Faustkeile und Schaber. Die Wissenschaftler haben den Fundort ausgiebig untersucht und den Sachverhalt rekonstruiert. Danach hatten vor über 100.000 Jahren Elefantenjäger eine Herde beobachtet und so lange verfolgt, bis sie nah genug an einen der Dickhäuter herangekommen waren. Einem der Jäger muss es gelungen sein, seinen Holzspeer schräg von vorne in die Brust des Tieres zu stoßen. Es war aber nur verwundet und schleppte sich bis zu einem Tümpel, wo es mitsamt der tief im Körper steckenden Waffe einsank und verblutete. Die Jäger verfolgten ihre Beute. Sie griffen sich Steine, die verstreut umherlagen, und fertigten an Ort und Stelle einfache Werkzeuge an, um mit ihrer Hilfe die aus dem Wasser herausragenden Teile abzulösen.

Bei dieser Jagdmethode muss es sehr wichtig gewesen sein, dass der Speer das Beutetier schwer verletzte, also tief in den Körper eindrang oder etwa das Herz traf. Ging der Stoß daneben, drohte dem Jäger der Tod. Mehrere Zeichnungen und Bilder aus der Steinzeit zeigen Einzeltiere, die Menschen anspringen oder angreifen.

Wandmalerei in der Höhle von Pindal (Nordspanien)

2. Die Jagd mithilfe von Fallgruben

Diese Fangart dürfte vor allem in der Nähe von Wasserstellen angewandt worden sein. Die Steinzeitmenschen konnten davon ausgehen, dass die Tiere mit einiger Regelmäßigkeit zur Tränke gingen. An schmalen Zugängen oder hinter Felsvorsprüngen haben sie deshalb Gruben ausgehoben und mit Sträuchern abgedeckt. Die ganze Horde hat Lärm gemacht und vielleicht auch Feuer eingesetzt um Tiere in die Falle zu treiben.

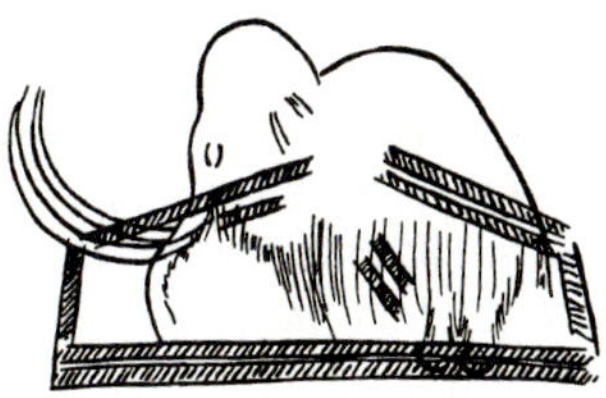

Mammut in der Falle. Wandmalerei in der Höhle von Font-de-Gaume (Frankreich)

Als wären wir dabei gewesen ...

Schreibe einen Aufsatz: Ich jage einen Elefanten/ein Mammut.
- Versetze dich in die Rolle eines Jägers, der mit seiner Horde auf die Jagd geht.
- Wichtig: Nutze die Angaben des Textes, entscheide dich für eine der beiden Jagdmethoden.
- Vorschlag für den Anfang: „Schon seit langer Zeit hatten wir nichts mehr zu essen. Beeren und Schnecken waren verspeist ..."

Wie lebten die Menschen in der Jungsteinzeit?

Eine Siedlung wird ausgegraben

Im Jahre 1930 stießen Archäologen in Köln-Lindenthal auf merkwürdige Verfärbungen im Boden. Ganz vorsichtig und gleichmäßig trugen sie die obere Bodenschicht ab. Dabei entdeckten sie dunkle, runde Flecken auf der Erde. Aus größerem Abstand konnten sie erkennen, dass diese Verfärbungen nicht zufällig angeordnet waren. Sie untersuchten die Flecken genauer. Überall fanden sie drei verschiedene Bodensubstanzen (vgl. M2). Kein Zweifel, an diesen Stellen hatten früher einmal Holzpfosten gestanden. Das Holz war zwar verrottet, aber die Spuren hatten sich erhalten. Als die Forscher in unmittelbarer Nähe auch noch Lehmbrocken fanden, die Abdrücke geflochtener Weidenruten aufwiesen, waren sie sich einig: Hier musste einmal ein Haus gestanden haben! Mit einer Grundkonstruktion aus Holzstämmen und festen Wänden aus Flechtwerk und Lehm.

Umfangreiche Grabungen in den nächsten Jahren ergaben genauere Ergebnisse. Um 5.500 vor Christus haben in Lindenthal etwa 100 Menschen gelebt. Sie bewohnten 10 Häuser der gleichen Bauart, von denen einige bis zu 36 m lang und 8 m breit waren. Die gesamte Siedlung war von einem Zaun umgeben.

M 1

Luftbild: Ausgrabung eines Hauses der Jungsteinzeit

M 2

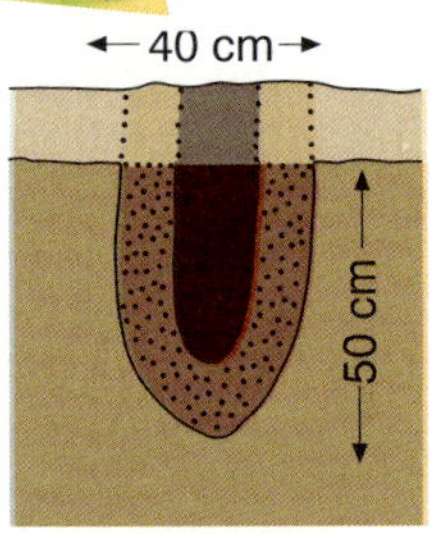

Pfostenloch und Lehmverputz

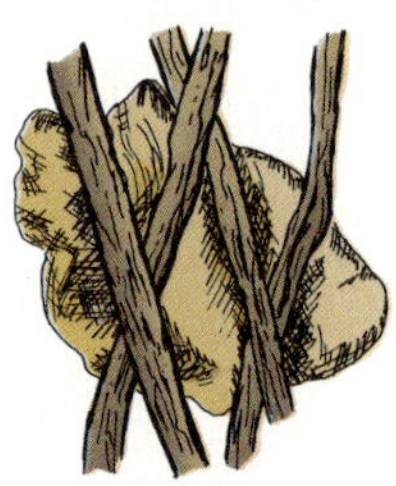

M 3

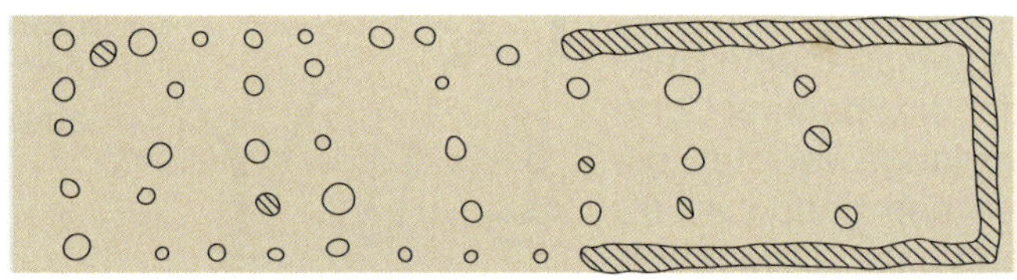

Vermessungsplan/Grundriss

M 4

Rekonstruktion eines Hauses

Sorgfältig wurde auch festgehalten, welche kleineren Funde in der Umgebung gemacht wurden:

M 5

Pflanzenreste	Knochen	Geräte
Getreide wie Hirse, Gerste, Emmer und Dinkel; Erbsen, Linsen; Flachs	Hund, Ziege, Schaf, Schwein, Rind, Reh, Wildschwein, Elch, Bär	Grabstöcke, Sicheln mit Schneiden aus Feuerstein, Holzpflug, Pfeile und Bogen, Speere mit Steinspitzen, geschliffene Steinbeile, Bohrapparate, Webstühle, im Feuer gehärtete Tonscherben, Getreidemühlen

M 6 Dem Archäologenteam gelang es, einzelne Fundstücke zu rekonstruieren:

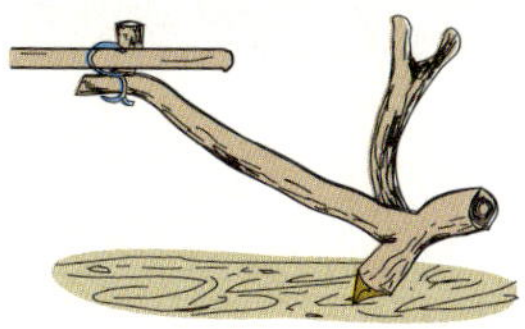

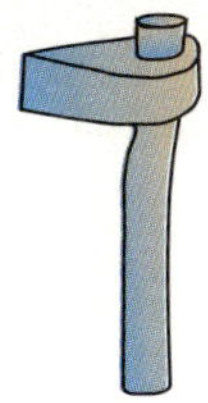

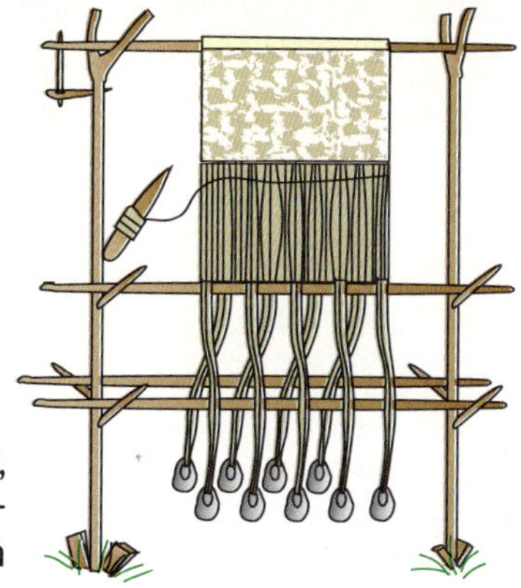

Backen wie die Lindenthaler

Zum Ausprobieren:

Du kannst selbst ein Steinzeitbrot backen. Zunächst brauchst du einen etwas größeren Stein mit einer Fläche, auf der du reiben kannst, und einen kleineren, runden Mahlstein. Nimm einige Getreidekörner und schon kann's losgehen. Mit etwas Wasser (oder Milch?) musst du dann das Mehl mischen. Den Teig kannst du zu Fladen kneten und dann im Ofen oder auf erhitzten Steinen backen. In der Gruppe macht es besonders viel Spaß.

Den Wissenschaftlern wurde immer klarer, dass sie keinen Lagerplatz von umherziehenden Jägern und Sammlerinnen ausgegraben hatten. In Köln-Lindenthal hatten über eine lange Zeit hinweg Menschen gewohnt, die als Ackerbauern und Viehzüchter arbeiteten.

Die Funde sorgen tatsächlich für Klarheit. Die Lindenthaler lebten anders als die früheren Jäger und Sammlerinnen. Wenn du die Materialien M1 bis M6 genau betrachtest, kannst du die Unterschiede selbst angeben. (Mache Notizen zu folgenden Stichwörtern: Berufe, Wohnung, Nahrung, typische Geräte, Lebensweise …)

Der Alltag in Köln-Lindenthal: ein Schritt nach vorn?

Was meinst du: Hättest du lieber als Jäger/Sammlerin in der Altsteinzeit oder als Ackerbauer und Viehzüchter in der Jungsteinzeit gelebt?
Der folgende Text erlaubt dir eine durchdachte Antwort zu geben. Notiere beim Lesen, welche Fortschritte und welche Probleme mit der Entwicklung verbunden waren; dann fällt dir die Entscheidung leichter.

Fortschritte ______________________

____

Probleme ______________________

Der Alltag in Lindenthal unterschied sich völlig von dem Alltag der Jäger und Sammlerinnen. Als Ackerbauern und Viehzüchter lebten die Lindenthaler auf einer ganz neuen Entwicklungsstufe, die man als Jungsteinzeit bezeichnet. Weil die Unterschiede zur Altsteinzeit so gewaltig sind, spricht man auch von der landwirtschaftlichen oder neolithischen Revolution (Neolithikum ≈ Jungsteinzeit).

Lebensweise

Die auffälligste Veränderung betrifft das Zusammenleben: Die Lindenthaler lebten über viele Jahre hinweg an der gleichen Stelle, sie waren also sesshaft. Es ist anzunehmen, dass die Menschen nicht mehr als Horde zusammenlebten. In jedem Haus fanden sich vermutlich Gruppen von nahen Verwandten zusammen (Großfamilien?).

Produktion von Nahrung

Die Lindenthaler hatten gelernt wilde Tiere zu zähmen und Haustiere zu züchten. Sie haben planmäßig Felder angelegt, Getreide ausgesät und Monate später geerntet. Dieses Verhalten ist völlig neu in der Weltgeschichte. Einige Wissenschaftler meinen sogar, dass erst diese produzierende Wirtschaftsweise den Menschen vom Tier unterscheidet. Affen z.B. sind schlau, aber nie kämen sie auf die Idee eine Bananenplantage anzulegen. Die Menschen von Lindenthal waren nicht mehr darauf angewiesen, Beutetiere zu suchen und zu erlegen oder essbare Pflanzen zu finden. Sie konnten Haustiere schlachten oder auf Getreidevorräte zurückgreifen. Weil sie ihre Nahrung selbst herstellten, wurden sie unabhängiger von der Natur.

Die Abbildung zeigt, welche Fläche notwendig ist um zehn Menschen zu ernähren: rot ≈ durch Jagen und Sammeln (≈30 km^2), grün ≈ durch Ackerbau und Viehzucht (≈ 1,5 km^2).

Gesundheit

Andererseits war die Nahrungsgrundlage nicht immer stabil. Zwei Missernten reichten aus um die bäuerliche Gemeinschaft in eine Krise zu stürzen. Neben dem Hunger dürfte auch die mangelnde Hygiene die Lebenserwartung gesenkt haben. Gute Ernten jedoch erlaubten die Pflege kranker Dorfbewohner. Insgesamt sorgte die neolithische Revolution für einen Bevölkerungsanstieg.

Arbeitszeiten

Die Menschen mussten regelmäßig arbeiten. Aussaat und Ernte verlangten eine klare Folge von Arbeitsschritten. Das Vieh musste auf die Weiden gebracht und dort beaufsichtigt werden. Auch im Hause fielen täglich Arbeiten an: bei der Lagerung und Verarbeitung der Lebensmittel, bei der Herstellung von Werkzeugen usw. Anders als die Jäger und Sammlerinnen kannten die ersten Bauern und Viehzüchter nur wenig Freizeit.

Konflikte

Lange hat man gerätselt, warum Zäune oder Mauern die ersten Siedlungen umgaben. Heute weiß man, dass die ersten Ackerbauern und Viehzüchter nicht immer friedlich lebten.

Im Frühjahr 1983 machten Archäologen in Talheim (Kreis Heilbronn) einen grausigen Fund. Sie fanden die Knochen von 34 Menschen, die etwa 5000 v. Chr. in einem Massengrab verscharrt worden waren. Die Archäologen halten es für wahrscheinlich, dass die Talheimer Opfer eines Überfalles geworden sind. Alle 34 zeigten nämlich schwere Verletzungen am Schädeldach; sie waren erschlagen worden.
In den Jahren zuvor muss es mehrere Missernten gegeben haben, denn Knochenuntersuchungen verrieten Eisen- und Vitaminmangel sowie Wachstumsverzögerungen bei den Kindern. Die Bewohner einer benachbarten Siedlung, so die Vermutung der Wissenschaftler, haben die Siedlung bei Talheim überfallen um an die letzten Vorräte zu gelangen.

Umwelt

Wenn Menschen die Natur bearbeiten, verändern sie auch ihre Umgebung. Felder und Viehweiden brauchen Platz; deshalb sind in vielen Teilen der Welt Bäume gefällt worden. Kurzfristig konnte man auf den neuen Flächen gut wirtschaften, dann aber stellten sich Schäden ein. Der Grundwasserspiegel sank und die Böden trockneten aus. Oder das Vieh zerstörte den Pflanzenwuchs. An den Orten, an denen die ersten jungsteinzeitlichen Siedlungen entstanden, kann man heute kaum noch Ackerbau betreiben; die Böden sind steinig.

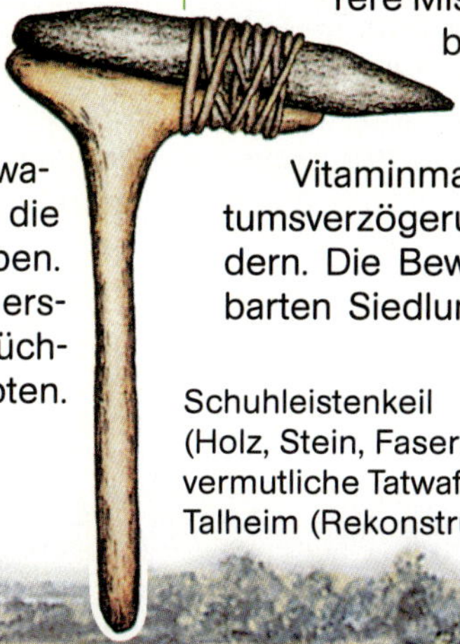

Schuhleistenkeil (Holz, Stein, Fasern), vermutliche Tatwaffe von Talheim (Rekonstruktion)

Die jungsteinzeitliche Siedlung von Köln-Lindenthal um 5500 vor Christus (Rekonstruktion)

Weitere Fragen zur Jungsteinzeit

Die Siedlung in Lindenthal gibt eine Menge Aufschlüsse, aber viele Fragen können an diesem Beispiel nicht beantwortet werden. Deshalb findest du auf dieser Doppelseite weitere Texte und Materialien zu drei Arbeitsfragen. Entscheide dich für eine Fragestellung, die du bearbeiten willst; trage die Antworten in der Klasse vor.

Arbeitsfrage 1

Wie kam es zur landwirtschaftlichen Revolution?

Über mehr als 100.000 Jahre hinweg hatten die Menschen gejagt und gesammelt und auf diese Weise ihr Überleben gesichert. Zwischen 10.000 und 4000 vor Christus begannen die Menschen sich durch Viehzucht und Ackerbau zu ernähren. Eine ungeheure Veränderung! Die Wissenschaftler sind sich einig, dass dieser völlige Wechsel der Lebensweise im Zusammenhang mit einer Klimaveränderung steht. Vor etwa 12.000 Jahren endete die letzte Eiszeit und es wurde langsam wärmer. Das Mammut starb aus, andere Pflanzen wuchsen, viele Bäume bildeten nach und nach große Wälder. In Mittel- und Nordeuropa verzögerte sich die Entwicklung, weil die dicken Eismassen erst langsam abschmolzen. Im Vorderen Orient stiegen die Temperaturen schneller an. Hier reagierten die Menschen als Erste auf die neuen Umweltbedingungen. Vor allem erkannten sie die Möglichkeiten einer neuen Pflanze: des Wildgetreides. Sie begannen, die Getreidekörner zu säen und zu ernten. Gleichzeitig gelang es, wilde Tiere zu zähmen. Große Siedlungen wie Jericho oder Çatal Hüyük mit mehreren tausend Einwohnern konnten entstehen. In Mitteleuropa dauerte es noch 3000 Jahre, bis sich Ackerbau und Viehzucht durchsetzten. Je mehr Jagd und Sammeltätigkeit an Bedeutung verloren, desto wichtiger wurde die Landwirtschaft. Man siedelte dort, wo der Boden fruchtbar war. Das Erntedankfest und die Redewendung von der „Mutter Erde“ erinnern auch heute noch an die große Bedeutung der Ernte.

M 1

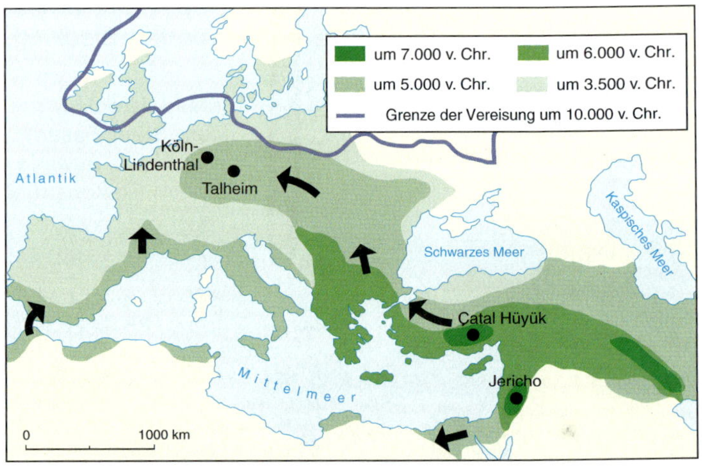

Ausbreitung des Ackerbaus

Arbeitsfrage 2

Wie sah es im Inneren eines Hauses aus?

Als Beispiel eignet sich die Siedlung in Çatal Hüyük, die sehr gut erhalten ist. Um 6500 v. Christus gab es etwa 1000 Häuser, die terrassenförmig an einem Hügel errichtet waren. Die Häuser bestanden aus Schlammziegeln. Sie waren dicht aneinander gebaut und in bemerkenswerter Weise genormt. Alle besaßen nur einen Raum mit einem rechteckigen Grundriss (ca. 4 x 6 m). Die Zahl der gemauerten Schlafbänke lässt vermuten, dass jedes Haus für vier bis fünf Personen Platz bot. In jedem Haus gab es eine kleine Küche mit Herd und Backofen. Man betrat die Häuser nicht durch Türen, sondern durch einen Einstieg auf dem Flachdach, das man wiederum nur über eine Leiter erreichen konnte. Von besonderem Interesse sind einige Gruppen von Räumen, die an Vorratskammern erinnern. Hier standen Kornbehälter aus Ton (ca. 1 m hoch). Das Getreide wurde oben hineingeschüttet und ließ sich durch eine Öffnung in Fußbodennähe entnehmen. Vermutlich wurden in diesen Räumen religiöse Handlungen durchgeführt, denn man fand umfangreiche Wandgemälde, kunstvoll angebrachte Stierhörner und Frauenfiguren, die aus Lehm gebrannt sind.

M 2

Blick in die Siedlung von Çatal Hüyük (Rekonstruktion)

Arbeitsfrage 3

Welche Rolle spielten die Frauen?

In der heutigen Wissenschaft gibt es viel Streit um die Frage, ob die Frauen Vorteile von dem Wechsel von der Alt- zur Jungsteinzeit hatten oder ob sich ihre Lage eher verschlechterte. Allgemein anerkannt ist, dass es Frauen waren, die den Ackerbau entdeckten. Als Sammlerinnen besaßen sie ja das nötige Vorwissen. Sie konnten genießbare und giftige Pflanzen auseinander halten, sie wussten um die Heilkräfte von Kräutern und vor allem kannten sie die Orte, an denen in jedem Jahr Wildgetreide wuchs. Jetzt war es nur ein kleiner Schritt, um den Zusammenhang von Aussaat und Ernte zu erkennen und dem Wachstum der begehrten Getreidekörner durch die Anlage von Gärten oder Feldern nachzuhelfen.

Einige Archäologen meinen, dass sich die Entdeckung des Ackerbaus für die Frauen gelohnt hat. Weil Frauen das entscheidende Wissen über die neue Nahrungsgrundlage besaßen, hätten sie auch eine Vorrangstellung in den jungsteinzeitlichen Siedlungen eingenommen. In Çatal Hüyük fanden sich – oft in unmittelbarer Nähe zu den Getreidebehältern – viele Frauenfiguren, die als Fruchtbarkeitsgöttinnen gedeutet werden. Wurden weibliche Figuren verehrt, weil man glaubte, Frauen seien für die Fruchtbarkeit zuständig?

Die Untersuchung von Gräberfeldern in mitteleuropäischen Siedlungen der Jungsteinzeit deutet eher auf eine Benachteiligung von Frauen hin. Frauen erhielten viel seltener als Männer Grabbeigaben und wenn, dann waren diese längst nicht so prunkvoll wie bei den Männern. Die Muskelmarken an den Knochen verraten, dass die Frauen extremen körperlichen Belastungen ausgesetzt waren. Ihr Leben war aber nicht nur hart, sondern auch kurz! Sie lebten durchschnittlich zehn Jahre weniger als die Männer; kaum eine Frau erreichte ein Alter, dass sie Großmutter hätte werden können.

M 3

Lehmfigur einer (gebärenden?) Frau, die sich auf zwei Leoparden stützt; gefunden in einem Getreidebehälter in Çatal Hüyük. Die Figur ist etwa 20 cm hoch.

Wie können Archäologen das Alter von Fundstücken bestimmen?

Woher weiß man eigentlich, dass die Siedlung in Lindenthal um 5500 v. Chr. gebaut wurde? Diese Frage einer genauen Datierung beschäftigt auch die Archäologen. Auf dieser Seite lernt ihr zwei Verfahren kennen, wie sie die Profis in der Wissenschaft benutzen.

Baumringmethode

Jeder von euch weiß, dass Bäume in jedem Jahr einen so genannten Jahresring bilden. Hat ein Baum 50 Ringe, ist er 50 Jahre alt. Wie aber ermittelt man das Alter von Holz, wenn man nicht weiß, wann der Baum gefällt worden ist? Ganz einfach: Bei einem frisch gefällten Baum habt ihr vielleicht selbst schon einmal die Ringe gezählt. Dabei ist euch sicher aufgefallen, dass diese Ringe unterschiedlich breit sind. Je nach Witterung ist der Baum kräftig oder kaum gewachsen. Die Archäologen machen sich jetzt zunutze, dass alle Bäume, die im gleichen Zeitraum und im gleichen Gebiet gewachsen sind, sehr ähnliche Jahresringe besitzen. Im Laufe der Jahre entsteht so ein typisches, unverkennbares Wachstumsmuster. Das Schaubild zeigt euch nun, dass man diese Muster genau notiert. Überlappungen ermöglichen, immer weiter in die Vergangenheit zurückzugehen. In Europa gibt es mittlerweile Standardkurven bis 6000 vor Christus! Findet man irgendwo ein Holzstück, muss man nur suchen, wo die Jahresringe genau zueinander passen.

1. Für gute Rechner: Der Baum wurde 1990 gefällt. Wann (frühestens!) wurde der linke Unterstand gebaut?
2. Zum Ausprobieren: Wähle einen hölzernen Gegenstand aus, dessen Alter du bestimmen willst (z.B. das Bein eures Esstisches). In der näheren Umgebung der Schule oder deines Hauses gibt es sicher einen Baumstumpf, bei dem man die Jahresringe gut erkennen kann. (Wenn du ganz genau arbeiten willst, musst du wissen, wann dieser Baum gefällt wurde.) Übertrage die Jahresringe millimetergenau auf ein Blatt Papier und vergleiche das Jahresringmuster mit dem Tischbein. Wenn der Tisch aus heimischem Holz gemacht wurde, lohnt sich die Mühe bestimmt.

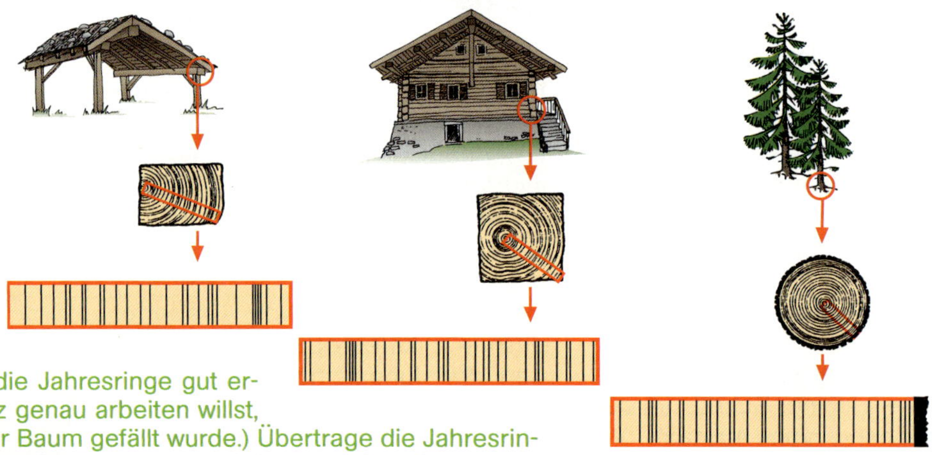

Radiokarbonmethode

Die zweite Methode ist etwas für die Chemiker und Physiker unter euch. Man hat nämlich herausgefunden, dass alle belebten Substanzen das radioaktive Kohlenstoff-Isotop C14 besitzen. Wenn ein Stück Holz, ein Knochen oder Ähnliches abstirbt, zerfällt auch diese Substanz. „Jetzt beginnt die Atomuhr zu ticken", sagte dazu der Erfinder der Methode, der Nobelpreisträger Libby. Er fand nämlich heraus, dass die C14-Strahlung ganz regelmäßig abnimmt. Die Hälfte der ursprünglichen Strahlung ist nach 5.700 Jahren noch vorhanden (Halbwertzeit), nach 11.400 Jahren beträgt die Strahlung nur noch ein Viertel. Misst man nun die Rest-Strahlung der Holzreste in den Pfostenlöchern von Lindenthal, kann man das Alter der Häuser schnell errechnen. Auch das Alter der Höhlenmalereien ist so bestimmt worden, denn die Künstler haben mit Steinkohle gearbeitet.

Anschaulich ins Bild gesetzt: Kreis- und Säulendiagramme

A. Ernährungsgewohnheiten ändern sich. Ein Kreisdiagramm gibt Auskunft

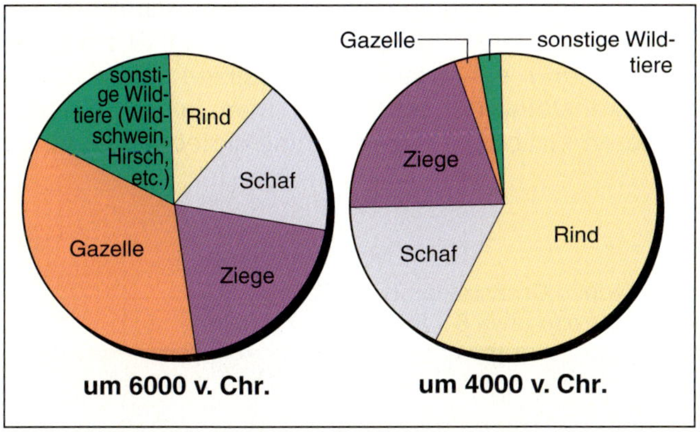

Archäologen haben in einem Dorf der Jungsteinzeit (Mehrgarh, Pakistan) eine Abfallgrube untersucht. Sie haben festgestellt, dass die Grube über Jahrtausende hinweg benutzt wurde. Diese gefundenen Tierknochen haben sie gezählt und sortiert. Das Ergebnis wurde in einem Schaubild festgehalten.

1. Von welchen Tieren ernährten sich die Menschen um 6000 v. Chr. bzw. um 4000 v. Chr.?
2. Wie hat sich die Ernährung zwischen 6000 und 4000 v. Chr. geändert?
3. Versuche die Entwicklung zu erklären.

B. Wie alt wurden die Menschen in der Jungsteinzeit? Ein Säulendiagramm gibt Auskunft

Dem Schaubild liegt eine Untersuchung von Skelettresten zugrunde, die aus einer jungsteinzeitlichen Siedlung bei Lenzburg (Schweiz) stammen. Zuerst haben die Archäologen ermittelt, in welchem Alter die Menschen gestorben sind. Dann haben sie Altersgruppen gebildet und die Menschen zusammengefasst, die ein Alter von 0-10 Jahren erreicht haben, von 10-20 Jahren usw.

Die Höhe der grünen Säulen zeigt die prozentuale Verteilung; ein Beispiel: Von 100 Lenzburgern der Jungsteinzeit haben 15 ein Lebensalter zwischen 20 und 30 Jahren erreicht. Die blauen Säulen zeigen, wie alt die Menschen werden, die heute in Lenzburg leben. Auch hier ein Beispiel: Von 100 heutigen Lenzburgern sterben 35 zwischen 70 und 80 Jahren.

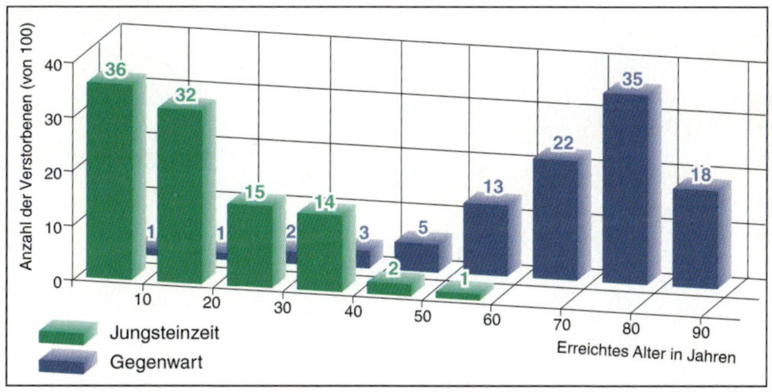

(Umrechnungen und grafische Umsetzung: U. Bröhenhorst; nach: U. Ruoff, Leben im Pfahlbau, Solothurn 1991, S. 35)

1. In welchem Lebensalter starben besonders viele Menschen in der Steinzeitsiedlung? Wie viele Menschen wurden höchstens 20 Jahre alt, wie viele wurden älter als 50 Jahre?
2. Vergleiche mit der heutigen Entwicklung. Wie erklärst du dir die Unterschiede?

In „Zeiten und Menschen" wirst du häufiger auf solche anschaulichen Abbildungen treffen. Grob betrachtet, kannst du sie immer auf die gleiche Weise nutzen:

1. Beschreibung: Wozu will das Schaubild etwas sagen (Thema, Problemfrage) und wie sagt es etwas (Art der Darstellung)?

2. Untersuchung: Welche Aussage macht das Schaubild zum Thema oder zur Problemfrage?

3. Auswertung: Kann man die Aussage erklären, lassen sich Schlussfolgerungen ziehen?

Lebten Riesen an der Küste?
Gemeinschaftsleistungen der ersten Bauern

In Norddeutschland, vor allem im Gebiet zwischen Weser und Ems sowie an der Ostsee, findet man hunderte von Grabanlagen aus großen Steinen. Wie kaum ein anderer Fund aus der Jungsteinzeit sind sie geeignet unsere Hochachtung vor den Leistungen dieser ersten Bauern zu steigern. Die ältesten Bauten sind etwa 6000, die jüngeren 4000 Jahre alt – und sie stehen immer noch und imponieren durch ihre mächtige Größe. Trotz aller Unterschiede in der Form besitzen alle Großsteingräber mindestens eine Kammer, die von einigen Trägersteinen und einem oder mehreren Deckensteinen gebildet wird. Die kleineren Gräber sehen aus der Ferne wie ein Steinhaufen aus und sind nur ein paar Meter lang. Andere Grabanlagen werden von dutzenden von Findlingsblöcken eingerahmt und sind über 100 Meter lang! Fast alle Grabkammern besitzen einen Eingang, durch den man in das Innere der Kammer hineinkriechen kann.

M 1

Der „Klingenstein" – ein einfaches Großsteingrab bei Passow (Mecklenburg-Vorpommern); Größe etwa 5 x 3 x 2,50 m (Luftbild)

Wie wurden die Gräber errichtet?

Findlinge stehen oder liegen in vielen Gärten. Sie sind mächtige Brocken. Das weiß jeder, der schon einmal einen Stein von der einen Gartenecke in die andere umsetzen wollte. Allein hat man auch bei kleineren Findlingen keine Chance und etwas größere Exemplare sind nur mit vereinten Kräften der halben Nachbarschaft zu bewegen. Kein Wunder, dass man jahrhundertelang nach einer Erklärung suchte, wie wohl die mächtigen Findlinge der Großsteingräber transportiert und aufgeschichtet worden sind. In den norddeutschen Sagen werden übermenschliche Kräfte bemüht: Entweder treten Götter als Baumeister auf oder aber der Teufel. Am einleuchtendsten erschien den Menschen lange die Theorie, nach der Riesen am Werke gewesen sein mussten. Deshalb hat der Volksmund den Gräbern auch den Namen „Hünengräber" (Hüne = Riese) gegeben.

M 2

So erklärte man sich den Bau der Gräber im 17. Jahrhundert.

Die folgenden Bilder zeigen eine moderne Erklärung.

M 3

Tragsteine

Ziehen und Hebeln

Decksteine

Grabanlage (mit Erde aufgefüllter Grabhügel)

Einige Mädchen und Jungen klettern auf den Steinen eines Großsteingrabes herum. Als Spaziergänger kommen und fragen, wie das Grab wohl errichtet wurde, geben die Kinder Auskunft (denn sie haben die Bilderfolge für die moderne Erklärung gut verstanden).
Spielt diese Szene in der Klasse vor. Legt fest, wer die Rolle der Spaziergänger übernimmt und wer zu den Kindern gehört, die Auskunft geben.

FORSCHUNGSSTATION

Großsteinbauten: Was weiß man darüber – was bleibt rätselhaft?

Achim, Meike und Christian aus der 6. Klasse wollen mehr über die Großsteingräber wissen. Deshalb fahren sie in ein Museum für Vor- und Frühgeschichte und befragen einen wissenschaftlichen Mitarbeiter. Im Gespräch erfahren sie auch einiges über andere Bauwerke aus großen Steinen. Auf der Heimfahrt unterhalten sich Achim, Meike und Christian, wie sie die Klasse informieren wollen. Sie teilen die Arbeit auf und legen drei Themen fest:

1. Die Gräber hatten ein Innenleben
2. Rätselhafte Steinbauten in Stonehenge und in der Bretagne
3. Großsteinbauten – eine Erfindung der Jungsteinzeit

Interview und Fotos können die Grundlage für deine Forschungsarbeit sein. Entscheide dich für ein Thema, das du bearbeiten möchtest.

M 1

Steingrab von Drenthe (Emmen, Niederlande)

M 2 **Interview**

Frage: Woher weiß man eigentlich, dass diese Steinbauten Gräber waren?
Antwort: Im Inneren dieser Kammern hat man Knochen von Menschen, teilweise sogar ganze Skelette gefunden.
F: Waren das besondere Menschen, vielleicht Könige oder Prinzessinnen, für die man solche Anlagen errichtet hat?
A: Nein. Die wirklich großen Grabanlagen waren keine Einzelgräber, es waren eher Friedhöfe. Über einen längeren Zeitraum hinweg wurden sie für Bestattungen ganz normaler Bauern genutzt.
F: Über einen längeren Zeitraum hinweg …? Bedeutet das, dass man bei jedem Todesfall die Grabkammer wieder geöffnet hat?
A: Das ist eher unwahrscheinlich. Wir haben herausgefunden, dass die Menschen schon längere Zeit tot gewesen sein müssen, bevor ihr Leichnam in das Grab kam. Es wurden nur die Knochen beigesetzt; wahrscheinlich in einer Art Sammelbeisetzung. Die Knochen der einzelnen Toten liegen übrigens völlig durcheinander.
F: Wie hat man sich so eine Graböffnung vorzustellen?
A: Fast alle Grabkammern konnte man durch einen Kriechtunnel erreichen.
F: Irgendwann muss so eine Grabkammer doch einmal voll belegt gewesen sein.
A: Dann wurden die Gräber verschlossen und – meist mit Sand – aufgefüllt. Bei einigen wenigen Gräbern deuten Knochenfunde vor dem Eingang darauf hin, dass das Grab einfach ausgeräumt wurde, um es neu belegen zu können.
F: Haben Sie in den Gräbern nur Knochen gefunden oder auch andere Sachen?
A: Diese Sachen nennen wir Grabbeigaben. Oft finden sich Werkzeuge und Scherben von Gefäßen; häufig auch Klingen und Pfeilspitzen aus Feuerstein, die übrigens alle unbenutzt sind. Selten finden sich Schmuckstücke aus Bernstein oder Gebrauchsgegenstände. Genau wie die Knochen liegen alle diese Beigaben wahllos verstreut in den Grabkammern.
F: Wurden die Gräber auch ausgeraubt?
A: Direkt ausgeraubt wurden sie wohl nicht. Zum einen gab es keine großen Schätze zu holen, zum anderen wäre ein Diebstahl sehr mühsam gewesen. Denn fast alle Großstein-

gräber waren ursprünglich überhügelt, die großen Steine waren also gar nicht sichtbar.
F: Gab es Bauwerke aus großen Steinen nur in Deutschland?
A.: Nein. In vielen Ländern Europas, vor allem am Atlantik, haben die Menschen in der Jungsteinzeit große Steinbauten errichtet. Meistens waren es Gräber, aber es finden sich auch Steinkreise und Steinreihen.
F: Welchen Sinn hatten denn diese Bauten?
A.: Das weiß heute niemand. Und weil man nichts Genaues weiß, gibt es die tollsten Vermutungen. Für die einen dienten die Bauten als politische Versammlungsorte; für andere sind es religiöse Zentren, an denen geopfert wurde. Auch als Landeplätze für Ufos sollen sie gedient haben.
F: Was glauben Sie persönlich?
A.: Na ja, einiges spricht dafür, dass diese Orte wissenschaftlich genutzt wurden. Die Steine sind so angeordnet, dass man die Sterne gut beobachten und somit die Zeit messen konnte.
F: Mich interessieren die Hinkelsteine!
A.: Du meinst sicher die riesengroßen Steine, die einzeln und aufrecht im Nordwesten Frankreichs stehen. Auch da ist die Bedeutung leider völlig unklar. Man weiß nur, dass die Menschen sich unglaubliche Mühe gegeben haben, um die Steine über große Strecken zu transportieren und dann irgendwo auf freiem Feld zu errichten. Obelix trägt einen Hinkelstein locker spazieren, aber in Wirklichkeit wiegen die größten Exemplare fast 100 Tonnen.
F: Wie lange brauchten die Menschen eigentlich, um solche Bauwerke zu errichten?
A.: Der Berliner Wissenschaftler J. Müller hat ausgerechnet, dass für eine große Grabanlage wie in Drenthe 100 kräftige Männer etwa dreieinhalb Monate täglich 10 Stunden arbeiten mussten.
F: Dann hätten solche Anlagen in der Altsteinzeit gar nicht gebaut werden können?
A.: Diese Schlussfolgerung ist völlig richtig! Ich glaube, ihr wisst jetzt eine Menge über die Menschen, die diese großen Bauwerke errichtet haben.

M3

Steinkreis von Stonehenge (Wiltshire, England). Luftbild

M4

Menhir („Hinkelstein") aus der Bretagne (Frankreich). Der Stein ist 9,50 m hoch und wurde in 4 km Entfernung gebrochen.

Achim, Meike und Christian haben sich noch einige Spezialthemen ausgedacht.
Welche Zusatzaufgabe wäre etwas für dich?

- Achim will vorrechnen, wie „teuer" das Grab von Drenthe war (Stundenlohn 10 DM) und wie schwer ein Hinkelstein wirklich ist (im Vergleich zu einem VW Golf).
- Meike hat gehört, dass das Grab von Passow den Bauern so bei der Feldbestellung stört, dass er die Steine wegräumen will. Sie will ein Flugblatt entwerfen und damit zur Erhaltung des Grabes aufrufen. Mehrere Überschriften gehen ihr durch den Kopf: „5000 Jahre Geschichte – alles für die Katz?" Oder: „Finger weg vom Klingenstein!" Das Flugblatt will sie in der Klasse aufhängen und den Aufbau und Inhalt erklären.
- Christian interessiert sich für die Vermutung, die Steinkreise hätten zur Beobachtung des Sternenhimmels gedient. Er will sich in der Bibliothek noch genauer über Stonehenge informieren. Vielleicht schaut er auch ins Internet.

Der Gletschermann – ein Mensch aus der beginnenden Metallzeit

„Als wären wir dabei gewesen": Ein Toter im Eis – ein Fall für die Kriminalpolizei?

Der Tote aus den Ötztaler Alpen, teilweise freigelegt (Fotografie vom 21.9.1991)

Der Sommer des Jahres 1991 ist ungewöhnlich warm gewesen. Auch am Donnerstag, dem 19. September 1991, herrscht wunderbares Wetter. Die Fernsicht in den Ötztaler Alpen ist einfach phantastisch. Deshalb entschließt sich das Nürnberger Ehepaar Erika und Helmut Simon die Bergwanderung zu verlängern. Sie wollen nicht direkt zur Similaun-Hütte gehen, sondern erst noch die Finailspitze erklimmen um von dort aus zur Berghütte hinabzusteigen. Als sie eine schmale Gletscherwanne passieren, sehen sie etwas Merkwürdiges aus dem Eis ragen. Eine Schaufensterpuppe? Das kann doch wohl nicht wahr sein! Sie treten näher heran und zucken sofort zurück. Kein Zweifel, im Eis liegt eine Leiche! Kopf und Schultern sind deutlich zu erkennen. Erika und Helmut Simon haben ein flaues Gefühl im Magen, als sie schnell zur Hütte hinabsteigen und ihre Beobachtung melden: „Da oben liegt ein Toter im Eis!" Die Gäste sind aufgeregt; vielleicht ist ein Wanderer oder Bergsteiger verunglückt. Der Wirt Markus Pirpamer will der Sache auf den Grund gehen. Er lebt seit seiner Kindheit im Ötztal, aber von einem vermissten Wanderer oder Bergsteiger ist schon seit Jahren keine Rede gewesen. Als Pirpamer den Fundplatz erreicht, betrachtet er den Toten genauer. Er glaubt eine „Schädelverletzung" zu erkennen. Ist der Tote Opfer eines Verbrechens? Pirpamer verständigt die Polizei.

In den nächsten Tagen überschlagen sich die Ereignisse. Da ein Verbrechen nicht auszuschließen ist, ordnet der Staatsanwalt an, die Leiche gerichtsmedizinisch zu untersuchen. Dazu muss sie aber erst einmal mit Bohrhämmern aus dem Eis gelöst werden, was sehr schwierig ist, da das Wetter sich verschlechtert hat. Hartnäckig wird der tote Körper vom Eis festgehalten. Aber im Umkreis finden sich merkwürdige Gegenstände: eine Art Axt mit Metallspitze, Schuhe aus Gräsern. Der Ortspolizist hat einen Verdacht: „Das Beil könnte die Tatwaffe sein!“ Vorsichtshalber steckt er sie ein und nimmt sie mit ins Tal. Merkwürdige Zeichnungen auf dem Rücken des Opfers geben dem Bergungsteam zusätzliche Rätsel auf. Wer ist der Tote? Ist er wirklich umgebracht worden? Am 21.9., die Leiche liegt immer noch im Eis, kommt der weltbekannte Bergsteiger Reinhold Messner vorbei. Als er die Gräserschuhe betrachtet, weiß er sofort, dass er keine gewöhnliche Gletscherleiche vor sich hat. Solche Schuhe hat er schon einmal gesehen – bei den Eskimos! Für ihn gibt es kein Halten mehr: Messner verständigt das österreichische Fernsehen. 500 Jahre, so schätzt Messner, ist die Leiche bestimmt alt. Am nächsten Morgen eilt ein Kamerateam herbei, um den Abtransport zu filmen. Da Ötzi, so wird der Tote mittlerweile genannt, über Nacht wieder eingefroren ist, muss er unter großen Mühen ein zweites Mal freigebohrt werden, wobei unter anderem ein merkwürdig geformtes Messer gefunden wird. Erstmalig ist auch ein Wissenschaftler vor Ort. Er ist elektrisiert: Dieses Messer, meine Güte, das muss uralt sein! Und dann soll es noch eine Axt auf der Polizeistation geben!

Am liebsten würde er die Leiche und alle Fundstücke direkt nach Innsbruck fliegen lassen, aber die Staatsanwaltschaft folgt ihren Vorschriften: Der Tote muss ordnungsgemäß vom nächstgelegenen Bestatter eingesargt werden. Also wird Ötzi in den Hubschrauber verladen und dann in der kleinen Ortschaft Vent in den Sarg gelegt. Erst einen Tag später, am Dienstag, dem 24.9.1991, liegt die Leiche auf dem Tisch des gerichtsmedizinischen Institutes in Innsbruck. Daneben das Messer, die Gräserschuhe, auch das Beil mit der Metallspitze und weitere Fundstücke. Die Experten sind sich einig: Ötzi ist wirklich keine gewöhnliche Leiche, Ötzi ist 5000 Jahre alt – mindestens!

Beil

Messer mit Bastscheide

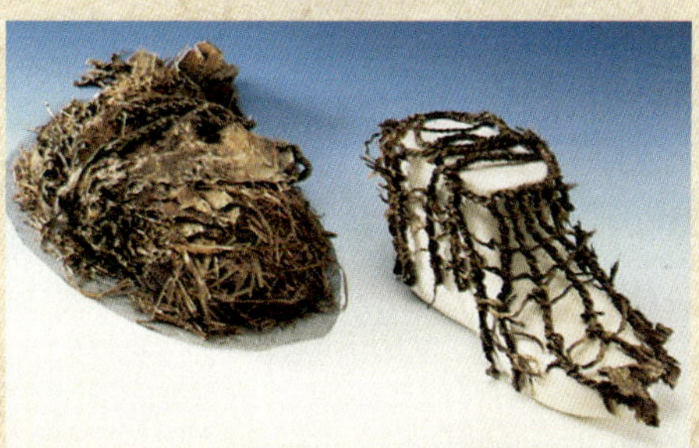

Fußbekleidung, Überzug aus Gräsern

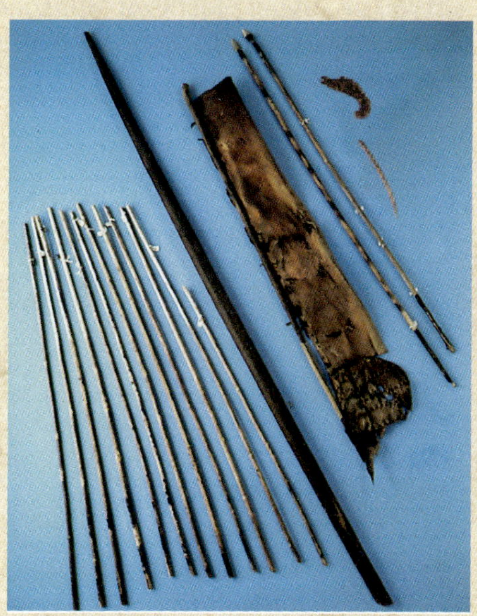

Pfeile, Bogen, Köcher; oben rechts: Schnur aus Baumbast, zu einem Knäuel aufgewickelt, und Dorn aus Hirschgeweih (Pfeilspitze?)

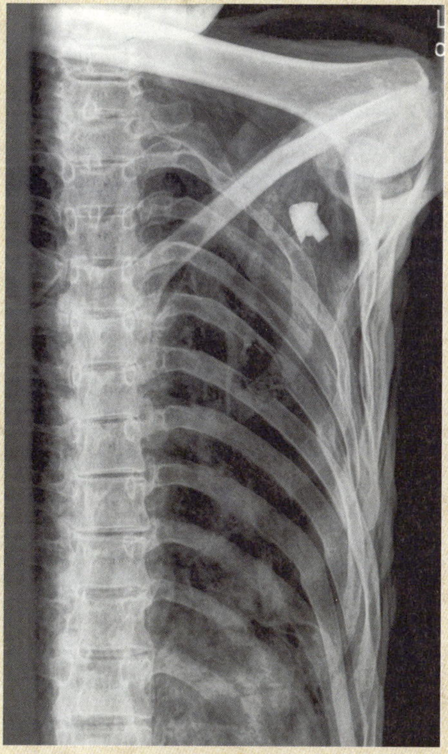

Röntgenaufnahme der Schulter. Zu sehen ist ein Fremdkörper in Form einer Pfeilspitze (vgl. S. 58).

Wer war der Gletschermann?
Was wollte er in den Bergen?

M 1

Die Wissenschaftler ahnen, dass die Auswertung des Fundes noch Jahrzehnte dauern dürfte. Sie entschließen sich die Funde genau zu beschreiben und erste Schlüsse zu ziehen. Sie arbeiten wie die Kripo. Nach und nach entsteht der Ötzi-Steckbrief. Die Angaben geben den Stand der Ermittlungen von 2001 wieder. Es kann sein, dass künftige Forschungen für Veränderungen sorgen.

Ötzi-Steckbrief

Größe:	1,60 m
Alter:	ca. 46 Jahre (Mindestalter 40, Höchstalter 53)
Geschlecht:	männlich
Haare:	lang, dunkel, bärtig; Besonderheit: Kupferspuren
Zähne:	abgekaut, ohne Karies, aber ein Zahn fehlt
Todesursache:	Tod durch langsames Verbluten nach dem Eindringen einer Pfeilspitze (ca. 21 x 17 mm); die Verletzung am Hinterkopf ist erst nach dem Tod zustande gekommen.
Lebenszeitraum:	ca. 3300 vor Christus
Erhaltung:	außergewöhnlich gut; direkt nach dem Tod müssen warme Winde geherrscht haben, die den in einer Felsnische liegenden Körper austrockneten; Neuschnee und Gletschereis versiegelten den mumifizierten Körper.
Besonderheiten:	Tätowierungen an den Beinen und auf dem Rücken

M 2

„Ötzi"-Rekonstruktion (Computermodell 1996)

Die äußere Erscheinung kann man recht schnell rekonstruieren. Aber bis heute gibt Ötzi noch viele Rätsel auf. So weiß man immer noch nicht genau, was Ötzi oberhalb der Baumgrenze in den Bergen wollte. Vielleicht war er auf der Flucht vor Menschen, die sein Dorf überfallen hatten. Vielleicht ging er aber auch nur seinem Beruf nach. Aber welchen Beruf hatte er? Die Beschreibung und Auswertung einiger Fundstücke gibt erste Anhaltspunkte:

M 3

Fundstück	Beschreibung	Auswertung
Bekleidung/ Schuhe	Oberbekleidung aus dem Leder von Hausziegen; Schuhe (Hirsch- bzw. Bärenleder) mit Heupolstern ausgestopft; Mantel aus Grasgeflecht; Mütze aus Bärenfell	Auf niedrige Temperaturen vorbereitet; Hinweis auf Jagd, auf Viehzucht?
Köcher mit Bogen und Pfeilen	Köcher aus dem Fell einer Gämse; nur zwei der 14 Pfeile sind funktionsfähig, die restlichen Pfeile und der Bogen sind halb fertig; Schnitzspuren.	Musste Ötzi seine Waffen reparieren?
Beil	Beil mit einer Klinge aus fast reinem Kupfer; die Klinge ist im Schaft mit Pech festgekittet und mit Lederriemen umwunden.	Kein Stein-, sondern ein Metallbeil; im Ötztal gibt es keine Metallvorkommen.
Messer	Griff aus Eschenholz; Befestigung der Klinge aus Feuerstein mit einer Tiersehne und Birkenrindenteer	Vielseitig verwendbar
Baumpilz	Pilz der Birke, enthält Polyporensäure C.	Wirkt wie ein Antibiotikum, Reiseapotheke?
zwei Früchte	Früchte von der Schlehe, Zustand: reif	Schlehen reifen spät im Jahr: Tod im Herbst?
zwei Körner	Getreide	Hinweis auf Ackerbau?

Für mindestens fünf Berufe finden sich Anhaltspunkte: War Ötzi Hirte, Jäger, Metallsucher, Zauberer, Händler? In einem Streitgespräch vor der Klasse sollst du deine Meinung vertreten.

Menschen bearbeiten Metall: Eine neue Zeit beginnt

Bislang haben wir den Gletschermann mit unseren Augen betrachtet. Wechseln wir einmal die Sichtweise: Was hätte ein Steinzeitmensch an Ötzi bestaunt?

Es gehört nicht viel Fantasie dazu, die Antwort zu finden: das Metallbeil! So etwas kannte er nicht! Was war das für ein Material? Es glänzte, es war ganz glatt, es fühlte sich ganz anders an als sein Steinbeil. Wenn er es hätte ausprobieren können, hätte er auch festgestellt, dass es mindestens so gute Arbeit leistete wie sein bestes Beil aus Stein!

Zwei wichtige Fragen hätte unser Steinzeitmensch bestimmt gestellt: Wie macht man ein solches Beil? Und: Kann man noch andere Sachen aus Metall herstellen?

Wenn du die Abbildungen betrachtest, kannst du die Antworten geben.

M 1

Ein Ofen wird mit kupferhaltigem Gestein und Holzkohle gefüllt; Luftzufuhr von außen!

Bei etwa 1100 Grad schmilzt Kupfer. Der Abstich kann erfolgen.

Wird Kupfer mit Zinn gemischt, entsteht Bronze, die besonders hart und widerstandsfähig ist (Fundorte von Kupfer: Ostalpen, von Zinn: Norditalien).

M 2

Lanzenspitze aus Bronze; im Hintergrund: die eine Hälfte der Gussform (Sandstein)

M 3

Geräte und Schmuck aus der Bronzezeit

Naturvölker heute

Fenster in die Vorgeschichte

Verstreut über die Erde gibt es auch heute noch Menschen, deren Lebensweise sich seit der Steinzeit kaum verändert hat. Diese Naturvölker leben zeitgleich mit uns modernen Menschen, befinden sich aber auf einer Entwicklungsstufe, die für uns längst vergangen ist.
Die Naturvölker leben in schwer zugänglichen Gebieten wie dem tropischen Regenwald oder in Umgebungen, die uns völlig lebensfeindlich erscheinen (Polargebiete, Wüsten).
Wenn heutige Wissenschaftler den Alltag bei diesen Naturvölkern beobachten, ist es, als schauten sie in die Vorgeschichte zurück. Das Gefühl als moderner Mensch überlegen zu sein, verschwindet jedoch schnell. Ohne technische Geräte, Verpflegungskisten und die Reiseapotheke wären sie verloren. Die Naturvölker aber gewinnen alles Notwendige aus der Natur. Eskimos betrachten die Eisfläche und sagen zutreffend einen Schneesturm voraus; Buschleute verfolgen über Kilometer hinweg fast unsichtbare Spuren, bis sie ein verletztes Tier finden; Indianer am Amazonas wissen genau, welche Pflanze sie für welche Krankheit als Medizin nutzen können. Die Naturvölker haben sich seit Jahrtausenden auf die Eigenheiten des Klimas, der Pflanzen und der Tiere eingestellt.

Zum Sterben verurteilt?

Heute sind alle Naturvölker in ihrer Lebensweise bedroht, weil die moderne Welt in die abgelegenen Gebiete vordringt. Die Gründe sind vielfältig. Man sucht nach Bodenschätzen oder wertvollen Tropenhölzern. Oder man legt große Plantagen und Rinderfarmen an. Straßen und Staudämme zerstören die bisherigen Lebensgrundlagen. Durch die neuen „Nachbarn“ lernen die Steinzeitmenschen die moderne Welt kennen: „saubere“ Kleidung, Ärzte, Lehrer, auch neue Krankheiten, die oft tödlich verlaufen (Masern, Grippe), und Alkohol, der häufig den Ruin bedeutet. Die Zahl der „Steinzeitmenschen“ wird immer geringer.

M 1

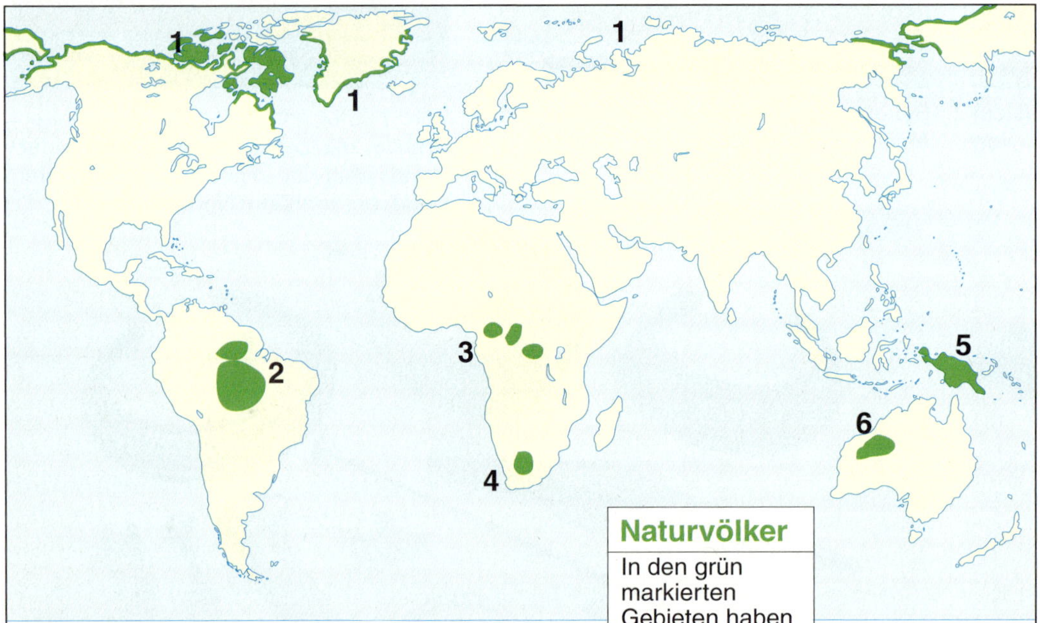

Naturvölker
In den grün markierten Gebieten haben Naturvölker bis in unsere moderne Zeit hinein gelebt (Auswahl).

1. Polarvölker (Eskimos = Inuit)
2. Indianer des Regenwaldes
3. Pygmäen
4. Buschleute
5. Papua
6. Mardu (= Australische Ureinwohner)

Ermittelt Namen und Lebensräume von Naturvölkern und notiert sie ins Geschichtsheft.

M 2

79 Nomaden hatten noch nie Kontakt mit der Außenwelt

Eingeborenenstamm entdeckt

Port Moresby. Im Hochland von Papua (Neuguinea) ist jetzt ein Eingeborenenstamm entdeckt worden, der nach Aussage von Regierungsbeamten noch nie mit der Außenwelt Kontakt gehabt hatte. Ein örtlicher Polizist, der den nomadischen Stamm „Liawep" ausfindig gemacht hatte, berichtete, die 79 Stammesangehörigen lebten fast nackt, hätten ihre eigene Sprache und verehrten eine Steinstatue, die sie mit auf ihre Wanderungen nehmen. Inzwischen wurden die Eingeborenen, mit denen eine Verständigung nur per Zeichensprache möglich ist, mit Tee, Salz und Zucker bekannt gemacht. Mitglieder einer Baptistengemeinde hätten sich bereits auf den Weg gemacht, um den Eingeborenen eine Kirche zu bauen, hieß es.
Nach Auskunft von Regierungsbeamten sprach der Liawep-Stamm von einem weiteren Stamm namens „Saiano", der wie sie noch nie mit der Zivilisation Kontakt hatte. Auf Papua (Neuguinea), nach Grönland die zweitgrößte Insel der Erde, leben rund 750 Stämme, die über 700 verschiedene Sprachen sprechen. Die von Bergketten und Tälern durchzogene Landschaft weist noch immer viele unzugängliche Gebiete auf.

(„Neue Westfälische" v. 26.6.1993)

Ich meine, man sollte die Menschen in Ruhe lassen!

Das ist Unsinn! Diese Menschen kann man nicht so primitiv weiterleben lassen.

1. Was meinst du? Führt ein Streitgespräch.
2. Der Polizist, der die Liawep gefunden hat, überlegt: „Soll ich die Saiano auch suchen? Soll ich ihnen auch Tee, Salz und Zucker bringen?"
   Was würdest du ihm raten?

Wir informieren uns und andere über das Leben eines Naturvolkes

Auf den folgenden Seiten erhaltet ihr einen Einblick in das Leben dreier Naturvölker. Noch vor wenigen Jahrzehnten lebten sie fast unberührt von der moderen Welt.

➡ Entscheide dich, ob du „Experte" für die Eskimos, die Pygmäen oder die Ureinwohner in Australien sein möchtest. Lies dann die entsprechenden Seiten im Buch. Vielleicht besorgst du auch noch ergänzendes Material (Lexikon, Sachbuch aus der Bibliothek).

Einige Tipps:

➡ Informiere dich zielgerichtet, z. B. über die Ernährung, die Wohnung, den Umgang mit der Natur.

➡ Nutze auch die Bilder; du kannst sie erläutern und erzählen, was dich besonders erstaunt.

➡ Am Ende der Arbeit sollten alle Expertenteams die Klasse in kurzen Vorträgen informieren.

➡ Im Anschluss werden die Vorträge von der ganzen Klasse ausgewertet.

Mögliche Schwerpunkte:

- Eskimos, Pygmäen, australische Ureinwohner – Welche Gemeinsamkeiten und welche Unterschiede können wir feststellen?
- Gibt es Gemeinsamkeiten und Unterschiede zwischen den Naturvölkern heute und den Vorfahren in der Steinzeit?
- Können wir „moderne" Menschen von den Naturvölkern lernen?

FORSCHUNGSSTATION

Eskimos – Leben am Rande der Welt

M1 Wo leben die Eskimos?

Die Eskimos, die sich selbst Inuit nennen, leben seit rund 4.000 Jahren rund um den Nordpol. Das Klima ist extrem rau. Im Winterhalbjahr sinken die Temperaturen bis minus 50 Grad, es gibt kaum Tageslicht, fast immer weht ein eisiger Wind. Bis vor wenigen Jahrzehnten lebten die Eskimos nahezu ausschließlich von der Jagd und vom Fischfang. Nur in wenigen Sommermonaten, wenn Schnee und Eis schmelzen, können Gräser und Beeren gesammelt werden.

M2

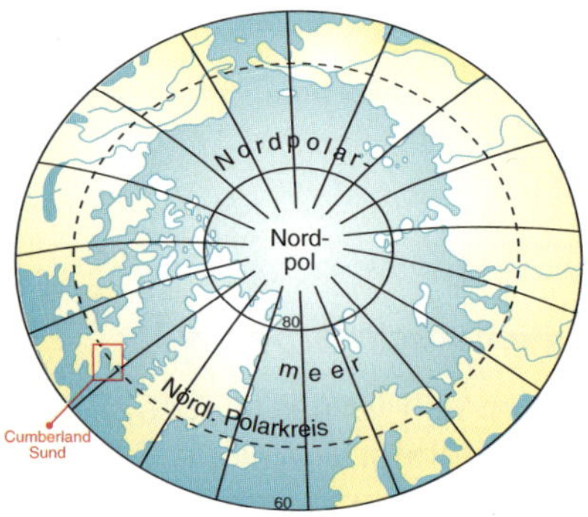

Der Nordpol im Zentrum des Polargebietes

M3 Gegenwart

Heute leben noch etwa 100.000 Menschen, die sich selbst als Inuit bezeichnen. Fast alle wohnen in Siedlungshäusern oder kleinen Städten und arbeiten gegen Lohn, die meisten in Fischfabriken, einige helfen bei Öl- und Gasbohrungen. Höchstens 2.000 von ihnen ziehen wie ihre Vorfahren noch als Jäger umher. Aber auch diese Eskimos benutzen moderne Geräte wie Gewehre, Motorschlitten oder Thermoskannen.

M4a

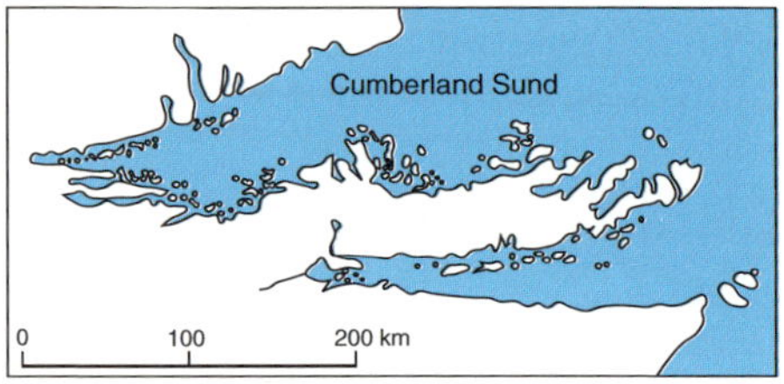

Von einem Inuit-Jäger aus dem Gedächtnis gezeichnete Karte (Kanada)

M4b

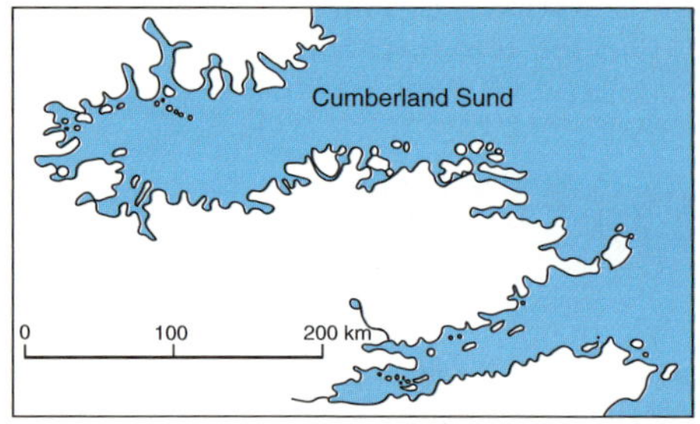

Mit modernen Techniken erstellte Landkarte

M5

„Supermarkt“ in einer Eskimosiedlung in Grönland

M 6

Ein Eskimopaar ruht sich im Zelt aus (Nordsibirien).

M 7 **Wohnung**

Die Eskimos wohnten in Großfamilien. Je nach Jahreszeit oder Gebiet benutzten sie tragbare Zelte aus Tierhäuten oder errichteten Hütten aus Treibholz. Einige nordamerikanische Eskimos bauten Iglus aus Eisblöcken. Diese Unterkünfte boten ausreichend Schutz vor der eisigen Kälte und den Schneestürmen. Nur die Frischluftzufuhr machte Probleme; die ersten Besucher aus Europa berichteten, dass sie den „Gestank" in den Iglus nicht aushalten konnten.

M 8 **Bedeutung der Tiere**

Die Eskimos sagten: „Der Mensch kommt mit den Tieren zur Welt". Damit drückten sie ihren großen Respekt vor den Tieren aus. Den Tieren verdankten sie in erster Linie die Nahrung. Die Tiere bestimmten auch den Aufenthaltsort. Je nach Jahreszeit zog man von einem Lagerplatz zum anderen, um jeweils das Tier zu jagen, das sich in dieser Gegend aufhielt: im Frühling die Robben, im Sommer Walross und Wal, im Herbst die Rentiere.
Das Fleisch wurde roh gegessen. Daneben aber lieferten die Tiere auch Kleidung, Unterkunft, Waffen und Werkzeuge, sogar das Licht.

M 9 **Kultur**

Die Eskimos kannten keine Schrift. Aber ihre Sprache war dennoch hoch entwickelt und genau an die Lebensbedingungen angepasst. So kannten sie unterschiedliche Wörter für die Farbe „weiß". Mit diesen vielen Wörtern konnten sie die Beschaffenheit von Eis und Schnee genau beschreiben. Sie wussten nun, ob sich der Bau eines Iglus lohnte oder ob das Eis bald abtreiben würde. Uns würde alles gleichermaßen „weiß" erscheinen. Ihre enge Verbundenheit mit der Natur drückten sie in der Kunst aus. Als Material standen nur Elfenbein von Walrosszähnen, Rentiergeweihe und Knochen zur Verfügung. Nur in wenigen Gebieten der Arktis fanden die Eskimos Treibholz. Viele Kunstgegenstände dienten dazu, das Jagdglück zu beschwören.

M 10

Nach stundenlangem Warten an einem Atemloch im Packeis war die Jagd erfolgreich: Zwei Eskimos ziehen die Robbe aus dem Wasser (Nordkanada).

Pygmäen in Zentralafrika

Die Pygmäen leben im dichten Regenwald Zentralafrikas. Sie sind auffallend klein gewachsen (fast immer unter 150 cm). In Gruppen von höchstens 50 Personen durchstreifen sie riesige Gebiete. An den Lagerplätzen werden innerhalb kürzester Zeit Hütten aus Laub und Zweigen errichtet. Der französische Völkerkundler Bahuchet hat eine dieser Gruppen besucht. Er hat fotografiert und Interviews gemacht.

M 1 Interview mit der Pygmäenfrau

Frage: Was machen Sie gerade?
Antwort: Ich bereite Raupen zum Essen zu. Ich muss erst die Borsten entfernen, dann kann ich die Larven kochen.
Frage: Woher haben Sie die Raupen?
Antwort: Mit den anderen Frauen und den Kindern habe ich sie im Wald gesammelt. Wir sind heute in Richtung Sonnenaufgang losgezogen.
Frage: Haben Sie lange suchen müssen?
Antwort: Nein. Wir kennen die Blätter, die die Raupen besonders mögen. Außerdem sind wir ja erst vor ein paar Tagen in diese Gegend gezogen. Es ist also noch genug Nahrung da.
Frage: Wo sind denn die anderen Frauen?
Antwort: Die suchen noch mehr Raupen, die wir dann bei den Bauern in der Umgebung eintauschen können. Den Bauern ist der Wald unheimlich, aber Raupen, Honig oder Fleisch wollen sie gern haben. Vor allem Affenfleisch. Wir kriegen dafür Getreide von den Bauern, hin und wieder Werkzeug oder eine Schüssel.
Frage: Was machen Sie, wenn Sie hier fertig sind?
Antwort: Gar nichts. Vielleicht spiele ich mit den Kindern.
Frage: Man sieht hier gar keine alten Leute.
Antwort: Alte gibt es bei uns nicht. Wir sind ja ständig unterwegs, da könnten die Alten gar nicht mehr mit. Wir lassen unsere Alten an den Lagerplätzen zurück, wenn wir weiterziehen. Niemand lebt ewig.

(M1 und 2 frei nach: Serge Bahuchet, Die zentralafrikanischen Pygmäen; in: Naturvölker heute, Hamburg 1994, S. 142ff.)

M 2 Interview mit einem Pygmäenmann, der von der Jagd zurückkehrt

Frage: Haben Sie ein wildes Tier erlegt?
Antwort: Nein. Ich habe einen Affen knapp verfehlt. Schade, es wäre schon mein zweiter Affe in diesem Jahr gewesen.
Frage: Wie jagen Sie denn?
Antwort: Wenn wir Elefanten oder Antilopen jagen, macht das ganze Lager mit. Wir Männer nehmen unsere Speere, die Frauen und Kinder treiben die Tiere möglichst nah an uns heran. Stachelschweine fangen wir auch in großen Netzen, die wir vorher durch den Wald gespannt haben.
Frage: Die Affenjagd läuft anders?
Antwort: Wenn ich einen Affen jage, so wie heute, gehe ich allein los. Affen leben auf Bäumen, die lassen sich nicht treiben. Beim kleinsten Geräusch sind sie gewarnt und fliehen. Früher habe ich einen Bogen mitgenommen, seit einiger Zeit benutze ich die Armbrust. Meine vergifteten Pfeile habe ich aus Palmsprossen gemacht. Als ich nach einigen Stunden einen Affen sah, zog ich meine Pfeife hervor, die ich aus dem Samen des Autranella-Baumes angefertigt hatte. Ich ahmte damit den Schrei des Affenadlers nach und tatsächlich richtete sich der Führer der Affenhorde auf. Er trommelte mit seinen Armen auf die Brust, um dem Adler zu imponieren. Leider traf ich ihn trotzdem nicht.
Frage: Was machen Sie jetzt?
Antwort: Ich werde Raupen essen. Fleisch ist eben etwas Seltenes.

FORSCHUNGS STATION

Ein Tag im Leben der australischen Ureinwohner

Die Abbildung zeigt einen typischen Lagerplatz der Mardu. Die Lager waren meist einfache Windfänge aus Sträuchern.

Die Ureinwohner im Nordwesten Australiens nennen sich Mardu. Sie leben in einer Wüste, wo es kaum regnet. Tagsüber ist es extrem heiß (oft über 40 Grad im Schatten), nachts kann es frieren. Nur wenige Tiere und Pflanzen können hier überleben, aber für die Mardu bietet die Wüste alles Notwendige. Ihre wenigen Werkzeuge bestehen aus Stein, Knochen oder Holz.
Der amerikanische Wissenschaftler R. Gould hat berichtet, wie eine Gruppe von 13 Mardu einen Sommertag im Jahre 1966 verbrachte.

Bei Sonnenaufgang verzehrte die Gruppe die Reste des Abendessens vom Vortage. Dann berieten alle darüber, was sie nun tun wollten. Die beiden Männer beschlossen, an einer nahe gelegenen Stelle Emus zu jagen. Dort waren sie nämlich schon einmal erfolgreich gewesen. Als sie dort ankamen, bauten sie sich einen Sichtschutz aus Sträuchern und ließen sich zum Warten nieder. Nach etwa fünf Stunden tauchte ein Emu auf. Als aber einer der Männer seinen Speer schleudern wollte, verursachte er ein Geräusch und verscheuchte den Vogel. Die Männer kamen zu dem Entschluss, dass wohl keine weiteren Emus kommen würden und traten den Rückweg ins Lager an. Unterwegs erlegten sie einen kleinen Waran (= Echse, etwa 50 cm lang), dessen Spur sie gefunden hatten.

Nachdem die Männer fortgegangen waren, machte sich der Rest der Gruppe (er bestand aus drei erwachsenen Frauen, einem heranwachsenden Mädchen und sieben kleinen Kindern) in der entgegengesetzten Richtung auf den Weg, um Pflanzen zum Essen zu sammeln. Sie mussten weiter laufen als die Männer (etwa acht Kilometer), doch hatten die Frauen und Kinder in weniger als einer Stunde 18 Kilogramm gesammelt. Sie trafen kurz nach den Männern, die den Waran bereits in den Kohlen eines Feuers rösteten, wieder im Lager ein. Als das Tier gar war, wurde das Fleisch unter der ganzen Gruppe verteilt. In den folgenden Stunden machten die Frauen ein Nickerchen, schwatzten oder spielten mit den Kindern. Die Männer zogen sich an einen entlegenen Ort zurück und ritzten Bilder auf Steinplatten. Dies war ein religiöser Vorgang. Die Mardu-Männer glaubten fest daran, mit den Geistern Kontakt aufzunehmen, wenn sie die Bilder schufen. Wenn sie die Seelen der Geister gewannen, würde auch die künftige Jagd erfolgreich sein. Am Nachmittag schälten und zermahlten die Frauen ihre gesammelte Nahrung. Aus dem groben Mehl bereiteten sie eine Art Fladenbrot von etwa 20 Zentimeter Durchmesser. Als es Nacht wurde, legten sich Erwachsene und Kinder zum Schlafen hin.

(nach: Lee Sackett, Australiens Aborigines; in: Naturvölker heute, Hamburg 1994, S. 76 ff.)

Ein kleiner Mardu-Junge zeigt stolz eine Eidechse, die er selbst erlegt hat.

Frauen und Kinder beim Sammeln. Die Körbe dienen zum Transport; mit dem Grabstock wird nach Wurzeln und kleinen Tieren gesucht.

Ein Blick zurück

Zwei Fundstellen werden untersucht

Was verraten die folgenden Funde über das Leben der Menschen?

1954 fanden Archäologen in der Nähe von Salzgitter (Niedersachsen) folgende Gegenstände:

Schaber aus Feuerstein, Knochen eines Wolfes, Knochen von Wildpferden, Zeltstöcke neben dicken Steinen, Harpunenspitzen aus Knochen, Knochen eines Geiers, Knochen von Enten, Knochen von Nashörnern, Knochen von Schwänen, Speerspitzen aus Knochen, Messer aus Feuerstein, Knochen von Mammuts, Knochen von Wisenten, Rentierknochen.

Bei Ausgrabungen in Altenerding (Bayern) wurden in den Jahren 1949 bis 1951 folgende Gegenstände gefunden:

Knochen von Rehen, Henkeltassen aus Ton, Nadeln aus Knochen, Sicheln mit Klingen aus Feuerstein, Knochen von Pferden, Knochen von Schafen, Henkelkrüge aus Ton, Schüsseln aus Ton, Knochen von Schweinen, Knochen von Ziegen, Knochen von Rindern, Tonscherben mit Getreidekörnern, Knochen eines Hundes, Töpfe aus Ton.

1. Lege in deinem Heft eine Tabelle nach folgendem Muster an:

Jagdbare Tiere	Haustiere	Jagdgeräte	Hausgeräte

2. Trage die Funde in die richtige Spalte ein.
   Nimm für die Funde aus Salzgitter einen roten, für die Funde aus Altenerding einen grünen Stift.
3. Werte nun die Tabelle aus. Was verraten die Funde über die Menschen, die in Salzgitter bzw. Altenerding gelebt haben?

(Idee nach Curriculum Geschichte I/1, S. 13f.)

Wie Wissenschaftler mit einem Fundstück umgehen

Wie können Wissenschaftler die Funktion und Bedeutung eines Fundstückes herausfinden?

Fundstück

Vorsicht! Im folgenden Text fehlt in jeder Lücke ein Fachbegriff. Ordne jeder Zahl den richtigen Begriff zu.
Schreibe die Lösung in dein Heft.

(1) Ausgrabung
(2) …
(3) …
.
(12) …

Altsteinzeit, Archäologen, Ausgrabung, Auswertung, Holz, Jagdglück, Jagdwaffe, Magie, Mammut, Naturvölker, Radiokarbonmethode, Rentiergeweih.

Bei einer (1) erregte ein merkwürdiges Fundstück die Aufmerksamkeit der (2). Man untersuchte den Fund gründlich. Er bestand aus (3) und war etwa 10 cm groß. Zweifellos war der Gegenstand bearbeitet worden: Bei genauerer Betrachtung erkannte man die Umrisse eines Tieres, vermutlich eines (4). Die Naturwissenschaftler der Universität sollten herausfinden, wie alt das Fundstück war. Die (5) erlaubte das Alter festzustellen: Es war etwa 12.000 Jahre alt, stammte also aus der (6).
Lange rätselte man über den Zweck dieses Gegenstandes. Kopf und Rücken des Tieres bildeten eine gerade Linie, die Beine ein Griffloch wie für einen Finger, und der Schwanz war gekrümmt, als wenn er etwas festhalten sollte. Welchen Sinn sollte das haben? Erst als man auf die Idee kam, dass zu dem Fundstück noch ein zweites Teil gehören musste (das leider verloren gegangen war), ging den Forschern ein Licht auf. Was fehlte, war vielleicht ein zugehöriger Speer aus einem anderen Material, das sich nicht erhalten hatte, vielleicht aus (7).

Die Forscher probierten die Sache aus. Sie nahmen einen Speer, legten ihn auf den Rücken des Tieres und nutzten das Fundstück um ihren Wurfarm damit künstlich zu verlängern. Nach einigen Versuchen klappte es prima: Sie konnten den Speer mit Hilfe der Schleuder viel schneller und weiter werfen als ohne. Der Fund gehörte zu einer (8), man hatte eine Speerschleuder gefunden.
Die (9) wird noch dadurch unterstützt, dass auch heutige (10) ganz ähnliche Speerschleudern benutzen. Gespräche mit diesen Menschen verraten auch, warum die Schleudern so aufwendig geschnitzt sind: Der Jäger verspricht sich mehr (11): Er hat das zu jagende Tier schon einmal „ins Bild gesetzt“ er hat es „besiegt“ und seinen „Geist gebannt“. Die Waffe besitzt in seiner Vorstellung eine gewisse (12), eine Zauberkraft.

Rekonstruktion und Handhabung

Australischer Ureinwohner bei der Jagd

Von Lucy zu Ötzi – ein Würfelspiel

① Fußspuren in Laetoli
② Tundralandschaft/Eiszeit
③ Çatal Hüyük (um 6.000)
④ Siedlung zu Beginn der Metallzeit (Twann, Schweiz)

- (A) Du lernst den Umgang mit dem Feuer: Du darfst noch einmal würfeln!
- (B) Deine Horde hat ein Mammut erlegt und deshalb viel zu essen: Hole einen Mitspieler deiner Wahl nach vorne.
- (C) Beim Sammeln von Beeren und Wurzeln sind die Frauen und Kinder von wilden Tieren angegriffen worden. Es gibt mehrere Verletzte. Zweimal aussetzen.
- (D) Im Sommer hat es kaum geregnet, die Ernte ist ganz schlecht. Alle hungern. Du darfst erst weiter, wenn du eine 6 würfelst.
- (E) Die Ernte war großartig, das Vieh ist gesund und fett: Der nächste Wurf zählt doppelt!
- (F) Wilde Ziegen haben in der Nacht das Getreidefeld fast kahl gefressen. Zweimal aussetzen.
- (G) Du hast von einem Händler Zinn gegen Nahrungsmittel eingetauscht und kannst jetzt ein Bronzebeil herstellen: 2 Felder vorrücken.

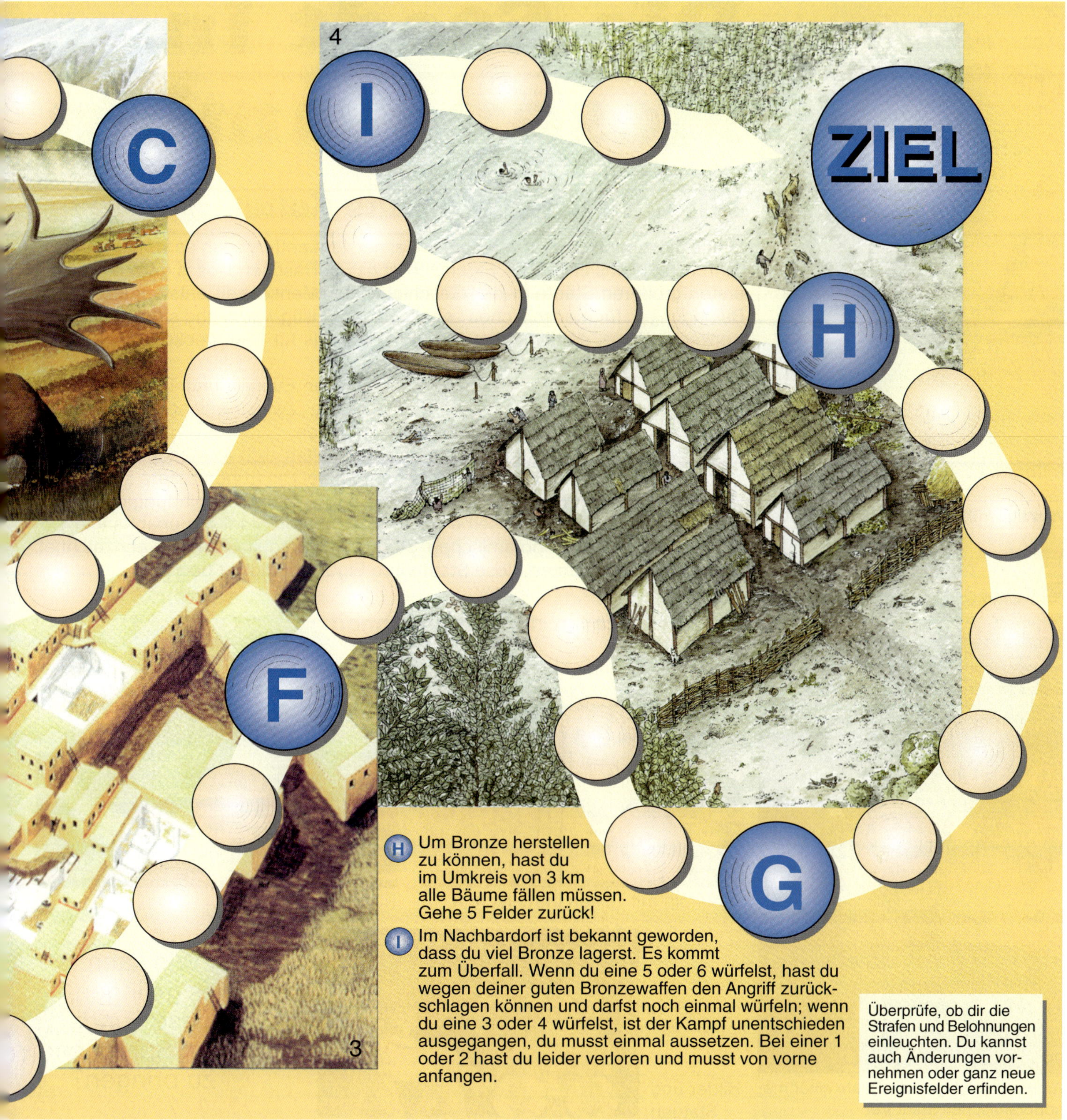

(H) Um Bronze herstellen zu können, hast du im Umkreis von 3 km alle Bäume fällen müssen. Gehe 5 Felder zurück!

(I) Im Nachbardorf ist bekannt geworden, dass du viel Bronze lagerst. Es kommt zum Überfall. Wenn du eine 5 oder 6 würfelst, hast du wegen deiner guten Bronzewaffen den Angriff zurückschlagen können und darfst noch einmal würfeln; wenn du eine 3 oder 4 würfelst, ist der Kampf unentschieden ausgegangen, du musst einmal aussetzen. Bei einer 1 oder 2 hast du leider verloren und musst von vorne anfangen.

Überprüfe, ob dir die Strafen und Belohnungen einleuchten. Du kannst auch Änderungen vornehmen oder ganz neue Ereignisfelder erfinden.

fachgerecht mit Methode arbeiten

Die Stadt in Mesopotamien

Wichtige frühe Städte in Mesopotamien

Wir entdecken eine alte Kultur

Einige tausend Kilometer von deiner Heimatstadt entfernt gab es schon vor 5000 Jahren in Kleinasien Städte. Eigentlich ist es überraschend, dass gerade dort die ersten größeren Städte in der Geschichte der Menschheit entstanden, wo die Bedingungen für menschliches Leben wenig günstig waren und sind: heißes und trockenes Klima, es fällt kaum Niederschlag, das für Bauzwecke wichtige Holz gibt es kaum; zudem fehlen Stein und Erze.
Diese frühen Städte lagen zwischen den Flüssen Euphrat und Tigris – deshalb wird dieses Land „Mesopotamien", das bedeutet: „Zweistromland", genannt. Ohne diese Flüsse hätte es dort kein Leben gegeben.
Im Laufe von einigen hundert Jahren entwickelten sich in Mesopotamien aus kleinen Siedlungen und Dörfern blühende Städte. Die frühen Städte in Mesopotamien – von denen es etwa ein Dutzend gab – hatten Verbindungen untereinander und man sprach dieselbe Sprache. Aber jede Stadt war unabhängig. Daher werden die mesopotamischen Städte als „Stadtstaaten" gekennzeichnet. Über lange Zeit konnten diese Städte ihre Eigenständigkeit bewahren.

Archäologen legen die Reste einer mesopotamischen Stadt frei.

Mit der Leiter in die Vergangenheit

Archäologen fanden bei Ausgrabungen in Mesopotamien:

Tontafeln mit Texten in Keilschrift

Ruinen

Bilder und Statuen

???????????????
? Wie kann ?
? es gelingen, ?
? diese Funde ?
? zum Sprechen ?
? zu bringen? ?
???????????????

An wen die Fragen richten?

Wenn wir die damals lebenden Menschen befragen könnten, würden wir über das Leben in den frühen Städten einiges erfahren. Da dies jedoch nicht möglich ist, müssen wir unsere Fragen an Materialien und Gegenstände richten, die diese Menschen hinterlassen haben. Solche Materialien werden historische Quellen genannt. Ihr erinnert euch: Quellen sind Materialien, die aus der Zeit stammen, über die sie berichten. Wir unterscheiden:

Textquellen ≈ schriftliches Material, z. B. beschriftete Tontafeln, Inschriften

Bildquellen ≈ bildliche Darstellungen, z. B. gemalte Bilder, Statuen

Sachquellen ≈ z. B. Bauwerke, Geräte

Arbeiten wie ein Historiker

Am Beispiel der mesopotamischen Stadt könnt ihr selbst versuchen, wie ein Historiker oder eine Historikerin zu arbeiten.

Entwicklung oder Zustand? Wer sich mit Geschichte beschäftigt, kann grundsätzlich Fragen auf zwei verschiedenen Ebenen stellen:

- Wie war die Entwicklung innerhalb eines bestimmten Zeitraumes?
- Wie war der Zustand zu einer bestimmten Zeit?

In diesem Kapitel beschränken wir unser Forschungsinteresse. Wir werden einen kurzen Blick in einige mesopotamische Städte werfen – wie ein Wanderer durch die Zeiten, der aus der Metallzeit kommt und plötzlich vor einer Stadt steht.

Fragen heißt: Auswählen. Jede Forschung beginnt mit Fragen. Zur Geschichte Fragen stellen bedeutet immer: auswählen und begrenzen.

Viele Fragen an die mesopotamischen Städte sind möglich. Wir beschränken uns auf drei Fragen:

Geschichtsforscher beschäftigen sich nicht nur mit Quellen. Bei der Bearbeitung ihrer Fragen greifen sie auch auf Untersuchungen anderer Geschichtsforscher zurück. Ein solcher Text wird **Historikertext** genannt.

Unsere Fragen:

1. **Wie sah die mesopotamische Stadt aus?**
2. **Was hat sich in den frühen Städten im Vergleich zur Metallzeit verändert? Über was würde der Wanderer durch die Zeit staunen? Woran können wir Weiterentwicklung feststellen?**
3. **Welche Berufe gab es in einer mesopotamischen Stadt? („Beruf" ist eigentlich ein moderner Begriff, deshalb könnte man etwas anders formulieren: Wie wurde die Arbeit aufgeteilt?)**

M 1 Die Sage von der Gründung der Stadt Akkad

Wir wissen aus anderen Quellen, dass die Stadt Akkad um 2330 v. Chr. gegründet wurde.
Akkad wurde später zerstört, die Ruinen hat man noch nicht gefunden.

Die Sage berichtet:

Die Göttin Inanna gründete die feste Stadt Akkad. Sie wählte sich diese Stadt zu ihrem Wohnsitz und stellte im Tempel ihren Thron auf.
Sie sorgte sich darum, dass die Menschen von Akkad reichlich Speisen äßen, die Menschen dort reichlich Wasser tränken, dass sich das Volk am Festplatz vergnüge, dass riesige Elefanten, Affen, das Getier ferner Länder, auf dem Marktplatz sich drängten. Damals füllte sie in das Goldhaus von Akkad Gold, füllte in das Silberhaus Silber.
Die Mauer der Stadt reichte wie ein Gebirge zum Himmel. Am Kai, an dem die Schiffe anlegten, herrschte munteres Treiben. Die Bewohner fremder Länder brachten ihre Erzeugnisse. Die Verwalter der Felder brachten der Göttin allmonatlich und zum Neujahrsfest reichliche Abgaben, schütteten sie im Palast von Akkad auf den Boden, als wären sie Wasser.

(nach: A. Falkenstein/ W. v. Soden (Hg.), Sumerische und akkadische Hymnen und Gebete, (Artemis) Zürich 1953, S. 187ff., bearbeitet, gekürzt)

1. Welches der Bildsymbole von S. 73 (Textquelle, Bildquelle, Sachquelle, Historikertext) ordnest du diesem Material zu?

Den Text gliedern hilft!

2. Wenn du einen schwierigen Text verstehen willst, hilft es weiter, den Text in Sinnabschnitte zu gliedern. Wie macht man das?
   - Lies den Text Satz für Satz.
   - Gliedere den Text in sinnvolle Abschnitte. Frage immer: Wo beginnt Neues? Wo endet dieser Sinnabschnitt?
   - Fasse den Inhalt jedes Abschnittes mit wenigen Worten zusammen.

   Da man hierbei den Text gleichmäßig wie auf einer Linie von oben nach unten durcharbeitet, wird dieses Verfahren **Linearanalyse** genannt.

3. Diese Quelle ist eine „Sage". Wie Sagen entstanden sind, kann man sich so erklären: Immer haben die Menschen sich alte Geschichten erzählt. Dabei haben sie tatsächlich Geschehenes mit Fantasien vermischt. Eine Sage hat also einen wahren Kern und frei Erfundenes. Später wurden die Sagen – wie auch die Sage von der Gründung der Stadt Akkad – aufgeschrieben.
   Welche Teile der Sage über die Gründung der Stadt Akkad können wir zur Stadt in Mesopotamien befragen?

4. **Es genügt nicht, die Informationen zu sammeln, sie müssen auch geordnet werden.**
   Wenn man sehr viele Informationen erwartet, ist es ein nützliches Verfahren, alles in einer **Tabelle** einzutragen. Auf Seite 79 findest du eine Tabelle. Darin sind unsere drei Fragen an die mesopotamische Stadt enthalten. Zeichne die Tabelle ab. Um immer zu wissen, woher die Information stammt, solltest du unter der Tabelle das Material notieren. Wenn jede Eintragung in der Tabelle die Nummer des Materials enthält, kannst du immer leicht den Weg zurück verfolgen.

M 2

Die Bildtafeln von Ur

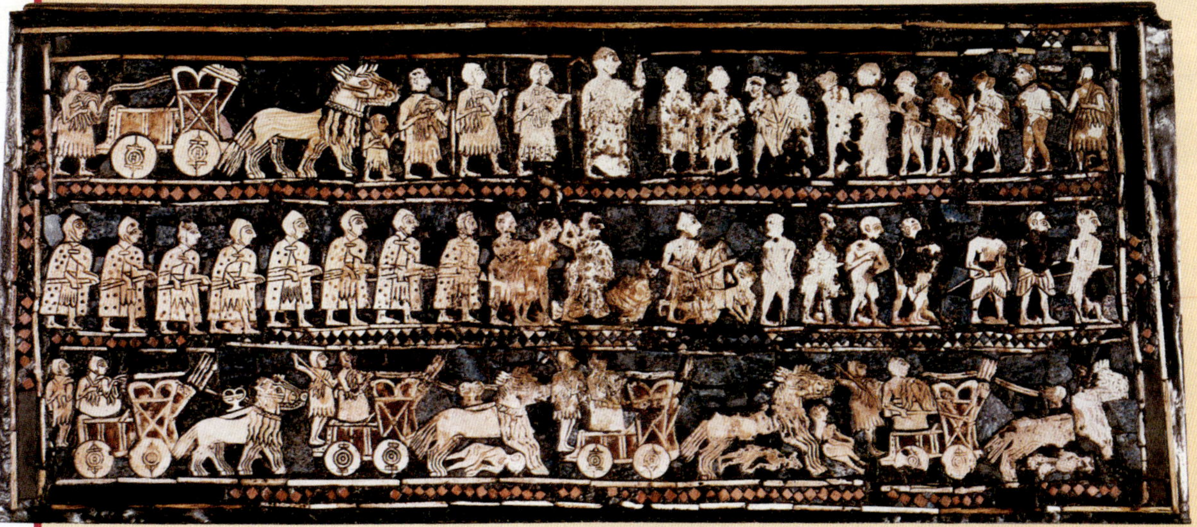

Diese Tafeln (47x20 cm) wurden 1927/28 bei Ausgrabungen in der Stadt Ur in einem etwa 4500 Jahre alten Königsgrab gefunden.
Die beiden Tafeln dieser Bildquelle können wie ein Buch „gelesen“ werden, allerdings von unten nach oben und die untere Tafel zuerst. Beginne also beim Streitwagen, der von vier Wildeseln gezogen wird und auf dem ein Wagenlenker und ein Kämpfer stehen.

1. Welches Bildsymbol (s. S. 73) ordnest du diesem Material zu?
2. Versuche die dargestellten Handlungen zu beschreiben. Tipp: Die untere Tafel wird „Kriegsseite“ genannt, die obere Tafel „Friedensseite“.
3. Fasse – ähnlich wie bei den Textquellen – Sinneinheiten zusammen.
4. Suche den König. Tipp: Wichtige Personen wurden oft größer dargestellt.
5. Sammle zu den Fragen „Welche Berufe gab es?“ und „Woran können wir Weiterentwicklung feststellen?“ und ordne in die Tabelle ein.

Den Kodex Hammurabi bearbeiten – aber wie?

1. Welches Bildsymbol (s. S. 73) gehört zu dem Material M3 (S.77)?
2. Wir wollen die Quelle befragen nach Berufen und nach der Weiterentwicklung. Zum Aussehen der Stadt erfahren wir etwas über eine lebenswichtige Anlage, die allerdings außerhalb der eigentlichen Stadt lag.
3. Aus der umfangreichen Gesetzessammlung (M3) sind **drei Bereiche** ausgewählt:
   - Eigentumsschutz (§ 7–53)
   - Familienrecht (§ 128–148)
   - Körperverletzung (§ 195–205)

   Bearbeitet zu allen drei Bereichen folgende Fragen:
   a) In den einzelnen Paragrafen sind Konflikte beschrieben, wie sie in Mesopotamien auftreten konnten. Stellt zunächst klar heraus: Um welchen Konflikt handelt es sich?
   b) Welche Regelung des Konflikts sieht das Gesetz vor?
   c) Gilt für alle Menschen die gleiche Strafe?
4. **Wenn alle Ergebnisse vorliegen, könnt ihr übergeordnete Fragen diskutieren:**
   a) Wie groß waren die gesellschaftlichen Unterschiede zwischen den Menschen?
   b) In einem Schlussteil nennt Hammurabi als wesentliche Aufgabe der Gesetze: „Die großen Götter haben mich berufen. […] Damit der Starke den Schwachen nicht schädigt, um der Waise und der Witwe zu ihrem Recht zu verhelfen, habe ich […] meine überaus wertvollen Worte auf einen Stein geschrieben.“ Entsprechen die Gesetze diesem Ziel?
   c) Waren die Gesetze nach eurer Auffassung gerecht?
   d) Welche Wirkung für die Beachtung der Gesetze hat es, wenn Hammurabi sich auf einen Auftrag der Götter beruft?

Die *Gesetzessammlung* des Königs Hammurabi ist sehr bekannt. Eine Gesetzessammlung wird auch *Kodex* genannt, deshalb werden diese Gesetze als „Kodex Hammurabi" bezeichnet. Geschrieben war der Kodex Hammurabi auf eine Säule aus schwarzem Stein. Die Gesetzessäule wurde öffentlich aufgestellt.

Der Kodex Hammurabi wird häufig als die erste Gesetzessammlung der Welt bezeichnet. Er umfasst 282 Gesetze.
Hammurabi war der Herrscher eines großen und mächtigen Königreiches. Die frühen mesopotamischen Städte waren unterworfen worden und hatten ihre Selbstständigkeit verloren.

Hammurabi herrschte etwa um 1700 v. Chr.
Im oberen Teil der Gesetzessäule empfängt König Hammurabi die Gesetze von einem Gott (s. Bild auf S. 76).
Heute steht die insgesamt 2,25 m hohe Säule im Louvre in Paris.

Auszüge aus der Gesetzessammlung

M 3

§ 7 Wenn ein Bürger Silber, Gold, einen Sklaven, eine Sklavin, ein Rind, ein Schaf, einen Esel oder was auch immer aus der Hand eines Bürgers oder eines Sklaven eines Bürgers ohne Zeugen und vertragliche Abmachung kauft oder in Verwahrung nimmt, so gilt dieser Bürger als Dieb, er wird getötet.
§ 8 Wenn ein Bürger ein Rind, ein Schaf, einen Esel, ein Schwein oder ein Schiff stiehlt, so muss er, wenn es Eigentum eines Gottes oder des Palastes ist, es dreißigfach ersetzen, wenn es Eigentum eines Palasthörigen[1] ist, so muss er es zehnfach ersetzen; wenn der Dieb nichts zu geben hat, wird er getötet.
§ 21 Wenn ein Bürger in ein Haus einbricht, so soll man vor jener Einbruchstelle ihn töten und ihn dort aufhängen.
§ 53 Wenn ein Bürger [...] seinen Deich nicht befestigt – [wenn dann] in seinem Deich eine Öffnung entsteht und durch seine Schuld das Wasser die Flur wegschwemmt, so soll der Bürger, in dessen Deich die Öffnung entstanden ist, das Getreide, das er dadurch vernichtet hat, ersetzen.
§ 128 Wenn ein Bürger eine Gattin nimmt, aber keinen Vertrag mit ihr abschließt, so ist diese Frau keine Gattin.
§ 138 Wenn ein Bürger seine Gattin, die ihm keine Kinder geboren hat, verstoßen will, so soll er die Mitgift[2], die sie aus dem Hause ihres Vaters mitgebracht hat, voll erstatten, bevor er sie verstößt.
§ 142 Wenn eine Frau gegen ihren Ehemann Abneigung bekommt [...], so soll ihre Angelegenheit von ihrer Behörde überprüft werden; wenn sie unbescholten ist und keine Schuld trägt, ihr Ehemann dagegen aushäusig[3] ist und sie schwer vernachlässigt, so ist diese Frau schuldlos, sie darf ihre Mitgift nehmen und weggehen zum Haus ihres Vaters.
§ 143 Wenn sie nicht unbescholten ist, aushäusig ist, ihren Haushalt verschlampt und ihren Ehemann vernachlässigt, so soll man diese Frau ins Wasser werfen.
§ 148 Wenn ein Bürger eine Frau nimmt und die la'bu-Krankheit[4] sie befällt, wenn er dann plant, eine andere zu heiraten, so darf er das tun; seine erste Ehefrau, welche die la'bu-Krankheit befallen hat, darf er jedoch nicht verstoßen, im Hause, das sie besorgt hat, soll sie wohnen bleiben, und so lange sie lebt, soll er sie unterhalten.
§ 195 Wenn ein Sohn seinen Vater schlägt, soll man ihm eine Hand abschneiden.
§ 199 Wenn ein Bürger ein Auge eines Sklaven eines Bürgers zerstört oder einen Knochen eines Sklaven eines Bürgers bricht, so soll er die Hälfte seines Kaufpreises[5] zahlen.
§ 200 Wenn ein Bürger einem ihm ebenbürtigen Bürger einen Zahn ausschlägt, soll man ihm einen Zahn ausschlagen.
§ 201 Wenn er einem Palasthörigen einen Zahn ausschlägt, so soll er ein Drittel Mine[6] Silber zahlen.
§ 202 Wenn ein Bürger die Wange eines Bürgers, der höher gestellt ist als er, schlägt, so bekommt er in der Versammlung sechzig Schläge [...]
§ 203 Wenn ein Bürger die Wange eines anderen Bürgers, der ihm gleich steht, schlägt, so soll er eine Mine Silber zahlen.
§ 205 Wenn ein Sklave eines Bürgers die Wange eines Bürgers schlägt, so soll man ihm ein Ohr abschneiden.

(in: Rykle Boger, Akkadische Rechtsbücher. Der Codex Hammurabi, in: Otto Kaiser (Hg.), Texte aus der Umwelt des alten Testaments, Bd.I/Rechts- und Wirtschaftsurkunden, Historisch-chronologische Texte (Verlagshaus Gerd Mohn) Gütersloh 1982, S. 39–80)

---

1 Mensch, der zwar zu den Freien zählt, aber in direkterer Abhängigkeit vom Palast steht als ein freier Bürger
2 Sachen, die die Frau mit in die Ehe bringt
3 sich herumtreiben
4 vermutlich eine innere Krankheit
5 Kaufpreis eines Sklaven ≈ ca. 1/3 Mine Silber
6 1 Mine ≈ ca. 1/2 kg

Zum Schluss: Historiker fragen

M 4 Der Tempelpalast

Zu den Aufgaben des Tempelpalasts gibt der Text eines Historikers Informationen:

Der Tempelpalast war der Mittelpunkt der Stadt. Von hier aus übte der König seine Herrschaft aus. Da alles Land der Gottheit gehörte, wurden die Abgaben – meist in der Form von Naturalien – zum Wohnsitz des Stadtgottes oder der Stadtgöttin gebracht. Man wird sich in den Höfen des Tempelpalasts ein reges Leben vorzustellen haben. Hier wurde von Bauern das Getreide abgeliefert und von Verwaltern eingelagert. Hirten trieben das Opfervieh herbei. Notwendiges Arbeitsgerät und Rohmaterialien wurden hier an Handwerker ausgegeben, an die Maurer, Tischler, Schiffsbauer, Wagenbauer, Metallschmelzer, Grob-, Fein- und Waffenschmiede, Steinmetzen, Töpfer, Fleischer, Müller, Bäcker und Brauer. Hier zeichneten die Schreiber die Tagesleistung der Arbeiter auf und gaben an sie Lebensmittel und Bekleidung aus; hier wurden die abgelieferten Schafe, Fische, Vögel notiert, die Handelskarawanen empfangen, abgefertigt und ausgesandt. Aber da waren auch, wie es die Ausgrabungen gezeigt haben, Wachräume der Soldaten, Werkstätten der Handwerker, der Spinnerinnen und Wollarbeiterinnen, und die Architekturbüros, in denen die weitere bauliche Ausgestaltung des Heiligtums wie der ganzen Stadt geplant wurde. Hier entwarfen Kanalbauer das komplizierte System der Landbewässerung. Jeder Tempel hatte seine Bibliothek, die als Archiv für die Listen der Tempelwirtschaft und die Urkunden des allgemeinen Geschäftsverlaufs diente.

Vom Tempelpalast wurde der Arbeitseinsatz geregelt, denn der Bürger musste einen Teil seiner Arbeitskraft für öffentliche Bauvorhaben zur Verfügung stellen, z.B. für Flussregulierungen, Deich- und Kanalanlagen, Errichtung von Heiligtümern.

Die Bauten des Tempelpalastes lagen in mehreren Ebenen übereinander. Die Anlage wurde überragt von dem Tempel. Hier wohnte der Gott oder die Göttin. Vertreter der Gottheit war der König, der zugleich Oberpriester, Herr über die Stadt und Heerführer und oberster Gerichtsherr war. Im Tempel ließen die Könige Statuen aufstellen, die sie in Beterhaltung abbildeten. Diese Figuren sollten stellvertretend für den Herrscher ständig vor der Gottheit anwesend sein und um ihren Segen – Gesundheit, Regierungsglück und langes Leben – bitten. Den Städtern stand die breite Schicht der Landbewohner gegenüber, die außerhalb der Stadtmauern als Bauern, Gärtner, Hirten, Jäger und Fischer ihr arbeitsreiches Leben führten.

(Hartmut Schmökel, Das Land Sumer, (Kohlhammer) Stuttgart [3]1962, S. 81–97, bearbeitet)

1. Welches Symbol (s. S. 73) ordnest du diesem Text zu?
2. Uns interessiert, welche Aufgaben ein Tempelpalast erfüllte. Dazu findest du in dem Historikertext viele Informationen.
   Wie kann man einen solchen Text bearbeiten? Wir gliedern den Text, aber anders als bei der Linearanalyse.
   Beispiel: Wenn du als die drei wichtigsten Elemente nennst
   - religiöses Zentrum
   - Verwaltungszentrum
   - wirtschaftliches Zentrum,

   findest du hierzu an verschiedenen Stellen des Textes Informationen.
   Du gliederst den Text also nach Oberbegriffen, d.h. nach Aspekten. Deshalb wird dieses Verfahren **Aspektanalyse** genannt.
   Ordne den einzelnen Aspekten (hier: die wichtigsten Aufgaben des Tempelpalastes) alle Informationen zu, die du in dem Text findest.
3. Sammle zu allen drei Bereichen und ordne in die Tabelle ein.

M 5
Rekonstruktionszeichnung des Tempelpalastes von Chafadschi

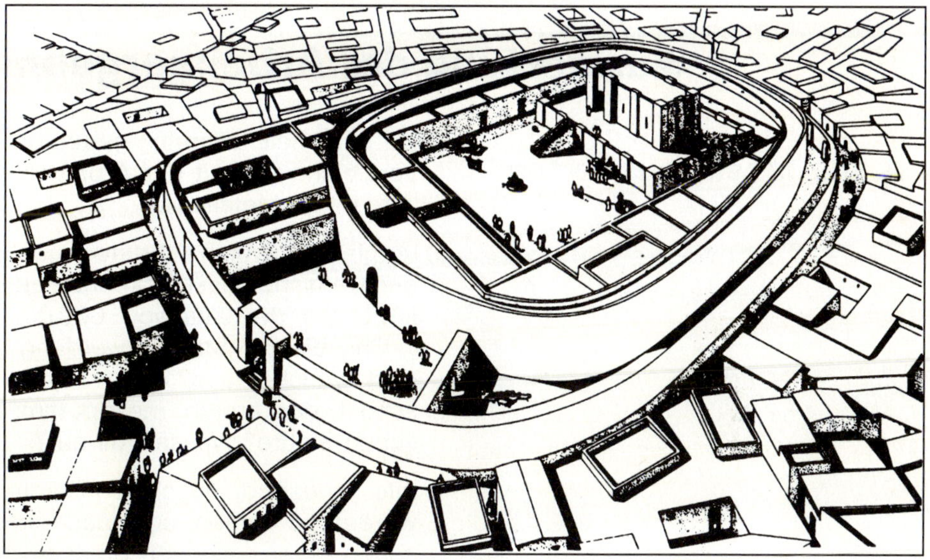

1. Erkläre, warum eine Rekonstruktionszeichnung keine Quelle ist.
2. Zur Rekonstruktionszeichnung passt keines der vier Symbole genau. Erfinde selbst ein Symbol.
3. Suche in der Rekonstruktionszeichnung Bereiche des Tempelpalastes, die im Historikertext erwähnt werden.
4. Erzähle: Was mag sich hier täglich abgespielt haben?

Die Stadt in Mesopotamien

Wie sah die Stadt aus?	Welche Berufe gab es?	Woran können wir Weiterentwicklung feststellen?
– Stadtmauern (1)	– Verwalter (1)	– Bau hoher Mauern (1)
– …	– …	– …
– …	– …	– …
– …	– …	– …
– …	– …	– …
– …	– …	– …
– …	– …	– …
– …	– …	– …
– …	– …	– …
– …	– …	– …

M 1 Textquelle: Die Sage von der Gründung der Stadt Akkad
M 2 Bildquelle: Die Bildtafeln von Ur
M 3 Textquelle: Auszüge aus der Gesetzessammlung (Kodex Hammurabi)
M 4 Historikertext: Der Tempelpalast

Auswertung der Arbeitsergebnisse: Inhalt

A. Die Tabelle auswerten

① Du hast viele „Berufe" gefunden. Vergleiche sie mit der Arbeitsteilung in der Metallzeit.

② Vergleiche: Welche „Erfindungen" der Menschen hast du kennen gelernt aus der Zeit von 600.000 v. Chr. bis zur Sesshaftwerdung? Und welche aus dem Zeitabschnitt der ersten mesopotamischen Städte? Was fällt dir auf?

③ Alle mesopotamischen Städte wurden zu Ruinen; über das Aussehen jeder einzelnen Stadt sind daher nur begrenzt Aussagen möglich. Wenn man alle Informationen aus den verschiedenen Städten zusammenträgt, entsteht das Bild einer Stadt, die es so vermutlich nie gegeben hat. Auf diese Weise könnte jedoch die Frage beantwortet werden: Wie hat „die" typische mesopotamische Stadt ausgesehen?

④ Wann ist es sinnvoll, zur Sammlung der Informationen eine Tabelle anzulegen?

⑤ Auf S. 73 finden sich Symbole für die wichtigsten Arten von Quellen. Welche Symbole konntest du den Materialien im Mesopotamien-Kapitel zuordnen? Eine Quellenart ist in diesem Kapitel nicht vorhanden – welche?

B. Es entstehen immer noch neue Fragen

① In der Quelle „Gründung der Stadt Akkad" werden die Abgaben für die Göttin eingezogen und in den Palast des Königs gebracht.
Im Bild auf der Gesetzessäule erhält König Hammurabi die Gesetze von einem Gott. Dem Historikertext konntest du entnehmen, dass der König Vertreter des Gottes war. Dort wird auch ausgeführt, dass der Tempel der Gottheit und der Palast des Königs weitgehend eine Einheit bilden; der Historiker spricht von „Tempelpalast". Wie rechtfertigen also die Könige ihre Herrschaft?

② Warum boten sich in der Stadt besonders günstige Entwicklungsmöglichkeiten?

③ Schreibe selbst einen Historikertext über die Stadt in Mesopotamien. Versuche als Überschrift eine Frage zu formulieren.

Auswertung der Arbeitsergebnisse: Methode

A. Wie wurde an den Texten gearbeitet?

Um den Inhalt eines Textes herauszuarbeiten, habt ihr zwei verschiedene Verfahren angewandt.
1. Wie heißen diese Verfahren?
2. Worin unterscheiden sie sich?

B. Materialien – die Arbeitsgrundlage

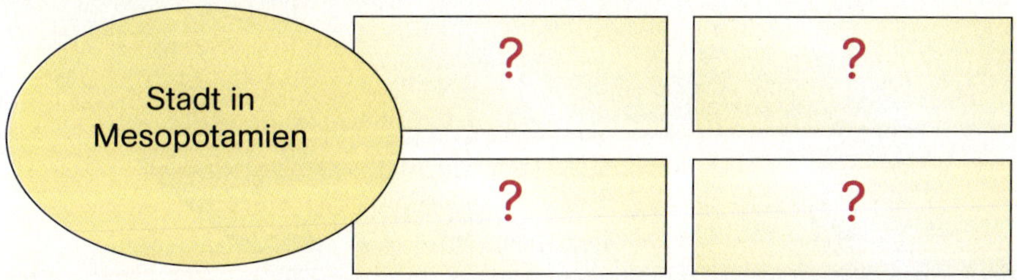

1. Zeichne das Schaubild ab: Der ovale Kreis steht für die Stadt in Mesopotamien, die Kästchen stehen für die Materialien, die du in diesem Kapitel benutzt hast.
2. Zeichne an die Stelle der Kästchen die Symbole, die du von S. 73 kennst; nimm nur die drei Symbole für die Quellenarten, mit denen du im Mesopotamien-Kapitel gearbeitet hast. Ergänze als viertes das von dir erfundene Symbol für Rekonstruktionszeichnung.
3. Bringe dabei die Materialsorten in eine Reihenfolge: Wie nahe stehen sie zum jeweiligen historischen Sachverhalt, also zur Stadt in Mesopotamien?

C. Wie gehen Historikerinnen und Historiker vor?

- bekommen die zentralen Fragen geliefert.
- bearbeiten nur wenige, oft gekürzte Materialien.
- bekommen die Materialien geliefert.
- bekommen die Texte in deutscher Übersetzung.
- greifen überwiegend auf Originale zurück.
- suchen sich die Materialien selbst.
- formulieren die Fragen, die sie an die Materialien richten, selbst.
- bearbeiten eine große Menge an Materialien verschiedenster Art.

Bringe die Tätigkeiten in die richtige Ordnung:
- Die Schülerinnen und Schüler …
- Die Historikerinnen und Historiker …

Ägypten –

um 3000 v. Chr. Vereinigung von Unter- und Oberägypten	um 2620 v. Chr. Bau der ersten Pyramide	um 1480 „König“

Hochkultur am Nil

v. Chr.	um 1330 v. Chr.	1922 n. Chr.
Hatschepsut	Pharao Tutanchamun	Das Grab des Pharao Tutanchamun wird entdeckt

In Giza ließen sich drei Pharaonen ihre Pyramiden bauen. Die höchste aller Pyramiden ist die Cheops-Pyramide. Mit 147 m Höhe war sie 4000 Jahre lang das höchste Bauwerk der Welt. Die Seitenlänge beträgt 230 m. Unterhalb der Pyramide sind Gräber für Familienangehörige des Cheops. Die drei kleinen Pyramiden sind Gräber von Königinnen: der Mutter des Cheops und seiner Ehefrauen. Oberhalb der Cheops-Pyramide befinden sich Gräber hoher Beamter.

Ägypten – ein Geschenk des Nil?

Warum ist der Nil ein besonderer Fluss?

M 1

Um 450 v. Chr. bereiste der Grieche Herodot Ägypten. Er staunte über dieses ungewöhnliche Land. Für Herodot hätte es ohne den Nil Ägypten nicht gegeben. Daher bezeichnete er Ägypten als „ein Geschenk des Nil“.
Was meint Herodot damit? Übertreibt er?

Überschwemmung – ein Horror?

Wenn du fragst, warum Menschen sich an einem Fluss ansiedelten, wirst du überwiegend die Antwort erhalten: „Weil das Wasser für das Überleben wichtig war.“ Richtig ist, dass in einem Land, in dem es – außer an der Küste – fast nie regnet, der Fluss eine besonders große Bedeutung hat. Aber der Nil brachte sogar noch mehr: Heftige Niederschläge in Äthiopien, dem Quellgebiet des Nil, führten in jedem Jahr in Ägypten zu einer großen Überschwemmung. Jedes Hochwasser ließ eine dünne Schicht schwarzen Schlammes zurück.

... eine Chance!

Der Schlamm war sehr fruchtbar. Wenn das Wasser gesunken war, konnte in den Schlamm ausgesät werden; die Ernte brachte gute Erträge. Schon früh nannten die Ägypter ihr Land „Kemet“, d.h. „schwarzes Land“.

Warum ist der Nil ein besonderer Fluss?

- Untersuche, welche Antworten das Foto, der Querschnitt, das Schaubild, das Gedicht und die Karte geben.
- Folgende Stichwörter können dir helfen: Wüste, fruchtbares Land, Überschwemmung, schmaler Streifen, Lage der Häuser, Opfer, Verehrung.

M 2 Querschnitt durch das Niltal bei Niedrigwasser

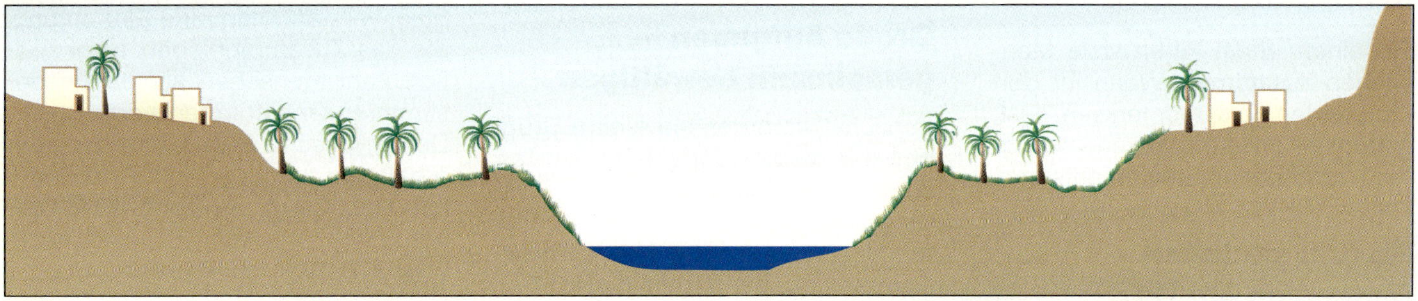

Beschreibe die Lage der Wohnhäuser.

M 3 Schaubild: Das durchschnittliche Hoch- und Niedrigwasser des Nil

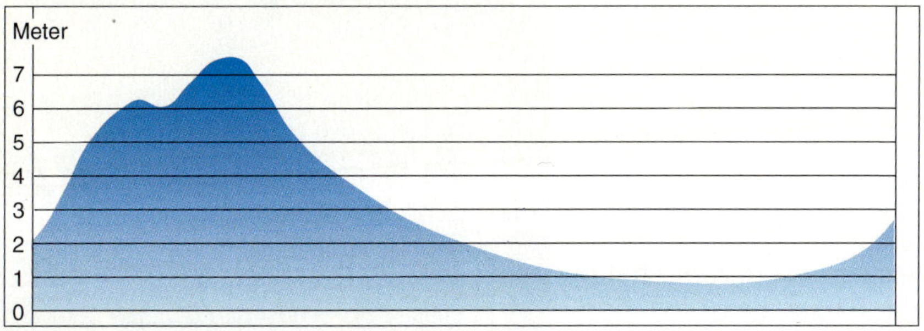

Wie groß war der Unterschied zwischen dem durchschnittlichen Hochwasser und dem niedrigsten Wasserstand?

M 4 Q Wir befragen ein Gedicht aus dem Alten Ägypten

Heil dir, o Nil, der du nach Ägypten kommst, um es am Leben zu erhalten.

Wenn sein Wasser über die Ufer tritt, wird ihm geopfert und große Geschenke werden ihm dargebracht.
Wenn er [der Nil] zu schwer ist, um sich zu erheben, sind wenige Menschen an seinen Ufern.
Wenn er zu hohes Wasser bringt, dann verringern sich die Menschen, denn er tötet sie. Man erblickt dann die Stadt wie ein Sumpfgebiet, jeder legt seine Arbeitsgeräte nieder.

(in: Emma Brunner-Traut (Hg.): Lebensweisheit der Alten Ägypter, Freiburg (Herder) 1985, S. 49ff.; gekürzt und bearbeitet)

1. Wie wird in dem Gedicht über den Nil gesprochen?
2. Suche in dem Gedicht die Zeilen, die von normalem Hochwasser, zu niedrigem Hochwasser und zu großem Hochwasser handeln. Welche Folgen hatten die verschiedenen Arten des Hochwassers?

M 5 Das Alte Ägypten

Befrage die Karte:
Was ist das Besondere an diesem Land? Tipp: Die Legende hilft dir.

Herausforderungen – Leistungen

In einem Staat leben viele Menschen zusammen. Wenn ihr den folgenden Text aufmerksam lest, könnt ihr erklären, wie und warum einer der ersten Staaten entstand.

Warum siedelten Menschen am Nil?

Klimaveränderungen nach der letzten Eiszeit führten in Teilen Nordafrikas zu Austrocknung und Wüstenbildung. Da im Laufe einiger tausend Jahre die Lebensgrundlagen schwanden, sahen sich die Nomaden der heutigen Wüste Sahara gezwungen ihre angestammten Gebiete zu verlassen. Sie zogen in die feuchten Niederungen des Niltals. Hier fanden sie als Ernährungsgrundlage wilde Tiere und wild wachsende Pflanzen. Die Menschen blieben zunächst Jäger und Vieh haltende Nomaden. Sie erkannten jedoch, dass die Ernährungsgrundlage in dem nahezu regenlosen Gebiet durch Nutzung des fruchtbaren Schlammbodens erheblich verbessert werden konnte. Das konnte nur gelingen, wenn sie sesshaft wurden. Das war vor 7000 Jahren.

Der Nil fordert heraus

Die Menschen beobachteten, dass das Hochwasser regelmäßig auftrat. Sie konnten sich darauf einstellen. Die Menschen sahen, dass nach dem Absinken der Flut Wasser in natürlichen Senken zurückgeblieben war. Indem sie vor Eintritt des Hochwassers künstliche Dämme aufwarfen, konnten die Ägypter noch mehr Wasser zurückhalten. So gelang es, Wasser zur künstlichen Bewässerung und somit zur Steigerung der Ernteerträge zu nutzen.

Große Aufgaben – gemeinsam bewältigen

Zunächst waren es nur kleine Gruppen, z. B. die Bewohner eines Dorfes, die zur Bewältigung des Bewässerungsproblems zusammenarbeiteten. Besonders wirksam wurde diese Kooperation, als immer mehr Menschen eingebunden wurden.
Die Menschen erkannten auch, dass es vorteilhaft war, gemeinsam Vorräte für schlechte Zeiten zu lagern.
Die vielfältigen Aufgaben führten dazu, dass sich die Menschen immer weiter spezialisierten. Neue Erfindungen wurden gemacht bei der Bearbeitung von Holz, Stein und Metallen. Diese Arbeitsteilung wiederum hatte zur Folge, dass mit den unterschiedlichen Produkten Handel getrieben wurde. Als zentraler Verkehrsweg für kurze und auch lange Strecken bot sich der Nil an.

Wie entstand der Staat Ägypten?

In einer langen Entwicklung von mehreren hundert Jahren entstand aus der Macht von Häuptlingen über ein oder mehrere Dörfer Herrschaft über immer mehr Menschen und immer größere Gebiete. Etwa um 3000 v. Chr. wurde in einem Krieg Unterägypten (Nildelta) durch Oberägypten (Niltal) unterworfen. Über einer Bevölkerung von knapp einer Million Menschen stand nun ein einziger Herrscher: der Pharao, wie die ägyptischen Könige genannt werden. Der Staat Ägypten war entstanden. Unter Staat versteht man eine Einrichtung, die das Zusammenleben einer großen Zahl Menschen auf einem bestimmten Gebiet organisiert.
Der ägyptische Staat sollte der dauerhafteste der Geschichte werden – mit einer Dauer von rund 2000 Jahren.

M 1 Der Pharao – ein Nomade?

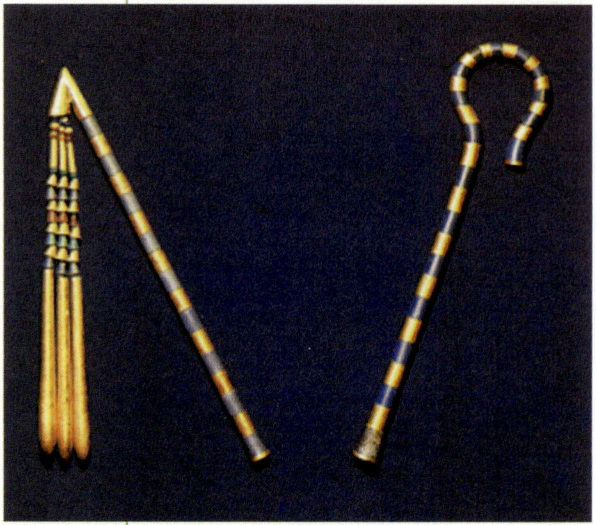

Die wichtigsten Herrschaftszeichen des Pharao waren Krummstab und Geißel. Ursprünglich waren dies Arbeitsgeräte Vieh haltender Nomaden. Mit einem Krummstab konnten Viehhirten Tiere am Hinterlauf fassen. Mit der Geißel wurden die Tiere angetrieben. (Aus dem Grab des Pharao Tutanchamun; er herrschte um 1330 v. Chr.).

An welche Zeit der Besiedlung des Niltals erinnern die Herrschaftszeichen des Pharao?

Bilder geben Auskunft

Ein altes und ein neues Bild zeigen, wie eine Landschaft künstlich bewässert werden konnte.

M 2 Wie konnte das Wasser des Nil auf höher gelegene Felder transportiert werden?

Mithilfe des ersten Bildes könnt ihr erklären, wie im Alten Ägypten die künstliche Bewässerung der Felder vor sich ging. Das Bewässerungsgerät wird als Pumpschwengel bezeichnet.

1. Wie gelang es dem Mann, Wasser zu heben?
2. Was geschah mit dem Wasser, wenn der Mann den Ledereimer geleert hatte? (s. hierzu auch M 3)

M 3 Wie wurden die Felder bewässert?

So wie auf dem Foto haben auch im Alten Ägypten künstlich bewässerte Felder ausgesehen.

Erstelle eine Zeichnung mit dem Nil, dem Arbeiter und den künstlich bewässerten Feldern.

Ägypten – ein Geschenk des Nil? Setze dich mit der Meinung Herodots auseinander. Versuche eine zusammenfassende Antwort. Überlege dabei auch: Hat Herodot die Leistung der Menschen genug berücksichtigt?

Was haben Rechnen, Schreiben und der Kalender mit dem Nil zu tun?

Wozu brauchten die Ägypter Geometrie und Mathematik?

Jedem Bauern war vom Staat ein Stück Land zur Bewirtschaftung zugewiesen. Von der Ernte durften die Bauern nur einen Teil für sich behalten. Der größere Teil wurde von Beamten, den Beauftragten des Staates, eingezogen.

Durch die jährliche Überschwemmung ergab sich jedoch ein Problem: Der Schlamm deckte alles zu und die Grenzen der Felder waren nicht mehr erkennbar. Woher sollte der Bauer also wissen, welche Fläche er zu bearbeiten hatte? Wie konnte der Staat von den Bauern die Ernteabgaben einziehen, wenn unklar war, um welche Fläche es sich überhaupt handelte?

M 1 Landvermesser

Um dieses regeln zu können, wurden nach jeder Überschwemmung die Felder immer wieder neu vermessen.

Aus der Landvermessung entwickelte sich eine Wissenschaft, die später Geometrie genannt wurde.

M 2 Rechnen wie ein Ägypter

Die Null war den Ägyptern unbekannt. Geschrieben wurde überwiegend von rechts nach links. Folgende Zahlenzeichen wurden verwendet:

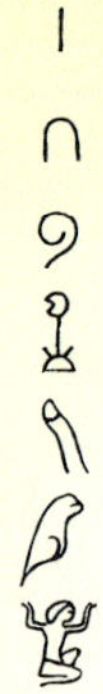

1	ein Merkstrich oder Zeigefinger
10	ein Bügel oder Huf
100	eine aufgerollte Messschnur
1.000	eine Lotusblume
10.000	ein gekrümmter Zeigefinger
100.000	eine Kaulquappe
1.000.000	der Gott der Unendlichkeit

Entziffere die Zahl:

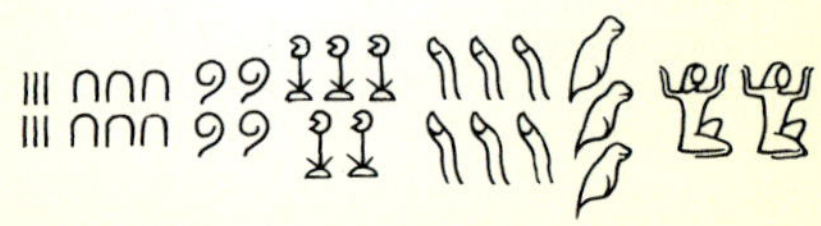

Ein Beispiel für Addition:

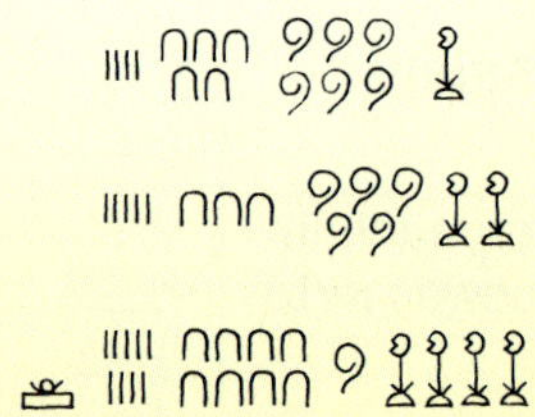

1.654

+ 2.535

= 4.189

(in: Johannes Lehmann: So rechneten Ägypter u. Babylonier, Leipzig/Jena/Berlin (Urania-Verlag) 1994, S. 16, 18)

1. Entnimm dem Bild, welche Hilfsmittel die Landvermesser für ihre Arbeit benutzten.
2. Wo mussten die Feldvermesser tätig werden?
3. Wann war diese Arbeit notwendig?
4. Stellt euch selbst Aufgaben in ägyptischen Zahlen.

Was hat der Kalender mit dem Nil zu tun?

Im Laufe der Zeit machten die Menschen in Ägypten interessante Beobachtungen: Zwischen zwei Nilhochwassern lagen 365 Tage, es trat also regelmäßig in jedem Jahr zum gleichen Zeitpunkt auf. Und wenige Tage vor diesem wichtigen Ereignis konnten sie in jedem Jahr im Osten den Stern Sirius sehen. Aus diesen Beobachtungen entwickelten die Ägypter den Kalender. Das Jahr wurde eingeteilt in 12 Monate zu je 30 Tagen mit 5 Zusatztagen am Schluss des Jahres. Von welch großer Bedeutung die jährliche Überschwemmung für die Ägypter war, können wir daran erkennen, dass sie das neue Jahr mit dem neuen Nilhochwasser beginnen ließen. Der ägyptische Neujahrstag lag etwa am 15. Juni unseres Kalenders.

Die Ägypter gliederten das Jahr in drei Einheiten mit jeweils vier Monaten. Sie nannten die Jahreszeiten: „Überschwemmung“, „Herauskommen des Landes“ und „Trockenheit“. Der gesamte Tag wurde gegliedert in 12 Tag- und 12 Nachtstunden. Diese Einteilung gelang mithilfe der Sonnenuhr und durch die Beobachtung der Sterne.

1. Das Schaubild „Das durchschnittliche Hoch- und Niedrigwasser des Nil“ (S. 85) kannst du abzeichnen und den ägyptischen Kalender einzeichnen.
2. Suche Beispiele, dass im ägyptischen Staat das Zusammenleben vieler Menschen ohne Kalender nicht möglich gewesen wäre.

Was hat die Schrift mit dem Nil zu tun?

In dem Gedicht, von dem du schon Auszüge kennen gelernt hast (S. 85) heißt es an einer anderen Stelle: „Alle Schriften sind mit der Hilfe des Nil geschaffen.“ Was mag der Dichter damit gemeint haben?

Außer auf Stein und auf Tonscherben haben die Ägypter vor allem auf Papyrus geschrieben. Dieses Material wurde hergestellt aus der Papyruspflanze, die damals in großen Mengen am Ufer des Nil wuchs.

1. Hat der Dichter Recht, wenn er behauptet, alle Schriften seien „mithilfe des Nil geschaffen“?
2. Die Schreibkundigen unter den Ägyptern benutzten Tonscherben so, wie wir heute Notizzettel benutzen. Versuche zu erklären, warum einfache Notizen nicht auf Papyrus geschrieben wurden.
3. Über die Schrift der Ägypter kannst du auf den Seiten 90 und 91 mehr erfahren.

M 3 Wie wurde Papyrus hergestellt?

Bringe in die richtige Reihenfolge! Jeweils ein Bildelement und ein Textabschnitt gehören zusammen.

1. Papyrus kann beschriftet werden.
2. Papyruspflanze
3. Durch Schläge mit einem Holzhammer werden die Streifen zusammengepresst, austretender Saft verklebt die Streifen.
4. Das Mark des Papyrusrohres wird in dünne Streifen geschnitten.
5. Die Rinde wird abgeschält.
6. Nach dem Trocknen wird das Papyrus mit einem flachen Polierstein glatt gerieben.
7. Ein Decktuch wird über die losen Streifen gelegt.
8. Auf einem flachen Stein werden die Streifen in zwei Lagen kreuzweise aufeinander gelegt.

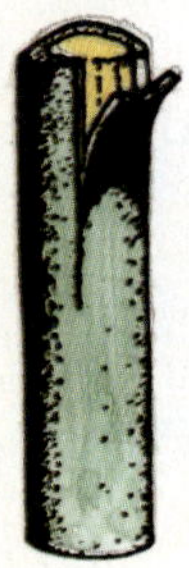
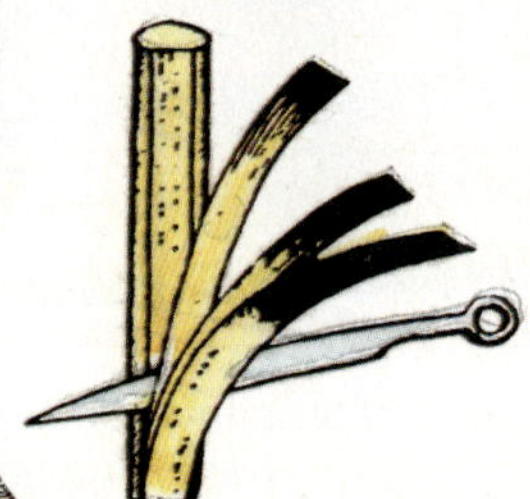
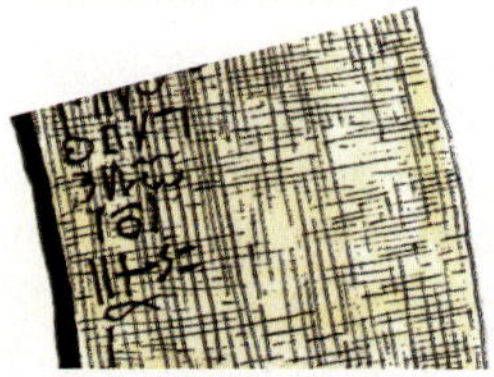

Hieroglyphen – geheimnisvolle Schriftzeichen

Lange Zeit gab die Entzifferung der ägyptischen Schrift den Forschern große Rätsel auf. Wenn du das Material auf dieser Doppelseite durcharbeitest, wirst du nicht nur verstehen, warum die Schrift so geheimnisvoll ist. Du wirst sogar ägyptisch schreiben können.

In Gold gearbeitete Hieroglyphen; sie befinden sich am Fußende des massiv goldenen Sarges des Pharao Tutanchamun (etwa 1326 v. Chr.). Über dem ausgebreiteten Arm der Göttin Isis befinden sich in ovalen Schleifen (Kartuschen genannt) zwei Namen des Pharao. Links: „Tutanchamun Herrscher von Unterägypten“; über dieser Kartusche stehen die Zeichen „Gans“ und „Sonne“ für: „Sohn des Sonnengottes Re“. Einige Zeichen aus dieser Kartusche wirst du in dem Hieroglyphen-Alphabet auf S. 91 wieder entdecken können. In der rechten Kartusche ein weiterer Name des berühmten Pharao: „Nebcheperure“.

Hieroglyphen – eine Bilderschrift?

Die Schrift der Ägypter trägt den Namen „Hieroglyphen“. Dieser Begriff stammt aus dem Griechischen und bedeutet: heilige, in Stein gemeißelte Zeichen. Hieroglyphenschrift war etwa 3400 Jahre lang in Gebrauch. Dann geriet sie in Vergessenheit. Lange Zeit glaubte man, es handele sich nicht um eine Schrift, sondern um geheimnisvolle Zeichen. Einen Sinn konnte man den Zeichen nicht entnehmen. Das gelang auch nicht mit der Annahme, es handele sich um eine reine Bilderschrift.

Erst 1822 gelang einem Franzosen die Entdeckung, dass die Schriftzeichen überwiegend wie unsere Buchstaben benutzt wurden.

Beispiel: Das Zeichen der Eule hat den Lautwert „m“. Sollte das Schriftzeichen „Eule“ auch wirklich „Eule“ bedeuten, dann wurde ein Strich daneben gesetzt. Geschrieben wurden meist nur Konsonanten, keine Vokale. Um nur aus Konsonanten bestehende Wörter aussprechen zu können, wenden die Wissenschaftler, die sich mit dem Alten Ägypten beschäftigen (Ägyptologen), einen Trick an: Man spricht einige Konsonanten als seien sie Vokale. Außerdem fügt man zwischen die Konsonanten ein „e“ oder einen anderen Vokal ein.

1. Was bedeutet:

2. Wenn wir in unserer Sprache ohne Vokale schreiben würden, welches Deutzeichen würdest du hinter „hs“ (Haus oder Hase oder Hose) setzen?
3. Welche Worte unserer Sprache könnten mit „lb“ gemeint sein, wenn wir ohne Vokale schreiben würden? Welche Deutzeichen würdest du erfinden um zu verdeutlichen, was mit lb jeweils gemeint sein kann?
4. Eine spannende Frage: Könnten sich ein heutiger Ägyptologe und ein zum Leben wiedererweckter Schreiber aus dem Alten Ägypten verständigen?

Wir schreiben Hieroglyphen

Hieroglyphen können von links nach rechts, von rechts nach links oder von oben nach unten geschrieben werden. Zeichen von Menschen und Tieren, z.B. Wachtelküken für u oder w und Hornviper (eine Schlange) für f, blicken immer zum Wortanfang.
Mit einem vereinfachten „Alphabet“ – das ist eine Auswahl aus etwa 2000 Zeichen – kann man üben seinen eigenen Namen – oder auch mehr – zu schreiben. Allerdings wird aus Deutsch in Hieroglyphenschrift noch kein Altägyptisch!
Um Missverständnisse zu vermeiden haben die Ägypter so genannte Deutzeichen angefügt. Ein solches Zeichen wurde nicht mitgelesen. Bei Personennamen beispielsweise wurde eine sitzende Frau oder ein sitzender Mann als Deutzeichen ergänzt.

PTR ≈ Petra

PTR ≈ Peter

Wer die Wörter mit Vokalen schreiben möchte, z.B.

für Petra, kann entsprechend ergänzen.
Der Lautwert einiger Zeichen wurde angepasst: In der ägyptischen Sprache gab es kein L, doch der liegende Löwe (eigentlicher Lautwert: ru) kann für ein L eingesetzt werden.

M

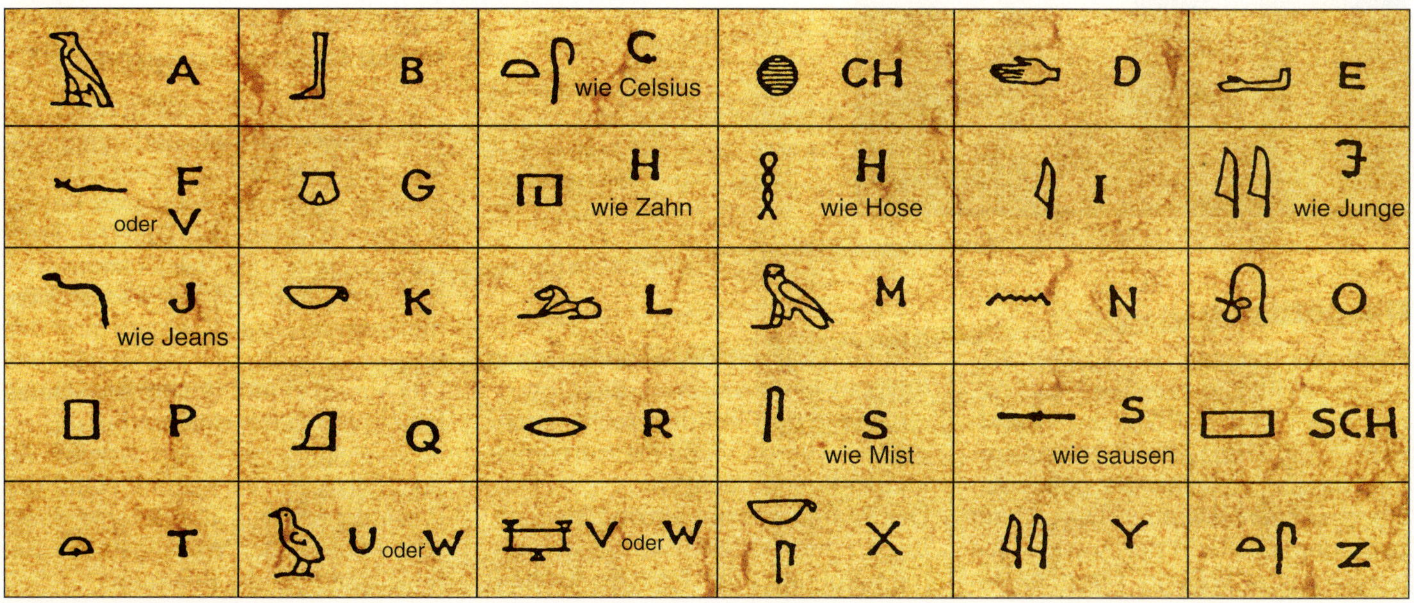

Wie mächtig war der Pharao?

Der Pharao – Mensch oder Gott?

M 1 **Statue des Pharao Haremhab**

Der Pharao Haremhab ließ sich in einer Statue neben einem Gott darstellen.
Auf dem Kopf tragen Gott und König die Krone Ägyptens, an der Stirn eine Kobraschlange in Angriffsstellung. Unter der Krone trägt der Pharao das Königskopftuch.
In seiner linken Hand hält der Gott das Anch-Zeichen, das „Leben" bedeutet. Der König trägt einen künstlichen Bart, den „Zeremonialbart"; ein solcher Bart kennzeichnet Götter, allerdings tragen sie ihn meist nicht, wenn sie mit Tierkopf dargestellt sind.

1. Wer ist Pharao – wer ist Gott?
2. Wie stellt die Statue den Pharao im Verhältnis zu dem Gott dar?

Die göttliche Ordnung

Nach der Religion der Ägypter war es die wichtigste Aufgabe des Pharao, den Willen der Götter zu befolgen. Der Pharao hatte darauf zu achten, dass in Ägypten die göttlichen Regeln beachtet wurden. Davon hing nach dem Glauben der Ägypter das Schicksal der Welt ab. Die göttliche Ordnung war gestört, wenn Feinde in Ägypten einfielen, wenn die Gottesdienste in den Tempeln nicht durchgeführt wurden, wenn die Herrschaft im Lande ungerecht war.
Der Pharao war der einzige Mensch, der zu den Göttern Kontakt aufnehmen konnte. Der tägliche Gottesdienst wurde eigentlich vom Pharao durchgeführt. Da er nicht in den vielen Tempeln gleichzeitig sein konnte, beauftragte er hohe Priester mit dem Dienst an den Göttern. Der König war es, der Gebete der Menschen den Göttern überbringen konnte.

Der König war Spitze

Im König waren alle Gewalten vereint: Ihm unterstand die Verwaltung des Landes, das Einziehen der Steuern, das Lagern der Vorräte, das Planen und Überwachen öffentlicher Bauten wie Kanäle und Tempel. Er war oberster Richter, erster Priester und Herr über das Militär. Ihm gehörte das gesamte Land, alle Steinbrüche, alle Äcker. Privatbesitz an Grund und Boden entwickelte sich erst langsam.

Ägypten regieren – keine leichte Aufgabe

Die geografischen Bedingungen waren zugleich günstig und ungünstig für die Entwicklung eines stabilen Staates: Einerseits schützten riesige Wüsten Ägypten vor äußeren Feinden, andererseits begünstigte der 1200 km lange und nur wenige Kilometer breite Siedlungsraum aber das Entstehen vieler kleiner Einheiten. Das Auseinanderbrechen des Staates konnte nur durch eine gut organisierte Verwaltung verhindert werden. An der Spitze der Verwaltung stand der Wesir. Er empfing die Befehle direkt vom Pharao. Der Wesir gab die Befehle weiter an die Beamten.

Wir befragen Textquellen

Die Statue gibt erste Hinweise zu der Frage: „Der Pharao – Mensch oder Gott?“ Damit geben wir uns aber noch nicht zufrieden. Wir forschen weiter: Wir werden zwei Textquellen befragen. Eine Textquelle stammt aus dem Umfeld des Pharao. Die andere Textquelle ist ein kleiner Auszug aus einer Erzählung, die vermutlich viele Ägypter gekannt haben.

Textquellen befragen: Wie geht das?

1. Wir richten eine präzise formulierte Frage an die Textquelle(n) – in unserem Fall:

Der Pharao – Mensch oder Gott?

2. Die Textquelle Satz für Satz lesen.

3. Jeden Satz prüfen: Finde ich hier etwas zu der Frage? Also: Mensch oder Gott?

4. Die Ergebnisse sammeln.

5. Zusammenfassen, was die Textquelle zur Frage aussagt.

6. Bei der Untersuchung mehrerer Textquellen: Gibt es Übereinstimmungen oder Abweichungen zwischen den verschiedenen Textquellen?

In einer Erzählung aus dem Alten Ägypten erfahren wir von der Begegnung eines Mannes mit einem Pharao. Sinuhe, der Erzähler, berichtet:

M 2 Q Ich fand seine Majestät auf dem großen Thron von Gold, in einer Nische. Da lag ich ausgestreckt auf meinem Bauch, ich war ohne Besinnung vor ihm, während dieser Gott mich freundlich grüßte. Ich war wie einer, der von der Dämmerung überfallen ist. Meine Seele war entwichen, meine Körperkraft gebrochen […] Da sagte seine Majestät: „Er soll sich nicht fürchten, nicht erfüllt sein von Angst und Schrecken“.

(Alfred Jespen (Hg.): Von Sinuhe bis Nebukadnezar, Leipzig (Evangelische Verlagsanstalt) 1975, S. 80)

In einer Huldigung für den berühmten Pharao Ramses II. heißt es:

M 3 Q Wir kommen zu dir, Herr des Himmels, Herr der Erde, lebende Sonne des ganzen Landes, Herr der Lebensdauer, du Sonnengott der Menschheit, du Schöpfergott, du Säule des Himmels, Balken der Erde. Du, der wacht, wenn alles schläft, dessen Kraft Ägypten errettet, der über die Feinde siegt, dessen Stärke Ägypten schützt, groß an Gewalt, du, unser König, unser Herr, unsere Sonne. Wir sind hier vor deiner Majestät, dass du uns Leben, das du geben kannst, gewährst, Pharao, du, bei dessen Erscheinen alle Welt zu leben beginnt!

(G. Guggenbühl (Hg.): Quellen zur Geschichte des Altertums, Zürich 1953, S. 15; gekürzt und bearbeitet)

Der Pharao: – Gott? – Mensch? – Gottmensch (d.h.: gleichzeitig Gott und Mensch)?
Halte hierzu einen kleinen Vortrag. Bezieh dich bei deiner Argumentation möglichst direkt auf das Bild, auf die Textquellen und auf den Informationstext.

Frauen auf dem Thron

M 1 Nofretete

Eine Berlinerin aus Ägypten?

Die berühmteste aller Königinnen ist Nofretete. Berühmtheit hat sie erlangt durch eine bemalte Kalksteinbüste von 50 cm Höhe, die heute im Ägyptischen Museum in Berlin steht.
Nofretete ist dargestellt mit Schmuckkragen und Krone; über ihrer Stirn die Schlange, Abzeichen für Götter und Könige; der aufgerichtete Vorderkörper der Schlange ist abgebrochen.
Die Büste der Nofretete gilt als das bekannteste Kunstwerk Altägyptens. Es gibt Menschen, die sagen, dies sei das schönste Kunstwerk aller Zeiten. Die Büste wurde 1912 in Ägypten gefunden. Nofretete lebte um 1340 v. Chr. Ihr Gatte war der Pharao Echnaton.

M 2 Hatschepsut

Königin mit Bart?

Einer Königin gelang es, aus der zweiten Stelle hinter Gemahl oder Sohn hervorzutreten: Hatschepsut. Es waren besondere Umstände, die das ermöglichten. Hatschepsut war Gemahlin des Pharao Thutmosis II. Als er starb, hinterließ er als Thronfolger einen achtjährigen Sohn. Dieser war nicht der Sohn der Hatschepsut, sondern war von einer Nebenfrau geboren. Hatschepsut übernahm für das Kind die Regentschaft. Nach sieben Jahren legte Hatschepsut den mit der Regentschaft verbundenen Titel einer Königin ab und ließ sich zum König krönen. Ihr offizieller Name war „König Hatschepsut“. Der Thronfolger blieb in der untergeordneten Rolle eines Nebenkönigs, bis er 1468 v. Chr. – etwa 22 Jahre nach dem Tod seines Vaters – Hatschepsut stürzte.
Die Granitstatue (Höhe: 1,77 m) befindet sich heute im Ägyptischen Museum in Kairo.

Wir befragen eine Expertin

Wir haben ein in Stein gemeißeltes Bild gefunden, auf dem ägyptische Herrscher zu sehen sind. Wir wollen das Bild zur Rolle der Königin im Alten Ägypten befragen. Das ist nicht leicht. Darum bitten wir eine Ägyptologin uns zu helfen (Ägyptologen beschäftigen sich beruflich mit dem Alten Ägypten).

Frage: Um welche Könige und Königinnen handelt es sich?
Antwort: Auf diesem Relief – so nennen wir in Stein gemeißelte Bilder – ist die Königin Ahmes-Nefertari zweimal zu sehen. Links sitzt sie hinter ihrem Ehemann, dem Pharao Ahmose.
Frage: Woher weiß man das?
Antwort: In den ovalen Kreisen – Kartuschen genannt – steht jeweils der Name. Der Name der Königin findet sich zweimal.
Frage: … und rechts?
Antwort: Da sehen wir Ahmes-Nefertari zusammen mit ihrem Sohn, dem Pharao Amenophis I.
Frage: Warum sitzt die Königin jeweils hinter dem Rücken des Königs?
Antwort: Das entspricht der Rolle der Königin. Das Königsamt war bis auf wenige Ausnahmen männlich.
Frage: Der Pharao wurde als Gott angesehen. Wie stand es mit der Königin?
Antwort: Dazu gibt uns das Relief einige Hinweise. Ahmes-Nefertari trägt

M 3 Zwei Könige – eine Königin
Gedenkstein, aufgestellt um 1300 v. Chr.

auf dem Kopf eine Doppelfederkrone, die auch häufig bei Göttern zu finden ist. Darunter – direkt auf ihrem Kopf – sehen wir eine Haube aus dem Gefieder eines Geiers und davor den Kopf eines Geiers.
Dies kann man oft bei Göttinnen finden. Das mag allerdings auch damit zusammen hängen, dass Ahmes-Nefertari nach ihrem Tod als eine beim Volk besonders beliebte Göttin verehrt wurde. Und dieses Relief wurde erst 200 Jahre nach ihrem Tod hergestellt. Übrigens wurde auch der Sohn in den Jahrhunderten nach seinem Tod den Ägyptern ein besonders beliebter Gott, den man in allen Nöten anrufen konnte. Der Pharao Ahmose erfuhr nach seinem Tod keine besondere Verehrung.
Frage: Gibt die Inschrift sonst noch Hinweise?
Antwort: Da wird es interessant. Die Könige werden „Der gute Gott" und „Sohn des Gottes Re" genannt. Die Königin wird genannt: „Gottesgemahlin" und „Königsgemahlin".
Frage: Aber wenn das Relief erst 200 Jahre nach dem Tod der Königin hergestellt wurde – zeigt uns das Bild die Königin vor oder nach ihrem Tod? Vielleicht war sie ja erst nach ihrem Tod Göttin und nicht vor ihrem Tod.
Antwort: Eine gute Frage. Die Titel beziehen sich jedoch eindeutig auf die Königin zu ihren Lebzeiten. Außerdem kennen wir von anderen Königinnen auch diese Titel, die sie zu Lebzeiten trugen. Es gibt sogar noch den Titel „Gottestochter" für die Mutter eines regierenden Königs. Und die Tochter eines Gottes ist nun unbestreitbar göttlich.

An den Bildern der Königinnen kannst du deinen Mitschülern die Bedeutung von Königinnen im Alten Ägypten erklären. Bezieh dich dabei auch auf die Expertenbefragung.
Du könntest so anfangen: „Ich berichte über Königinnen im Alten Ägypten. Ich stelle euch dafür eines der schönsten Kunstwerke der Welt, eine Königin mit Bart, und ein Relief vor, auf dem eine Königin gleich zweimal zu sehen ist …".

Der verlängerte Arm des Pharao: die Beamten

Die Beamten hatten viele wichtige Aufgaben:

- Teile der Ernte, der Viehherden, des Fischfangs als Steuer einziehen
- Lagern der Vorräte
- Verteilen von Vorräten
- das Militär leiten
- den Einsatz und die Verpflegung der tausende von Arbeitskräften an den Baustellen regeln
- Felder vermessen

Ägyptischer Beamter

- den Bau der Bewässerungsanlagen planen und überwachen
- Arbeiten in Steinbrüchen überwachen
- den Bau von Pyramiden und Tempeln organisieren
- für öffentliche Ordnung sorgen
- Berichte schreiben
- die Arbeit der Handwerker überwachen

Um 2300 v. Chr. ließ sich der Beamte Heti diese Statue anfertigen.
Die Beamten ließen sich gerne als Schreiber darstellen,
auch wenn sie höhere Aufgaben zu erledigen hatten.
Die Zuständigkeit der Beamten war genau geregelt. An der Spitze stand der Wesir.
Er gab Befehle an hohe Beamte. Diese leiteten die Befehle weiter.
Unten in der Beamtenschaft standen Viehzähler, Steuerneintreiber und einfache Schreiber.

Berufswunsch: Beamter?

Die Beamten genossen ein sehr hohes Ansehen. Nur sie hatten Schreiben und Lesen gelernt. Die Ausbildung zum Beamten war eigentlich für alle offen. In Wirklichkeit waren es überwiegend Söhne von Beamten, die diesen Beruf ergriffen. Im Verhältnis zur gesamten Bevölkerung Ägyptens waren dies nur wenige. Mädchen hatten keinen Zugang zur Beamtenlaufbahn. Daher konnten Frauen – vielleicht abgesehen von einigen wenigen Ausnahmen – auch nicht lesen und schreiben. Im Alter von fünf Jahren begann die Ausbildung der Schreiber. Im Alter von 16 bis 18 Jahren erhielt der junge Schreiber seinen ersten Posten in der Verwaltung.

Die Beamten besaßen Privilegien. So nennt man Vorrechte einer Gruppe in einer Gesellschaft. Diese Privilegierten bildeten nur eine kleine Gruppe. Die Masse der Menschen in Ägypten zählte zu den Nicht-Privilegierten.

Wie schätzten die Beamten ihr eigene Rolle ein?

Aus Schreibschulen sind Texte überliefert, die die Schüler zu Übungszwecken immer wieder abschreiben mussten (s. M 1 und M 2). Aus diesen Texten erfahren wir, wie die Beamten sich selbst sahen. Wir erfahren einiges über ihre Privilegien. Die Begriffe „Schreiber“ und „Beamter“ wurden oft gleichgesetzt.

Zeitreise:
Wir informieren uns über die ägyptischen Beamten vor Ort

Der Wesir hat uns eingeladen durch das Alte Ägypten zu reisen. Wir treffen in Ägypten gerade zur Erntezeit ein. Es ist sehr heiß. Auf einem Feld sehen wir Landarbeiter. Sie werfen das gedroschene Korn in die Luft, damit sich die leichte Spreu von den Körnern trennt. Das ist eine unangenehme Arbeit, denn es staubt sehr. Zum Schutz haben sich die Landarbeiter ein Kopftuch umgelegt. Andere Arbeiter sind damit beschäftigt, das Korn mit Messgeräten umzuschütten. So wird die Menge des Getreides gemessen. Ein einfacher Beamter überwacht diese Arbeit. Besonders fällt uns ein hoher Beamter auf, der in einer überdachten Laube sitzt und alles überwacht. In einer Hand hält er einen Amtsstab. Um den Hals trägt er einen Schmuckkragen, den er vielleicht für besondere Verdienste vom Pharao erhalten hat.

Wir nähern uns dem Beamten, verneigen uns vor ihm und fragen ihn:

- „Welche Aufgaben erfüllen Sie?"
- „Haben Sie ein hohes Ansehen in der Gesellschaft?"
- „Warum sind Sie Beamter geworden?"
- „Welchen Beruf soll Ihr Sohn ergreifen?"

Was könnte er antworten?

Tipp: Den Quellen M 1 und M 2 kannst du entnehmen, was der Beamte antworten könnte. Lege bei der Arbeit an den Textquellen das Verfahren aus der Methodenbox von S. 93 zugrunde.

M 1 **Q** Siehe, es gibt keinen Beruf, in dem einem nicht befohlen wird, außer dem des Beamten; da ist er es, der befiehlt. Nützlich ist dir schon ein Tag in der Schule, und eine Ewigkeit hält die in ihr geleistete Arbeit vor, wie Berge. Du hast ein herrliches Wesen seit deiner Geburt. Dein Haus ist übervoll mit Speisen. Du hast volle Scheunen, der Weizen hat sich dir am Tage deiner Geburt verbunden. Du wohnst herrlich in deinem Haus, und deine Diener antworten prompt. Ein jeder, der dich sieht, ist froh.

(in: F. W. v. Bissing: Altägyptische Lebensweisheiten, (Artemis) Zürich 1955, S. 57ff. und 71; gekürzt)

M 2 **Q** Werde Schreiber! Der ist vom Arbeiten befreit; er ist gelöst vom Hacken mit der Hacke, und du brauchst keinen Korb zu tragen. Allein der Schreiber, der leitet die Arbeit aller Leute. Für ihn gibt es keine Steuern. Merke es dir!

(in: Wolfgang Lautemann/Manfred Schlenke (Hg.): Geschichte in Quellen, Bd. 1: Altertum, (Bayerischer Schulbuch-Verlag) München [3]1978, S. 50f.; gekürzt)

Götter und Göttinnen in Ägypten

Sind die Götter auf den Hund gekommen?

Die Ägypter verehrten eine große Zahl Götter und Göttinnen. Einige Gottheiten werden hier vorgestellt. Wer sind diese Gottheiten?
Was ist an ihnen typisch ägyptisch?

Der Sonnengott Re galt als Weltenlenker, der täglich den Himmel mit einem Boot überquerte. Meist wurde er falkenköpfig mit Sonne dargestellt. Der Pharao wurde häufig als Sohn des Re bezeichnet.

Osiris war der Herrscher des Totenreiches. Er wurde umwickelt, wie eine Mumie, dargestellt.

Isis – die Ehefrau des Osiris – galt als eine besonders liebenswerte Göttin. Als Kennzeichen trägt sie einen Thron auf dem Kopf.

Der Sohn von Isis und Osiris war der falkenköpfige Horus. Während sein Vater über das Totenreich herrschte, war Horus König über Ägypten. Der Pharao galt für die Ägypter als der Gott Horus in Menschengestalt.

Thot war der Gott der Weisheit und Schreiber der Götter; er wurde mit dem Kopf eines Ibis oder als Pavian dargestellt.

Anubis, der für den Schutz der Toten und für die Einbalsamierung zuständige Gott, wurde als Schakal dargestellt.

Ma'at war die Göttin der Harmonie, Gerechtigkeit und Wahrheit. Sie vertrat die ewigen Regeln, die die Götter der Welt verliehen hatten. Erkennbar ist diese für das Alte Ägypten besonders wichtige Göttin an der Feder, die sie auf dem Kopf trägt.

Die Göttin Hathor wurde als Kuh oder als Frauengestalt mit Kuhkopf oder mit menschlichem Antlitz und mit Kuhgehörn – dazwischen eine Sonnenscheibe – dargestellt. Sie war eine Göttin der Liebe und auch eine Totengottheit, die die Verstorbenen im Jenseits beschützte.

Drei besonders gefährliche Tiere der Nillandschaft waren in der Göttin Thoëris zusammengefasst: Nilpferd, Krokodil und Löwe. Sie schützte Frauen während Schwangerschaft und Geburt.

Gib den Götterbildern Namen (zu jeder Figur passt eine Beschreibung).

Die ägyptische Götterwelt – nicht leicht zu verstehen?

Weil es so kompliziert ist, fragen wir eine Ägyptologin.

Frage: Wie kamen die Ägypter überhaupt auf die Idee Götter ganz oder teilweise als Tier darzustellen?

Antwort: Die frühen Bewohner des Niltals lebten eng mit Tieren zusammen. In ihrer unmittelbaren Umgebung erlebten sie Furcht erregende oder bewundernswerte Eigenschaften von Tieren, z.B. die Kraft eines Löwen oder die liebevolle Sorge einer Kuh für ihr Kalb. Hier liegt wohl der Ursprung.

Frage: Werden die Götter und Göttinnen, wenn sie mit menschlichen Körper und mit dem Kopf eines Tieres abgebildet werden, nicht niedriger gestellt als Menschen?

Antwort: Die Frage lässt eine Einstellung zu Tieren erkennen, die von der der Ägypter deutlich abweicht. Die Ägypter sahen im Tier vor allem Kräfte, über die der Mensch nicht verfügte. Die Fähigkeiten eines Tieres zusätzlich zu den Fähigkeiten eines Menschen war mehr als nur Mensch, also: Gott.

Frage: Glaubten die Ägypter wirklich, dass beispielsweise der Gott Horus einen Falkenkopf hatte?

Antwort: Die Ägypter glaubten, dass die Götter unsichtbar seien. Das wirkliche Aussehen, das kannte niemand. Die Darstellung zeigte also nur die Idee von dem Gott, nicht den Gott selbst. Wenn wir von jemandem sagen, er sei ein schlauer Fuchs, nehmen wir auch nicht an, dass er wie ein Fuchs aussieht.

Frage: Warum begnügten sich die Ägypter nicht mit einem einzigen Gott?

Antwort: Die religiösen Vorstellungen der Ägypter bildeten sich in der ganz frühen Phase der Besiedlung der Nillandschaft. Die einzelnen Stämme hatten zunächst kaum Kontakt zueinander. Später übernahm man religiöse Vorstellungen anderer Stämme. So kamen also zu den eigenen Göttern weitere hinzu. Die alten religiösen Vorstellungen wurden nicht beiseite gelegt, sie wurden ergänzt.

Frage: Gab es denn keinen Streit zwischen den Anhängern verschiedener Götter?

Antwort: In Ägypten gab es zwar wichtigere und unwichtigere Götter, aber es gab nicht den einzigen Gott. Jeder Ägypter verehrte mehrere Götter. Es ist wohl nicht falsch, wenn ich sage, dass der Glaube an mehrere Götter – man nennt das Polytheismus im Gegensatz zum Monotheismus (Glaube an einen Gott) – zu tolerantem Verhalten führen kann.

Frage: Aber die Götter selbst – kamen die miteinander klar?

Antwort: Auch hier dachten die Ägypter anders als wir wohl heute denken würden. Es gab nicht Streit unter den Gottheiten, im Gegenteil: Es gab Götter und Göttinnen, die in der Vorstellung der Ägypter Eigenschaften anderer Gottheiten übernahmen; in einigen Fällen wurde sogar aus zwei Gottheiten eine einzige.

Frage: Wie mächtig waren die Göttinnen und Götter der Ägypter?

Antwort: Sie galten als mächtig, nicht aber als allmächtig.

Frage: Wer war wofür zuständig? Z.B. Hathor?

Antwort: Hathor stand vermutlich als Sinnbild der mütterlichen Fürsorge der Kuh für ihr Kalb. Aber: Die einer Gottheit zugeschriebenen Eigenschaften waren nicht eng festgelegt, vielmehr waren sie wandelbar.

Frage: Und der Unterschied zwischen Göttern und Göttinnen ...?

Antwort: Eine eindeutige Zuordnung von Gottheiten zu Männer- und Frauenrollen ist nur teilweise möglich.

Die Mutterrolle wurde von Göttinnen wie Isis und Hathor übernommen. Andererseits war eine Gottheit, die Schrecken verbreitete, weiblich: die löwenköpfige Kriegsgöttin Sachmet; gleichzeitig schützte Sachmet allerdings auch vor Krankheiten. Entsprechend der Vorherrschaft des Mannes in der ägyptischen Gesellschaft waren es jedoch auch männliche Gottheiten, die die führende Stellung innehatten.

Frage: Wie stellten sich die Ägypter die Entstehung der Welt vor?

Antwort: Überwiegend stellten sich die Ägypter das Entstehen der Welt so vor: Aus einem riesigen Gewässer tauchte ein Hügel aus Schlamm auf. Hier entwickelte sich das erste, von einem Gott erschaffene Leben. Angesichts der großen Zahl verschiedener Gottheiten gab es auch verschiedene Vorstellungen, welcher Gott die Welt erschaffen hatte. Aber immer war dieser Schöpfergott männlich.

1. Welche Einstellung zu Tieren sieht die Ägyptologin bei den Ägyptern?
2. Nun kannst du beschreiben, welche Zusammenhänge zwischen den Erfahrungen der Ägypter mit der naturräumlichen Umwelt und ihrer Religion bestehen.

Wo wohnten die Götter und Göttinnen?

Vor über 150 Jahren bereiste der schottische Zeichner Roberts Ägypten. Er fertigte zahlreiche sehr genaue Aquarelle an. Die damals noch leuchtenden Farben in den Tempeln sind inzwischen weitgehend verblasst. Hier ist der Tempel der Göttin Isis auf der Nilinsel Philae abgebildet.

M 1

In einem Tempel

Stell dir vor, du bist in Ägypten Reiseführer. Du sollst eine Gruppe durch einen Tempel führen. Informiere dich über die ägyptischen Tempel.
Greife bei deiner Führung auch auf deine Kenntnisse über „Götter und Göttinnen in Ägypten“ (S. 98 u. 99) zurück.
Wichtige Informationen zu den Tempeln findest du auch auf den Seiten 102 und 103.
Du hast schon gelernt, in welcher Beziehung der Pharao zu den Göttern stand. Informiere dich noch einmal über die Aufgaben eines ägyptischen Königs (vor allem: S. 92).

Welche Fragen erwartest du?

....

Besucher fragen viel. Folgende Fragen werden immer wieder gestellt:

1. Warum wurden Tempel auf einem Hügel gebaut? Warum ist im Tempel das Allerheiligste erhöht?
2. Warum sind an den riesigen Säulen Pflanzen nachgebildet?
3. Warum stehen die Säulen so eng nebeneinander?
4. Wie lang und wie hoch ist der Tempel?

Tipp: Denk bei Frage 1 an die Vorstellung von der Entstehung der Welt (s. Expertenbefragung S. 99)! Zu den Fragen 2 und 3 kannst du den Besuchern das Bild M 1 auf Seite 113 zeigen und auf das Papyrusdickicht hinweisen.

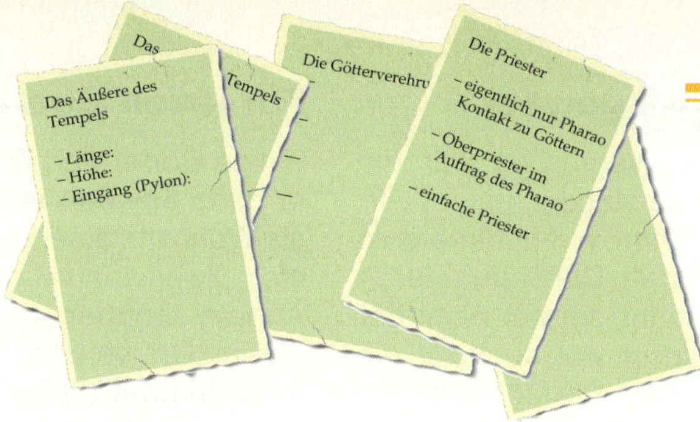

Stichwortzettel

Auch ein Reiseführer kann nicht alles im Kopf haben! Lege dir für die Führung durch den Tempel Stichwortzettel (oder Karteikarten) an.

Stichwortzettel anlegen: Wie geht das?

1. **Überlege dir, in wie viele Hauptteile du deinen Vortrag im Tempel gliedern willst.**
2. **Lege für jeden Hauptteil einen Zettel an.**
   Für jeden Hauptteil einen Zettel anzulegen, hat den Vorteil, dass die Reihenfolge der Hauptteile leichter verändert werden kann. Mehr als drei bis fünf Hauptteile solltest du nicht wählen, sonst wird dein Vortrag unübersichtlich.
3. **Sammle zu jedem Hauptteil Einzelinformationen.**
   Versuche dabei schon zu bündeln: Was gehört zusammen? Notiere nur Stichworte, keine ganzen Sätze!
4. **Bringe die Einzelinformationen auf jedem Zettel in eine sinnvolle Reihenfolge.**
5. **Lege alle Zettel nebeneinander und bringe sie in eine sinnvolle Reihenfolge.**
6. **Kontrolliere deinen Vortrag:**
   Fehlt Wichtiges? Gibt es Überschneidungen?

Lege anhand des Plans (S. 102, M2) deinen Weg durch den Tempel fest. Entscheide dich, an welchen Stellen des Tempels (Plan S. 102, M2) du auf welchen Zettel zurückgreifen willst. Also: was – wo?

Alles hing von den Göttern ab

Ob die Sonne über Ägypten aufging, ob der Nil regelmäßig Hochwasser brachte, ob die Ernte gedieh, ob neues Land entstand – alles hing nach dem Glauben der Ägypter von den Göttern und Göttinnen ab. Die Gottheiten waren keine außerirdischen Wesen, sie waren vielmehr in der Welt wirksam. Sie konnten zerstören oder segensreich wirken. Durch den täglichen Gottesdienst in den vielen Tempeln Ägyptens sollten die Götter und Göttinnen besänftigt und gut gestimmt werden.

Land der Tempel

Wie kaum ein anderes Land der Erde war das Alte Ägypten ein Land der Tempel. Obwohl im Laufe der Jahrtausende viele Tempel zerstört worden sind, staunt der heutige Ägyptenbesucher immer noch über die Vielzahl der Tempel und ihre Größe.

Wer durfte in den Tempel?

Das Betreten des Tempels war der einfachen Bevölkerung nicht gestattet. Zum Allerheiligsten – dem Raum, in dem der Gott oder die Göttin wohnte – hatten nur die Oberpriester Zugang (s. S. 102, M2).

Wo lagen die Tempel?

Die Tempel wurden auf einer Anhöhe angelegt. Bei einigen Tempeln war der Hügel auch künstlich angeschüttet worden. Innerhalb des Tempels stand das Allerheiligste wiederum erhöht im Vergleich zu anderen Tempelräumen.

Ein Gott wird geweckt

Mittelpunkt der Verehrung war die Götterstatue. Sie stand in einem verschließbaren Schrein im hintersten Raum des Tempels. Die Statue wurde vom Gott bewohnt, sie war nicht der Gott selbst; dieser war auch für die Priester unsichtbar. Die Götter hatten nach der Vorstellung der Ägypter ähnliche Bedürfnisse wie die Menschen; entsprechend vollzog sich das tägliche Ritual im Tempel: Nachdem er sich sorgfältig gereinigt hatte, weckte der amtierende Oberpriester den Gott. Die Götterstatue wurde aus dem Schrein genommen, entkleidet, gewaschen, gesalbt, neu eingekleidet; vor den Schrein wurden Speisen gestellt. Zur Ehre und zur Unterhaltung des Gottes wurde musiziert und getanzt. An hohen Festtagen wurde die Götterstatue durch den Hof des Tempels und auch aus dem Tempel heraus getragen. Allerdings blieb die Statue verhüllt.

Für jeden Gott ein Tempel?

Einige Götter und Göttinnen wurden in ganz Ägypten verehrt; sie hatten als Wohnsitz einen Haupttempel und als „Zweitwohnsitz“ Nebentempel. Andere Gottheiten wurden nur an einem Ort verehrt; sie hatten dort ihren Tempel. Einige Gottheiten wurden nur in Hausaltären in den Wohnhäusern verehrt.

Warum haben einige Tempel die Zeit überdauert?

Wie die Pyramiden wurden die Tempel aus Felsstein gebaut. Für Wohnhäuser hingegen verwendete man Ziegel aus getrocknetem Nilschlamm.

Arbeitsplatz Tempel

Das Personal der Tempel bestand aus wenigen Hohepriestern und einfachen Priestern, die nur für einen Teil des Jahres ihr Amt ausübten, sowie Hilfskräften und Schutztruppen. Hinzu kamen Bauern und Handwerker zur Versorgung des Tempels. Einige Tempel besaßen riesige Ländereien, die der Pharao ihnen übertragen hatte. Die Haupteinnahmen kamen von den Feldern des Tempels. Die Tempel besaßen auch Wein- und Gemüsegärten sowie Vieh. Für einige Tempel sind genaue Angaben über das Vermögen überliefert: Der größte Tempel, der Amun-Tempel in Theben, verfügte über 2393 km^2 Felder und 421.362 Tiere; 81.322 Menschen arbeiteten für diesen Tempel. Die ägyptischen Priester hatten völlig andere Aufgaben als wir es von Priestern kennen. Sie waren nicht Prediger oder Verkünder, sie dienten dem Gott im Tempel. Entsprechend nannten sie sich „Diener Gottes“.

M 2

Plan eines ägyptischen Tempels

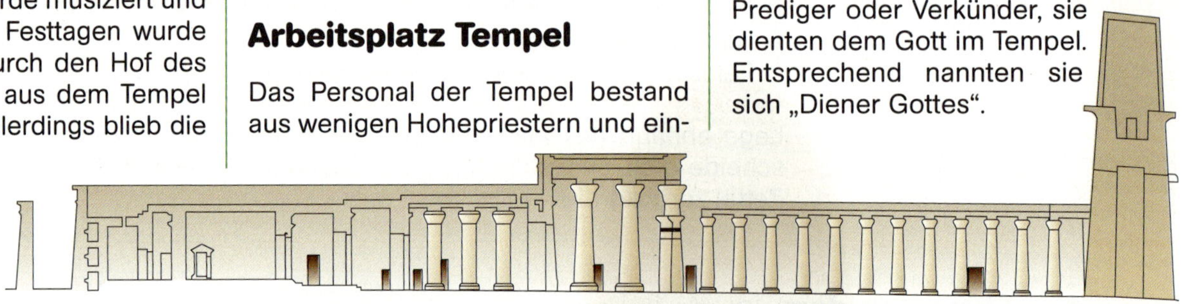

1 Eingang
2 Hof
3 Großer Säulensaal
4 Zweiter Säulensaal
5 Opfersaal
6 Mittelsaal
7 Kapellen für verschiedene Gottheiten
8 Umgang
9 Das Allerheiligste mit der Götterstatue

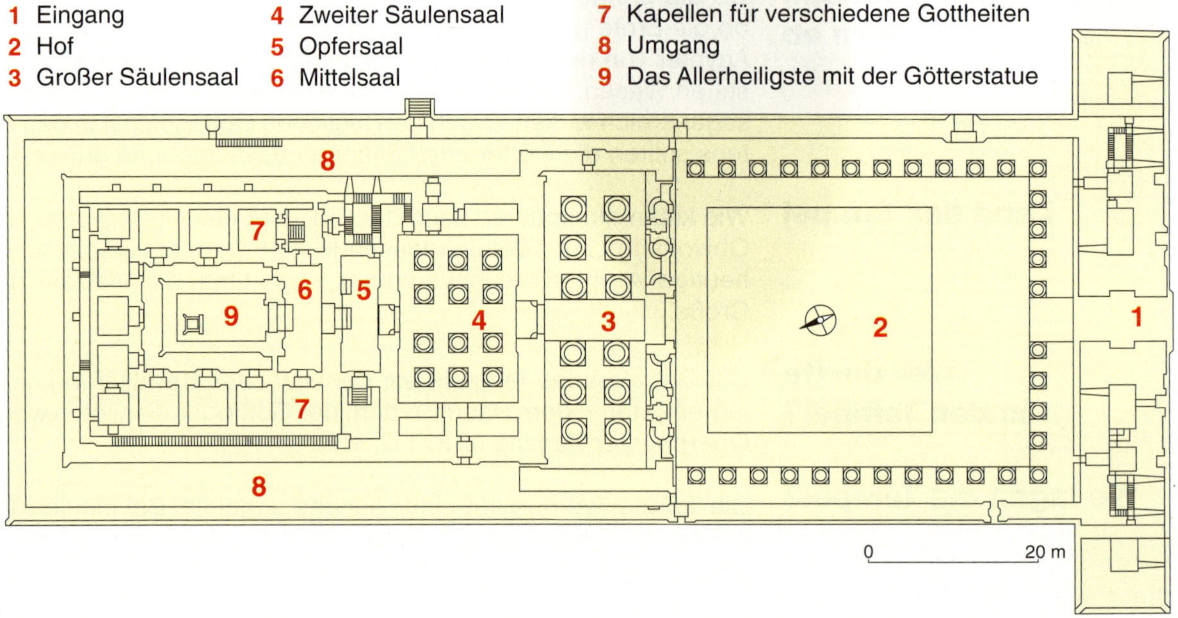

M 3 **Tempelruine:** Blick auf den Eingang des Tempels von Medînet Hâbu

M 4 **Rekonstruktionszeichnung:** So hat der Eingangsbereich des Tempels von Medînet Hâbu vermutlich einmal ausgesehen.

Auf den hohen Wänden am Eingang zum Tempel ist der König mit Göttern dargestellt. Der König hält mit einer Hand gefangene Feinde am Schopf. Mit der anderen Hand schwingt er eine Keule. Damit will der König dem vor ihm stehenden Gott zeigen, dass er die Macht und die Kraft hat Feinde von Ägypten fern zu halten.

Der Bau der Pyramiden – so könnte es gewesen sein

Bilder oder Texte aus dem Alten Ägypten, die Auskunft geben könnten, wie die Pyramiden gebaut wurden, hat man bisher nicht gefunden. Daher ist man auf Vermutungen angewiesen.
Ein moderner Autor beschreibt anschaulich, wie er sich den Bau einer Pyramide vorstellt. Vor allem die Frage, ob die tonnenschweren Steine über seitliche Rampen transportiert wurden, ist umstritten.

„Als wären wir dabei gewesen“:

Bereits im zweiten Regierungsjahr begann der Pharao, sich für das Ende seines irdischen Daseins und für das kommende ewige Leben vorzubereiten. So beauftragte er Mahnud Hotep, seinen Architekten, ein Grabmal für ihn zu entwerfen, das ewige Zeiten überdauern sollte. Noch während die Pläne gezeichnet wurden, brachte man mehrere tausend Männer zum Bauplatz: Steinmetzen, Maurer, Landvermesser, Mörtelhersteller, Zimmerleute und allgemeine Arbeitskräfte. Sie sollten das ganze Jahr hindurch in Steinbrüchen oder auf dem Baugelände arbeiten, wo nun auch Wohnbaracken und Bauhütten errichtet wurden. Jedes Jahr mobilisierte man während der Überschwemmungszeit zwischen Juli und November ungefähr fünfzigtausend Mann als zusätzliche Hilfskräfte. Es waren vor allem Bauern, die ihre Arbeit auf den Feldern nicht verrichten konnten, da diese unter Wasser standen. Sie wurden in verschiedene Gruppen eingeteilt und hatten die Aufgabe, die Steine von den Steinbrüchen an ihren Bestimmungsort zu transportieren. Jede Gruppe bestand aus fünfundzwanzig Mann mit einem Soldaten als Vorarbeiter. Die Arbeiter wurden mit Kleidung und Verpflegung entlohnt.

Bevor die Arbeiten beginnen konnten, stellten Schreiber Listen auf, denen man die Menge und die Größe sämtlicher benötigten Steinblöcke entnehmen konnte. An alle Steinbrüche wurden Kopien dieser Listen gesandt mit dem Befehl, die Arbeit zu beginnen.
Während der Überschwemmungsperiode konnte der Transport der schweren Blöcke über fast die ganze Strecke zu Wasser zurückgelegt werden.
An der Baustelle musste zunächst die genaue Nordrichtung ermittelt werden, da man die Pyramide exakt ausrichten wollte. Das gelang durch genaue Beobachtung der Sterne. Als nächstes musste der Bauplatz geebnet werden. Ein Netz schmaler Verbindungsgräben wurde über das ganze Areal gelegt und mit Wasser aufgefüllt, damit der Wasserspiegel ein ebenes Niveau bezeichnen konnte. Nachdem man den Wasserstand an den Seitenwänden mar-

kiert hatte, wurde das Grabensystem entleert, der Fels überall bis auf die Höhe der Markierungslinien abgetragen, und die Gräben wurden wieder zugemauert.
Riesige Blöcke aus Granit und Kalkstein mussten den Aufweg hinauf geschleppt werden, wo sie dann auf leichte, schaufelartige, bewegliche Schlitten geladen wurden. Nachdem

man die Seiten eines Blockes sorgfältig geglättet hatte, meißelte man ihm eine Nummer ein, gemäß der er dann versetzt werden würde.
Fast ein Jahr dauerten das Vermessen und die Aushebungsarbeiten. Viele Blöcke warteten bereits darauf, an ihren Bestimmungsort gebracht zu werden. Einer nach dem anderen wurden sie von ihrem kippbaren Schlitten auf ein Holzgerüst gehoben, das über der Stelle lag, wo der Stein hingehörte. Darauf wurde eine dünne Mörtelschicht auf Unterseite und Enden des Blockes gestrichen, das Holzgerüst weggezogen und der Stein in seine endgültige Position geschoben.
Im Gegensatz zu den Blöcken der ersten Lage, deren Verlegung keine allzu großen Schwierigkeiten bereitete, mussten die Steine der folgenden hundertdreiundzwanzig Lagen zuerst auf die Höhe der vorangegangenen Lage gebracht werden, bevor man sie an die richtige Stelle schieben konnte. Mahnud Hotep löste dieses Problem, indem er mit Nilschlamm stabilisierte Schuttrampen bauen ließ.
Sobald die Rampen benutzt werden konnten, begann man die Blöcke für die zweite Steinlage auf ihnen hochzuziehen. Gewöhnlich wurde der Transportschlitten von einer 20 Mann starken Gruppe gezogen, während die restlichen fünf Arbeiter von hinten mit Hebeln stießen und eine Gleitflüssigkeit auf die Rampe gossen, um die Reibung unter den Kufen zu vermindern.

Im Innern wurden Gänge und eine Kammer für den steinernen Sarg des Pharao vorgesehen.
Mit jeder neuen Steinlage wuchs auch die Rampe.
Unglücksfälle kamen nicht selten vor, und jedes Jahr hatten die Dörfer einige Tote zu beklagen.
Zum Schluss – fast 30 Jahre nachdem Mahnud Hotep seine Pläne dem Pharao vorgelegt hatte – begannen die Arbeiter mit dem Abbruch der Rampen, die für die Erbauung notwendig gewesen waren. Oben beginnend wurden die Rampen zunächst nur für einige Meter entfernt. Um den freigelegten Teil wurde dann ein Baugerüst errichtet. Auf dem Gerüst standen Arbeiter, die die Oberfläche der Pyramide glatt schliffen.
Diese Arbeiten wurden so lange fortgeführt, bis die ganze Pyramide ihre glatte Oberfläche erhalten hatte.
Als der Pharao starb, waren die Arbeiten an der Pyramide fertig gestellt. Die Arbeiten an dem Tempel vor der Pyramide waren noch nicht abgeschlossen.

(David Macaulay: Wo die Pyramiden stehen, (Deutscher Taschenbuch Verlag) München 1978 (1976 Artemis Verlag Zürich und München); bearbeitet)

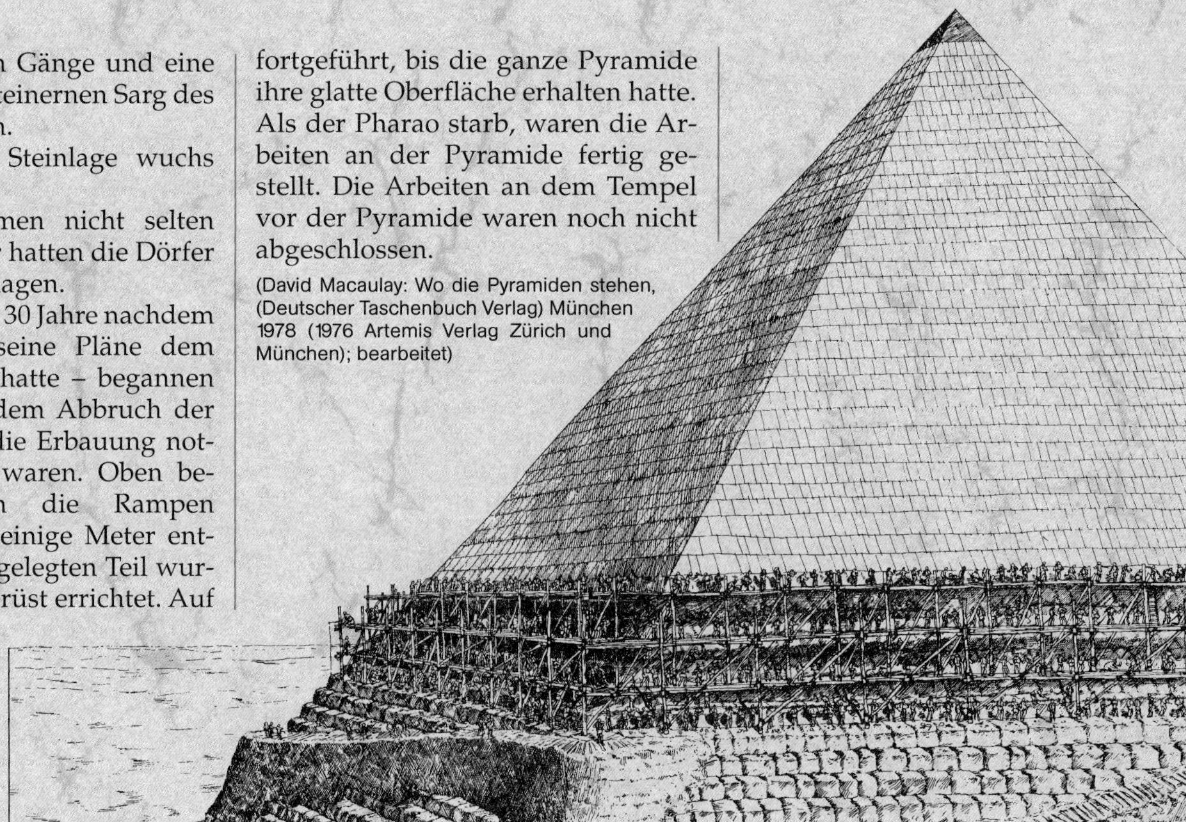

Wie kam man auf die Idee eine Pyramide zu bauen?

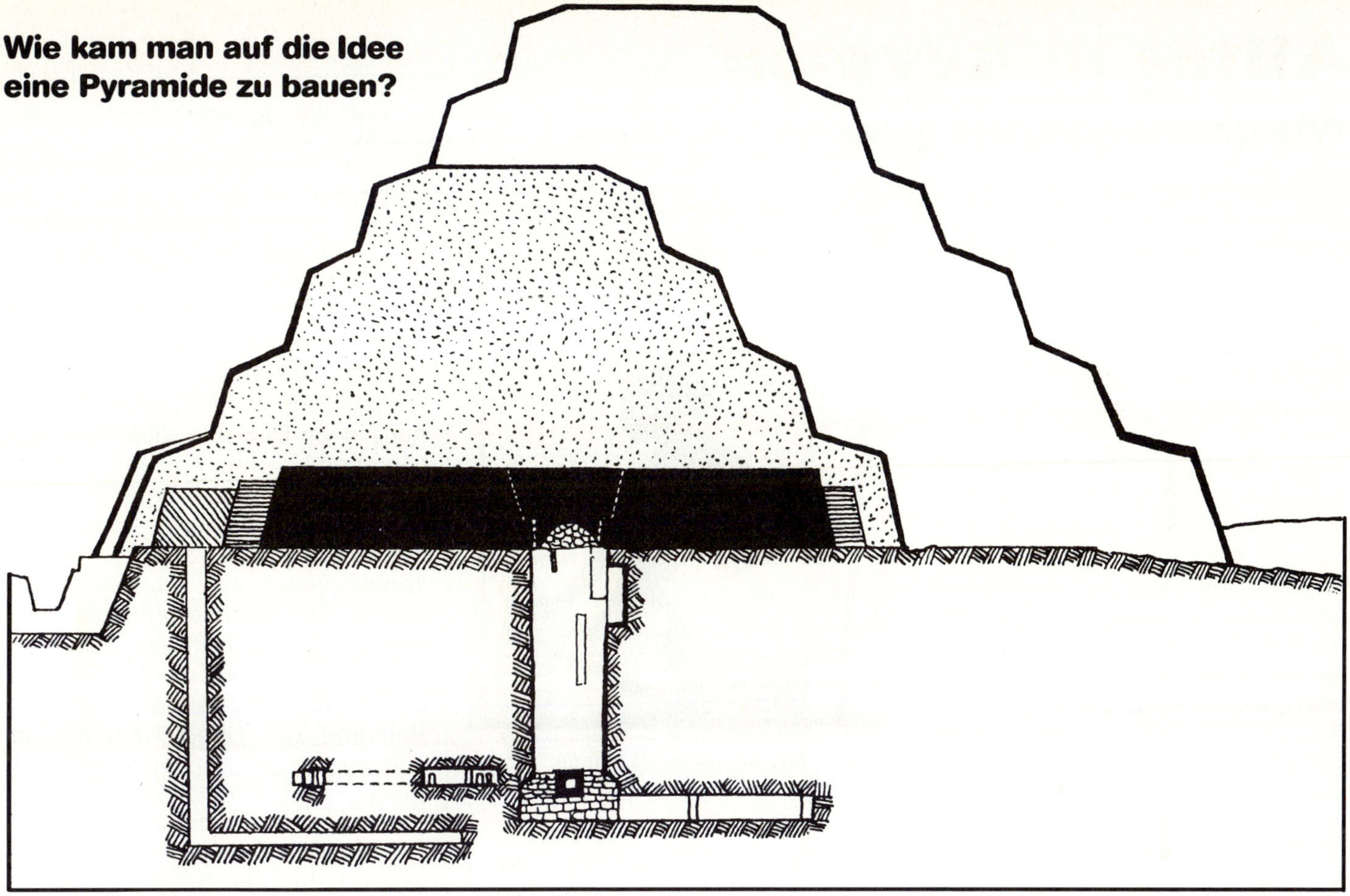

Vielleicht kann die erste Pyramide eine Antwort geben.
Die Stufenpyramide von Sakkara war die erste Pyramide. Sie wurde unter dem Pharao Djoser um 2620 v. Chr. gebaut.
Die Stufenpyramide von Sakkara ist gründlich erforscht worden. Dabei hat man festgestellt, dass der Plan zum Bau einer Pyramide wohl erst während der Bauphase entstanden war: Zunächst wurde die Grabanlage gebaut wie das Grab eines hohen Beamten, allerdings wesentlich größer (vor der Cheops-Pyramide hast du bereits Beamtengräber gesehen: s. S. 82 und 83).
Wie bei Beamtengräbern üblich, befindet sich die Sargkammer nicht in, sondern unter dem Bauwerk, hier 28 m tief senkrecht in den Felsen geschlagen. Zweimal wurde die Anlage seitlich verbreitert. Dann errichtete man darüber ein Bauwerk, das man als vier übereinander liegende Beamtengräber deuten könnte. Schließlich wurde das Bauwerk noch einmal vergrößert (Höhe: 62,50 m). Die erste Pyramide war also vermutlich ein aus sechs riesigen Beamtengräbern bestehendes Königsgrab. Bei den nachfolgenden Pyramiden wurden die Stufen aufgefüllt, sodass glatte Seitenflächen entstanden.

Hat jeder Pharao sich eine Pyramide bauen lassen?

Die großen Pyramiden stammen aus der Zeit des Alten Reiches (ca. 2635 – 2154 v. Chr.).
Später ließen sich die Pharaonen lang gestreckte Grabanlagen in den Felsen schlagen. Im Neuen Reich (ca. 1551 – 1080 v. Chr.) wurden diese Felsengräber in dem Gebirge gegenüber der Stadt Theben errichtet. Hier befindet sich auch das berühmte Grab des Pharao Tutanchamun (s. S. 128/129).

Alltag in Ägypten

Wie groß waren die gesellschaftlichen Unterschiede?

Als Gesellschaft bezeichnet man die Gesamtheit von Menschen, die wie durch ein Netz miteinander verbunden und aufeinander angewiesen sind. Die Menschen in Ägypten bildeten die ägyptische Gesellschaft. Jede Gesellschaft gliedert sich in Gruppen. Dabei haben einige Gruppen einen hohen, andere einen niedrigen Rang. Um dieses Über- bzw. Untereinander auszudrücken spricht man auch von gesellschaftlichen Schichten. In Ägypten waren die Unterschiede zwischen den verschiedenen Schichten besonders stark ausgeprägt. Der gesellschaftliche Rang hing vom Beruf ab. Und abhängig vom gesellschaftlichen Rang sah der Alltag der Ägypter sehr unterschiedlich aus.

Leben ohne Geld?

Ägypten war weitgehend ein Land der Naturalwirtschaft. Das heißt, die Einkünfte wurden überwiegend in Ernteerträgen gezahlt, die dann getauscht werden konnten. Geld in unserem Sinne gab es nicht. Allerdings haben die Ägypter den Wert einer Ware umgerechnet, zunächst in Getreidesäcke, später in Kupfer oder Silber. Löhne für geleistete Arbeit wurden gezahlt in Brot, Bier, Kleidung, Salben, Getreide oder Kupfer.

Wer war reich?

Von den Ernteerträgen konnte Personal entlohnt werden. Wer über große Ländereien verfügte, konnte Handwerker bezahlen, die für ihn ein großes und prächtiges Wohnhaus errichteten, die für ihn Kleidung,

Ein Diener rupft Gänse.

Schmuck und Gefäße herstellten und ihm ein standesgemäßes Grab (s. S. 120) bauten.
Die reichen Ägypter konnten sich eine große Zahl Diener leisten.
In ihrer Freizeit empfingen die Wohlhabenden gerne Gäste oder gingen auf Jagd im Papyrusdickicht (s. S. 113).
Zur Oberschicht, die sich ein Leben in Luxus leisten konnte, zählten hohe Beamte und einige hohe Priester.

... und die unteren gesellschaftlichen Schichten?

Über die unteren gesellschaftlichen Schichten in Ägypten wissen wir relativ wenig. Diese Menschen konnten nicht schreiben. So haben sie uns also beispielsweise nicht überliefert, ob sie glücklich waren oder ob sie unter ihrem niedrigen gesellschaftlichen Rang und der harten Arbeit gelitten haben.
Auf der untersten Stufe der gesellschaftlichen Rangordnung standen Sklaven – meist Kriegs- und Strafgefangene. Sie waren überwiegend in häuslichen Diensten tätig. Die Sklavenarbeit im Alten Ägypten hatte allerdings nicht das Ausmaß wie später in Athen und Rom. Diener und Dienerinnen waren zwar frei, ihr Herr konnte jedoch ihre Arbeitskraft vermieten. Der weitaus größte Teil der Bevölkerung war in der Landwirtschaft beschäftigt. Vermutlich war die Arbeit der Bauern sehr hart. Während der Überschwemmungszeit wurden sie zu staatlichen Baumaßnahmen verpflichtet. Über freie Zeit werden sie wohl nur in sehr geringem Maße verfügt haben. Gewohnt haben die Bauern in kleinen und ärmlichen Häusern. Hunger brauchten sie allerdings wohl nicht zu leiden, denn wie alle Ägypter hatten sie Anspruch auf eine staatliche Grundversorgung.
Die Arbeit der Handwerker wurde wie die Arbeit der Bauern von Beamten gelenkt und überwacht. Aber vor allem die hoch qualifizierten Zeichner, Maler, Bildhauer, Holzarbeiter, Glashersteller, Juweliere konnten nebenbei etwas herstellen und tauschen.

Wer wurde was?

Jungen ergriffen meist den Beruf des Vaters. Die Kinder der unteren Schicht mussten schon früh bei der Arbeit helfen. Besser ging es Kindern der Beamten.

M 1

Wie kann man die ägyptische Gesellschaft in einem Schaubild darstellen?

Die ägyptische Gesellschaft weist eine deutliche Gliederung auf. Daher findet man heute in vielen Büchern die ägyptische Gesellschaft in der Form einer Pyramide dargestellt. Eine Gesellschaft mit einer so klaren Rangordnung und einer so deutlichen Befehlsgewalt von oben nach unten wird *„Hierarchie"* (hierarchische Gesellschaft) genannt. Aber: Stimmen die Abstände? Wie weit stand ein hoher Beamter über einem Arbeiter? Wie groß war die Zahl der Arbeiter im Verhältnis zu der Zahl der hohen Beamten?

Der gesellschaftliche Rang der Frau war abhängig von Rang und Beruf des Mannes. Wenn wir nach dem Unterschied zwischen einer reichen und einer armen Ägypterin fragen wollen, müssen wir nach dem Beruf der Männer fragen.

Wir machen uns ein eigenes Bild

Die Unterschiede innerhalb der ägyptischen Gesellschaft lassen sich genauer fassen als im Bild der Pyramide:
In einer Felsinschrift ist verzeichnet, welchen Lohn Männer erhielten, die im Auftrag des Pharao in Steinbrüchen Baumaterial beschafften. Als Lohn erhielten die Männer Nahrungsmittel, u.a. Brote. An der Anzahl der Brote lassen sich die gesellschaftlichen Unterschiede fassen.

M 2

Der Expeditionsleiter und Herold Imeni	200 Brote
die 3 „Großen der 10 von Oberägypten", jeder	100 Brote
die 30 Offiziere, jeder	30 Brote
die 20 Bürgermeister, jeder	100 Brote
der Vorsteher aller Arbeiten des Königs	100 Brote
8 Schreiber, jeder	30 Brote
der Bürovorsteher	30 Brote
60 Zimmerleute, jeder	20 Brote
17.000 Arbeiter, jeder	10 Brote

(in: Manfred Gutgesell: Arbeiter und Pharaonen, Hildesheim (Gerstenberg) 1989, S. 73f.; gekürzt)

1. Ordne auf der Grundlage der Entlohnung mit Broten die Berufe aus der Felsschrift folgenden Gruppen zu: sehr hoher Beamter/hohe Beamte/einfache Beamte und Offiziere/ Handwerker/Arbeiter.
2. a) Trage auf einer 20 cm langen senkrechten Linie die Abstände zwischen den Gruppen ein. Kennzeichne die Gruppen dabei so: pro Brot 1 mm. Der Expeditionsleiter steht an der Spitze (200 Brote, also bei 20 cm), dann die hohen Beamten (bei 10 cm) usw. Die Arbeiter (10 Brote, entsprechend 1 cm) stehen ganz unten.
   b) Wie groß ist die jeweilige Gruppe? Trage auf einer waagerechten Linie für jede Person 1 mm ein, z.B. 24 mm für die Gruppe der hohen Beamten (das sind alle, die 100 Brote erhielten).
3. Vergleiche deine Berechnungen mit dem Bild der Gesellschaftspyramide. Beschreibe die Unterschiede.
4. **Wie groß waren die gesellschaftlichen Unterschiede?**

Frauen im Alten Ägypten – da staunten die Griechen

Der Grieche Herodot bereiste um 450 v. Chr. Ägypten. Er berichtete unter anderem: „In Ägypten gehen die Frauen auf den Markt und treiben Handel und die Männer sitzen zu Hause und weben."
Wie kommt Herodot zu diesen erstaunlichen Behauptungen? Wir wissen heute aus vielen Textquellen, dass überwiegend Männer Handel trieben, aber auch Frauen. Das Spinnen und Weben war in den durchschnittlichen Familien Aufgabe der Frauen. In den großen Haushalten der reichen Ägypter hat es möglicherweise auch Männer gegeben, die an Webstühlen arbeiteten. Aber das war die Ausnahme. Die Stellung der Frau in anderen antiken Kulturen, vor allem auch in Griechenland, war eindeutig niedriger als in Ägypten. So staunte Herodot über das, was ihm fremd war; genau beobachtet hat er nicht.

Die Männer gehorchen den Frauen?

400 Jahre nach Herodot schrieb der Grieche Diodor, der in Rom lebte: „Bei den Ägyptern herrscht die Frau über den Mann. Deshalb versprechen in einem Ehevertrag die Männer, dass sie ihrer Frau in jeder Beziehung gehorchen wollen." Auch das ist eine erstaunliche Feststellung. Da tatsächlich aus dem Alten Ägypten Eheverträge überliefert worden sind, lässt sich die Aussage Diodors überprüfen (s. S. 118 u. 119).

Sitzende Frau (um 1360 v. Chr.).

Die Darstellung dieser Ägypterin stammt aus einem Grab und befindet sich heute im Kestner-Museum in Hannover. Die Frau trägt Halskragen und Armband als Schmuck. In der Hand hält sie einen Blumenstrauß aus Papyrus und Lotus. Auf dem Kopf trägt sie eine lange Perücke, darüber einen Salbkegel, der sich bei Hitze langsam auflöste und einen aromatischen Duft verströmte.
Wie an den Rändern zu sehen ist, handelt es sich um einen Teil eines größeren Bildes. Rechts kann man noch die Schulter des vor der Frau sitzenden Ehemannes erkennen. Abhängig vom Beruf des Mannes wird die Frau einer gehobenen Gesellschaftsschicht angehört haben.

„Mann“ und „man“

Wenn wir die Sprache der Ägypter mit anderen Sprachen vergleichen, stoßen wir auch heute noch auf etwas Besonderes: Anders als in vielen anderen Sprachen waren in der ägyptischen Sprache die Worte für „Mensch“ und „Mann“ – oder wie im Deutschen „Mann“ und „man“ – nicht identisch. Der Plural „Menschen“ wurde meist mit den Zeichen für Mann und Frau gekennzeichnet.

Herrin des Hauses

In vielen Inschriften wird eine Ehefrau „nepet per“ genannt, das bedeutet: „Herrin des Hauses“. Was war die Aufgabe einer „nepet per“?
Das war je nach der gesellschaftlichen Schicht des Ehemannes unterschiedlich. Die Ehefrau eines hohen Beamten war umgeben von vielen Dienerinnen, deren Arbeit sie beaufsichtigte.
Die Frau eines Bauern wird vor allem mit der Nahrungszubereitung, mit Spinnen und Weben beschäftigt gewesen sein. Sie musste am Fluss Wasser holen und Wäsche waschen. Vor allem bei Sonderarbeiten half sie auf den Feldern; außerdem hatte sie sich um die Kinder zu kümmern. Diener waren in dieser Gesellschaftsschicht selten.
In den meisten Familien gab es eine hohe Kinderzahl. Auch für Frauen aus sehr hohen gesellschaftlichen Schichten trafen wohl häufige Schwangerschaften und hohe Kinderzahl zu; bei diesen Frauen wird man jedoch annehmen können, dass Ammen und Kindermädchen ihnen viel Arbeit abnahmen.

Arbeiten außerhalb des Hauses

Mädchen heirateten im Alter von 12 bis 15 Jahren; Haus und Familie wurden als der natürliche Bereich der Frau angesehen. Daher erhielten Mädchen meist keine besondere Ausbildung. Eine unverheiratete Frau arbeitete in der Landwirtschaft, als Dienerin oder als Weberin. Herausgehobene Tätigkeiten für Frauen waren Sängerin oder Tänzerin im Tempel, auch Priesterin auf einer unteren Stufe.
Ob es im Alten Ägypten Frauen gab, die schreiben und lesen konnten, ist nicht sicher. Vielleicht gab es einen wohlhabenden Vater, der seine Tochter privat unterrichten ließ. Da die Verwaltungsberufe ausschließlich von Männern besetzt waren, blieb Frauen die Ausbildung zum Schreiber verschlossen.

Korn mahlende Frau. Wahrscheinlich ist hier eine Dienerin dargestellt. Diese Figur stammt aus dem Grab eines wohlhabenden Ägypters. Er wollte mithilfe dieser Dienerin sicherstellen auch im Jenseits mit Brot versorgt zu werden.

Gar nicht so einfach!

Auch heute werden noch sehr unterschiedliche Ansichten zu der Frage geäußert, ob die Frau im Alten Ägypten die gleichen Rechte hatte wie der Mann. Warum ist das so schwierig?

Dafür gibt es drei Erklärungen:

- Vermutlich stammen alle schriftlichen Überlieferungen aus dem Alten Ägypten von Männern. Sie berichteten nur wenig über die Tätigkeiten von Frauen. Und was berichtet wird – ist das glaubwürdig?
- Die bildlichen Darstellungen stammen überwiegend aus Gräbern. Da nur wenige Frauen sich ein eigenes Grab leisten konnten, sind wohl die meisten Bilder und Statuen, die Frauen zeigen, von einem Mann in Auftrag gegeben worden. Also stellt sich auch hier die Frage: Zeigen diese Bilder die Frau nur aus der Sicht des Mannes?
- Die Ägypter glaubten an ein Leben nach dem Tode (s. S. 120ff.). Sie glaubten, dass die Bilder in den Gräbern im Jenseits leben konnten. So ließ man sich jung, schön und mächtig darstellen, weil man so für alle Ewigkeit leben wollte.

Die Bilder zeigen also, wie das Leben im Jenseits sein sollte. In den bildlichen Darstellungen in den Gräbern drückt sich aus, wie der Ehemann als der Grabherr sich das Leben im Jenseits wünschte. Wir wissen zwar, dass sich die Ägypter das Leben im Jenseits ähnlich vorstellten wie das Leben im Diesseits, aber um mehr über das Leben von Frauen zu erfahren, genügt es nicht, Bildquellen zu befragen (s. S. 113–115). Wir müssen unsere Fragen auch an Textquellen richten (s. S. 116–119).

Gleichrangig? Gleichberechtigt? – Frauen im Alten Ägypten

Wir befragen Quellen in Gruppenarbeit

Das folgende Material könnt ihr in Gruppen bearbeiten; zunächst Bildquellen (S. 113–115), dann Textquellen (S. 116 –119). Die Textquellen müssen sehr genau untersucht werden. Wenn ihr sechs Gruppen bildet, kann jede Gruppe eine andere Textquelle bearbeiten. Diese Vorgehensweise wird „arbeitsteiliges Verfahren" genannt.
Bei den Bildquellen könnt ihr so vorgehen: Jede Gruppe sucht sich drei oder vier besonders interessante Bildquellen aus. Jede Gruppe sollte beim Vortrag der Ergebnisse so beginnen: „Wir haben die folgenden Bildquellen ausgesucht, weil ...". Dann berichtet ihr über die Ergebnisse eurer Gruppenarbeit.

Zehn Regeln für Gruppenarbeit

1. Jeder/jede arbeitet mit! Niemand wird ausgeschlossen! Niemand schließt sich aus!
2. Bei arbeitsteiligem Verfahren kennen die anderen Gruppen das Bild oder den Text nicht. Stellt daher das Bild oder den Text deutlich vor: Um was für ein Bild bzw. um was für einen Text handelt es sich (Grabinschrift, Gerichtsprotokoll, ...)?
3. Bei Texten: Wer hat den Text verfasst? Es ist hier weniger wichtig, den Verfasser des Textes namentlich zu ermitteln – was das Alte Ägypten betreffend vielfach überhaupt nicht mehr möglich ist. Wichtiger ist: In welcher Rolle stand der Verfasser des Textes? Bei Bildern: Wer hat (vermutlich) das Bild in Auftrag gegeben?
4. Beschreibt das Bild genau bzw. gebt den Inhalt des Textes wider.
5. Zentrale Aussagen des Textes solltet ihr zitieren, d.h.: wörtlich vorlesen.
6. Tragt das Ergebnis eurer Überlegungen zur Rolle der Frau vor. Dabei solltet ihr einen engen Bezug zur Bildquelle bzw. Textquelle bewahren. Also: „aus dieser und jener Textaussage haben wir gefolgert, dass ..." bzw.: „aus der Art der Darstellung dieser und jener Person haben wir gefolgert, dass ...".
7. Wenn euer Ergebnis aus mehreren Teilen besteht, solltet ihr überschaubar gliedern in 1., 2., 3., ...
8. Legt fest, wer vorträgt. Eine/einer muss nicht alles machen.
9. Bedenkt, dass ihr als Gruppe für das Ergebnis steht. Wenn also beim Vortrag etwas fehlt oder nicht ganz richtig war, sollte ein anderes Gruppenmitglied das ergänzen.
10. Vergleicht die Ergebnisse aller Vorträge: Ergeben sich Übereinstimmungen? Ergeben sich Abweichungen? Wie kann das Ergebnis aller Vorträge knapp zusammengefasst werden?

Frauen im Alten Ägypten: gleichrangig? gleichberechtigt?

Wir befragen Bildquellen

Alle Bildquellen auf den Seiten 113 – 115 stammen aus Gräbern. Da nur relativ wenige Ägypter sich ein gut ausgestattetes Grab leisten konnten, sind alle dargestellten Personen einer gehobenen Gesellschaftsschicht zuzuordnen. Gern ließ sich der wohlhabende Ägypter bei der Ausstattung seines Grabes auf einem Grabrelief oder in einer Statuengruppe mit seiner Frau und seinen Kindern abbilden. Damit drückte er den Wunsch aus, das Leben im Jenseits mit seiner Familie zu verbringen. Meist sah er sich als zuständig für die Versorgung der Frau auch im Jenseits.

Untersucht die Bilder dieser Seiten genau:
- **Wie wird die Frau im Verhältnis zum Mann dargestellt?**
- **Lassen sich in der Art der Darstellung Unterschiede zwischen Söhnen und Töchtern feststellen?**
- **Was sind typische Darstellungsmerkmale von Frauen und Mädchen?**
- **Wer hat das Bild vermutlich in Auftrag gegeben?**

M 1 **Wandmalerei aus dem Grab des Nacht** (um 1400 v. Chr.)

Nacht, ein mittlerer Beamter, ist mit seiner Frau, drei Kindern und Dienern bei der Jagd im Papyrusdickicht dargestellt. Wir sehen Nacht zweimal: Links schleudert er ein Wurfholz auf Wasservögel; rechts deutet die Armhaltung das Werfen eines Speeres zur Jagd auf Fische an. Auch seine Ehefrau und die älteste Tochter sind zweimal abgebildet. Kleine Kinder wurden nackt dargestellt; auch an der Haarlocke sind sie erkennbar.

FORSCHUNGSSTATION

M 2 Statuengruppe des Ii-em-hetep und seiner Ehefrau Anch-Hathor (um 2300 v. Chr.)

▲ Ii-em-hetep hatte eine Stellung am Hofe des Pharao. Daher konnte er sich für sein Grab eine Statuengruppe aus Kalkstein leisten. Ursprünglich war der Stein bemalt.

M 3 Aus dem Grab des Mereruka (um 2300 v. Chr.)

Auf dieser Abzeichnung eines Reliefs sind zwei Frauen zu sehen: Vor dem hohen Beamten Mereruka steht seine Frau, hinter ihm seine Mutter.
Übrigens: Ein Relief (gesprochen Re-li-ef) ist ein in Stein gehauenes Bild; ein Relief kann nur von der Vorderseite betrachtet werden, im Gegensatz zu einer Statue.

M 4 Sen-nefer und Merit (Wandmalerei um 1400 v. Chr.)

▶ Der hohe Beamte Sen-nefer ließ sich in seinem Grab zusammen mit seiner Ehefrau Merit vor Göttern betend darstellen. Sen-nefer war Bürgermeister einer bedeutenden Stadt.

M 5 **Relief aus dem Grab des Mehi** (um 2500 v. Chr.)

Auf dieser Abzeichnung sind Mehi, seine Ehefrau, zwei Söhne und eine Tochter zu sehen. Der älteste Sohn umfasst den Amtsstab seines Vaters und drückt damit aus, dass er seinem Vater im Amt folgen wird.

In der Inschrift nennt Mehi seine Titel als hoher Beamter. Die anderen Personen werden mit ihren Namen benannt und außerdem gekennzeichnet (von rechts nach links): „sein ältester Sohn“, „sein Sohn“, „seine Ehefrau“, „seine Tochter“.

M 6 **Iru-ka-Ptah und seine Ehefrau Neferhetepes** (um 2250 v. Chr.)

Diese beiden Statuen stammen aus dem Grab des Beamten Iru-ka-Ptah. Die Bemalung hat sich hier auf dem Stein noch gehalten. Die dunkle Hautfarbe für den Mann und die helle Hautfarbe für die Frau war eine typische Darstellungsweise. Damit sollten die unterschiedlichen Arbeitsbereiche von Mann und Frau ausgedrückt werden.

Frauen im Alten Ägypten: gleichrangig? gleichberechtigt? – Wir befragen Textquellen

Es ist wichtig, zu der Frage, ob die Frau im Alten Ägypten gleichrangig, gleichberechtigt war, auch Textquellen heranzuziehen. Von den auf den Seiten 116–119 abgedruckten Textquellen stammt eine von einem Grabstein (Taim-hotep); bei zwei Texten handelt es sich um Eheverträge; einen Text kann man als Gerichtsprotokoll bezeichnen; zwei Texte sind Auszüge aus so genannten „Weisheitslehren“, in denen jungen Männern Verhaltensregeln gegeben wurden, darunter auch, wie sie sich gegenüber Frauen verhalten sollten.

Bearbeitet die sechs Quellen arbeitsteilig, also in sechs Gruppen; jede Gruppe wählt eine Textquelle aus und bearbeitet diese intensiv. Wendet das Verfahren zur Textbearbeitung an, das ihr schon kennt (Methodenbox S. 93)! Dabei müsst ihr die zentrale Frage (Punkt 3) selbstverständlich ändern. Sie lautet hier:

Waren Frauen im Alten Ägypten gleichrangig? Waren sie gleichberechtigt?

M 1 Q Wie hat Taim-hotep gelebt?

Dieser Text stammt von einem Gedenkstein für eine verstorbene Frau mit Namen Taim-hotep. Solche Gedenksteine haben Ähnlichkeit mit Grabsteinen auf unseren Friedhöfen. Meist wurden ägyptische Gedenksteine an einem Tempel angebracht, damit der/die Verstorbene dem Gott oder der Göttin nahe sein konnte.

Achtet bei diesem Text besonders auf folgende Punkte:

1. Welches sind die wichtigsten Lebensdaten der Taim-hotep? In welchem Alter hat sie geheiratet? Wie viele Kinder hatte sie? In welchem Alter ist sie gestorben?
2. Welche Rolle spielt in dem Text der Ehemann, welche Taim-hotep?
3. Welche Bedeutung hat die Geburt der Töchter, welche die Geburt des Sohnes?

Ich wurde geboren im 9. Jahr der Herrschaft des Königs von Ober- und Unterägypten, des Sohnes des Sonnengottes Re, Ptolemaios.

Im 23. Jahr der Herrschaft dieser Majestät gab mich mein Vater zur Frau dem Priester des Gottes Ptah, dem Schreiber im Bücherhaus des Tempels, Pschere-en-Ptah, Sohn des gleich betitelten Pedubastis, geboren von der Musikantin, der großen Chekeret, der Taktgeberin im Tempel des Ptah.

Ich wurde dem Hohenpriester dreimal schwanger, ohne aber einen Knaben zu gebären, sondern nur drei Töchter. Da baten ich und der Hohepriester die Majestät des heiligen Gottes, der einen Sohn gibt dem, der keinen hat, den Imhotep. Er erhörte unsere Bitten. Der Gott ließ mich schwanger werden mit einem Knaben. Er wurde geboren im 6. Jahre unter der Majestät der Herrscherin Kleopatra, als ich 20 Jahre alt war. Es jubelten über ihn die Einwohner von Memphis. Man gab ihm den Namen Im-hotep mit Beinamen Pedubastis. Jedermann freute sich über ihn.

Es war das Jahr 16 unter der Herrschaft der Majestät Kleopatra, in dem ich starb. Mein Gatte, der Hohepriester Pschere-en-Ptah, begrub mich in einem schönen Begräbnis. Er lässt mich schlafen in seinem Grab.

(nach: Eberhard Otto: Die biografischen Inschriften der Ägyptischen Spätzeit, Leiden 1954, S. 190ff.; gekürzt und sprachlich neu gefasst)

Wie benimmt „Mann“ sich gegenüber einer Frau?

M 2 Q Aus der Weisheitslehre des Ptahhotep

Weise Männer schrieben Lebensregeln auf für die künftigen Schreiber und Beamten oder auch für die eigenen Söhne:

Wenn du die Freundschaft erhalten willst in einem Haus, zu dem du Zutritt hast, hüte dich, den Frauen nahe zu kommen! Keiner bleibt besonnen, wenn die Frauen Fallen stellen, und ein Mann gibt dadurch tausend Dinge auf. Es bringt nichts, so zu handeln.
Wenn du angesehen bist, solltest du deinen Hausstand gründen. Du solltest deine Frau darin lieben.
Fülle ihren Leib mit Speise und bekleide ihren Rücken. Salböl ist das Heilmittel für ihre Glieder. Erfreue ihr Herz, so lange du lebst, denn ein Acker ist sie, der für ihren Herrn nützlich ist.
Teile aber nicht die Befehlsgewalt. Halte sie fern von der Macht und beschränke sie, denn ein Wirbelwind ist ihr Tun, wenn sie sofort ausführt, was sie sieht. Halte sie deshalb im Hause.

(nach: Hellmut Brunner: Die Weisheitsbücher der Ägypter, Zürich/München (Artemis) 1991, S. 120 ff.; bearbeitet)

1. Wie soll der Mann seine Ehefrau behandeln?
2. Wie soll sich der Mann gegenüber einer Frau verhalten, die nicht seine Ehefrau ist?
3. Welche Rolle schätzt Ptahhotep höher ein, die des Mannes oder die der Frau?

M 3 Q Aus der Weisheitslehre des Ani

Lest auch die Erläuterung zu M 2.

Nimm dir eine Frau, so lange du jung bist, sie soll dir einen Sohn bringen und Kinder bekommen, so lange du noch ein junger Mann bist.
Eine verheiratete Frau wird eingestuft nach ihrem Ehemann. Ein Mann wird eingestuft nach seinem Rang.
Gib deiner Mutter doppelt so viel Nahrung, wie sie dir gegeben hat. Trage sie, wie sie dich getragen hat. Sie hatte eine schwere Last an dir, aber sie sagte nicht: ‚Fort mit dir!‘ Drei Jahre lang war ihre Brust in deinem Munde. Sie ekelte sich nicht vor deinen Exkrementen[1]. Als sie dich dann in die Schule gab, damit du schreiben lerntest, da passte sie auf dich auf und versorgte dich.
Wenn du weißt, dass deine Frau tüchtig ist, dann sollst du sie nicht beaufsichtigen. Sage nicht: ‚Wo ist denn das? Bringe es her!‘, wenn sie es an die richtige Stelle getan hat. Jeder, der eine Familie gründen will, muss sein hitziges Temperament zügeln.

(nach: Hellmut Brunner: Die Weisheitsbücher der Ägypter, Zürich/München (Artemis) 1991, S. 199 ff.; bearbeitet)

[1] Kot und Urin

1. Welche Rolle spielt die Ehefrau in der Familie?
2. Welches Verhalten wird vom Mann erwartet?
3. Wie soll sich der Mann gegenüber seiner Mutter verhalten?

FORSCHUNGS STATION

M 4 Q Welche Eigentumsrechte hatten die Frauen?

a) Es ist ein Rechtsstreit überliefert, in dem eine Frau Anspruch auf Grundstücke erhob, die vermutlich ihrem Ehemann gehörten. Gleichzeitig erhoben andere (eventuell Verwandte des Ehemanns) Ansprüche.

Klage der Bürgerin Isis gegen die Arbeitsleute Hai-em-ipet, Hai-em-waset und Imen-necht folgendermaßen:
Mir sollen gegeben werden die Grundstücke meines Ehemannes. Man beriet. Urteil der Richter: Die Frau ist im Recht. Man gebe ihr die Grundstücke des Ehemannes.

(E. Lüddekens: Ägyptische Eheverträge, Wiesbaden 1960, S. 5; zitiert nach: Kemet, 6. Jg./Heft 4 (1997), S. 10; bearbeitet)

b) Nach dem Tod ihres Mannes stand der Frau ein Drittel seines Besitzes zu, während zwei Drittel an die Kinder und Geschwister des Verstorbenen fielen.
Eine Frau namens Niu-nachte legte in ihrem Testament fest:

Siehe, ich bin alt geworden. Die Kinder sehen nicht nach mir. Derjenige, der für mich sorgte, dem gebe ich von meinem Eigentum. Aber die es nicht taten, denen werde ich nichts von meinem Eigentum geben. […] Sie sollen nicht teilhaben an der Teilung meines Drittels. Sie sollen aber teilhaben an den zwei Dritteln ihres Vaters.

(in: Steffen Wenig: Die Frau im Alten Ägypten, Leipzig (Edition Leipzig) 1967, S. 13; bearbeitet)

1. Wer erhebt die Klage (M 4a)? Bedenkt, dass in anderen antiken Staaten (Griechenland, Rom) Frauen nicht vor Gericht auftreten durften. Sie brauchten zumindest einen Vormund, der sie vertrat.
2. Gegen wen setzt sich die Frau durch (M 4a)?
3. Wie konnte eine Frau im Alten Ägypten über ihr Testament verfügen (M 4b)?
4. Beurteilt das Urteil und das Testament, indem ihr berücksichtigt, dass in anderen antiken Staaten Frauen nicht über Besitz verfügen konnten.

M 5 Q Was regelten die Eheverträge?

Aus der Spätzeit (ab 7. Jh. v. Chr.) liegen Eheverträge vor. Ob es auch schon früher Eheverträge gab, ist nicht bekannt.
In diesen Verträgen werden Abmachungen über Fragen des Eigentums, vor allem für den Fall einer vorzeitigen Trennung getroffen. Taucht in einem Ehevertrag der Begriff „Frauengabe" auf, so ist damit der Betrag gemeint, den der Mann seiner Ehefrau bei der Eheschließung gegeben hatte; „Frauensachen" hingegen sind Dinge, die die Frau mit in die Ehe brachte.

Ehevertrag aus dem Jahre 219 v. Chr.:
Es sagte der in Ägypten geborene Her-em-heb zur Frau Ta-is: Ich habe dich zur Ehefrau gemacht. Als deine Frauengabe habe ich dir zwei Silberlinge […] gegeben. Entlasse ich dich als Ehefrau, sei es, dass ich dich hasse, sei es, dass ich dir eine andere Frau als Ehefrau vorziehe, so gebe ich dir zwei Silberlinge, […] außer den zwei Silberlingen, die oben genannt sind und die ich dir als deine Frauengabe gegeben habe, um voll zu machen vier Silberlinge […] Und ich gebe dir ein Drittel von all und jedem, was sein wird zwischen dir und mir von jetzt an. Die Kinder, die du mir geboren hast und die du mir noch gebären wirst, sind die Herren von all und jedem, was mir gehört und was ich noch erwerben werde. Wertsumme deiner Frauensachen, die du mit dir in mein Haus gebracht hast: in Kupfergeld drei Silberlinge und vier Kite […]
Wenn ich dich als Ehefrau entlassen werde, oder wenn du zu gehen beliebst, so gebe ich dir die Frauensachen, die du mit dir in mein Haus gebracht hast, oder ihren Wert in Silber entsprechend dem Preis, der diesbezüglich geschrieben ist. Mein ist ihre Verwahrung.

(Steffen Wenig: Die Frau im Alten Ägypten, S. 24)

Anmerkung:
1 Deben ≈ 91 Gr. (=10 Kite)
1 Kite ≈ 9,1 Gr.
(Gutgesell, S. 146 f.)

1. Was erhielt die Frau im Fall der Scheidung?
2. Von wem konnte die Scheidung ausgehen?

M 6 Q Ehevertrag des Pa-scher-men

Lest auch die Erläuterungen zu M 5.

Tag 1 des 3. Monats der 2. Jahreszeit, Jahr 16. Pa-scher-men, Sohn des Gänsehirten Chons-Thot, sagt zu Tamin, der Tochter des Pa-Mont: ‚Diese zwei Deben von vollwertigem Silber […], die ich dir bereits vor Hathor gegeben habe, und die anderen zwei Deben vollwertigen Silbers, die ich dir schon vor Rat-tawj gegeben habe, das sind also zusammen vier Deben vollwertigen Silbers […], die ich dir vor den Göttinen gegeben habe. Du sollst in meinem Hause sein als meine Frau vom heutigen Tag an […] bis zum Tag 1 des 4. Monats der 1. Jahreszeit, Jahr 17. Wenn es geschehen sollte, dass du weggehst zu deinem Hause, ohne dass du bis zu diesem Tag geblieben bist, sollst du dic vicr Deben, die oben genannt sind, zahlen. Wenn ich es sein sollte, der dich veranlasst, zu gehen, ohne dass der Tag 1 des 4. Monats der 1. Jahreszeit gekommen ist, dann werde ich die vier Deben Silber zahlen, die oben genannt sind, die ich bereits in die Hand der Agenten von Pa-scher-Inep, dem Geldwechsler, gezahlt habe. (Wenig, S. 24 f., gekürzt)

Anmerkung:

Der ägyptische Kalender

1 Jahr ≈ 365 Tage ≈ 12 Monate
≈ 12 x 30 Tage
+ 5 Zusatztage am Ende des Jahres

Datierung:

Jahre:
seit Regierungsantritt des Königs

Monate:
in drei Jahreszeiten eingeteilt mit jeweils 4 Monaten
1. Überschwemmung
2. Winter
3. Sommer

Beispiel:

Jahr 5, 3. Monat des Winters, Tag 13

1. Berechnet: Wie lang ist der Zeitraum vom 1. Tag des 3. Monats der 2. Jahreszeit im Jahr 16 bis zum 1. Tag des 4. Monats der 1. Jahreszeit im Jahr 17?
2. Was mag Pa-scher-men zu einer solchen „Ehe auf Probe“ veranlasst haben?
3. Was erhält die Frau im Falle der Scheidung?
4. Von wem kann die Scheidung ausgehen?

Auswertung der Teilergebnisse nach der Gruppenarbeit

Wenn alle Gruppen ihren Bericht gegeben haben, solltet ihr die Ergebnisse miteinander verknüpfen.
Was sagen die Textquellen aus?
- Waren Frauen gleichberechtigt?
- Waren Frauen gleichrangig?

Fasst alle Kenntnisse, die ihr bisher über die Frau im Alten Ägypten gewonnen habt, zusammen.
Bezieht dabei auch die Ergebnisse der Arbeit an den Bildquellen ein und greift auf die Informationen von S. 110 und 111 zurück.

Das Nachdenken über die Rolle der Frau im Alten Ägypten ist ein Beispiel dafür, dass Aussagen über Geschichte oft lauten: „ ja … aber“, „sowohl … als auch“, „eine Quelle deutet in die eine Richtung … eine andere Quelle deutet in eine andere Richtung“, „überwiegend ist es so … es gibt aber Ausnahmen“.
Erinnert euch: Warum ist es so schwierig, eindeutige Aussagen über die Rolle der Frau im Alten Ägypten zu machen?

Zeitreise:

Ihr trefft den Griechen Diodor (s. S. 110). Ihr sagt zu Diodor: „Sie haben behauptet, bei den Ägyptern herrsche die Frau über den Mann und in einem Ehevertrag verspreche der Mann seiner Frau in jeder Beziehung gehorchen zu wollen. Wir haben Bild- und Textquellen befragt zur Rolle der Frau im Alten Ägypten. Dabei haben wir herausgefunden, …“

Nach dem Tod – ein schönes Leben führen

Das Grab – eine Wohnung für die Ewigkeit

Wenn der Beamte Nacht in seinem Grab die Wände bemalen ließ mit Bildern, die ihn zusammen mit seiner Familie bei der Jagd zeigen (s. S. 113), was wollte er damit bezwecken? Warum ließ Heti eine Statue in sein Grab stellen, die ihn als stolzen Schreiber zeigt (s. S. 96)?

Vorsorge für das Leben nach dem Tode

Die Ägypter waren davon überzeugt, dass sie nach dem Tode weiterleben konnten und dass sie mit der Ausstattung ihres Grabes beeinflussen konnten, wie ihr Leben im Jenseits aussah.

Der Beamte Nacht wollte also im Jenseits nicht auf den Luxus, z. B. die Freuden der Jagd, verzichten. Er wollte im Jenseits so jung und kraftvoll sein wie auf dem Bild dargestellt. Und er wollte auch seine Familie um sich herum haben.
Mit der Statue, die über 4000 Jahre in seinem Grab gestanden hat, wollte der Schreiber Heti das Ansehen und die Vorrechte, die er im Leben genossen hatte, mit in das Jenseits hinübernehmen.

Wovon lebt der Tote?

Die Ägypter glaubten, dass das Leben im Jenseits ähnlich aussah wie das Leben im Diesseits. Wie im wirklichen Leben mussten sie auch im Jenseits Nahrung zu sich nehmen. Von in Stein gehauenen oder in die Wand gemalten Broten konnte sich der Tote bis in alle Ewigkeit ernähren. Da das Leben im Jenseits also davon abhing, wie das Grab ausgestattet war, betrieben die Ägypter einen hohen Aufwand für ein gutes Grab, denn das war die Wohnung für die Ewigkeit.

Verbindung zwischen Diesseits und Jenseits

In der Form eines Vogels konnte die Seele eines verstorbenen Ägypters oder einer Ägypterin das Grab verlassen und in das Diesseits kommen. Lebende konnten vor das Grab Briefe legen, die der oder die Verstorbene las. Auch freute sich der oder die Tote über frische Speisen.

M 1

Blick in das besonders schön ausgeschmückte Grab des hohen Beamten Sen-nefer (das Bild M 4 auf S. 114 stammt auch aus diesem Grab). Diese in den Fels geschlagene unterirdische Kammer diente zur Unterbringung des prunkvollen Sargs und der Grabbeigaben. In dem Sarg befand sich die Mumie (zu Mumien: s. S. 123).
Hinter dem Durchgang liegt ein Vorraum, der so gestaltet ist, als wolle sich der Hausherr in einem Garten vor seinem Haus ausruhen. Sen-nefer hatte gehofft in seinem „Haus der Ewigkeit“ ungestört leben zu können. Schon früh drangen Grabräuber ein. Heute besuchen Wissenschaftler und Touristen das Grab.

Wer konnte sich eine Wohnung für die Ewigkeit leisten?

Den Aufwand, den ein Pharao für sein Grab betrieb, hast du schon kennen gelernt (s. S. 104–107). Welche Dinge ein Pharao für das Leben in seinem Haus der Ewigkeit brauchte, kannst du beim Grab des Tutanchamun sehen (s. S. 128 u. 129); dieses ist das einzige Pharaonengrab, das nicht von Grabräubern geplündert wurde.
Eine Grabanlage war nicht billig. Es gab unterschiedliche Ausführungen, abhängig von den finanziellen Möglichkeiten des Grabbesitzers. Aufwendige Gräber mit mehreren Räumen konnten sich nur wenige leisten. Eine wenig aufwendige Ausstattung einer Sargkammer entsprach etwa 30–35 Monatslöhnen eines Handwerkers, eine etwas bessere Ausstattung entsprach etwa 100 Monatslöhnen eines Schreibers. Der Innerste der drei Särge des Pharao Tutanchamun (s. S. 129) ist aus reinem Gold und wiegt 110 kg. Das entspricht etwa 35.000 Monatslöhnen eines Handwerkers. Dabei ist nur der reine Materialwert erfasst, nicht die Herstellungskosten, z.B. die Löhne der hoch spezialisierten Handwerker.
Wer sich kein Grab leisten konnte, wurde nach dem Tode in ein Tuch eingewickelt und im Wüstensand vergraben. Die Aussichten auf ein Leben im Jenseits waren für diesen Ägypter düster.
Meist war der Grabbesitzer ein Mann. Es hing von ihm ab, welche Familienmitglieder mit in das Grab aufgenommen wurden.

Nach jeder Mahlzeit wollte sich Junu die Hände waschen. Kannst du entdecken wie?
Tipp: Suche den Handwaschkrug in einer Schale.

1. Was wäre dir für dein Leben im Jenseits wichtig? Was würdest du also mit in dein Grab nehmen?

2. Was würdest du über dich in Hieroglyphenschrift an die Wände schreiben lassen?

3. Welche Personen würdest du an die Wände malen lassen um mit ihnen immer zusammen zu sein?

M 2 Der Beamte Junu im Jenseits

Aus dem Grab des hohen Beamten Junu. Der Grabherr sitzt vor seinem Speisetisch (Ausschnitt). Vor seinen Augen sind in Hieroglyphenschrift geschrieben: „Weihrauch“, „Salbe“, „Feigen“, „Wein“. Auf dem Tisch stehen Brote, darüber ein Rinderschenkel und eine Gans; unter dem Tisch von links nach rechts: „Kleidung“, „Alabaster“ (ein wertvoller Stein), „Brot“, „Bier“.

Der Weg in die Ewigkeit

Vor dem Einzug in das „Haus der Ewigkeit“: das Gericht

Nach dem Glauben der Ägypter musste sich jeder nach seinem Tod vor einem Göttergericht rechtfertigen. Dabei wurde das Herz des/der Verstorbenen gegen eine Feder aufgewogen; am Herzen können die guten und die schlechten Taten gemessen werden. Wenn das Herz zu schwer oder zu leicht war, wurde es von einer krokodilköpfigen Totenfresserin verschlungen. Das hätte den endgültigen Tod bedeutet – ohne Aussicht auf ein Leben im Jenseits. Damit die Prüfung vor dem Totengericht zu einem guten Ergebnis führte, wurde dem/der Verstorbenen eine Liste mit der Aufzählung aller guten Taten in das Grab gelegt. Auch wurde häufig eine Abbildung des Totengerichts mit in das Grab genommen. Darauf ist gezeigt, wie sich der/die Verstorbene den Ablauf des Totengerichts erhoffte.

M Das Totengericht

1. Einige Götter solltest du wiedererkennen: Blättere zurück auf S. 98.
2. Begleite den Schreiber Hunefer beim Totengericht und bringe in die richtige Reihenfolge:
   - Thot notiert das Ergebnis.
   - Gott Anubis leitet den Wiegevorgang.
   - Anubis führt Hunefer zur Waage.
   - Hunefer wird von Horus zu Osiris geführt.
   - Die krokodilköpfige Ammit lauert neben der Waage.
3. Hunefer hat sich diese Papyrusrolle in sein Grab legen lassen. Seine guten Taten sind in Hieroglyphenschrift über der Waage notiert. Was erwartet Hunefer, wenn das Urteil für ihn günstig war? Was kam auf ihn zu, wenn das Urteil ungünstig war?
4. Hunefer wird durch die Kleidung als Schreiber erkennbar, auch wird sein Beruf schriftlich genannt. Warum war ihm das wichtig für das Jenseits?

Mumien – den Körper für die Ewigkeit erhalten

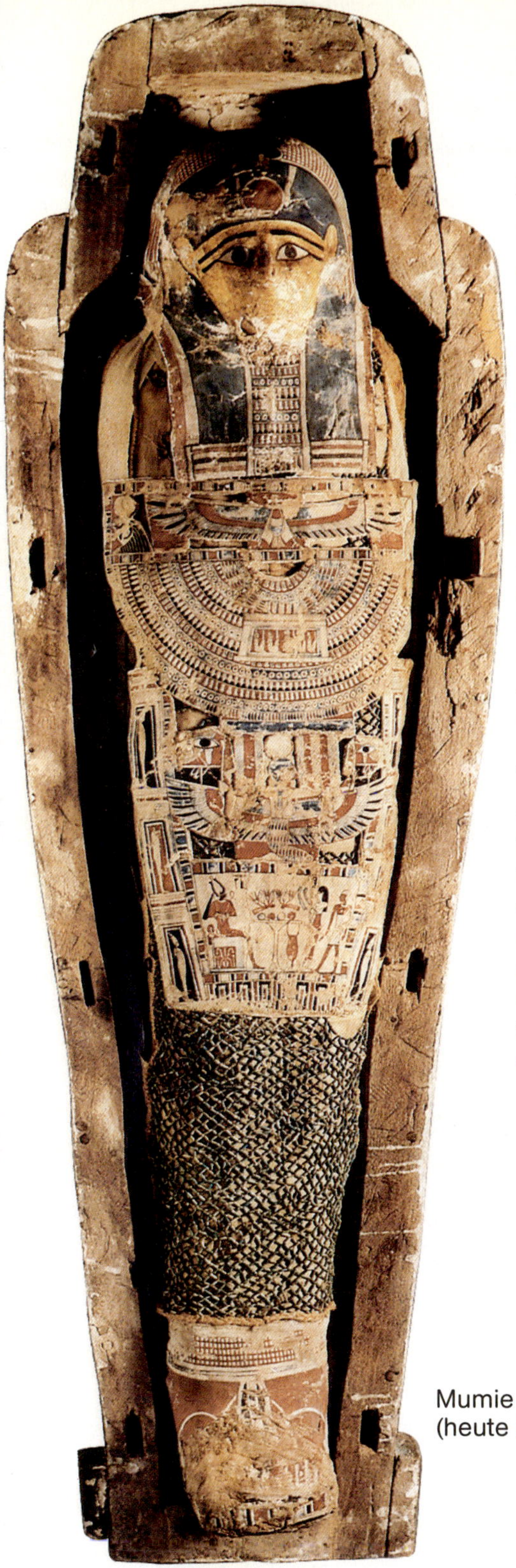

Mumie einer Frau
(heute im Kestner-Museum Hannover)

Was geschah mit der Leiche?

Die Unterschiede zwischen arm und reich wirkten bis in den Tod. Das zeigte sich nicht nur bei Größe und Ausstattung des „Hauses für die Ewigkeit“. Auch der Körper der Verstorbenen wurde sehr unterschiedlich behandelt. Wer es sich eben leisten konnte, versuchte den toten Körper für die Ewigkeit lebensecht zu bewahren. Das Verfahren nennt man Mumifizierung.
Es gab bei den Ägyptern verschiedene Arten der Mumifizierung. Bei der aufwendigsten und teuersten wurden das Gehirn und die Eingeweide entnommen; der Körper wurde über Wochen in Natron gelegt, wodurch er austrocknete; alle Hohlräume wurden mit Harz oder mit harzgetränkten Stoffballen gefüllt, nachdem sie vorher mit Palmwein gereinigt worden waren. Die entnommenen inneren Organe wurden gereinigt und getrocknet; anschließend wurden sie in Leinentücher eingewickelt und in Krüge gelegt oder zurück in den Körper. Der Körper wurde mit Leinenbändern umwickelt. Bei einer Mumie haben Wissenschaftler nachgemessen: 375m^2 Leinenstoff für eine einzige Mumie.
Schließlich wurde die Mumie in einen oder mehrere ineinander gestellte Särge gelegt. Diese Särge waren innen und außen mit heilbringenden Texten und Bildern ausgestattet.

Warum Mumifizierung?

Die Ägypter hofften den Körper möglichst unversehrt für die Ewigkeit erhalten zu können. Denn nach ihrer Vorstellung lebte der Verstorbene im Jenseits weiter: Wenn der Begräbniszug vor dem Grab angekommen war, berührte ein Priester die Mumie. Mit dieser „Mundöffnung“ sollte Leben in den toten Körper zurückkehren.

Seit wann gibt es Mumien in Ägypten?

Die frühesten Mumien sind Naturmumien; sie entstanden, weil in Ägypten ein extrem trockenes Klima herrscht und gleichzeitig der Wüstensand Natron enthält. Man kann sich vorstellen, dass die frühen Ägypter sehr beeindruckt waren, wenn sie nach einem Wüstensturm in freigewehten Gräbern Verstorbene weitgehend unversehrt fanden. Das brachte sie auf die Idee, den Erhalt des Körpers nicht dem Zufall zu überlassen. Zu Anfang hatten sie damit wenig Erfolg. Es dauerte einige hundert Jahre – etwa bis zum Jahre 1000 v. Chr. – bis das oben beschriebene Verfahren entwickelt war.

Wie lange dauerte die Ewigkeit?

Zwei Fälle von Grabräuberei – entdeckst du den Zusammenhang?

Grabräuber: Fall 1 – Die Brüder Rassul (um 1880 n. Chr.)

Den Brüdern Rassul ging es gut. Immer wenn sie Geld brauchten, gingen sie in das Felsengebirge am Westufer des Nil zu einem verborgenen Schacht, den sie durch Zufall entdeckt hatten. An einem Seil ließen sie sich hinunter.

In den nächsten Tagen verkauften sie an Touristen und an Antiquitätenhändler goldene Schmuckstücke, wertvolle Figürchen und alte Papyrustexte. Das ging zehn Jahre gut. Dann wurden die ägyptischen Behörden aufmerksam. Der Verdacht fiel schon bald auf die Brüder Rassul. Zwei von ihnen wurden festgenommen. Aber sie schwiegen. Schließlich wurden sie wieder freigelassen. Aber innerhalb der Familie kam es zum Streit und einer der Brüder gab das Geheimnis preis.

Mitglieder einer Untersuchungskommission ließen sich von ihm zu dem geheimen Schacht führen. In den Felsen geschlagene Gänge und Kammern verbargen ein großes Geheimnis. Die Mitglieder der Untersuchungskommission fanden Mumien, Särge und Grabbeigaben. Die Inschriften ließen keinen Zweifel: Hier ruhten viele berühmte Pharaonen und Königinnen. Auch die Mumie des Pharao Ramses II. lag hier.

Wie war das zu erklären?

Vieles deutet darauf hin, dass im Alten Ägypten Priester dieses Mumienversteck angelegt hatten. Es waren eindeutig nicht die ursprünglichen Gräber der Pharaonen und Königinnen. Auch die Grabbeigaben waren eher bescheiden – auch wenn man bedenkt, dass sich die Rassul-Brüder schon zehn Jahre lang bedient hatten.

Grabräuber: Fall 2 – Geständnis des Steinmetzen Amunpnufer (1126 v. Chr.)

Q Wir fanden diese ehrwürdige Mumie dieses Königs, […] mit einer langen Reihe von goldenen Amuletten und Schmucksachen am Hals, und den Kopf mit Gold bedeckt. Die ehrwürdige Mumie dieses Königs war ganz mit Gold überzogen, und seine Sargkasten waren innen und außen mit Gold und Silber bekleidet und mit allerhand prächtigen Edelsteinen ausgelegt. Wir rissen das Gold ab, das wir an der ehrwürdigen Mumie dieses Gottes fanden, und ebenso seine Amulette und Schmucksachen, die an seinem Hals hingen, und die Hüllen, in denen sie ruhte.

Die Hülle verbrannten wir, und wir stahlen auch den Hausrat, den wir fanden, an goldenen, silbernen und bronzenen Gefäßen. Wir teilten dann zwischen uns und teilten dieses Gold, das wir gefunden hatten, in acht Teile.

(Nach: Lautemann/Schlenke (Hg.): Geschichte in Quellen (Altertum), München (BSV) 3. Auflage 1978, S. 54; gekürzt)

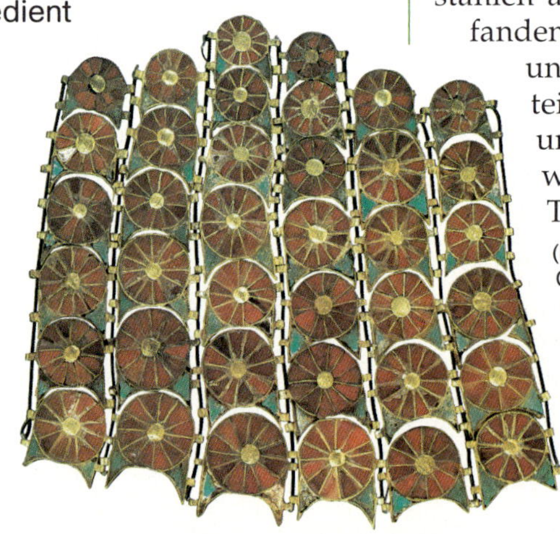

Wie erging es den Mumien, die nach Europa kamen?

Heilung durch Mumien?

„Mumija" ist die persische Bezeichnung für ein in Kleinasien vorkommendes natürliches Erdpech. Das war schon zur Zeit vor Christi Geburt sehr begehrt, denn man schrieb ihm Heilkraft zu. Dieses echte „mumija" war sehr selten und sehr teuer. So sah man sich nach einem preiswerten Ersatzstoff um. Die harzigen Substanzen, die die Mumifizierer im Alten Ägypten benutzt hatten um Körper zu konservieren, hatten das gleiche Aussehen wie „mumija". Mumien waren leichter und billiger zu bekommen als echtes „mumija". Es war nur ein kurzer Schritt, die Heilwirkung auch von den Harzen der ägyptischen Mumien zu erhoffen. Im Laufe der Zeit übertrug man den Namen „mumija" auf die konservierten Körper. Anfangs kratzte man noch die harzigen Stoffe aus den Mumien heraus. Schließlich aber wurden ganze Mumien zermahlen und als Heilpulver verkauft.
In Europa waren vor allem im 16. und 17. Jahrhundert zermahlene Mumien sehr begehrt und in jeder Apotheke zu kaufen.

Eine Mumie als Souvenir

Im 19. Jahrhundert war es üblich, dass junge Adelige ausgedehnte Bildungsreisen unternahmen u.a. auch nach Ägypten. Als Souvenir brachte man sich gerne eine Mumie mit nach Hause. Ein besonderes Ereignis war es, wenn dann die Freunde zu einem guten Essen eingeladen wurden und anschließend, als Höhepunkt des Abends, die Mumie ausgewickelt wurde. Man war gespannt, welche Amulette und Schmuckstücke zutage treten würden.

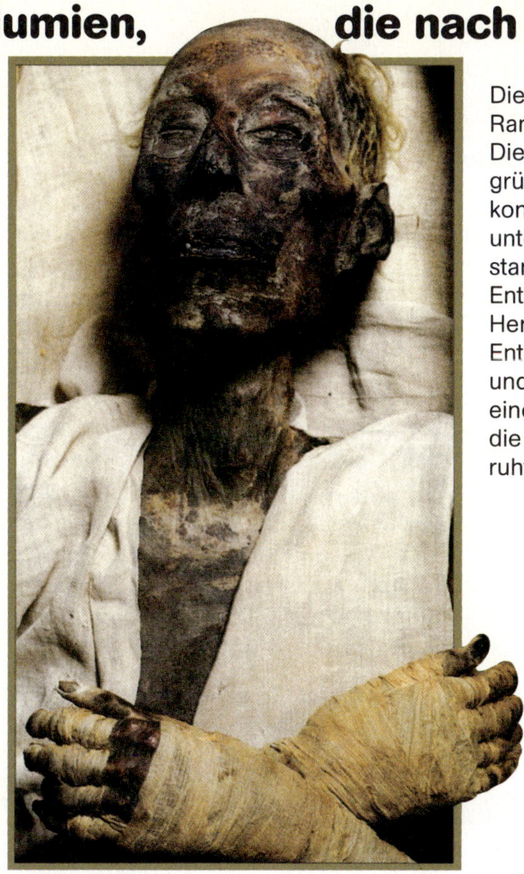

Die ausgewickelte Mumie des Pharao Ramses II.
Die Mumie dieses Pharao wurde gründlich untersucht. Durch Röntgen konnte man Krankheiten feststellen, unter denen Ramses gelitten hatte: stark abgenutzte Zähne und schwere Entzündungen an den Zahnwurzeln; Herzprobleme; Arterienverkalkung; Entzündungen an Hüfte und Wirbelsäule zwangen Ramses zu einer gebeugten Haltung. Heute liegt die Mumie in Kairo. Ramses ruht dort in einer Glasvitrine.

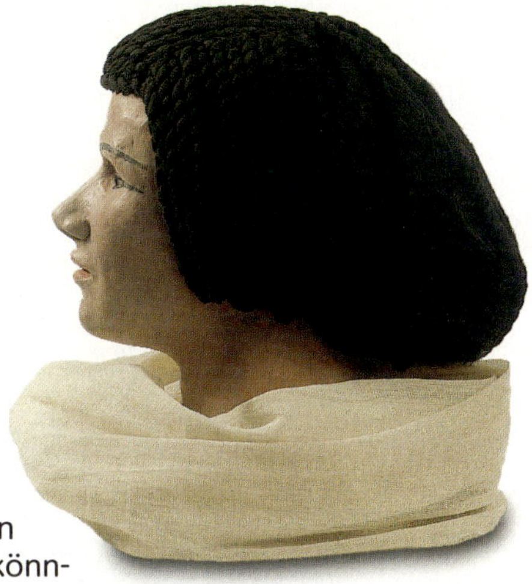

Wie geht man heute mit den Mumien um?

Heute gibt es die Möglichkeit, Mumien zu untersuchen, ohne sie auszuwickeln.
Mithilfe von Computern hat man sogar schon versucht ein Gesicht zu rekonstruieren. So könnte die Frau ausgesehen haben, deren Mumie im Kestner-Museum liegt (s. Bild S. 123).

Drei Meinungen zum Umgang mit Mumien:

1. „Ich würde mir nicht wünschen, nach meinem Tod in einer Museumsvitrine zu liegen und von neugierigen Besuchern begafft zu werden."
2. „Wenn die Mumien nicht im Museum lägen, wären sie längst von Grabräubern bei der Suche nach wertvollen Beigaben zerstört worden."
3. „Wer die Mumien aus den Gräbern holt, nimmt den Glauben der Ägypter nicht ernst. Dazu haben wir kein Recht."

Bilde dir selbst eine Meinung! Informiere dich vorher, warum die Ägypter die Körper Verstorbener mumifizierten (S.123).

„Als wären wir dabei gewesen":

Die Sensation!!! Das Grab des Pharao wird entdeckt

Im Neuen Reich stellten nicht mehr weithin sichtbare Pyramiden, wie im Alten Reich, die Begräbnisstätte der Pharaonen dar, sondern in den Fels gehauene Gänge. Aber auch diese verborgenen Gräber zogen Räuber an. Bereits zur Zeit des Alten Ägyptens waren die mit wertvollen Beigaben versehenen Gräber geplündert worden. Die goldenen Grabbeigaben hatten die Grabräuber eingeschmolzen. Vor über 150 Jahren begannen nun Archäologen nach den Königsgräbern zu suchen. Sie fanden die Gräber – aber ausgeraubt. Nur das Grab des Pharaos Tutanchamun hatte man noch nicht gefunden. Seit sechs Jahren hatte der englische Archäologe Carter zusammen mit etwa 50 Grabungsarbeitern im Tal der Könige intensiv gegraben, als im Sommer 1922 die Situation hoffnungslos zu werden schien. Dem reichen Lord Carnarvon, der bisher die Ausgrabungen finanziert hatte, wurde das Geld knapp. Es gelang Carter, Lord Carnarvon zu einem letzten Versuch zu überreden, einen Winter lang noch zu graben, dann sollte die Suche nach dem Grab Tutanchamuns endgültig aufgegeben werden. Nur eine Stelle im Tal der Könige war durch Grabungen noch nicht erforscht. Diese Stelle lag dicht neben dem bereits geöffneten Grab des Pharaos Ramses VI. Eile war geboten, denn das benachbarte Grab Ramses VI. wurde im Winter von vielen Touristen besucht, das Aufwerfen von Geröllbergen hätte gestört. Am 1. November 1922 begannen die Arbeiten, drei Tage später stießen die Arbeiter auf eine in den Fels gehauene Treppenstufe. Weitere Stufen wurden freigelegt, man stieß auf eine vermauerte Türöffnung. Carter konnte feststellen, dass die Türöffnung schon einmal aufgebrochen, dann aber das Einstiegsloch mit Nilschlammziegeln wieder zugemauert worden war. Sensationell war, dass das Einstiegsloch mit Siegeln der Verwaltung der Königsfriedhöfe – also aus der Zeit des Alten Ägyptens – versehen war. Ein versiegeltes Felsgrab war von den Archäologen bisher im Tal der Könige nicht gefunden worden. Man entdeckte weitere Siegel mit dem Königszeichen Tutanchamuns.

Carter konnte also sicher sein, das lang gesuchte Grab gefunden zu haben.

Aber was befand sich in dem Grab? War auch dieses Grab ausgeraubt?

Beim Bau anderer Königsgräber war Schutt auf den Ein-

Carter bei der Arbeit, nachdem der obere Teil des Sarkophags abgehoben worden war.

gang dieses Grabes geworfen worden. Dann waren darauf sogar noch Arbeiterhütten errichtet worden. So wurde das Grab unter den Geröllmassen für über 3000 Jahre sicher geschützt.
Nachdem die erste vermauerte Türöffnung aufgebrochen war, gelangte man auf einen mit Schutt angefüllten Gang. Am Ende des Ganges war eine weitere vermauerte Türöffnung. Carter durchstieß mit einer Eisenstange die Mauer. Heiße Luft, seit über 3000 Jahren angestaut, schoss ihm entgegen. Carter hielt eine Kerze in den Luftstrom – es waren keine giftigen Gase.
Dann leuchtete Carter durch die Öffnung in die 8 Meter breite und 3,60 Meter tiefe Vorkammer: „Ich führte eine Kerze hindurch und spähte hinein [...] Als meine Augen sich aber an das Licht gewöhnten, tauchten bald Einzelheiten im Innern der Kammer aus dem Nebel auf, seltsame Tiere, Statuen und Gold, überall glänzendes, schimmerndes Gold! Für einen Augenblick war ich vor Verwunderung stumm." Lord Carnarvon fragte: „Can you see anything?" Carter: „Yes, wonderful things."
Fast drei Monate dauerten die Arbeiten der Archäologen in der Vorkammer. Hier waren die Spuren von Grabräubern deutlich sichtbar: Viele Gegenstände lagen in einem großen Durcheinander. Offensichtlich hatten die Räuber das Grab fluchtartig verlassen müssen. Viel hatten sie nicht mitgenommen. Aber etwas fehlte: Die Ausgräber stießen auf einen etwa 50 cm hohen Gegenstand, der wie ein Schränkchen aussah. Das Dach war schräg gewölbt. Die Außenteile und die Innenseiten der Türen waren mit Blattgold belegt. In das Blattgold hinein hatten meisterhafte Goldschmiede Szenen aus dem Leben des Königs und der Königin gearbeitet. Die Türen standen offen, ein Blick hinein zeigte:

Das Schränkchen war leer. Von dem ehemaligen Inhalt fanden die Ausgräber nur noch Spuren von den Füßen einer Königsfigur. Vermutlich haben darin ursprünglich Figuren des Königs und der Königin gestanden; wahrscheinlich waren die Figuren aus massivem Gold.
Dann endlich wurde die Mauer zur Sargkammer geöffnet. Die Ausgräber stießen hier auf einen goldüberzogenen Holzschrein, etwa fünf Meter lang, 3,30 Meter breit und 2,75 Meter hoch. Carter stellte überrascht fest: „Das ist die größte vergoldete Fläche, die es auf Erden gibt." Unter vier Schreinen aus vergoldetem Holz befand sich ein steinerner Sarkophag[1], es folgten drei ineinander gestellte Särge in Mumienform, die beiden äußeren vergoldet, der innere Sarg aus reinem Gold (Gewicht 110 kg). Auf Brust und Gesicht der Mumie lag eine Goldmaske (s. S. 129). In der angrenzenden Schatzkammer entdeckten die Ausgräber weitere wertvolle Gegenstände, u.a. fanden sie in einem vergoldeten Schrein vier kleine goldene Särge mit den Eingeweiden Tutanchamuns.
Carter benötigte mehrere Jahre um die über 3000 Gegenstände zu registrieren, sorgfältig zu verpacken und in das Ägyptische Museum nach Kairo bringen zu lassen.
Lord Carnarvon starb wenige Monate nach der Öffnung des Grabes infolge eines Moskitostiches an Malaria. Sein Tod und weitere mysteriöse Todesumstände anderer Menschen, die direkt oder indirekt an der Öffnung des Grabes beteiligt gewesen waren, ließen die Legende vom „Fluch der Pharaonen" entstehen.
Die Mumie Tutanchamuns ruht heute weiterhin im Tal der Könige.
Die Grabbeigaben befinden sich im Museum in Kairo.
Tutanchamun war ein unbedeutender König. Er starb um 1326 v. Chr. im Alter von 17 Jahren.
Es ist kaum vorstellbar, welche Schätze sich im Grab eines großen Königs wie Ramses II. befunden haben.

(nach: Rainer Wagner: Das Wunder der Entdeckung; in: Peter Munro/Jürgen Settgast/Dietrich Wildung (Hg.): Tutanchamun, Mainz (Verlag Philipp von Zabern) 1980, S. 9–24)

[1] Ein Sarkophag ist ein kunstvoll ausgestalteter Sarg, der nicht mit Erde überschüttet wird.

STOPP H

Ein Blick zurück

Mit den Augen durch das Grab des Pharao wandeln

Du führst eine Gruppe Touristen durch das Grab des Pharao Tutanchamun. Darauf solltest du dich gründlich vorbereiten. Fünf der wertvollen Fundstücke aus dem Grab hast du bereits kennen gelernt: Blättere zurück.

Du solltest den Touristen auch erklären, warum die Ägypter mumifiziert haben, welche Bedeutung der Pharao hatte, etc. Touristen fragen gelegentlich auch: „Ägypten wird als ‚Frühe Hochkultur' bezeichnet. Was bedeutet das eigentlich?" Du hast Gelegenheit in einem Lexikon nachzuschlagen. Dort findest du:

Von einer Hochkultur spricht man bei
- *entwickelten Formen technischen Fortschritts,*
- *gegliederter Herrschaftsordnung,*
- *entwickelter Verwaltungsorganisation,*
- *anspruchsvollen künstlerischen Leistungen.*

Die ersten Hochkulturen waren Ägypten und Mesopotamien.

Jetzt musst du nur noch diese allgemeine Erklärung des Lexikons auf Ägypten anwenden. Also: Was machte Ägypten zur Frühen Hochkultur?

Für die vielen Erklärungen solltest du Stichwortzettel oder Karteikarten anlegen. Das Verfahren kennst du bereits (s. S. 101).

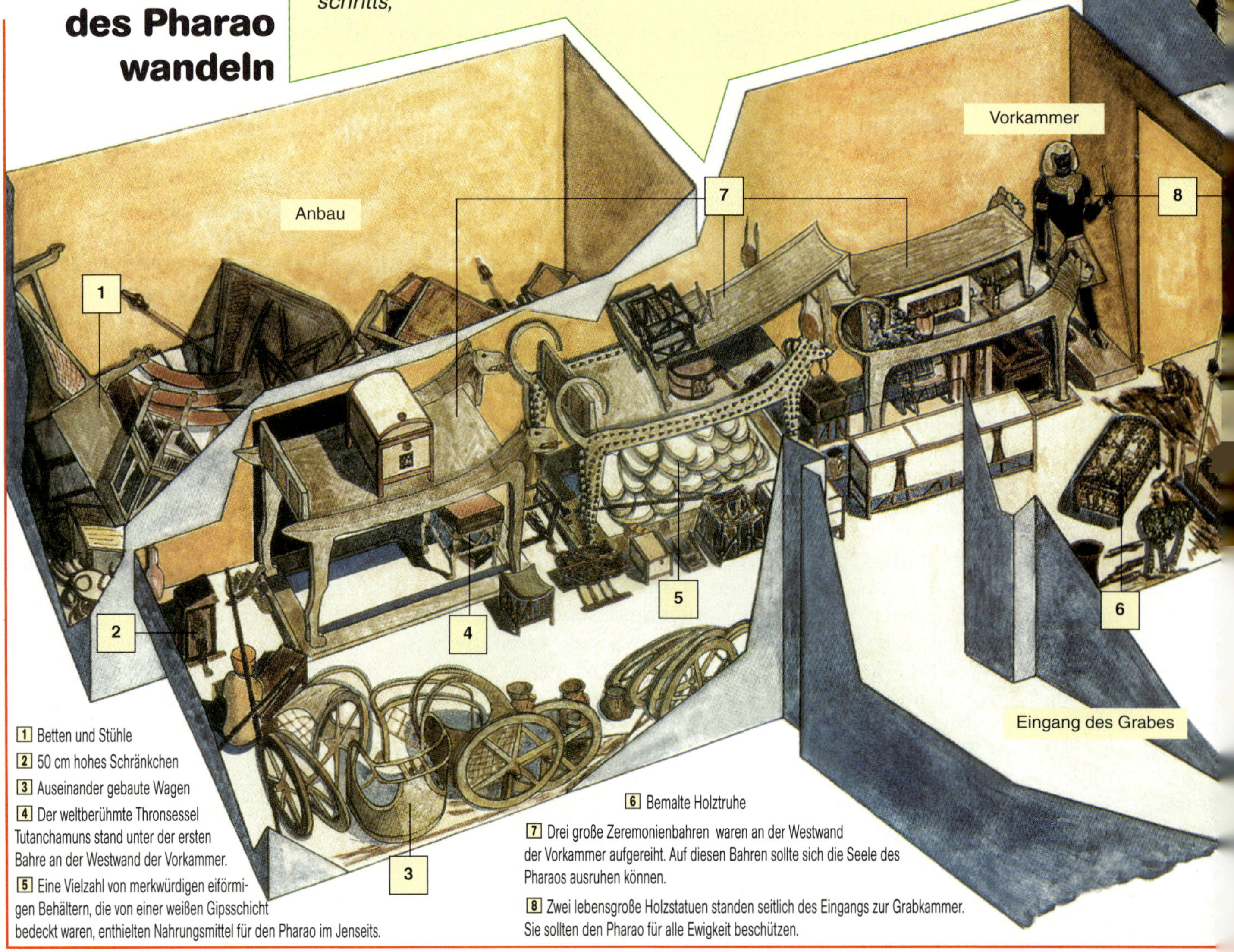

1 Betten und Stühle
2 50 cm hohes Schränkchen
3 Auseinander gebaute Wagen
4 Der weltberühmte Thronsessel Tutanchamuns stand unter der ersten Bahre an der Westwand der Vorkammer.
5 Eine Vielzahl von merkwürdigen eiförmigen Behältern, die von einer weißen Gipsschicht bedeckt waren, enthielten Nahrungsmittel für den Pharao im Jenseits.
6 Bemalte Holztruhe
7 Drei große Zeremonienbahren waren an der Westwand der Vorkammer aufgereiht. Auf diesen Bahren sollte sich die Seele des Pharaos ausruhen können.
8 Zwei lebensgroße Holzstatuen standen seitlich des Eingangs zur Grabkammer. Sie sollten den Pharao für alle Ewigkeit beschützen.

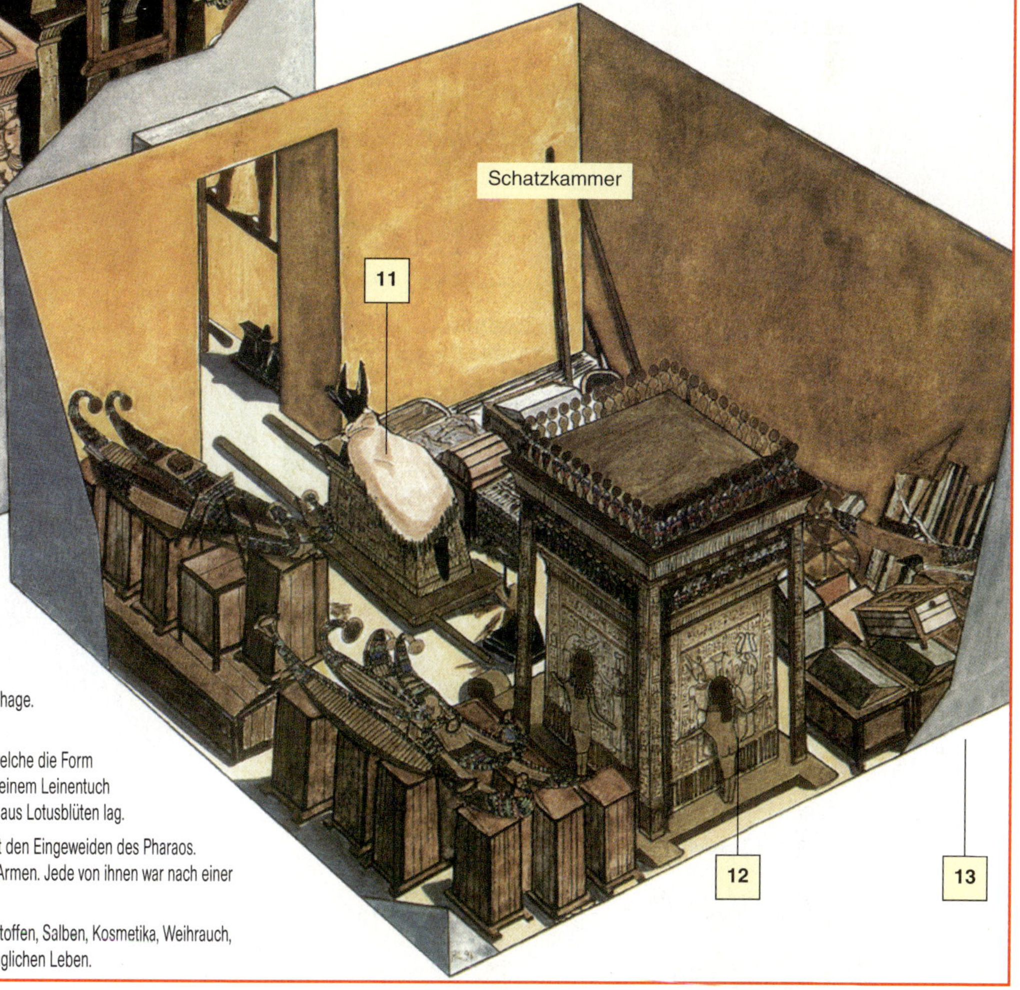

14 Der erste menschengestaltige Sarkophag (zurzeit noch im Grabmal):
Dieser 224 cm große Sarkophag ist aus vergoldetem Zypressenholz. Auf den Seitenwänden sind die Göttinnen Isis und Nephthys abgebildet. Auf dem Deckel ist der König mit über der Brust gekreuzten Armen abgebildet. In den Händen hält er Zepter und Geißel.

Der zweite menschengestaltige Sarkophag:
Auch dieser Sarkophag ist aus vergoldetem Holz. Er misst 204 cm. Man fand ihn mit einem Leinentuch und Blumengirlanden bedeckt.

Der dritte menschengestaltige Sarkophag:
Dieser 187,5 cm große Sarkophag ist aus purem Gold und wiegt 110 kg. Ursprünglich war er von einer verhärteten Pechschicht überzogen, die mit äußerster Vorsicht entfernt werden musste.

Mumie des Tutanchamun mit Goldmaske:
Die Mumie war mit nahezu 150 Amuletten und Schmuckstücken behängt. Die berühmte Goldmaske war mit Halbedelsteinen und Einlegearbeiten aus gefärbtem Glas verziert.

Die vier großen vergoldeten Holzschreine, die die Sarkophage
s Königs enthielten, füllten beinahe den gesamten Raum aus.

Der große Steinsarkophag enthielt drei menschengestaltige Sarkophage.
den Seiten waren vier Schutzgöttinnen eingemeißelt.

Die Statue des Gottes Anubis ist auf einer vergoldeten Holztruhe, welche die Form
er Kapelle hat, befestigt. Als die Statue gefunden wurde, war sie von einem Leinentuch
deckt, das um den Hals geknotet war und in dem auch eine Girlande aus Lotusblüten lag.

Der fast zwei Meter hohe, vergoldete Holzschrein enthielt Krüge mit den Eingeweiden des Pharaos.
jeder Seite lehnte eine der vier Schutzgöttinnen mit ausgebreiteten Armen. Jede von ihnen war nach einer
nmelsrichtung ausgerichtet.

Im Grab befanden sich über fünfzig Kästchen und Holztruhen mit Stoffen, Salben, Kosmetika, Weihrauch,
pferwaren, kleinen Behältern und anderen Gegenständen aus dem täglichen Leben.

2500 2000 1500 1000 500

Die Griechen

Die Abbildungen zeigen den Kopf der Statue eines Jünglings, die Überreste eines Tempels, ein Bild auf einer Vase und den festlichen Kopfschmuck einer Frau. Alle diese Werke sind über 2500 Jahre alt. Sie stammen aus der Zeit der alten Griechen, von denen das folgende Kapitel handelt.

- Welches Bild gefällt dir am besten?
- Welche Eindrücke vermittelt die Abbildungen von den Fähigkeiten der Griechen aus alter Zeit?

Quiz für Einsteiger: Die Griechen und wir

➜ In der deutschen Hauptstadt steht ein Tor, das seit der Wiedervereinigung als Symbol der Einheit Deutschlands gilt. Dieses Tor wurde im Stil eines alten griechischen Tempels erbaut, wie man ihn zum Beispiel auf dem berühmten Tempelberg über der griechischen Stadt Athen findet.

- Welchen Namen trägt dieses Tor?
- Wie heißt der berühmte Tempelberg in Athen?

➜ Du besuchst mit deinen Eltern ein griechisches Restaurant. Auf der Speisenkarte findest du einen Salat-Athene, einen Poseidon-Teller und eine Zeus-Platte. Diese Namen werden euch im folgenden Kapitel noch einmal begegnen. Aber vielleicht wisst ihr schon jetzt, wer damit gemeint ist.

➜ Noch heute wird bei den Olympischen Spielen ein Lauf ausgetragen, der auf die alten Griechen zurückgeht. Ein Bote soll vor etwa 2500 Jahren diese Strecke zurückgelegt haben um seinen Landsleuten in Athen von einer siegreichen Schlacht zu berichten.

- Wie heißt dieser Lauf?
- Wer weiß, wie lang die Strecke ist?

➜ Wenn wir über Umweltschutz reden, erwähnen wir oft den Namen eines Gases, das ein bedrohliches Loch in der Erdatmospäre verursacht. Den Begriff für dieses Gas haben wir von den alten Griechen übernommen. Sie bezeichneten damit das „Duftende" in der Natur, das man nicht sehen kann.

- Wie heißt das Gas?

Was haben die heutigen Olympischen Spiele

Vasenbild eines olympischen Wettlaufs aus der Zeit um 450 v. Chr. Strahlende Frauengesichter gab es damals nicht. Frauen durften weder als Athletinnen teilnehmen noch zuschauen. Wofür kämpften die Athleten damals, wofür heute?

Für die alten Griechen hatten die Olympischen Spiele eine enorme Bedeutung. Während der Spiele durfte kein Krieg begonnen werden und Kriege, die im Gange waren, hatten zu ruhen. Die siegreichen Athleten waren damals große Stars. Zum Beispiel gewährte die Stadt Athen ihren Olympiasiegern Steuerfreiheit auf Lebenszeit, einen ständigen Ehrenplatz im Theater und 500 Drachmen als Geschenk. Damit konnte man damals 100 lebende Ochsen kaufen. Vergleicht einmal diese Einstellung der Menschen damals zu den Olympischen Spielen und heute. Welcher Meinung bist du?

Ja, auch heutzutage haben Olympische Spiele eine große Bedeutung und die siegreichen Athletinnen und Athleten sind auch für uns große Stars.

Nein, heute sind Olympische Spiele nur ein Sportereignis unter vielen anderen. Die Siegerinnen und Sieger sind auch keine besonderen Stars.

mit den alten Griechen zu tun?

Was verbindet die neuen und die alten Spiele?

Atlanta, USA, am 19. Juli 1996, kurz vor Mitternacht. Die 83.000 Zuschauer bei der Eröffnungsfeier der Olympischen Spiele werden Zeugen eines bewegenden Augenblicks. Der berühmteste aller Boxer und von der Parkinsonschen Krankheit schwer gezeichnete Muhammad Ali entzündet mit zitternder Hand die Flamme in der olympischen Feuerschale hoch über dem Stadion. Zuvor war dieses Feuer in den fernen Ruinen der griechischen Orakelstätte in Delphi mit Hilfe eines Hohlspiegels entzündet worden. Von dort aus ging die Flamme auf die Reise aus dem antiken Ort in die Gegenwart.
Weit zurück in die Vergangenheit muss man schauen um an die Ursprünge der Olympischen Spiele zu gelangen. 776 vor Christus sollen im griechischen Olympia, einem Ort auf der Halbinsel Peloponnes, die ersten Wettkämpfe stattgefunden haben. 393 n. Chr. wurden sie dann von einem über Griechenland herrschenden christlichen römischen Kaiser als heidnische Unsitte verboten.

In Olympia feierten die Frauen zu Ehren Heras, der Gattin des Zeus, ein eigenes Fest. Dabei fanden auch Wettläufe statt.

1504 Jahre hat es keine Olympischen Spiele gegeben, bis in Athen 1896 die ersten Spiele der Neuzeit eröffnet wurden. Damals kamen 311 Sportler aus 13 Ländern zusammen. Im australischen Sydney waren es im Jahre 2000 über 10.000 Athletinnen und Athleten aus mindestens 197 Staaten dieser Erde.
Antike und neue Spiele: Was ist geblieben? Was hat sich verändert?

Wie war das damals?

Ursprünglich waren die Spiele religiöse Feste, denn sie wurden zu Ehren des Göttervaters Zeus durchgeführt. 2500 Jahre später schrieben die Veranstalter in der amerikanischen Stadt Atlanta:
"We want to give the people the biggest show on earth!"
Verglichen mit diesem Anspruch waren die antiken Spiele von Olympia bescheiden organisiert. Sie dauerten fünf Tage. Für die Zeit der Anreise und für Dauer der Spiele wurde ein allgemeiner Frieden verkündet. Aus ganz Griechenland zogen die Sportler und die Zuschauer nach Olympia. Teilnehmen durften nur Männer, die freie Griechen waren. Die Teilnahme galt als große Ehre. Jeder Sportler vertrat seine Polis, also seinen Stadtstaat. Vor der Statue des Zeus leisteten die Athleten den olympischen Eid. Sie schworen, dass sie nicht gegen die Kampf- und Spielregeln verstoßen wollten und dass sie zehn Monate lang trainiert hatten. Der Eintritt für die Zuschauer war kostenlos.
Die Wettkämpfe bestanden aus Stadionläufen und Wagenrennen mit Pferden. Auch gab es Weitsprung, Speer- und Diskuswurf, Ringen,

Läufe mit Waffen waren damals olympische Disziplin (Vasenbild aus dem 5. Jahrhundert).

Faustkampf und andere Wettbewerbe. Die Sportler kämpften nackt.
Auch damals gab es Athleten, die gegen die Regeln verstießen, indem sie z. B. einen Kampfrichter bestechen wollten. Wer erwischt wurde, bekam eine Strafe und die Missachtung der Zuschauer zu spüren.
Wer als Sieger aus den Wettkämpfen hervorging, bekam keine Goldmedaille, aber einen Siegerkranz. Er wurde in seiner Heimatstadt zu einem „Star", wurde nicht selten mit Luxus versorgt und brauchte keine Steuern zu bezahlen. In den griechischen Städten war man stolz, wenn die eigenen Sportler siegreich aus Olympia heimkehrten. Man sah darin einen Beweis für die Überlegenheit gegenüber anderen Städten.

1. Mithilfe der folgenden Zahlen könnt ihr die Geschichte der Olympischen Spiele von der Antike bis heute zusammenfassen: 776 – 393 – 1896 – 2000.
2. Olympische Spiele damals und heute: Welche Unterschiede und welche Gemeinsamkeiten fallen euch auf?
3. Ging es damals und heute um mehr als die Liebe zum Sport? Tauscht eure Ansichten aus.

Zeitreise: Wir berichten von den Olympischen Spielen vor 2500 Jahren

1 Zeustempel mit der Statue des Gottes aus Gold und Elfenbein
2 Heratempel, das älteste Heiligtum
3 Stadion
4 Schatzhäuser, in denen die Weihegeschenke aufbewahrt wurden
5 Übungsstätten der Athleten

Der heilige Bezirk

Zeusstatue

So könnte die von dem Bildhauer Phidias geschaffene Zeusstatue ausgesehen haben: Sie war 12 m hoch und eines der sieben Weltwunder.

Die Bilder auf der linken Seite zeigen den Ort Olympia so wie er heute aussieht und wie er damals ausgesehen hat. Hier haben in der Antike über 1000 Jahre lang alle vier Jahre die Olympischen Spiele stattgefunden. Mit den Informationen über Olympia und etwas Fantasie könnt ihr euch eine Vorstellung von dem machen, was damals hier geschehen ist – zum Beispiel indem ihr so tut, als ob es das Fernsehen schon gegeben hätte.
In der Rolle von altgriechischen Olympiareportern könnt ihr euren Mitschülern vor der Klasse in einer gespielten Fernsehsendung berichten. Die Informationen werden euch helfen einen spannenden Wochenrückblick von den Olympischen Spielen vor 2500 Jahren senden zu können.
Übt die Wochenberichte in Gruppen ein und präsentiert dann eure „Sendungen" vor der Klasse.

1. Tag Einzug der Sportler und Priester; Sportler und Trainer sprechen vor der Statue des Zeus den olympischen Eid. Sie schwören, dass sie sich zehn Monate auf die Spiele vorbereitet haben und die Wettkampfregeln einhalten werden. Danach: Pferderennen, Unfall beim vierspännigen Wagenrennen, Sturz und schwere Verletzung des Wagenlenkers Demitrios aus Syrakus.

2. Tag Fünfkampf: Laufen, Springen, Ringen, Diskuswerfen, Speerwurf
Skandal um den Sieger im Faustkampf, Epolus. Er hat die Kampfrichter bestochen und wird dafür eine erhebliche Geldstrafe erhalten.

3. Tag Opfertag; Prozession der Priester, Schlachten der Rinder und Verzehr des Opferfleisches durch die Zuschauer.

4. Tag Durchführung der Waffenläufe in der 192,3 Meter langen Strecke des Laufstadions, stürmischer Jubel beim Publikum aus Athen über den Sieg ihres Landsmannes Dandalos, Trauer bei den Spartanern über den Sturz und die Verletzung ihres Favoriten Kleomedes in voller Kampfmontur in der zweiten Runde.

5. Tag Siegerehrungen. Unter anderem verspricht der Athener Dandalos die Errichtung einer Statue zu Ehren des Zeus.

Tipp:

In eure Sendung könnt ihr auch Interviews einbauen, zum Beispiel mit dem Sieger Dandalos. Bei der Formulierung der Antworten werden euch die Informationen helfen, die ihr in dem Text auf der vorherigen Seite findet.
Einige Fragen, die ihr stellen könnt: – Fühlten Sie sich sicher auf der Reise hierher? – Wie lange haben Sie trainiert? – Welche Folgen wird dieser Sieg für Sie haben? – Wird Ihre Polis Athen stolz auf Sie sein?

In dem folgendem Kommentar des griechischen Dichters Xenophanes wird Kritik an den Olympischen Spielen geübt. Sind Olympische Spiele Unsinn? Hat der kluge Dichter mehr Ruhm verdient als ein Sportler, der einen Wettbewerb gewinnt? Zu diesen Fragen könnt ihr in eurer Sendung eine Stellungnahme abgeben.

Q Wer einen Sieg sich erringt im Lauf mit hurtigen Füßen
Oder im Fünfkampf
Der verdient den Ruhm nicht so wie ich. Denn unsere Weisheit
Edler als Stärke fürwahr ist sie von Mann und von Ross.
Nein, es wohnet kein Sinn in solchem Brauche:
Mit Unrecht über der Weisheit Gut stellt man die leibliche Kraft […]

(Xenophanes, zitiert in: Geschichte in Quellen, Bd. 1, München (Bayerischer Schulbuchverlag) 1991, S. 126; bearbeitet)

Was haben wir von den alten Griechen übernommen?

In vielen Dingen waren die Griechen unsere Vorbilder. Zum Beispiel haben wir die Buchstabenschrift von ihnen übernommen. Wir verwenden auch viele Wörter, die aus dem Griechischen stammen. Das kann jeder von euch mit der folgenden Übung leicht feststellen.

Die Wortreihe enthält zehn Wörter mit griechischem Ursprung und zehn dazu passende deutsche Bezeichnungen. Sucht die passenden Paare und notiert sie ins Heft.

Architektur – Lehre von den Zahlen – Volksherrschaft – Biologie – Theater – Geografie – Baukunst – Gymnastik – Lehre vom Leben in der Natur – Psychologie – Lehre von den Naturgesetzen – Demokratie – Schauspielhaus – Körpertraining – Mathematik – Erziehungslehre – Physik – Erdkunde – Pädagogik – Lehre vom Zustand der Seele

Tipp: Für die Bearbeitung der folgenden drei Beispiele könnt ihr euch die Arbeit teilen. Je ein Drittel wählt sich eine Aufgabe zur Bearbeitung aus und stellt die Ergebnisse den Mitschülern vor.

Beispiel 1: Die Erkenntnisse des Archimedes

Über Archimedes wird folgende Geschichte erzählt: König Hieron von Syrakus wollte einen Goldschmied beauftragen, aus einem Goldklumpen eine Krone herzustellen. Aber er war nicht sicher: Würde der Goldschmied wirklich alles Gold für die Krone verwenden oder einen Teil für sich behalten?
Die Lösung für das Problem fand der griechische Naturforscher Archimedes bei einem Morgenbad. Seine Sklaven hatten die Wanne zu voll gemacht. Als Archimedes untertauchte, schwappte das Wasser schubweise über den Wannenrand. Erst schimpfte er, doch dann ließ er die Wanne erneut bis zum Rand füllen, tauchte unter und dachte nach: **„Erstens:** Eine Wanne ist randvoll mit Wasser.
Zweitens: Ich, Archimedes, tauche unter.
Drittens: Wasser schwappt aus der Wanne.
Erkenntnis: Mein Körper hat das überschwappende Wasser aus der Wanne verdrängt. Der Rauminhalt des übergeschwappten Wassers muss genauso groß sein wie der Raum, den mein Körper in der Wanne beansprucht."

Archimedes rannte zu König Hieron und berichtete ihm von seiner Entdeckung. „Du solltest den Goldklumpen in ein Gefäß eintauchen, das randvoll mit Wasser ist. Die übergelaufene Wassermenge fängst du in einem zweiten Gefäß auf und bewahrst es auf. Später legst du die Krone in das gleiche Gefäß voll mit Wasser und fängst das überlaufende Wasser wieder auf. So kannst du feststellen, ob der Goldschmied dich betrogen hat. Hast du verstanden?"

Archimedes (285 bis 212 v.Chr.) war der bedeutendste Naturwissenschaftler aus dem alten Griechenland. Er hat nicht nur den Rauminhalt von Körpern berechnet, sondern auch Erfindungen gemacht, die wir heute noch benutzen: den Flaschenzug, das Zahnrad und eine Maschine zur Bewässerung von Feldern, die so genannte „archimedische Schraube".

Das könnt ihr tun: Erzählt euren Mitschülerinnen und Mitschülern, wer Archimedes war.
Erklärt und zeigt Ihnen, wie er herausgefunden hat, ob der Goldschmied den König betrogen hat oder nicht. Fragt die Physiklehrer, wie die archimedische Schraube funktioniert. Fragt auch eure Mathematiklehrer, was die Mathematik den alten Griechen zu verdanken hat.

Beispiel 2: Die Fabeln des Äsop

In fast jedem Deutsch-Lesebuch für die 5. und 6. Klasse findet ihr Fabeln des griechischen Dichters Äsop. Zum Beispiel diese:

Der Hirsch und der Weinstock

Ein Hirsch wurde von Jägern verfolgt, entkam ihnen aber und versteckte sich in einem Weinberg. Die Jäger entdeckten ihn dort nicht und gingen vorbei, sodass der Hirsch sich gerettet glaubte. Da begann er sogleich, die Blätter des Weinstocks abzuweiden. Einer der Jäger hörte aber, wie es in den Blättern knisterte, und weil er vermutete, dass dort ein Tier verborgen sei, wandte er sich um, warf seinen Spieß dorthin und traf dabei den Hirsch zu Tode. Da sagte dieser sterbend: „Mir geschieht recht! Warum habe ich mich auch an meinem Retter vergriffen?“

So soll Äsop ausgesehen haben.

Es gibt nicht viel gesichertes Wissen über das Leben des Dichters Äsop. Wahrscheinlich war er ein Sklave. Er lebte vor etwa 2500 Jahren und gilt als der erste uns bekannte Fabeldichter. Seine Geschichten waren schon damals sehr beliebt. Sie wurden im Laufe der Jahrhunderte mehrfach verändert. Aber schon vor 2500 Jahren konnten die Kinder in Griechenland wichtige Lehren aus den Fabeln des Äsop für ihr Leben ableiten.

Das könnt ihr tun: Überlegt euch die Lehre dieser Fabel und schreibt sie auf. Erzählt euren Mitschülern, was ihr von Äsop wisst. Lest dann die Fabel sehr schön vor. Schaut in eurem Deutschbuch nach, ob ihr weitere Fabeln von Äsop findet.

Beispiel 3: Die Lehren des Aristoteles

Bei den Griechen bedeutete das Wort Philosophie „Liebe zur Weisheit“. Ein Philosoph denkt z. B. über den Sinn des Lebens nach und stellt viele Fragen. Einer der berühmtesten Philosophen ist der Grieche Aristoteles. Er lebte von 384 bis 322 v. Chr. in Athen. Aristoteles erklärte seinen Schülern, (A) wie sie als einzelne Personen zu einem glücklichen Leben finden können und (B) wie die Polis, also die Gemeinschaft oder – frei übersetzt – die Politik gestaltet werden soll, damit die Menschen glücklich miteinander leben können. Er und andere griechische Philosophen haben das heutige Denken über Politik stark beeinflusst. Wie beurteilt ihr einige grundlegende Ansichten des Aristoteles?

Das könnt ihr tun: Versucht euren Mitschülern zu erklären, womit sich Aristoteles beschäftigt hat. Stellt eure Meinung zu den vier Sätzen in der Klasse vor und sucht für den Satz 4 nach einer Beispielgeschichte.

	Ja, das denke ich auch.	Nein, da bin ich eher anderer Meinung.
1. Das wichtigste Ziel all unseres Handels besteht darin, zu einem glücklichen Menschen zu werden.		
2. Die Menschen sollen in guten Verhältnissen leben, aber wer nur nach Reichtum strebt, wird nicht glücklich werden.		
3. Glücklich kann der Mensch werden, wenn er tüchtig ist und nach Klugheit, Tapferkeit, Gerechtigkeit und Besonnenheit strebt.		
4. Wenn einer allein die Macht beansprucht, so wird er ein Tyrann sein, der nur an seinen eigenen Vorteil denkt.		

Geheimnisvolle Götterwelt

Welcher Gott wurde hier geboren?

1. Welcher Gott wurde hier geboren?
2. Wer von euch findet diesen geheimnisvollen Ort?
3. Was verrät euch diese Geschichte über die Vorstellungen der Griechen von ihren Göttern?

Diese Höhle galt den Griechen als die Geburtsstätte des Vaters der Götter. Versteckt vor den Augen von Kronos, seinem Kinder fressenden Vater, verbrachte der Gott hier seine Kindheit. Kronos war auf der Suche nach seinem Sohn um ihn zu töten. Ernährt von der Milch einer Ziege und dem Honig eines Bienenschwarms entwickelte der Knabe eine kräftige Gestalt. Dann verließ er diese Höhle, befreite seine göttlichen Geschwister und trat die Herrschaft über alle Götter an.

Die Höhle galt den Griechen lange Zeit als eine bedeutende Heiligenstätte. Vermutlich lebten hier Priester, die mit Bronzeschildern Lärm erzeugten, wodurch einst das Kindergeschrei des jungen Gottes übertönt werden sollte.

Wenn ihr die Höhle finden wollt, müsst ihr die größte der griechischen Inseln suchen. Ein Weltatlas wird euch dabei helfen. Auf der Insel müsst ihr die 5000 Jahre alte Ausgrabungsstätte des Palastes von Knossos suchen, der in unmittelbarer Nähe der heutigen Hauptstadt Heraklion liegt. Von dort aus folgt ihr einer Straße, die auf endlosen Serpentinen in die einsamen Höhen des Ida-Gebirges führt. Unterhalb des höchsten Berggipfels findet ihr in der Nähe einer Kapelle die Geburtsstätte dieses griechischen Gottes.

„Als wären wir dabei gewesen":

Eine Legende erzählt von der Rache des Poseidon...

Eine Winternacht im Jahr 373 v. Chr. an der Küste im Norden der Peloponnes, der Halbinsel, die sich wie eine Hand in das Ägäische Meer ausstreckt.

Seit Tagen wütet ein Sturm. Zahlreiche Schiffe befinden sich in Seenot. Plötzlich – in jener dunklen Nacht – beginnt die Erde zu beben. Unter den Bewohnern der Küstenstadt Helike bricht Panik aus. Die Menschen rennen wie wild durcheinander. Viele versuchen in die Nähe des Tempels zu gelangen, weil sie dort den Schutz der Götter erhoffen.

Dann übertönt ein dumpfes Grollen die Entsetzensschreie der Flüchtenden. In Sekundenschnelle brechen die Häuser zusammen. Ein gewaltiges Erdbeben hat die Stadt gepackt. Binnen kürzester Zeit versinkt der Ort mitsamt seinen Menschen in den Fluten des Korinthischen Golfes.

Drei Monate später am gleichen Ort

Die Stadt ist verschwunden. Zahlreiche Tote sind zu beklagen. Die Überlebenden sprechen miteinander. Sie versuchen herauszufinden, wie es zu einer solch unfassbaren Katastrophe kommen konnte. Man wägt verschiedene Erklärungen gegeneinander ab. Waren die Ursachen natürlicher Art? Keiner von denen, die sich am Ufer des nun friedlich schimmernden Meeres eingefunden haben, ist von dieser Erklärung überzeugt. Ratlos blicken die meisten hin zum fernen Tempel des Meeresgottes Poseidon, der den Seefahrern als weithin sichtbares Zeichen den Weg in den Heimathafen weisen soll.

Dann erzählt eine Frau die folgende Begebenheit: „Die meisten von uns wissen, dass wenige Tage vor dem Erdbeben Besucher aus der Fremde die Kultstätte des Meeresgottes besucht haben. Dort sind sie von den Priestern des Heiligtums in übelster Weise beschimpft und beleidigt worden. Vielen von uns war bekannt, dass die Priester im Tempel die Fremden oft schlecht und von oben herab behandeln. Niemand in der Stadt hat sich darüber aufgeregt."

Vor den schweigenden Zuhörern fährt die Frau fort: „Poseidon hat sich an uns gerächt. Der Erderschütterer hat uns Menschen mit seinem Zorn bestraft. Weil wir in seinem heiligen Tempel ihn und einen seiner Wohnsitze missachtet haben, hat er uns dieses Erdbeben geschickt." Still stehen die Menschen. Alle nicken zustimmend.

(Die Legende wird berichtet in: Adolf A. Borbein: Das alte Griechenland, Bertelsmann-Verlag (München) 1994, S. 146)

Ein Tempel des Poseidon an der Südspitze der Halbinsel Attika

Poseidon, Gott des Meeres und der Erdbeben, dargestellt auf einer antiken Münze: Warum hat sich der Gott an den Menschen gerächt?

1. Welchen Teil dieser Begebenheit, die uns in alten Überlieferungen berichtet wird, findest du am interessantesten? (Erzählt euch gegenseitig eure Eindrücke.)
2. Stellt einander gegenüber: Darin sahen die alten Griechen die Ursachen für ein Erdbeben: ... Darin sehen die meisten Menschen heute die Ursachen: ...
3. Aus der Zeit des antiken Griechenlandes sind uns viele Geschichten überliefert, in denen die Götter in das Leben der Menschen eingegriffen haben. Mithilfe der hier geschilderten Begebenheit könnt ihr herausfinden, was damals anders als heute war in den Vorstellungen über das Reich der Götter und das Leben der Menschen.
4. Glaubt ihr, dass es solches Denken wie bei den alten Griechen auch heute noch gibt?

Unter die Lupe genommen:
Wir stellen 10 Mitglieder aus der griechischen Götterfamilie vor

1. Er regiert die Welt vom Olymp aus und ist der Vater der Götter. Er macht Stürme und Gewitter und trägt einen Blitz in der Hand.
2. Er ist der Gott des Meeres und einer der beiden Brüder des Göttervaters. Ihr erkennt ihn an seinem Dreizack, mit dem er die Meere aufwühlt.
3. Sie ist die Gattin des Zeus und die Schutzgöttin von Ehe und Familie. Dargestellt wird sie in strenger Schönheit mit einem Goldreif um das Haupt.
4. Er wäre euer Gott gewesen, denn er ist der Gott der Jugend und der Musik und wird deshalb mit einem Musikinstrument dargestellt. Seine Mutter heißt Leto und war eine Geliebte des Zeus.
5. Diese Zwillingschwester des Gottes der Jugend ist für die Jagd und die wilden Tiere zuständig und wird daher auch so dargestellt.
6. Dieser Bruder des Göttervaters lebt nicht auf dem Olymp, sondern als Herrscher über das Totenreich in der Unterwelt. Er führt den dreiköpfigen Höllenhund Kerberus bei sich.
7. Dieser Sohn von Hera und Zeus ist zuständig für den Krieg und das Schlachtengetümmel und trägt Helm, Speer und Schild.
8. Die Schutzgöttin Athens hat keine Mutter. Sie entstieg direkt dem Kopf des Zeus. Sie gilt auch als Göttin der Klugheit und ist bewaffnet mit Helm, Speer und Schild.
9. Der Sohn von Hera und Zeus schmiedet Waffen in den Feuer speienden Bergen. Als Gott der Schmiedekunst sieht man ihn mit Hammer und Amboss.
10. Sie betrachtet ihr schönes Gesicht in einem Spiegel und ist die Göttin der Liebe. Obwohl auch sie eine Tochter der Göttereltern ist, heiratet sie ihren Bruder Hephaistos.

Tipps zur Vorgehensweise:

1. Wer ist wer? Ordnet die Texte 1–10 den Namen/Bildern zu.
2. Übertragt den Stammbaum der Götter auf Blätter, Folie oder Tafel und füllt ihn aus.
3. Arbeitet den Text über die Götterwelt der Griechen durch und stellt Stammbaum und Götterwelt vor der Klasse vor.

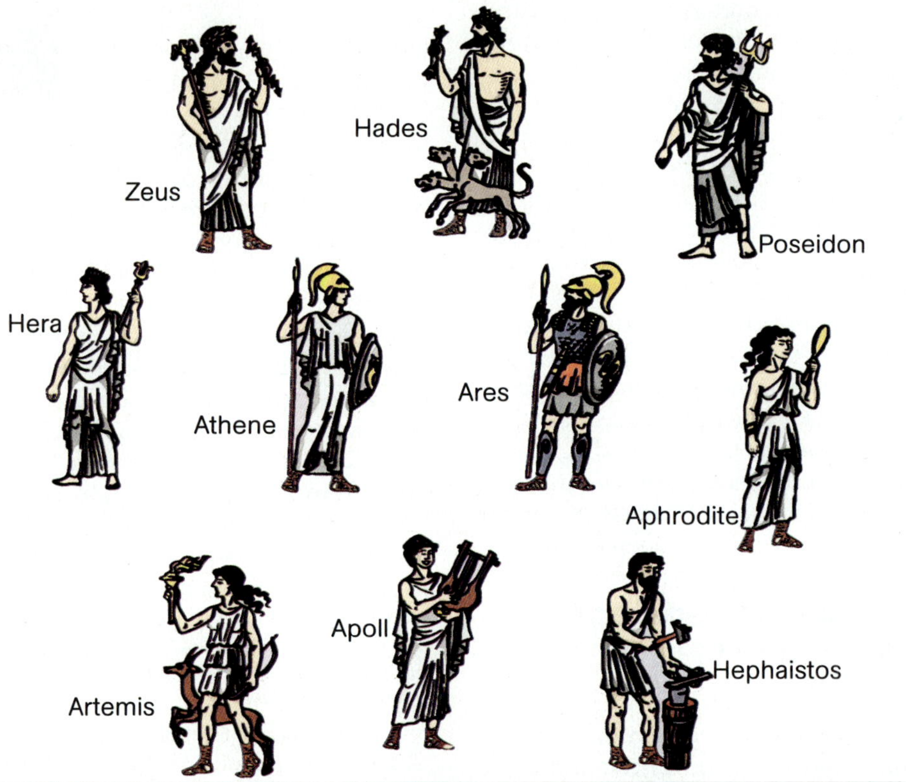

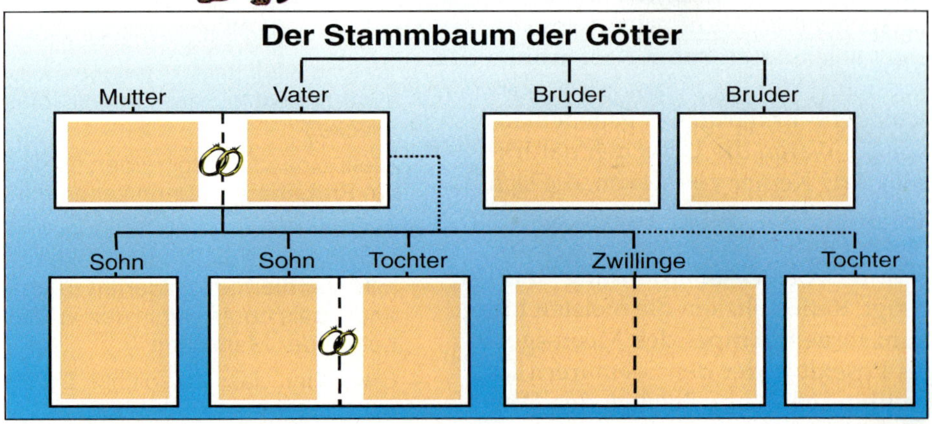

Was für einen Glauben hatten die Griechen?

Der gemeinsame Glaube an eine Vielzahl von Göttern verband die Menschen in Griechenland miteinander. Man verehrte sie, indem man ihnen Tempel errichtete, die alten Bräuche achtete, die Feste der Götter feierte und ihnen Opfer brachte. In der Natur sahen die Griechen die Götter wirken. In ihrer Vorstellung lebten sie gemeinsam mit den Göttern.

Wenn die Griechen wissen wollten, was die Zukunft für sie bereithielt – sei es der Ausgang einer Schlacht, die Heilung einer schlimmen Krankheit oder der Erfolg einer Reise –, wandten sie sich an die Götter. „Die Götter wissen alles", schrieb der Historiker Xenophon.

In besonderen Fällen reisten die Ratsuchenden zu einem Orakel, wo die Götter direkt zu den Menschen sprachen.

Die berühmteste dieser Orakelstätten war **Delphi**. Wenn im Tempel des Apollon die Priesterin Pythia um Rat gefragt wurde, begann sie zu tanzen und murmelte in einem Rauschzustand schwer zu verstehende Sätze. Ein Priester deutete die geheimnisvollen Worte und gab sie den Reisenden als Ratschlag mit auf den Weg. Die Griechen hielten diese Hinweise für den göttlichen Rat Apollons.

Wer war die Götterfamilie?

Der Vater der Götter war Zeus. Er galt den Griechen als der Herr des Himmels. Mit seinen Brüdern Poseidon und Hades teilte er sich die Herrschaft über die Welt. Die Gattin von Zeus war Hera, die als Schutzgöttin der Ehe galt, was Zeus allerdings nicht daran hinderte, mit zahlreichen anderen Göttinnen und sterblichen Frauen Kinder zu haben. Der **Olymp**, ein heiliger Berg im Norden des Landes, den nie ein Grieche bestiegen hatte, war der Sitz der Götter. Von hier aus beobachteten und regierten sie die Welt.

Im Unterschied zu den Menschen waren die Götter unsterblich. Sie sahen wie besonders edle, vornehme und schöne Menschen aus und verfügten über außergewöhnliche Fähigkeiten. Sie konnten durch die Lüfte fliegen, sich auf dem Wasser bewegen und die Gestalt von Tieren und Menschen annehmen. Sie hatten unterschiedliche Aufgaben. Sie sahen und wussten nicht alles und ließen sich manchmal sogar von den Menschen betrügen. In vielen Dingen ähnelt die Familie der Götter den Menschen, besonders in den Schwächen. Sie streiten und betrügen einander. Sie sind rach- und eifersüchtig und manchmal auch böse.

Was war das Besondere an der Religion der Griechen?

Die Griechen lernten die Welt der Götter über geheimnisvolle Erzählungen und alte Sagen kennen. Solche Sagen, die von Göttern, Halbgöttern und Menschen handeln, bezeichnen wir als Mythen. Ein **Mythos** ist eine Geschichte, in der Dinge passieren, die übermenschlich sind und die die Menschen sich nicht erklären können.

Ein solcher Mythos ist zum Beispiel, dass Zeus seinen Vater Kronos vom Thron stürzte und diesen zwang, seine von ihm verschlungenen Kinder wieder auszuspucken und lebendig zu machen.

Die Götter sprachen keine Gebote oder Verbote für die Menschen aus. Der Göttervater Zeus hat zahlreiche Mitgöttinnen und -götter, mit denen er sogar oft im Streit liegt. Auch hat er die Erde nicht erschaffen, er beherrscht sie nur.

Mithilfe dieses Textes könnt ihr auf einem Blatt eine Übersicht anfertigen, in der ihr aufschreibt:
- *Vier* Formen der Götterverehrung
- *Vier* Unterscheidungsmerkmale zwischen Göttern und Menschen
- *Vier* Besonderheiten in der Religion der Griechen

Überreste eines griechischen Tempels, einst Stätte der Götterverehrung, heute Attraktion für Touristen: Wie wichtig mögen die Götter damals für Mädchen und Jungen deines Alters gewesen sein?

Homers Dichtung von Klugheit, Mut, Tapferkeit und List

M 1 **Bilder geben Rätsel auf:** Beispiel 1

Woran erkennt ihr Achill, den größten Helden im Kampf um Troja? Wer findet den Löwenkopf?

Wer ist der tapferste von diesen beiden Kriegern?
Diese Vasenmalerei aus dem 6. Jahrhundert v. Chr. zeigt die beiden griechischen Helden Achill und Aias beim Brettspiel. Mit einigen Feinheiten hat der Vasenmaler verdeutlicht, dass Achill der bedeutendere Held von beiden ist. Dazu gehören der leicht erhöhte Sitz, die Kopfbedeckung, der feinere Bartschmuck und – auf der Schulter – der Löwenkopf als Zeichen der Macht und Stärke.

Wer ist Homer?

Homer ist der älteste überlieferte Dichter Griechenlands und Europas. Er lebte im 8. Jahrhundert v. Chr. Seine Heldendichtung „Ilias" berichtet von den letzten Tagen des 10 Jahre andauernden trojanischen Krieges. Die „Odyssee", die vielleicht auch von einem Schüler Homers verfasst worden ist, erzählt von der 10 Jahre dauernden Irrfahrt des Helden Odysseus von Troja zurück in seine Heimat nach Ithaka.

Wovon handelt Homers Ilias?

In der Ilias finden wir die berühmte Sage vom trojanischen Krieg. Ilios ist dabei die Bezeichnung, die Homer für die Stadt Troja verwendet.
Auslöser für den Krieg ist der Streit um eine schöne Frau: Helena. Sie ist verheiratet mit dem griechischen Fürsten Menelaos. Der trojanische Prinz Paris entführt Helena und bringt sie nach Troja. Die Griechen sind entsetzt über diese Frechheit und stellen ein Heer zusammen, das die Stadt Troja bestrafen und Helena zurückbringen soll.
Doch die Sache erweist sich als schwierig. 10 Jahre belagern die Griechen Troja. Auf beiden Seiten sterben viele Krieger.
In dieser Situation greift Odysseus zu seiner berühmten List:

M 2 **Die Geschichte vom hölzernen Pferd**

Zehn Jahre lagen die Griechen nun schon vor Troja, doch immer noch war kein Ende des furchtbaren Krieges abzusehen.
Da rief Kalchas, der Seher, die vornehmsten Helden des griechischen Heeres zusammen. „Lasst ab von dem Versuche, die Stadt mit Gewalt zu nehmen", redete er ihnen zu, „denn so werdet ihr nie zum Ziele kommen! Besinnt euch lieber auf eine List, die euch den Erfolg bringen mag!"
Schließlich hatte der schlaue Odysseus den erlösenden Einfall: „Lasst uns ein riesengroßes Pferd zimmern, in dessen Leib sich unsere edelsten Helden verbergen sollen. Durch einen scheinbaren Abzug unseres Heeres werden die Trojer sich aus der Stadt herauslocken lassen." Als Odysseus ausgeredet hatte, lobten alle seinen erfindungsreichen Geist.
Nach nur drei Tagen war das hölzerne Pferd fertig. Staunend stand das ganze Heer vor der Schöpfung des Künstlers.

(nach: Richard Carstensen: Die schönsten Sagen des klassischen Altertums, (dtv junior) München 17/1993, S. 203 ff.)

Odysseus' Rechnung geht auf. Die Trojaner ziehen das Pferd in die Stadt. Sie glauben, dass die Griechen die Belagerung ihrer Stadt abgebrochen haben. In der Nacht verlassen die Soldaten im Inneren des Pferdes ihr Versteck. Sie töten die Wächter an den Stadttoren und führen die griechischen Soldaten in die Stadt hinein. Fast alle schlafenden Trojaner werden ermordet. Die Stadt geht in Flammen auf. Der Untergang Trojas ist besiegelt.

M 3 Bilder geben Rätsel auf: Beispiel 2

Dieses Bild des trojanischen Pferdes ist fast 2700 Jahre alt. Man fand es auf einem Vorratsgefäß.

Wenn ihr das Bild genau betrachtet und den Text über das hölzerne Pferd aufmerksam lest, könnt ihr die Rätsel, die das Bild aufgibt, lösen.

- Steht dieses Pferd innerhalb oder außerhalb der Stadt Troja?
- Warum hat es so merkwürdig runde Füße?
- Was bedeuten die Figuren im Inneren des Pferdekörpers?
- Wer braucht die verschiedenen Kriegsgeräte, die aus dem Pferd herausgereicht werden?
- Ist es in dieser Darstellung Tag oder Nacht?

Welche Eigenschaften haben Homers Helden?

Homer berichtet aus der Welt des Adels und der Götter. In den Eigenschaften der Helden sahen die Griechen auch Vorbilder für das eigene Verhalten. Gilt das heute auch noch?

Die entführte Königin Helena ist nicht nur sehr schön. Sie wird auch als besonders klug geschildert. Oft ist sie den Männern überlegen. ***Klug** sein bedeutete, dass diese Frau ihren Verstand besser als andere benutzten konnte um ihre Ziele zu erreichen.*

Der trojanische Held Hektor ist besonders mutig. Obwohl er weiß, dass er dem Griechen Achill unterlegen sein wird, nimmt er den Zweikampf auf. ***Mutig** sein bedeutete, dass man nicht vor einer Gefahr oder einer Übermacht davonlaufen durfte.*

*Das Gegenteil von Mut war die **Feigheit**. Sie galt den Griechen als verachtenswert.*

Der griechische Held Achill ist der tapferste von allen. **Tapfer** sein im Krieg war für die Griechen eine sehr wichtige Eigenschaft. Der Tapfere scheut die Gefahr nicht und nimmt den Kampf mit einer Übermacht auf.

Der Held Odysseus ist seinen Gegnern überlegen, weil er besonders **listig** ist.

List ist eine spezielle Form von Klugheit. Odysseus wählte Lösungen für Probleme, die den Gegner überraschten oder überrumpelten. Heute würde man vielleicht sagen, dass Odysseus besonders „clever" war.

1. Versucht einmal den Ablauf des Kampfes um Troja in einem freien Vortrag vor der Klasse zusammenzufassen.
2. Klugheit, Mut, Tapferkeit, List: Welche dieser Eigenschaften möchtest du heute gerne besitzen? Auf welche könntest du am ehesten verzichten? Wählt aus und sprecht darüber.

„Als wären wir dabei gewesen“:

Die Entdeckung des Schatzes von Troja

Mithilfe dieser Geschichte könnt ihr erklären, wie aus der Sage um Troja, die für die meisten Menschen damals eine reine Erfindung des griechischen Dichters Homer war, Wirklichkeit wurde.

27. Mai 1873. Früh am Morgen beginnt die Arbeit an dem vierzig Meter hohen Hügel in der Nähe der Meerenge der Dardanellen in der heutigen Türkei. Heinrich Schliemann beaufsichtigt seine hundert türkischen Arbeiter, die noch vor dem Frühstück mit der täglichen Ausgrabungsarbeit beginnen. Schliemann ist sicher, dass er an diesem Hügel den Ort gefunden hat, von dem Homer erzählt.

Sein Traum begann in der Kindheit, als sein Vater ihm die Sagen von den griechischen Helden erzählte. Für Heinrich gab es keinen Zweifel daran, dass die Geschichten Homers wahr sind und als Siebenjähriger fasste er den Entschluss: „Wenn ich groß bin, werde ich Troja finden.“

Jetzt ist Schliemann 51 Jahre alt. Eine erfolgreiche Karriere als Kaufmann liegt hinter ihm. Mit 14 Jahren verlässt er die Schule. Als Zweiundzwanzigjähriger geht er nach Amsterdam. Er beginnt Fremdsprachen zu lernen und wird es auf insgesamt acht bringen. 1846 eröffnet er eine Handelsfirma im russischen Sankt Petersburg. Er reist in die USA und macht dort sehr erfolgreiche Geschäfte. Mit 41 Jahren ist Schliemann von einem armen Pfarrerssohn zu einem der reichsten Männer Europas geworden. Jetzt gibt er seinen Kaufmannsberuf auf und will nur noch „Liebhaber der Altertümer“ sein.

Mit seiner griechischen Frau Sophia kommt er nach Kleinasien an die Meerenge der Dardanellen. Als er zum ersten Mal über den unscheinbaren Hügel mit dem Namen Hisarlik schreitet, spricht er aus, was andere auch schon vermutet haben: „Hier muss Troja gelegen haben!“ 1871 beginnen die Ausgrabungen.

Tatsächlich finden seine Arbeiter auf mühsamste Art die Überreste von neun Städten, die in zeitlichen Abfolgen übereinander aufgebaut worden waren. Noch spotten viele Altertumsforscher über den „schatzgrabenden Kaufmann“. Für sie ist nicht bewiesen, dass Schliemann Homers Troja gefunden hat.

Sophia Schliemann mit Goldschmuck aus Troja

Die ersten Sonnenstrahlen fallen in eine über acht Meter tiefe Mulde. Plötzlich blitzt glänzendes Metall aus einem Mauerrest hervor. Heinrich Schliemann kann sich kaum beherrschen. Aufgeregt schickt er alle Helfer nach Hause. Dann macht er sich selbst daran, das blinkende Metall mit einem Messer aus der Mauer herauszukratzen. Es ist Gold! Über 250 goldene Schmuckstücke wird Heinrich Schliemann in den nächsten vier Tagen aus dieser Fundstätte ans Tageslicht bringen. Insgesamt werden es 8830 Ketten, Spangen, Ringe und andere Schmuckstücke aus Gold und Elfenbein sein.

Schliemann wird seinen sensationellen Fund außer Landes schmuggeln. Dafür wird er von einem türkischen Gericht zur Zahlung von 10.000 Francs verurteilt. Er zahlt freiwillig 50.000 Francs.

Heinrich Schliemann hat geglaubt den Schatz des trojanischen Königs Priamos gefunden zu haben. Darin irrte er. Aber er hat den Ort gefunden, an dem die Stadt Troja lag.

1881 schenkt Schliemann den Schatz „dem deutschen Volk zum ewigen Besitz.“ 1945 gelangt das Gold, in Kisten verpackt, in die Hände sowjetischer Offiziere. Der Schatz bleibt lange verschwunden und taucht 1992 im Puschkin-Museum in Moskau auf. Dort konnte er 1996/97 in einer großen Ausstellung besichtigt werden. Russland sieht das Gold von Troja als eine Entschädigung für das erlittene Kriegsleid durch die Deutschen an und erklärt ihn zu russischem Besitz. Deutschland will den Schatz zurückhaben. Das Abenteuer des Goldes von Troja ist noch nicht zu Ende.

(nach: W.P. Tolstikow: Schliemann und der Mythos des Priamus-Goldes, in: Der Schatz aus Troja, (Beiser Verlag) Stuttgart/Zürich 1996, S. 11 ff.)

Wir schauen genau hin: Wie sah das alte Troja aus?

Heute hilft den Archäologen modernste Technik um den Geheimnissen der Vergangenheit auf die Spur zu kommen. So hat man festgestellt, dass noch ein großer Teil der versunkenen Stadt unter der Oberfläche verschüttet ist. Der deutsche Professor Manfred Korfmann aus Tübingen, der heute die Ausgrabungen in Troja leitet, glaubt, dass die Dichtung Homers einen wahren Kern hat. Die Abbildung aus dem Computer zeigt, wie Troja in der Zeit seiner Blüte (etwa 1500 v.Chr.) ausgesehen haben könnte.

Doch Vorsicht!

Nur im zweiten Bild hat der Computer perfekt gearbeitet. Das erste Bild enthält noch sieben Fehler.
Wer findet sie am schnellsten?

(Computerrekonstruktion von Christoph Haußner)

Konnte damals in einer Landschaft aus Gebirgen, Meer und Inseln ein gemeinsames Volk entstehen?

Diese Karte zeigt einen großen Teil des Gebietes, in dem die alten Griechen lebten. Auf den ersten Blick könnten wir annehmen, es handele sich um eine Karte aus dem Erdkundebuch. Wenn du genauer hinschaust, wirst du feststellen, dass die Landschaft zwar wie heute aussieht, die Bezeichnungen aber anders sind. Wir haben es hier mit einer Karte zu tun, die Griechenland so zeigt, wie das Land vor über 2500 Jahren besiedelt war.
Versucht einmal euch eine Karte von heute im Vergleich vorzustellen oder schlagt im Atlas eine aktuelle Griechenlandkarte auf. Was war damals anders als heute?

M

Das antike Griechenland

Wir betrachten die Landkarte ganz genau!

Tipp:

Ihr könnt auch selbst Reiserouten von einer antiken Siedlung in eine andere aussuchen und eure Mitschülerinnen und Mitschüler nach dem Weg befragen.

Landweg oder Seeweg: Welche Reiseroute hättet ihr vor 2500 Jahren gewählt?

① Du bist Kapitän eines Schiffes, das im Jahre 576 v. Chr. voll beladen mit Öl und kunstvollen Keramikgefäßen im Hafen von Athen liegt. Du möchtest diese Waren auf die Insel Rhodos bringen und mit einer Ladung getrockneter Feigen und Rosinen in deinen Heimathafen zurückkehren. Welche Route wählst du?

② Du bist ein Sportler aus Milet und machst dich auf den Weg zu den Olympischen Spielen. Du weißt, dass die Schiffe damals maximal fünf Knoten pro Stunde zurücklegen konnten. Das sind etwa neun Kilometer. Die Nächte verbrachten die Schiffsmannschaften am liebsten in sicheren Häfen.
Wie viele Tage oder Wochen rechnest du für die Reise nach Olympia? Welchen Weg schlägst du vor?

③ Die Stadt Korinth war eine der bedeutendsten Handelsstädte. Von hier aus liefen die Schiffe in die ägäische Inselwelt aus. Damals fürchteten sich die Seefahrer sehr vor den Gefahren auf offener See. Sie wählten Seewege, die möglichst nah an den Küsten entlang führten.
Welcher Seeweg von Korinth nach Korkyra (heute Korfu) erscheint dir als der sicherste?

Wer sind die Griechen?

Wer löst die Rätsel von Knossos?

Die ältesten Ruinen aus dem Siedlungsraum der Griechen haben Altertumsforscher auf der Insel Kreta entdeckt. Über 2000 Jahre v. Chr. hat es in Knossos und in bisher entdeckten vier weiteren Palästen auf der Insel eine erstaunlich prunkvolle Kultur gegeben. Einige Rätsel hatten die Altertumsforscher zu lösen:

- Wie erklärt es sich, dass man aus so alter Zeit in Tonkrügen Reste von Waren fand, die nicht von der Insel stammten?
- Warum hatten diese alten Siedlungen keine mächtigen Stadtmauern?

Was wissen wir von den Anfängen der griechischen Geschichte?

Das griechische Festland ist vermutlich um 2000 v. Chr. vom Volk der Achäer besiedelt worden. Diese kamen als kriegerische Bauern aus dem Norden – ungefähr von da, wo heute Ungarn liegt. Im Laufe der Jahrhunderte bauten die Achäer mächtige Burganlagen.
Die mächtigste Burganlage aus dieser Zeit ist der Palast von Mykene. Von hier aus soll der Sage nach König Agamemnon mit seinen Männern aufgebrochen sein, um Troja zu erobern. Das Löwentor in der sechs Meter dicken und 900 Meter langen Burgmauer kann heute noch besichtigt werden. Die Steine dieser Burganlage sind so riesig, dass spätere Griechen glaubten, sie seien von Riesen aufgetürmt worden. Tatsächlich waren diese Bauten das Werk von Sklaven, durchaus vergleichbar mit der Leistung, die Sklaven beim Bau der Pyramiden erbracht haben.
Um 1200 v. Chr. setzte eine zweite Einwanderungswelle ein, die wir als „Dorische Wanderung“ bezeichnen. Der Stamm der Dorer kam aus dem Norden und zerstörte die mykenische Kultur. Die Überlebenden flohen und siedelten auf den Inseln im Ägäischen Meer.

Das Löwentor des Palastes von Mykene: Haben Riesen die mächtigen Mauersteine aufgetürmt?

Was empfanden die alten Griechen als ihre Heimat?

Hätten wir einen Menschen aus dem alten Griechenland fragen können, welche Nationalität er besitzt, so hätte er wahrscheinlich geantwortet: „Ich bin Athener!“ – oder „Spartaner“ oder „Bürger aus Korinth“. Niemals hätte er oder sie geantwortet: „Ich bin Grieche.“ Die Heimat der Griechen war ihre Stadt. Die ersten Städte wurden um 800 v. Chr. gegründet. Jede Stadt schuf sich eine eigene Ordnung und achtete auf ihre Selbstständigkeit. Einen solchen unabhängigen Stadtstaat bezeichneten die Griechen als Polis (Mehrzahl: Poleis). Unsere Wörter Politik und Polizei gehen darauf zurück. Die unwegsame Landschaft mit hohen Gebirgen und engen Tälern liefert einen Grund dafür, dass es zwischen den griechischen Stadtstaaten kaum Verbindungen gab. Als Griechen wurden die Einwohner erst sehr viel später bezeichnet. Die Römer haben diese Bezeichnung geprägt.

Was sind die Gemeinsamkeiten der Griechen?

Trotz aller Verschiedenartigkeit gab es wesentliche Gemeinsamkeiten, die alle Griechen miteinander verbanden. Gemeinsam bezeichneten sie sich als „Hellenen“ und die fremden Völker, deren Sprache sie nicht verstanden, als „Barbaren“. Hellene zu sein bedeutete für sie, eine gemeinsame Sprache zu benutzen und die Heldengeschichten des Dichters Homer zu kennen und weiterzuerzählen. Gemeinsam war den Griechen auch die Vorstellung von der Götterwelt. Wo immer die Griechen sich ansiedelten, überall wurden Tempel gebaut und die gleichen Götter verehrt. Auch die Olympischen Spiele schufen ein Gemeinschaftsgefühl.

1. Könnt ihr den Altertumsforschern helfen die beiden Rätsel des Palastes von Knossos zu lösen?
2. Könnt ihr (a) erklären und (b) mithilfe der Landkarte herausfinden, warum bei den Griechen die Polis und nicht der Gesamtstaat zur Heimat der Menschen wurde? (Warum sind die Lebensvoraussetzungen hier anders als in Ägypten?)
3. Im Text sind gemeinsame Merkmale aller Griechen genannt. Sammelt und ordnet das Gemeinsame und das Trennende.

(Es gab offenbar Handelsbeziehungen über das Meer hinaus. Man fürchtete keinen Krieg und lebte in Frieden.)

Griechen verlassen ihre Heimat

FORSCHUNGS STATION

In der Zeit zwischen 750 und 550 v. Chr. verließen viele Griechen mit Schiffen ihre Heimat und gründeten neue Siedlungen rund um das Mittelmeer. Was kann die Menschen dazu getrieben haben, das gewohnte Leben in der eigenen Polis aufzugeben und sich den Gefahren einer Seereise in unbekannte Gebiete auszusetzen?
Dieser Frage sollt ihr forschend nachspüren.

Euer Forschungsauftrag lautet:

➜ **Warum haben die Griechen in alter Zeit ihre Heimat verlassen?**

➜ **Wohin sind sie gezogen?**

Wenn ihr die Gründe für das Verlassen der Heimat damals herausgefunden habt, könnt ihr die Frage stellen, warum heute Menschen ihre Heimat verlassen.

Als Forschungsgrundlage stehen euch auf den folgenden Seiten eine Geschichtskarte, eine geschichtliche Quelle und zwei moderne Texte zur Verfügung.
Am besten arbeiten hier immer zwei Forscherinnen bzw. Forscher zusammen. Sie halten nach Beendigung der Arbeit zusammen einen Vortrag vor der Klasse über die Forschungsfragen mithilfe eines Notizzettels und einer Geschichtskarte.

M 1

Die Kolonisation der Griechen zwischen 750 und 550 v. Chr.

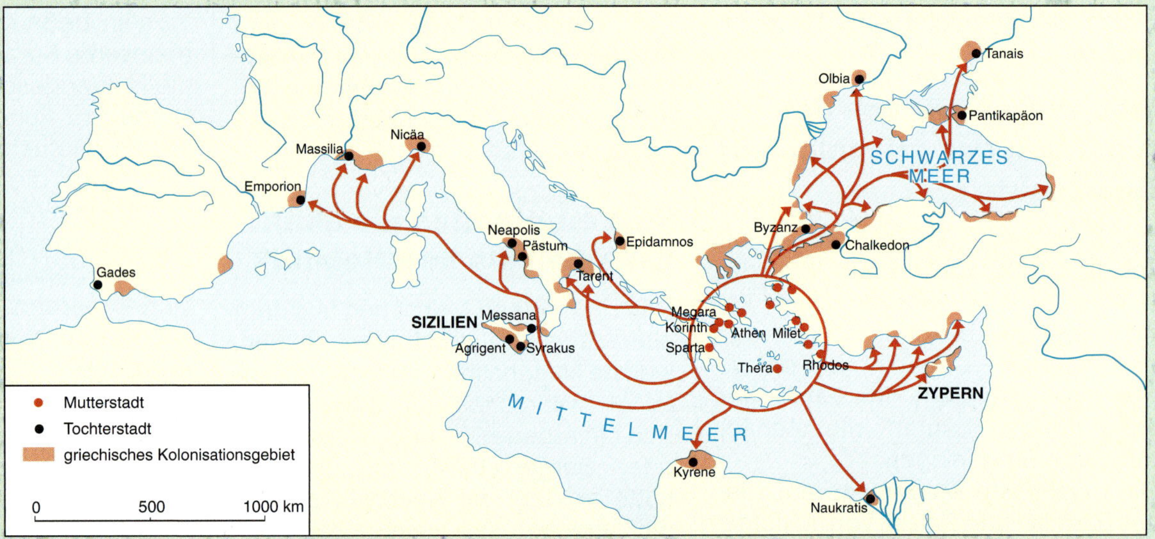

Was können wir aus einer Geschichtskarte erfahren?

Im Erdkundeunterricht habt ihr Karten kennen gelernt, die zeigen, wie die Erdoberfläche heute gestaltet ist. Im Geschichtsunterricht werdet ihr immer wieder Karten sehen, die zeigen, wie sich in einer Landschaft eine bestimmte Entwicklung abgespielt hat. Geschichtskarten entstehen lange nach dem Ereignis, das sie verdeutlichen. Sie zeigen zum Beispiel Kriegszüge, Völkerwanderungen oder Veränderungen von Reichsgrenzen.

Mithilfe dieser Karte könnt ihr herausfinden, wie sich die Griechen von den Mutterstädten aus im Mittelmeerraum ausgebreitet haben. Man bezeichnet diese Zeit als die *große griechische Kolonisation.* Kolonien sind Tochterstädte.

Die Hersteller dieser Karte h[illegible] Pfeile und Farben benutzt um d[illegible] Prozess zu verdeutlichen. Folge[illegible] Fragen helfen euch diese und andere geschichtliche Karten zu verstehen:

1. Welcher Raum und welcher Zeitabschnitt sind dargestellt?
2. Was ist in der Karte verzeichnet?
3. Was erfahren wir aus dieser Karte zu unserem Thema?

Was verrät uns die Geschichte von Thera?

Um 650 v. Chr. gründen Siedler von der Vulkaninsel Thera – heute heißt die Insel Santorin – die Kolonie Kyrene an der afrikanischen Küste im heutigen Libyen.
Wie es dazu kam, berichtet der griechische Geschichtsschreiber Herodot:

Eine Bevölkerungszunahme wie überall in Griechenland und eine langjährige Dürreperiode erzeugten auf der Insel Thera eine Hungersnot. Auf zweimalige Anfrage hin riet das delphische Orakel dem König von Thera eine Kolonie zu gründen. Angeführt von einem seekundigen Fischer aus Kreta wagten sich 50 Männer aus Thera auf das Meer hinaus. Sie landeten auf einer kleinen Insel vor der Küste Libyens. Enttäuscht von der Kargheit der Landschaft kehrten die Männer nach Thera zurück. Die Theraier aber beschossen sie, als sie in den Hafen einliefen und ließen sie nicht an Land, sondern sagten, sie sollten wieder zurückfahren. Also gezwungen, fuhren sie auf die karge Insel zurück.
Das Orakel von Delphi wurde erneut befragt. Es gab den Griechen den Rat, auf dem afrikanischen Festland zu siedeln. Sie taten es. Einheimische brachten die Siedler in der Nacht nach einer langen Fahrt an den Ort des späteren Kyrene. Am schönsten Platz wurden die Griechen nachts vorbeigeführt. Den sollten die Griechen nicht sehen. Die Einheimischen führten sie an eine Quelle, von der es hieß, sie gehöre Apollon und sprachen: „Männer aus Hellas, hier ist gut sein, hier nehmt Wohnung“.

200 Jahre später war die Kolonie Kyrene zu einer wohlhabenden Stadt geworden. Aus dieser Zeit stammt die auf Stein aufgezeichnete Inschrift, die man im Tempel des Apollon gefunden hat. Die Inschrift ist für uns nicht leicht zu verstehen. Wie im Ägypten-Kapitel auf der Seite 93 solltet ihr sie Satz für Satz durchgehen. Als Forscher könnt ihr herausfinden und in eigenen Worten formulieren, was jeder einzelne Satz bedeutet.

M 2

Geführt von Battos als König sollen die Theraier ziehen.	?
Zu völlig gleichen Bedingungen sollen sie ziehen aus jedem Haushalt, dazu sollen sie einen Sohn auswählen, erwachsen.	?
Wenn die Siedler aber dann die Kolonie in festem Besitz haben, dann soll jeder männliche nachziehende Familienangehörige aus Thera am Bürgerrecht der Kolonie teilhaben …	?
… und soll von dem noch nicht verteilten Land einen Teil durch Los erhalten.	?
Wenn aber einer der ausgesuchten Siedler nicht ziehen will, wenn die Polis ihn fortschickt, soll er todgeweiht sein und sein Besitz soll Gemeingut werden (eingezogen werden).	?
Wer ihn aber aufnimmt oder versteckt, und sei es ein Vater seinen Sohn oder ein Bruder seinen Bruder, wird dasselbe erleiden wie der, der nicht ziehen will.	?

(nach: Eid der Siedler; zitiert in: Oswyn Murray: Das frühe Griechenland, dtv Geschichte der Antike, 5/1995, S. 154)

Die Siedler aus Thera hatten es nicht leicht, sich in der Fremde zu behaupten. Die Eingeborenen wollten es nicht hinnehmen, dass Griechen sich bei ihnen niederließen. Die Konflikte nahmen zu. Die Frauen der eingeborenen Bevölkerung litten besonders unter den griechischen Eindringlingen. Als Opfer von Raubzügen wurden viele von ihnen zur Ehe mit einem Griechen gezwungen. Nur langsam entspannte sich das Verhältnis. Die Stadt Kyrene behauptete sich. Sie wurde von Königen beherrscht und kam zu großem Wohlstand.

Warum haben die Griechen in alter Zeit ihre Heimat verlassen?

Angenommen, wir hätten im Jahre 630 v. Chr. einen jungen Mann von der Insel Thera befragen können, warum er seine Heimat verlässt; er hätte uns vielleicht folgende Antwort gegeben:
„Eigentlich möchte ich meine Heimat nicht verlassen, aber ich habe keine andere Wahl. Die Versammlung der freien Männer hat beschlossen, dass aus jeder Familie ein Sohn gehen muss. Das Los ist auf mich gefallen. Wenn ich mich weigere, wird man mich töten."

Ruine eines griechischen Tempels in Selinunt auf Sizilien. Wie kommt es, dass wir Überreste griechischer Tempel rund um das Mittelmeer finden?

Die wichtigste Ursache für die Auswanderung von Griechen war wahrscheinlich ihr Bedürfnis nach Land. Im Laufe der Jahrhunderte war die Bevölkerung Griechenlands erheblich angewachsen. Es gab aber nur wenig fruchtbaren Ackerboden und dann kamen noch mehrere Missernten hinzu. Die Not zwang viele zum Verlassen der Heimat.
Alle Griechen lebten in der Nähe des Meeres. Dies mag ihre Sehnsucht nach fernen Ländern und ihre Neugierde auf neues Wissen geweckt haben. Mit der Zeit lernten sie seetüchtigere Schiffe zu bauen. Bald fuhren ihre Schiffe hinaus an die zahlreichen Küsten des Mittelmeeres. Von dem Volk der Phönikier (im heutigen Libanon) übernahmen sie ein neues Zahlungsmittel, das den Handel mit unterschiedlichen Waren sehr erleichterte. Metallmünzen wurden geprägt. Allmählich blühte der Handel auf. Die Seefahrer berichteten von Abenteuern. Sie lernten andere Menschen und Lebensgewohnheiten kennen und nach ihrer Rückkehr teilten sie den Daheimgebliebenen ihre Erlebnisse mit. So erfuhr man in Griechenland, dass es anderswo noch fast unbewohnte, fruchtbare Küstengebiete gab, die mit Schiffen gut zu erreichen waren.
Die neu gegründeten Küstenstädte hießen Kolonien (Tochterstädte), da sie von den griechischen Mutterstädten aus gegründet wurden. Die Menschen in den Kolonien lebten zwar in der Fremde, aber sie wollten viel von ihrer heimatlichen Lebensweise bewahren. Sie bauten die neuen Siedlungen nach dem Vorbild der Mutterstadt. Sie hielten an den Bräuchen und Lebensgewohnheiten ihrer ursprünglichen Heimat fest.

So kam es, dass die Griechen in den Kolonien immer stärker das Gefühl dafür entwickelten, Hellenen zu sein und zu einem gemeinsamen Volk zu gehören. Die Einheimischen dagegen, denen sie den Siedlungsplatz entweder gewaltsam oder durch friedliche Übereinkunft abgenommen hatten, bezeichneten sie wegen deren unverständlicher Sprache als Barbaren.
Die Kolonien der Griechen verteilten sich um das Mittelmeer wie Frösche rund um einen Teich. Und so kommt es, dass wir heute Überreste griechischer Tempel in zahlreichen Ländern außerhalb Griechenlands finden.

Warum erleichtern Münzen den Warenverkehr?

Warum verlassen heute Menschen ihre Heimat?

→ Wir befragen heute die fünfzehnjährige Griechin Christina K. warum ihre Eltern die Heimat verlassen haben und nach Deutschland gegangen sind: „Meine Eltern sind schon vor meiner Geburt von Griechenland weggegangen. Sie waren arm und konnten da, wo sie gewohnt haben, in Athen, keine Arbeit finden. Heute führen sie in Deutschland ein Restaurant, in dem ich manchmal helfen muss."

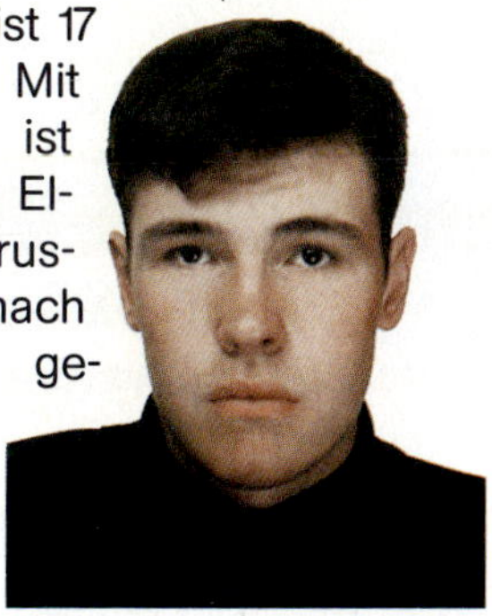

→ Michael B. ist 17 Jahre alt. Mit zehn Jahren ist er mit seinen Eltern aus dem russischen Kiew nach Deutschland gekommen, weil sein Vater hier einen Vertrag als Profi-Basketballer angenommen hatte. Jetzt will Michael Deutschland wieder verlassen:
„Ich spiele Basketball und bin bisher ziemlich erfolgreich. Ich habe vor, nach meinem Realschulabschluss für mindestens ein Jahr nach Amerika zu gehen. Meine Eltern unterstützen mich dabei. Dort will ich eine Highschool besuchen und weiter Basketball spielen. In Amerika gibt es die besseren Trainingsbedingungen für Basketballspieler, sodass ich mich sportlich weiterentwickeln kann. Ich möchte einmal Profi werden wie mein Vater. Sollte ich in Amerika länger als ein Jahr bleiben, werde ich Deutschland sicher sehr vermissen."

Es hat immer Menschen gegeben, die freiwillig und aus Abenteuerlust ihre Heimat verlassen. Sie wollen ferne Länder kennen lernen und vielleicht ganz woanders ihr Glück finden. Sie gehen weg um im Ausland eine Arbeitsstelle anzutreten oder um dort zu heiraten. Trotzdem hängen die meisten Menschen an ihrer Heimat. Es müssen schon schwer wiegende Gründe vorhanden sein, die sie zum Weggehen veranlassen können.
Oft ist es die blanke Not, die Menschen hinaustreibt. Am schlimmsten geht es den fast 30 Millionen Flüchtlingen (Stand: 1998), die zur Zeit weltweit unterwegs sind. Die meisten von ihnen sind verzweifelt, weil sie in der eigenen Heimat nicht bleiben können, aber keine neue Heimat finden.
Immer häufiger kommt es vor, dass ein Krieg im Herkunftsland die Menschen zu Flüchtlingen macht, weil zum Beispiel verschiedene Bevölkerungsgruppen oder Religionsgemeinschaften sich bekämpfen.
Viele Menschen leben in Ländern, in denen man keine eigene Meinung haben darf. Sie werden politisch verfolgt, flüchten und bitten dann zum Beispiel in Deutschland um politisches Asyl. Das Wort Asyl haben wir auch von den Griechen übernommen. Sie nannten so die heiligen Orte, an denen jeder Flüchtende sich aufhalten konnte und an dem man ihn nicht gefangen nehmen durfte.

Das Foto zeigt Menschen auf der Flucht aus ihrem Heimatland Ruanda in Afrika. In ihrem Land herrschte ein blutiger Bürgerkrieg zwischen verfeindeten Bevölkerungsgruppen. Sie haben Angst davor, umgebracht zu werden.

1. Nun könnt ihr einander gegenüberstellen:
   - Welche Gründe zum Verlassen ihrer Heimat hatten die Griechen vor über 2500 Jahren in der Zeit der Kolonisation?
   - Welche Gründe zum Verlassen ihrer Heimat haben heutzutage die Menschen?
2. Was meint ihr: Haben sich die Gründe stark oder wenig verändert? Sind neue Gründe hinzugekommen?

Stadtstaat Athen: Wir untersuchen ...

Die Zeichnung aus dem 19. Jahrhundert zeigt das Zentrum von Athen, die Agora, wie sie in der Zeit um 450 v. Chr. ausgesehen haben könnte. Hier wurden Geschäfte abgeschlossen, hier traf man sich, hier wurde über Politik diskutiert: „Sind wir Athener bereit mehr Steuern zu bezahlen? Sollen wir Krieg führen?“ und viele andere Fragen mehr.

Wer soll die Macht haben: ein Einzelner, eine kleine Gruppe oder sollen alle daran beteiligt sein?

- Wohin soll die Klassenfahrt gehen?
- Wie viel soll jeder in die Klassenkasse zahlen?
- Sollen wir eine Projektwoche durchführen?

Das sind Fragen, die euch vielleicht heute in einer Klassenversammlung beschäftigen.

- Wie viel Steuern sollen wir zahlen?
- Sollen wir die Steuereinnahmen für Kriegsschiffe oder für Tempelbauten ausgeben?
- Sollen wir eine Schutzmauer um die Stadt errichten?

Das sind einige der Fragen, über welche die Athener diskutiert haben.

Wo und wann immer in einer Gruppe solche Fragen aufkommen, ist es wichtig, wer die Entscheidung trifft. Soll z.B. in der Klasse die Klassensprecherin oder der Klassensprecher alleine entscheiden? Soll es eine Clique von besonders eifrigen Schülerinnen und Schülern sein? Sollen alle an der Entscheidung beteiligt werden?

Wer Entscheidungen treffen kann, hat die Macht. Und die Frage, wer die Macht ausüben soll, hat die Menschen seit alters her beschäftigt.

Wie sehr diese Frage die Menschen in der Zeit des Altertums beschäftigt hat, zeigt die Schilderung eines Gespräches unter persischen Adeligen, das der Grieche Herodot vor fast 2500 Jahren aufgeschrieben hat.

In dem Quellentext äußern die Beteiligten mehrere Ansichten. Wie beurteilt ihr diese: gut, weniger gut, falsch? Sprecht miteinander.

... die Anfänge der Demokratie

Was heißt eigentlich Demokratie?

Die Athener schufen die Anfänge einer Ordnung, in der das Volk das Recht hat zu bestimmen, was in der Politik passiert. „Demos kratein" ist griechisch und heißt „Herrschaft des Volkes". Mit „Volk" bezeichneten die Griechen freilich nur die Gruppe der freien und männlichen Bürger. Frauen, Kinder, Fremde, Sklavinnen und Sklaven spielten in ihrem Nachdenken über die Herrschaft des Volkes noch keine Rolle.
Heute sind wichtige Merkmale der Demokratie die Freiheit des Einzelnen, das Recht auf Mitbestimmung in der Politik und die Gleichstellung aller Menschen vor dem Gesetz. Wie diese Vorstellung von einer demokratischen Ordnung entstanden ist, können wir verstehen, wenn wir an den Ursprung zurückgehen. Wir müssen zurück in das alte Athen.

M

Q „Ich bin der Meinung, dass ein Einzelner nicht König über uns werden darf. Auch der Edelste wird, wenn er die Macht hat zu entscheiden, überheblich werden und sich selbst überschätzen. Er wird verlangen, dass die Menschen ihm schmeicheln und er wird das Recht außer Kraft setzen.
Die Herrschaft des Volkes aber hat schon durch ihren Namen einen Vorteil, denn sie bringt gleiches Recht für alle. Außerdem ist sie frei von all den Fehlern, die ein Einzelner begeht." ?

„Wir sollten einer kleinen Gruppe kluger Männer die Herrschaft im Staat überlassen." ?

„Woher soll das Volk die Vernunft haben kluge politische Entscheidungen zu treffen." ?

„Ich bin der Meinung, dass der Beste alleine regieren soll." ?

„Wir sollten das Volk zum Herrscher machen, denn auf der Gemeinschaft aller beruht der Staat." ?

(Herodot, Historien 3, 80ff; in: Walter Arend: Geschichte in Quellen, Band 1, (BSV) Ausgabe 1989, S. 201f., bearbeitet)

1. Welche Antwort gibt der Quellentext des Herodot auf die Frage: Wer soll herrschen?
   Fasst mit eigenen Worten zusammen.
2. Notiert die wichtigen Merkmale, die für uns heute zu einer demokratischen Ordnung gehören.
3. „Wer soll die Macht haben in einer Gemeinschaft?"
   Könnt ihr Gründe dafür finden, warum diese Frage so wichtig für die Menschen ist?
4. Arbeitet nun das Material auf den beiden Folgeseiten durch. Ihr könnt dann das unvollständige Schaubild auf Seite 156 vollständig in euer Heft übertragen.

Mithilfe dieser beiden Seiten solltet ihr folgende Fragen beantworten können:

1. Welche Rolle spielten Solon, Peisistratos, Kleisthenes und Perikles in der Entwicklung Athens?
2. Monarchie, Aristokratie, Demokratie, Tyrannis: Was verstanden die Griechen darunter?
3. „Der Weg zur Demokratie in Athen mit seinen Erfolgen und seinen Misserfolgen“:
   Wer hält zu diesem Thema (mithilfe eines Stichwortzettels) einen Vortrag vor der Klasse?

Um 700 v. Chr.: Adelsherrschaft vertreibt die Könige

In Athen herrschten in alter Zeit Könige. Ihre Burg lag auf einem Berg über der Stadt, der Akropolis.
Die Griechen bezeichneten die Königsherrschaft als **Monarchie**. Der König wurde bei seinen Entscheidungen von den Adeligen beraten. Zum athenischen Adel gehörte eine kleine Schicht reicher und mächtiger Familien, die über große Ländereien verfügten. Sie waren stolz auf ihre vornehme Abstammung. Der Adel heiratete nur untereinander und betonte dadurch den Abstand zum einfachen Volk. Mit der Zeit gewannen die Adligen gegenüber dem König immer mehr Rechte. Um 700 gelang es dem Adel, das Königtum ganz zu beseitigen. Der Adel übernahm die Macht und verteilte die Aufgaben des Königs auf mehrere Personen.
Die Griechen nannten diese Staatsform **Aristokratie**. Sie meinten damit: Herrschaft der Besten, der Angesehensten.

100 Jahre später: Solon schafft den Einstieg in die Demokratie

Knapp hundert Jahre nach dem Beginn der Aristokratie hatte sich in Athen eine gefährliche Situation entwickelt. Der mächtige Adel und die politisch rechtlosen Bauern standen sich feindselig gegenüber. Was waren die Gründe dafür?
Die meisten Einwohner Attikas waren Bauern, die häufig nur kleine Grundstücke besaßen. Wenn eine Missernte kam, bedeutete das für die Kleinbauern eine Katastrophe. Sie waren gezwungen sich etwas von den reichen Adeligen zu leihen. Dadurch machten sie sich abhängig. Um ihre Schulden bezahlen zu können mussten sie auf den Feldern der Adligen arbeiten. Manchmal waren sie sogar gezwungen Frau und Kinder in die Sklaverei zu verkaufen. Viele Kleinbauern hatten nichts mehr zu verlieren. Sie wollten nur eines: ein Ende der ungerechten Verhältnisse.
Auch die wohlhabenderen Bauern waren unzufrieden. Sie mussten als Soldaten im Krieg kämpfen und dabei ihre Ausrüstungen selbst bezahlen. Aber die politischen Entscheidungen trafen andere – die Adligen.
Auch zwischen den Adligen herrschte Misstrauen. Man befürchtete, dass einer unter ihnen mit Gewalt die Macht an sich reißen könnte. Aus Angst vor einem drohenden Bürgerkrieg beauftragten die Athener im Jahre 594 v. Chr. den reichen Kaufmann ***Solon*** damit den Streit zu beenden und dieser schaffte es.
Er erließ eine Reihe von neuen Gesetzen.
Alle versklavten Bauern wurden frei. Alle ihre Schulden wurden erlassen. Die in die Sklaverei verkauften wurden auf Kosten der Reichen freigekauft.
Ein neues Volksgericht wurde eingerichtet. Vor diesem konnte nun jeder Bürger Klage erheben, also auch der arme Bauer gegen den reichen Adeligen.
Solon wollte, dass es in einem guten Staat gerecht zugehen müsse und dass die freien Bürger an den politischen Entscheidungen beteiligt werden müssen.
Er führte eine neue Ordnung in der Politik ein. Alle freien Männer von Athen, also auch die Kleinbauern, durften nun in einer Volksversammlung über die Gesetze der Polis entscheiden. Die höchsten Ämter im Staat blieben den reichen Adligen vorbehalten. Solon hat also noch nicht die Gleichberechtigung aller Bürger eingeführt, aber die Beteiligung der freien Bürger an den politischen Entscheidungen.
Das war der Einstieg in die **Demokratie**.

561 v. Chr.: Tyrannen stoppen die Entwicklung zur Demokratie

Solons Reform hielt nicht lange. Viele Adlige waren unzufrieden, weil sie durch den Schuldenerlass für die Bauern einen Teil ihres Vermögens verloren hatten. Zahlreiche Kleinbauern forderten mehr Landbesitz.
Unter den Unzufriedenen sammelte der Adlige ***Peisistratos*** seine Anhänger und mit einer List gelang es ihm, die Macht in Athen an sich zu reißen.
Er verwundete sich selbst, fuhr mit seinem Wagen auf den Marktplatz von Athen und gab an, er sei mit

Mühe seinen Feinden entronnen, die ihn hätten umbringen wollen. Er bat das Volk ihm eine Leibwache zu geben. Mit dieser Leibwache eroberte Peisistratos 561 v. Chr. die Akropolis von Athen und machte sich zum Alleinherrscher. Die Griechen nannten diese Herrschaftsform **Tyrannis**.
Ein Tyrann ist jemand, der die Macht an sich reißt, alleine regiert und die Gesetze missachtet.
Das Volk war nicht unzufrieden mit der Tyrannis des Peisistratos. Er ließ neue Straßen und Plätze anlegen, errichtete schöne Tempel und ließ für Athen eine große Wasserleitung bauen. Beliebt machte er sich auch durch festliche Veranstaltungen, Theateraufführungen und Wettkämpfe.

507 v. Chr.: Warum will Kleisthenes zurück zur Demokratie ?

Nach dem Tod des Peisistratos 528 v. Chr. versuchten seine beiden Söhne die Tyrannis fortzusetzen, aber sie übertrieben den Missbrauch der Macht. So wurde der eine ermordet, der andere 510 v. Chr. unter der Führung des Kleisthenes vertrieben. Der Adlige Kleisthenes hatte sich auf die Seite des Volkes geschlagen. Die Bürger Athens, die zur Zeit des Peisistratos die Tyrannis für durchaus erträglich gehalten hatten, begannen nun mehr und mehr diese zu hassen. Tyrannei wird bis in die heutige Zeit als eine der schlimmsten Formen der Unterdrückung und des Machtmissbrauchs bezeichnet. Die Bürger Athens waren die Tyrannis leid und wollten wieder mehr Rechte haben.
Unter Kleisthenes wurde die Volksversammlung wieder zum wichtigsten Entscheidungszentrum der Politik. Alle männlichen Bürger durften an der Volksversammlung teilnehmen, über alles abstimmen und die höchsten Beamten wählen. Die Regierung bestand aus 50 Ratsherren, die durch Los bestimmt wurden. Sie wechselte alle 36 Tage. Der Vorsitzende des Rates wurde täglich durch Los neu ermittelt. Nur zweimal im Leben durfte ein Athener dieses Amt ausüben. So konnte jeder freie Bürger Staatsoberhaupt werden.
Kleisthenes hatte eine Verfassung geschaffen, die vielen Menschen die Teilnahme an der Politik ermöglichte. Das war etwas völlig Neues.
Die Demokratie war geboren.

443 v. Chr.: Perikles vollendet die Demokratie

40-mal im Jahr tagte die Volksversammlung in Athen. Für die Übernahme eines politischen Amtes wurde nichts bezahlt. So hatten zwar alle freien Bürger das Recht auf politische Mitwirkung, aber tatsächlich war es nur einer Minderheit von Wohlhabenden möglich, an den Volksversammlungen teilzunehmen und ein politisches Amt auszuüben. Das änderte sich in der Zeit des Adeligen ***Perikles***, der nach und nach in Athen eine immer wichtigere Rolle einnahm. Mit seiner Redekunst gelang es ihm immer wieder, die Volksversammlung von seinen Vorschlägen zu überzeugen. Perikles brachte Anträge ein, die es den Angehörigen der unteren Schichten ermöglichten, sich mehr mit der Politik zu beschäftigen. In seiner Zeit wurden zum ersten Mal Geldzahlungen an Ratsherren, Richter und wahrscheinlich auch an Beamte eingeführt, die so genannten *Diäten.* Damit hatten auch weniger wohlhabende Leute die Möglichkeit in der Politik eine führende Rolle zu übernehmen. Er ließ das von den Persern zerstörte Athen prachtvoller als zuvor wieder aufbauen und finanzierte die Bautätigkeiten mit den Einkünften des Staates (siehe dazu S. 165). Er starb im Jahre 429 an der Pest.
Das Zeitalter des Perikles gilt als der Höhepunkt der Demokratie in Athen.

Wir untersuchen Quellentexte um die Leistungen historischer Personen zu bewerten

Ob wir es wollen oder nicht: Wenn wir aus dem Leben historischer Personen erfahren, finden wir das eine gut, das andere nicht. Wir bewerten. Dabei sehen wir natürlich die Dinge aus der Sicht von heute. Die Menschen früher sahen das oft ganz anders. Zum Beispiel hielten viele Athener Peisistratos für einen guten Herrscher, obwohl er ein Tyrann war. Bevor wir eine Person aus heutiger Sicht bewerten, sollten wir fragen, wie die Menschen in alter Zeit diese Person gesehen haben. Dazu müssen wir Quellentexte zu Rate ziehen. Auf der folgenden Seite findet ihr verschiedene Quellentexte. In einigen äußern sich die Personen selbst. In anderen Texten äußert sich ein Schriftsteller über die Person.

1. Schritt: Unterscheidung zwischen Selbst- und Fremdaussagen

In zwei Quellentexten kommen die handelnden Personen selbst zu Wort. In drei Texten wird über Personen geschrieben. Erklärt, warum man zwischen Selbst- und Fremdaussagen unterscheiden muss, wenn man die Leistung von Personen bewerten will.

2. Schritt: Bewertung aus der Sicht der Zeit, in der die Person gelebt hat

Geht die Quellen wieder Satz für Satz durch und notiert, was ihr über die Tätigkeiten und die Charaktereigenschaften der vier Politiker aus damaliger Sicht erfahrt.

3. Schritt: Bewertung aus heutiger Sicht

Unter unserer Fragestellung können wir die Leistungen historischer Personen danach bewerten, was sie für die Entwicklung zur Demokratie getan haben (siehe dazu S. 154 f.). Zum Beispiel kann man fragen: Hat die Person die Mitbestimmungsmöglichkeiten des Volkes erweitert? Hat sie für mehr oder weniger Gerechtigkeit gesorgt?

Wenn ihr die Quellentexte erarbeitet und bewertet habt, könnt ihr in die Rolle der Personen schlüpfen. Vier Schülerinnen oder Schüler versetzen sich in die Rolle der vier Politiker **Solon**, **Peisistratos**, **Kleisthenes** und **Perikles**. Sie nehmen vor der Klasse Platz und erklären: *„Was ich für das Volk von Athen geleistet habe …“*
Im Klassengespräch könnt ihr dann ermitteln, wen ihr positiv bewertet und wen ihr überwiegend kritisch seht.

Kopf des Solon (um 640 bis 559)
Der Geschichtsschreiber Plutarch zählte ihn vor 2000 Jahren zu den „Sieben Weisen“.

Büste des Perikles um 430. Der Helm weist auf das Amt des Strategen (≈ Feldherrn) hin.

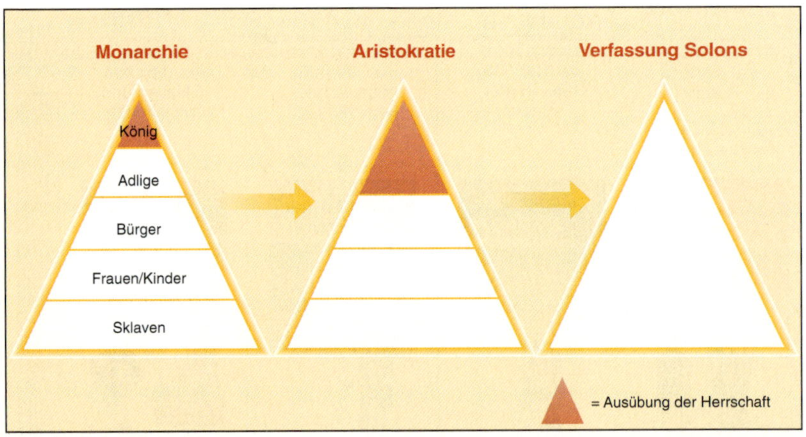

Zeichnet zunächst dieses Schaubild in euer Heft und tragt ein, wer in welcher Staatsform mitbestimmen durfte und wer nicht.

Quellenuntersuchung: Solon, Peisistratos, Kleisthenes, Perikles – Was haben sie geleistet?

M 1 Solon

beschreibt seine politischen Maßnahmen in Athen:

Q Viele Athener, die unrechtmäßig oder rechtmäßig vertrieben worden waren, führte ich in die gottgeschenkte Heimat zurück; ebenso jene Athener, die auf der Flucht vor dem Schuldenzwang an vielen Orten herumirrten und bereits nicht mehr ihre attische Muttersprache beherrschten. Auch denjenigen gab ich die Freiheit zurück, die daheim die Knechtschaft ertrugen und sich vor den schändlichen Gewohnheiten ihrer Herren fürchteten. Dies alles vollbrachte ich durch die Kraft des Gesetzes, indem ich Macht und Recht verknüpfte, und ich vollendete alles so, wie ich es versprochen hatte.

(Solon, Fragment 24 D in der Übersetzung von Hartwin Brandt, zitiert in Rückspiegel, Band 1, (Schöningh) Paderborn 1994, S. 119)

M 2 Peisistratos

Über Peisistratos schreibt Aristoteles etwa 150 Jahre nach dessen Tod:

Q Die Angelegenheiten des Staates verwaltet er […] maßvoll und eher demokratisch als tyrannisch. Denn er war liebenswürdig und von mildem Charakter, den Fehlbaren gegenüber zu Verzeihung gerne bereit. Den Unbemittelten gewährte er Darlehen für ihre Arbeit, sodass sie bei der Landwirtschaft zu einem ausreichendem Einkommen kamen. Dies machte er, damit sie […] in mäßigem Wohlstand mit ihren eigenen Angelegenheiten beschäftigt blieben und weder Lust noch Zeit hätten, sich mit den Staatsangelegenheiten zu befassen. Außerdem wurden seine Einkünfte größer, wenn das ganze Land bebaut war. Denn er erhielt von allen Erträgnissen ein Zehntel.

(Aristoteles, Staat der Athener in der Übersetzung von O. Gigon, zitiert in: Geschichte in Quellen, Bd. 1, (bsv) München 1975, S. 159, bearbeitet)

M 3 Kleisthenes

Über ihn schreibt Aristoteles, der kein Freund der Demokratie war, sondern die Aristokratie bevorzugte:

Q […] Wie er nun Vorsteher des Volkes geworden war im vierten Jahr nach der Vertreibung des Tyrannen […], da teilte er als Erstes das Volk in zehn Phylen ein (= Klassen mit gleichen Rechten) statt der vier (gemeint sind die vier Klassen des Solon) mit der Absicht sie zu vermischen und mehr Leute an den Bürgerrechten teilnehmen zu lassen […] Aufgrund dieser Veränderungen wurde die Verfassung viel demokratischer als diejenige Solons. Die solonischen Gesetze waren in der Zeit der Tyrannis verschwunden, dadurch, dass sie eben nicht mehr angewendet wurden, und Kleisthenes erließ neue Gesetze im Interesse der Menge […]

(Aristoteles, Staat der Athener, in: Geschichte in Quellen, (bsv) München, 4/1989, S. 160)

M 4 Perikles

lobt seinen Staat in einer Gedenkrede:

Q Wir leben in einer Staatsform, die die Einrichtungen anderer nicht nachahmt. Eher sind wir für andere ein Vorbild. Wir nennen sie Demokratie, weil wir uns nicht auf eine Minderheit, sondern auf die Mehrheit im Volke stützen. Und alle genießen vor den Gesetzen gleiches Recht.
Allein die persönliche Tüchtigkeit verleiht im öffentlichen Leben einen Vorzug. Jedermann hat freien Zutritt zu unserer Stadt. Wir führen ein Leben ohne Zwang. Bei uns heißt einer, der dem politischen Leben fernsteht, nicht ungeschäftig und faul, sondern unnütz.

(Gedenkrede des Perikles im Jahre 431 v. Chr; nach W. Lautemann/M. Schlenke (Hrsg.), Geschichte in Quellen, Altertum, München (bsv) 4/1989, S. 221 ff.)

Der Geschichtsschreiber Thukydides übt auch Kritik an Perikles:

Q Perikles ließ sich nicht vom Volke leiten, sondern er selbst leitete das Volk. Dem Namen nach bestand eine Demokratie, in Wirklichkeit aber die Herrschaft des großen Mannes.

(Thukydides, zitiert in: Geschichte und Gegenwart, (Schöningh) Paderborn)

Demokratie und Sklaverei: Wie konnte das zusammenpassen?

Wenn ihr diese Doppelseite durcharbeitet, könnt ihr versuchen eine Antwort auf die Frage in der Überschrift zu formulieren. Haltet zunächst fest:
(A) Welche Gruppen von Sklaven gab es in Athen?
(B) Wo arbeiteten sie?
(C) Unter welchen Bedingungen arbeiteten sie?
Danach kann jeder von euch aufschreiben: Wie dachte man damals über die Sklaverei?

In einem Bergwerk bei Athen – Warum begrüßen alle den Tod?

M 1 **Ein griechischer Schriftsteller berichtet:**

Q Die jüngeren Männer arbeiten [...] kriechend und mit einer Lampe an der Stirn, indem sie den Metalladern folgen. Der geschlagene Quarz wird von Kindern herausgeschleppt, draußen zertrümmern ihn ältere Männer mit einem Hammer. Das Kleingeschlagene wurde dann in Steinmühlen zu Staub gemahlen, die aber nicht, wie sonst üblich, von Ochsen, sondern von Frauen gedreht wurden, je drei an einer Stange. Bei ihnen standen bewaffnete Wächter, von denen sie mit Schlägen angetrieben wurden. Ohne Rücksicht auf ihren körperlichen Zustand mussten sie arbeiten; während des Schlafes wurden sie gefesselt. Alle begrüßten den Tod, wenn er nahte.

(Agathárchides (2. Jhr. v. Chr.) nach William Tarn/ G.T. Griffith, Die Kultur der hellenistischen Welt, Darmstadt 1966, übers. von Gertrud Bayer, S. 302f., bearbeitet)

Schaut genau hin:

M 2

Das bemalte Tontäfelchen aus der Zeit um 600 v. Chr. zeigt Sklaven in einem Bergwerk bei Athen. Erwachsene Sklaven bauen das Erz ab. Ein Mädchen und ein Junge, ebenfalls Sklaven, tragen die Körbe aus der Grube oder aus dem Stollen heraus. Wir sehen nur ein Bild; die Hitze, den Staub, den Lärm, die Schläge der Wächter müssen wir uns vorstellen. Beschreibt die Personen, die Tätigkeiten, die Werkzeuge. Was könnte in dem Krug sein, der in die Grube herabgelassen wird? Was könnte in den Menschen vorgehen? (Die Tontafel befindet sich im Antikenmuseum in Berlin.)

Wer waren die Sklaven in Athen?

Zur Zeit des Perikles bestand ein Drittel der Gesamtbevölkerung Athens aus Sklaven. Das waren etwa 100.000. Ein Sklave galt als eine Ware, die man kaufen und verkaufen konnte.
Viele männliche Sklaven waren als Kriegsgefangene nach Athen gelangt, viele Frauen und Kinder hatten die Athener in Kriegszügen aus den eroberten Städten weggeführt. Mancher Kriegszug der Athener wurde hauptsächlich aus dem Grund unternommen, fremde Menschen gefangen zu nehmen und in die Sklaverei zu verkaufen. Auch kamen Menschen in die Sklaverei, weil sie ihre Schulden nicht bezahlen konnten. Es kam vor, dass in Not geratene Eltern ihre Kinder als Sklaven verkauften.

Sklaven wurden auf großen Märkten gehandelt. Ihr Preis war unterschiedlich, auch schwankte er nach dem Angebot: Kräftige, junge Sklaven waren teurer als ältere. Handwerklich gut ausgebildete teurer als ungelernte. Viele Sklaven arbeiteten in der Landwirtschaft oder im Handwerk, zum Beispiel als Tischler oder Schmied. Manche Athener kauften sich eine große Anzahl von Sklaven, vermieteten sie als Arbeitskolonnen und lebten von den Einnahmen. Zahlreiche Haussklaven waren als Mägde, Knechte, Schreiber oder Lehrer im Haushalt einer Familie beschäftigt. Sie hatten es besser als die anderen, denn sie wurden meist geachtet und auch bei Krankheit und im Alter versorgt. Auch konnten sie als Dank für ergebene Dienste die Freiheit geschenkt bekommen.

Sklaven hat es nicht nur in Athen gegeben. Schon im Kapitel über die Ägypter habt ihr von der Sklaverei erfahren. Alle Völker des Altertums kannten die Sklaverei. Wie aber war es möglich, dass die Athener einerseits die freiheitliche Staatsform der Demokratie erfinden konnten und andererseits überhaupt kein schlechtes Gewissen kannten, wenn es um das Halten von Sklaven ging?

Der folgende Text des Aristoteles gibt uns Auskunft darüber, wie damals über Sklaverei gedacht wurde.

M 3a Wie bewertete Aristoteles, ein Schriftsteller aus der Antike, die Sklaverei?

Q Manche Lebewesen zeigen schon bei ihrer Geburt so große Unterschiede, dass die einen zum Dienen, die anderen zum Herrschen bestimmt erscheinen. Es gibt viele Arten dienender Wesen, zum Beispiel Tiere und Sklaven. Es ist vorteilhafter, über einen Menschen zu herrschen als über ein Tier, denn er leistet mehr. Alle, deren Leistung aus körperlicher Arbeit besteht, sind von Natur aus Sklaven, und für sie ist es besser, als solche zu leben. Denn Sklave von Natur ist, wer Vernünftiges zwar versteht, selbst aber keine Vernunft hat.

(Aristoteles, Politik 1259bff; gekürzt und bearbeitet nach W. Nestle, Aristoteles Hauptwerke, Stuttgart 8/1977, S. 290f.)

M 3b Wie bewertet ein Schriftstellerteam heute die Sklaverei?

Q Die Historiker müssen der Tatsache ins Auge sehen, dass die erstaunliche Schönheit und die gewaltigen Leistungen der „ersten Demokratie der Welt" zu einem großen Teil durch die Mühen der Menschen finanziert wurden, die man offensichtlich kaum besser als Tiere behandelte.

(aus: Das klassische Griechenland, (Time-Life-Verlag) Washington – Hamburg 1994, S. 85)

Noch oft werdet ihr im Geschichtsunterricht den Problemen der Sklaverei begegnen, denn erst in der Neuzeit hat sich der Gedanke durchgesetzt, dass ein Mensch nicht das Eigentum eines anderen Menschen sein darf. Was geht einem modernen Menschen durch den Kopf, wenn er sich mit Sklaverei beschäftigt?
Sprecht darüber miteinander.

Könnt ihr euch die Lebensgeschichte dieses Mädchens und dieses Jungen vorstellen? Könnt ihr ihnen Namen geben? Habt ihr Vermutungen, wie sie in die Sklaverei gekommen sind?
Was tun sie am Tag und in der Nacht? Wovor haben sie Angst, wovon träumen sie?

Sparta – die völlig andere Stadt

Wir vergleichen die Ordnung in Sparta mit der Ordnung in Athen

Die Ebene von Sparta heute: Von Bergen und Sümpfen umschlossen entstand hier ein Stadtstaat, der ganz anders als Athen gewesen ist. Athen und Sparta der Antike galten als „gegensätzliche Brüder". In dieser Einheit könnt ihr herausfinden, warum.

Auf den folgenden Seiten findet ihr Materialien über den Stadtstaat Sparta. Ihr könnt diese antike Polis selbstständig untersuchen und mit dem, was ihr über Athen erfahren habt, vergleichen.
Wie aber untersucht man einen Staat?
Man braucht **Kriterien**. Auch das ist wieder ein griechisches Wort. Es bedeutet, dass man einen „Prüfmaßstab" braucht, nach dem man bei der Untersuchung vorgehen kann. In Athen habt ihr sehen können, dass wichtige Kriterien – also Prüfmaßstäbe – für die Untersuchung einer Gemeinschaft sind, wie die **Macht** unter den Menschen aufgeteilt ist, wer **Freiheit** genießt und wer nicht, ob es **Gleichheit vor dem Gesetz** für alle gab oder ob einzelne Gruppen bevorzugt behandelt wurden. Es lassen sich noch einige weitere Prüfmaßstäbe hinzufügen. Diese Prüfmaßstäbe lassen sich auch auf jede andere menschliche Gemeinschaft übertragen. Ihr könnt sie auf die Ägypter anwenden und später bei den Römern wieder zur Untersuchung verwenden.
Teilt die Untersuchungsfragen untereinander auf, sammelt dazu Informationen aus den Materialien und tauscht euch dann untereinander aus.

5 Kriterien	5 Untersuchungsfragen
1. Macht	→ Wer hatte Macht in Sparta, wer nicht?
2. Freiheit	→ Wer genoss Freiheit, wer nicht?
3. Rechtliche Gleichheit	→ Gab es gleiche Rechte unter allen Spartanern oder nicht?
4. Gleichberechtigung	→ Gab es Gleichberechtigung zwischen Frauen und Männern oder nicht?
5. Erziehung	→ Wie wurden die Mädchen, wie die Jungen erzogen?

Welche Wirkung sollte von dieser Statue ausgehen?

Diese Statue eines Kriegers stammt wahrscheinlich aus Sparta und ist um 500 v. Chr. entstanden. Man fragt sich, warum der Krieger so verhüllt und nicht als gut erkennbare Person dargestellt ist. Beachtet auch die sorgsam gepflegten Haare und den Helmbusch, der den Körper des Mannes viel größer erscheinen lässt. Eine Hand umklammert fest den Schwertgriff. Warum wohl?

Sparta: Was war das für ein Staat?

Die Polis Sparta liegt im Süden der Halbinsel Peloponnes. Als die Bevölkerung in Griechenland zunahm, gründeten die Spartaner keine Kolonien wie die anderen Poleis. Sie eroberten nach und nach alles Land in ihrer Umgebung. Um 500 v. Chr. hatten sie die Herrschaft über die ganze Halbinsel Peloponnes übernommen.

Um die eroberten Gebiete halten zu können, mussten die Spartaner in ständiger Kriegsbereitschaft leben. Gegenüber der unterworfenen Bevölkerung waren sie nämlich deutlich in der Minderzahl. Die Krieger herrschten als kleine Oberschicht über eine große Mehrheit rechtloser Menschen. Von seinen Kriegern verlangte der Staat absoluten Gehorsam. Sie mussten Tag und Nacht zum Krieg bereit sein und hatten sich voll und ganz den strengen Gesetzen unterzuordnen. Freiheit, Vergnügen oder Reichtum gab es in Sparta nicht.

Die spartanischen Männer gehörten vom vollendeten 20. Lebensjahr an zur Volksversammlung. Hier beschlossen sie über die Gesetze, die vorher der Rat der Alten ausgearbeitet hatte. Dabei konnten sie nur mit „Ja“ oder „Nein“ stimmen. Diskutieren war streng verboten. An der Spitze des Staates standen drei Könige, deren Ämter vererbt wurden. Sie waren Priester, Richter und Feldherren. Fünf Aufseher, die so genannten Ephoren, kontrollierten das Leben der Spartaner, den Rat der Alten und sogar die Könige. Widerspruchslos musste jeder den Befehlen der Ephoren gehorchen.

Die lebensnotwendige Landarbeit mussten die Menschen leisten, die von den Spartanern unterworfen worden waren. Sie wurden *Heloten* genannt und ihre Zahl überstieg die der Krieger bei weitem. Sie hatten keinerlei Rechte und wurden wie Vieh gehalten. Regelmäßig machten die Spartiaten Jagd auf die Heloten und töteten sie. Für spartanische Jungen war das Töten von Heloten eine Mutprobe, für die sie nicht bestraft wurden.

Außerdem gehörten die *Periöken,* die Umwohner Spartas, mit zur Polis. Sie waren keine Sklaven. Aber sie mussten Steuern zahlen, durften nicht an der Volksversammlung teilnehmen. Auch sie wurden immer wieder Opfer der gewaltsamen Verfolgung durch die Spartiaten.

Die Gewalt der Spartiaten gegen die Heloten und Periöken diente dazu, diese einzuschüchtern und Aufstände gegen die herrschende Minderheit der Krieger zu verhindern.

Wie wurden Mädchen und Jungen in Sparta erzogen?

Auf der nächsten Seite findet ihr Teile eines Berichtes des griechischen Schriftstellers Plutarch über das Leben in Sparta um 600 v. Chr. Plutarch geht in seiner Beschreibung auf die Gesetze ein, die der spartanische König Lykurgos seinem Volk verordnet hatte. Dabei spielt die Erziehung eine große Rolle. Plutarch schrieb allerdings 700 Jahre nach der Zeit, über die er berichtet. Und so wissen wir nicht, ob der Bericht immer genau der Wahrheit entspricht.

FORSCHUNGS STATION

Plutarch berichtet …

M 1 … Über die Erziehung

Spartanische Frauen nahmen auch an Wettläufen teil, wie diese Skulptur zeigt. Beschreibt den Gesichtsausdruck, die Haartracht, das leichte Kleid und die Muskulatur. Wie wirkt diese Frau: stark oder schwach?

Q Das zur Welt Gekommene aufzuziehen unterlag nicht der Entscheidung des Erzeugers, sondern er hatte es an einen Ort zu bringen, Sprechhalle genannt, wo die Ältesten der Gemeindegenossen saßen und das Kind untersuchten und, wenn es wohlgebaut und kräftig war, seine Aufzucht anordneten […] war es aber schwächlich und missgestaltet, so ließen sie es zu den so genannten Apothetai (Ablage) bringen, einem Felsabgrund am Taygetos. Denn sie meinten, für ein Wesen, das von Anfang an nicht fähig sei, gesund und kräftig heranzuwachsen, sei es besser, nicht zu leben […]

M 2 … Über die Frauen und die Erziehung der Mädchen

Der Philosoph Aristoteles hatte lange vor Plutarch berichtet, dass die Frauen in Sparta „zügellos" gewesen seien. Er kritisierte an Sparta, dass die Frauen dort ein „hemmungsloses und ausschweifendes Leben geführt" hätten, weil ihre Männer so oft auf Kriegszügen abwesend gewesen seien. Darauf antwortet Plutarch:

Q Es ist nicht so, wie Aristoteles sagt, dass König Lykurgos es aufgegeben hätte, die Frauen zu bessern, weil er der Zügellosigkeit und Weiberherrschaft nicht habe Herr werden können wegen der vielen Feldzüge der Männer, während deren diese genötigt waren, den Frauen das Regiment zu überlassen und sie daher über Gebühr ehrten und sie Herrinnen nannten.
Vielmehr hat Lykurgos auch den Frauen jede mögliche Sorgfalt zugewendet.
Er kräftigte die Körper der Jungfrauen durch Laufen, Ringen, Diskus- und Speerwerfen, damit die Zeugung der Kinder in kräftigen Körpern erfolge […] Weichlichkeit, Verzärtelung und alles weibische Wesen verbannte er und gewöhnte die Mädchen ebenso wie die Knaben, nackt ihre Aufzüge zu halten […]

M 3 … Über die Knaben

Q Die Knaben der Spartaner nahm er selbst alle, sobald sie sieben Jahre alt waren, zu sich und teilte sie in „Horden", in denen sie miteinander aufwuchsen, erzogen und gewöhnt wurden, beim Spiel wie bei ernster Beschäftigung immer beisammen zu sein. Als Führer der „Horde" wählten sie sich denjenigen, der sich durch Klugheit und Kampfesmut auszeichnete. Auf ihn blickten sie, hörten auf seine Befehle und unterwarfen sich seinen Strafen, sodass die Erziehung wesentlich in der Übung im Gehorsam bestand […]; die ganze übrige Erziehung war darauf gerichtet, dass sie pünktlich gehorchen, Strapazen ertragen und im Kampfe siegen lernten. […]

(M 1, 2 u. 3: Plutarch, Lykurg; zitiert in: Geschichte in Quellen, (BSV) München, S. 143, bearbeitet)

Wenn ihr die Untersuchungsfragen beantwortet habt, könnt ihr euch in einem Rollenspiel vor der Klasse als Angehöriger einer der Gruppen vorstellen. In eurer Vorstellung sollt ihr darauf eingehen, wie frei oder unfrei ihr seid, was eure Aufgabe im Staat ist und worüber ihr mitbestimmen könnt. Dann könnt ihr in der Gruppe ein Gespräch führen zum Thema:
Wie zufrieden sind wir mit unserem Leben in Sparta?

Tipp: Bereitet euer Rollenspiel in Gruppen vor. Bearbeitet vor dem Spiel auch die Folgeseite.

① Ich bin ein spartanischer Krieger	② Ich bin ein spartanisches Mädchen	③ Ich bin ein 12-jähriger Knabe	④ Ich bin ein Helote	⑤ Ich bin ein Perioke

Was können wir aus einem Schaubild über einen Staat lernen?

Auf dieser Seite findet ihr ein Schaubild des Staatsaufbaus von Athen zur Zeit des Kleisthenes und ein Schaubild des Staatsaufbaus von Sparta aus der gleichen Zeit. Solche Schaubilder können uns anschaulich zeigen, wie ein Staat aufgebaut und geordnet war. Ihr sollt die **Schaubilder erklären: Wie geht das?** Achtet stets darauf, dass ihr die folgenden Bereiche ansprecht:

1. Gruppen und Personen
- Welche Gruppen gibt es im Staat?
- Welche Gruppe oder Person steht an der Spitze, welche Gruppen stehen unten?

2. Macht und Mitbestimmung
- Welche Gruppen oder Personen dürfen mitbestimmen in der Politik, welche nicht?
- Wer hat wie viel staatliche Macht, wer hat keine?

3. Staatliche Einrichtungen
- Welche festen Einrichtungen gibt es in diesem Staat (zum Beispiel die Volksversammlung)?
- Welche Aufgaben haben die staatlichen Einrichtungen?

1. „Ich erkläre den Staatsaufbau von Sparta …“

„Ich erkläre den Staatsaufbau von Athen …“

„Wir erklären die Unterschiede …“

2. „Ich bin ein freier Bürger in Athen und erkläre die Vorzüge meiner demokratischen Ordnung …“

Tipp: Mithilfe eines Textes über den Aufbau eines Staates zu einer bestimmten Zeit könnt ihr selbst Schaubilder erstellen. Versucht einmal den Staatsaufbau, den der Athener Solon eingeführt hat, in einem Schaubild darzustellen (S. 154).

M 4 Der Staatsaufbau in Sparta

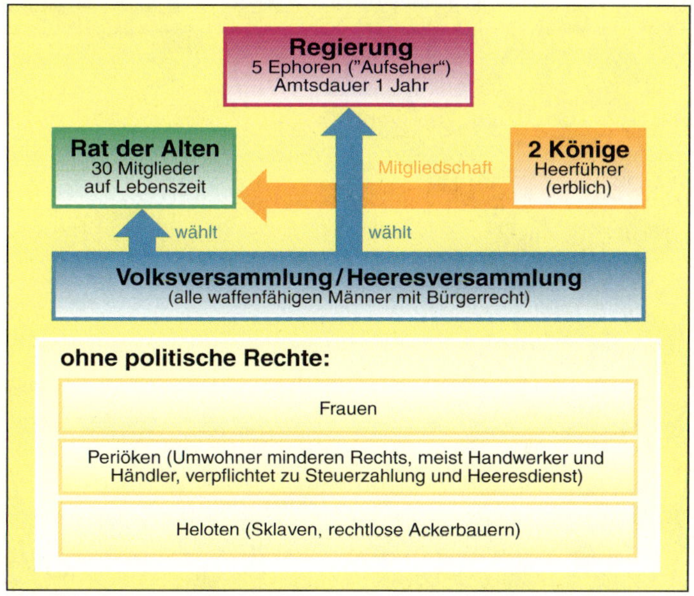

M 5 Das Modell der Demokratie in Athen (vereinfacht)

Vergleiche hierzu auch das Schaubild auf S. 155.

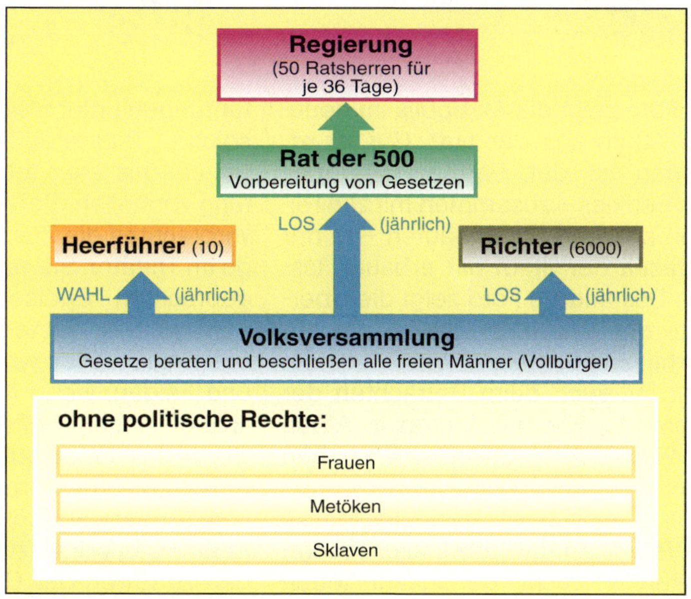

Wie haben die Menschen damals gelebt?

Alltagsszenen aus dem antiken Athen

Ein Foto zeigt die Akropolis im heutigen Athen aus der Luft. Gut zu erkennen ist der Parthenon-Tempel, den Perikles – zusammen mit zahlreichen anderen Prachtbauten – in der Blütezeit der Stadt hat erbauen lassen. Das andere Foto zeigt die Überreste des Dionysos-Theater, das immerhin 20.000 Plätze hatte. Vielleicht fragt ihr euch beim Betrachten der Überreste, wie das Leben in Athen vor 2500 Jahren ausgesehen haben könnte.

Wahrscheinlich ist, dass die Masse der Bevölkerung – trotz aller Prachtbauten – recht genügsam leben musste. Aber sie liebten Theateraufführungen unter freiem Himmel. Eine solche Theateraufführung können wir uns als sehr lebhafte Veranstaltung vorstellen. Bei religiösen Festen verbrachten die Zuschauer ganze Tage im Theater. Sie verzehrten die mitgebrachten Speisen während der Aufführungen, übten lauthals Beifall und Kritik, warfen wohl auch mit Käse und Feigen, wenn ihnen die Schauspieler nicht gefielen. Manchmal wenn das Publikum zu laut wurde, musste die Theaterpolizei eingreifen. Eine Theateraufführung im antiken Athen: Das waren zwar Veranstaltungen zu Ehren der Götter, aber auch Volksfeste.

Mit den Materialien auf den Folgeseiten könnt ihr an Beispielen untersuchen, wie das Alltagsleben damals war. Über das Leben in der Blütezeit Athens lassen wir zunächst den Historiker Plutarch zu Wort kommen. Ihr könnt diesen Quellentext gemeinsam durcharbeiten und euch dann in zwei Zeitreisen die Arbeit teilen. Die eine Hälfte der Klasse begibt sich in eine Schule im alten Athen (**Gruppe A**); die andere Hälfte nimmt an einer Hochzeit in Athen teil (**Gruppe B**). Am Ende berichtet ihr euch gegenseitig über eure Erfahrungen.

Der Historiker Plutarch erzählt vom Leben in Athen zur Zeit des Perikles

Wenn ihr den folgenden Quellentext aufmerksam lest, werdet ihr eine ganze Reihe von Berufen im alten Athen kennen lernen. Auch könnt ihr sehen, mit welchen Waren Handel getrieben wurde.

M 1

Q [Perikles legte] dem Volk großartige Pläne für Unternehmungen und Bauten vor, die viele Handwerker für lange Zeit beschäftigen konnten. […] Vielerlei Materialien wurden benötigt, Steine, Erz, Elfenbein, Gold, Eben- und Zypressenholz, und zu ihrer Bearbeitung brauchte es mancherlei Handwerker, so Zimmerleute, Bildhauer, Kupferschmiede, Steinmetzen, Färber, Goldarbeiter, Elfenbeinschnitzer, Maler, Sticker, Graveure. Die Transporte zur See brachten den Reedern, den Matrosen und Steuerleuten Beschäftigung, diejenigen zu Lande den Wagenbauern, Pferdehaltern und Fuhrleuten, den Seilern, Leinwebern, Sattlern, Straßenbauern und Bergknappen. Jedes Handwerk verfügte, wie der Feldherr über sein Heer, über eine Masse von Handwerkern und ungelernten Hilfsarbeitern, welche als Handlanger dienten, kurz, die Vielfalt der Arbeiten machte es möglich, dass sozusagen jedem Alter und jedem Stand reicher Gewinn zuströmte.
So stiegen die Bauten empor in stolzer Größe, in unnachahmlicher Schönheit der Formen, und die Meister wetteiferten miteinander, durch die Feinheit der Ausführung über ihr Handwerk hinauszuwachsen. […]
Als Thukydides und die Redner seiner Partei Perikles verschrien, er verschleudere das Staatsvermögen und zerrütte die Finanzen, richtete er in einer Versammlung die Frage an das Volk, ob es die Ausgaben hoch finde. „Ja", lautete die Antwort, „außerordentlich hoch." „Nun gut", erwiderte Perikles, „so sollen die Kosten nicht auf euch fallen, sondern auf mich, und auf die Bauten werde ich meinen eigenen Namen setzen lassen!" Nach diesen Worten erhob die Menge ein lautes Geschrei, er solle das Geld aus der Staatskasse nehmen, unbedenklich und ohne zu sparen.

(Plutarch, Perikles 12–14, übers. von Konrad Ziegler; in: Die griechische Polis, Paderborn (Schöningh) 1989, S. 127f.)

Was arbeitet der Händler? Was geschieht in der Schuhmacherwerkstatt? (Vasenbilder um 550 und 640 v. Chr.)

1. Warum profitieren die Händler und die Handwerker vom Programm des Perikles?
2. Den Bericht des Plutarch könnt ihr auf anschauliche Weise in eine Übersicht umformen.
3. Das Bauprogramm des Perikles hat der Geschichtsschreiber Plutarch auch als ein staatliches Programm zur Schaffung von Arbeitsplätzen gesehen. Sortiert die folgenden Stichwörter in eine sinnvolle Reihenfolge und erklärt dann vor der Klasse in einem freien Vortrag den Zusammenhang zwischen den Planungen des Perikles und der Schaffung von Arbeitsplätzen. Am Ende könnt ihr darstellen, warum das Bauprogramm des Perikles nicht nur Freunde in Athen gefunden hat.
   Vortrag: Wie entstanden Arbeitsplätze in Athen zur Zeit des Perikles? Stichworte:

Athen zur Zeit des Perikles

Berufe	wichtige Güter	
– – – – –	– – – – –	Veränderungen – –

Gewinne	**Arbeitsplätze**	**Bauprogramm**	**Seehandel**	**Materialbedarf**

Gruppe A:

Ärger in der Schule – eine moderne Erzählung über einen Schultag im antiken Athen

Wer von euch entdeckt mindestens fünf Unterschiede zwischen einem Schulalltag im alten Athen und der Schule heute in der folgenden Erzählung?

Kritias ist sauer. Er soll zum Unterricht gehen. Ausgerechnet heute. Wo Euxodia wieder da ist. Und wo morgen das große Fest stattfinden soll. Lauter aufregende Dinge werden passieren. Seine Mutter und seine Schwester daheim sind schon ganz nervös. Und er? Er muss in die Schule. Dabei besteht überhaupt keine Verpflichtung dazu. Kein Mensch muss jeden Tag in die Schule gehen, denn Schulpflicht gibt es nicht in Athen. Aber sein Vater bezahlt Schulgeld für den Unterricht, den er kriegt. Naja, und da muss er eben hin. Sein Paidagogos steht schon an der Tür und wartet auf ihn. Kritias braucht in der Schule sein Musikinstrument und seine Schreibtafel. Er muss aber seine Schulsachen nicht selber tragen. Dafür hat er seinen Paidagogos. Der trägt ihm seine Schulsachen, bringt ihn zum Unterricht, setzt sich während der Schulzeit zu ihm und beobachtet, was er lernt. Und dann bringt der Paidagogos ihn wieder nach Hause. Ach so, was man auch noch wissen sollte; der Paidagogos hat seinen Stock bei sich. Es könnte ja immerhin sein, dass Kritias ihm auf der Straße nicht gehorchen will. Dann darf der Paidagogos mit dem Stock ruhig kräftig zuschlagen. [...]

„Du trödelst, Kritias“, sagt Alexander, der Paidagogos. Es stimmt. Die Schule ist nämlich in Sicht. Und da trödelt Kritias immer. Eine richtige Schule ist das eigentlich nicht. Es ist das Haus des Grammatisten, des Schreiblehrers. Da ist ein Raum eingerichtet mit vielen kleinen Schemeln. Vorne in einem Lehnstuhl sitzt der Lehrer. Kritias begrüßt den Lehrer und einige Kinder, die bereits Platz genommen haben. Er hockt sich ebenfalls hin. Alexander gibt ihm seine Wachstafel und einen Griffel. Dann setzt sich der Paidagogos auf einen Hocker hinten im Raum. Kritias muss am Diktat teilnehmen. Alle Jungen – Mädchen gehen überhaupt nicht in die Schule – halten ihre Wachstafeln auf den Knien und schreiben mit den Griffeln in das weiche Wachs. Anschließend schaut der Grammatist nach, ob er Fehler entdecken kann. Kritias hat beim Diktat einige Buchstaben vergessen. Der Grammatist tadelt ihn: „Du hast Fehler gemacht, Kritias!“ Und dann nimmt er einen Stock und schlägt ihn einige Male über den Rücken. „Gib dir beim nächsten Diktat mehr Mühe“, sagt der Schreiblehrer.

Kritias schluckt. Am meisten ärgert es ihn, dass sein Nachbar Kleon darüber lacht, dass er Schläge kriegt. [...]

Alexander reicht ihm den Mantel. Jetzt gehen sie zum Gymnasium, zum Sportplatz. Der Sportplatz ist ein großer Hof. Er ist ringsum von Räumen umgeben. Der Sportlehrer wird Paidotribe genannt. Und der Sportlehrer bestimmt, welche Sportart geübt werden soll. Kritias gehört zu der Gruppe der jüngeren Sportschüler. Er geht in den Raum für die Jüngeren und zieht seinen Mantel aus. Im Gymnasium wird nämlich ganz nackt trainiert.

(Heinz Lothar Worm: Ärger in der Schule; in: Alltag im antiken Athen, Geschichte lernen, Heft 16/1990, S. 26f.)

„Du trödelst, Kritias!“
Diese Vasenmalerei (um 460 v. Chr.) zeigt einen Knaben und seinen Paidagogos auf dem Weg zur Schule. Der Paidagogos war ein Sklave, der zu einem vornehmen Athener Haushalt gehörte. Was könnten der Paidagogos und der Junge gerade denken? Erzählt es euch.

Die Schulzeit

Im Athen der Antike gingen die Mädchen nicht zur Schule. Die Ausbildung einer Athenerin beschränkte sich auf das Haus. Trotzdem kann man annehmen, dass viele Mädchen und Frauen in Athen – wie auch der größte Teil der Männer – lesen und schreiben konnten.
Die Schulausbildung der Jungen begann damit, dass ein Lehrer, der Grammatistes, ihnen Grundkenntnisse in Mathematik beibrachte. Auch lernten die Schüler lesen, und zwar vor allem Teile aus der Ilias von Homer, die sie auch auswendig aufsagen mussten. Man schätzt, dass immerhin sieben von zehn Jungen in Athen lesen und schreiben konnten. Hinzu kam eine Ausbildung in Gesang und Schauspielkunst. Dem Sportunterricht wurde große Bedeutung zugemessen. Die Stadt erwartete, dass die Schulbildung die Jungen zu Bürgern machen sollte, auf die Athen stolz sein konnte.

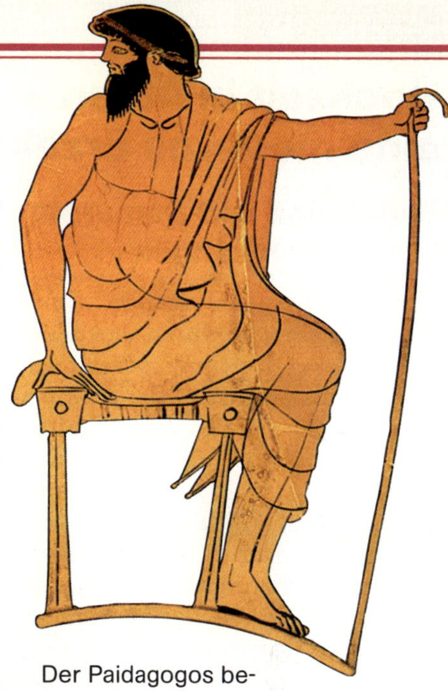

Der Paidagogos beobachtet den Jungen im Haus des Grammatistes sehr genau. Worauf achtet der Paidagogos? Welcher heutige Beruf geht auf ihn zurück? (Vasenmalerei aus dem 5. Jahrhundert)

Gab es damals schon einen Laptop?

Diese Vasenmalerei aus dem 5. Jahrhundert zeigt verschiedene Schulszenen. Das Gerät, das einem Computer ähnelt, ist eine Wachstafel, in die der Lehrer mit einem Griffel aus Elfenbein die Buchstaben ritzt.

1. Schaut genau hin: Welcher Unterricht findet hier statt?
2. Welche Unterschiede und welche Gemeinsamkeiten zwischen der Schule damals und heute könnt ihr in den Texten und Abbildungen entdecken?
3. Wählt einige Unterschiede zu heute aus und erklärt, warum es das heute nicht mehr in der Schule gibt?
4. Könnt ihr einen Vormittag in einer Athener Schule als Rollenspiel planen und vor der Klasse vorspielen?

Gruppe B:

Hochzeit in Athen – eine moderne Erzählung auf der Basis alter Texte

Euphiletos und Demarete lernen sich kennen

Euphiletos' Übergang zum Mannesalter war durch eine Zeremonie gekennzeichnet, bei der sein Haar, das er während der Kindheit lang tragen durfte, abgeschnitten und einem Gott geopfert wurde. Mit 18 musste er er dann einen zweijährigen Militärdienst antreten. In der ersten Hälfte der Dienstzeit wurde er zum Krieger ausgebildet […]. Das zweite Jahr verbrachte er in einer Garnison an der Grenze Attikas. Danach konnte er in Notfällen noch bis zu seinem 60. Lebensjahr einberufen werden.

Mit 20 Jahren schließlich durfte Euphiletos seinen Platz in den Rängen der Athener Bürger einnehmen. Welchen Beruf er wählte, wissen wir nicht. Vielleicht hatte er ja auch genügend Einkünfte von seinem Landgut.

Der nächste Meilenstein in seinem Leben war der schicksalhafte Entschluss zu heiraten. Leider hat uns die Geschichte den Namen seiner Frau nicht überliefert – was bereits viel aussagt –, und deshalb werden wir sie Demarete nennen. Sehr wahrscheinlich war sie jünger als Euphiletos, denn Mädchen heirateten gewöhnlich bereits mit 14 Jahren, und zwar nicht selten Männer, die doppelt so alt waren wie sie. In jenem zarten Alter unterschied sich Demaretes Leben schon sehr stark von dem des Mannes, den ihre Eltern für sie ausgewählt hatten.

Als Kind hatte Demarete keine Schule besucht, wie Euphiletos es getan hatte. Mädchen wurden zu Hause erzogen. Dort lernten sie in erster Linie, wie man einen Haushalt führte, wobei manche Eltern auch dafür sorgten, dass ihre Töchter lesen und schreiben, vielleicht auch tanzen sowie Flöte und Lyra spielen konnten […].

Bei der Auswahl ihres Ehepartners hatte Demarete nur wenig mitzureden. Ihre Eltern hatten die Wahl getroffen, lange bevor sie eine eigene Meinung äußern konnte. Ein wichtiger Faktor für den künftigen Bräutigam war die Höhe der Mitgift, welche die Braut in die Ehe einbrachte. War sie erst einmal verheiratet, ging die Mitgift in den Besitz des Mannes über, der damit machen konnte, was er für richtig hielt. Bei einem Bruch der Verbindung allerdings war er verpflichtet, der Familie der Frau das Geld zurückzuerstatten. […]

Der Tag der Hochzeit

Am Hochzeitstag suchte Euphiletos bei Einbruch der Nacht Demaretes Familie auf, um offiziell um ihre Hand anzuhalten – vermutlich der erste Anlass, zu dem das Mädchen den künftigen Gemahl zu Gesicht bekam […].

Als nächstes nun musste die Braut in einer Prozession zu ihrem neuen Heim geführt werden: Dies war der zentrale Akt der Hochzeit. Braut und Bräutigam bestiegen einen von Maultieren und Ochsen gezogenen

Diese Szene auf einem griechischen Parfümbehälter zeigt eine Hochzeitsgesellschaft, die sich im Fackelschein zum Haus des Bräutigams begibt. Was wird die Braut im Haus des Bräutigams erwarten?

Wagen. Verwandte und Freunde folgten den beiden zu Fuß. Unter lautem Rufen wie „Auf jetzt!“, „Aus dem Weg!“ und „Halte die Fackel!“ rollte der Wagen mit seinem Gefolge schließlich los. […]
Nachdem Demarete das Haus betreten hatte, führte Euphiletos die Braut zum Herd, der symbolischen Mitte des Hauses, wo die Gäste als Zeichen der Festlichkeit Früchte und Nüsse über die frisch Vermählten streuten […]
Von hier aus ging das Paar ins Hochzeitszimmer, in dem Demarete vielleicht zum ersten Mal ihren Schleier hob. Sobald die Tür hinter ihnen ins Schloss fiel, setzte sich ein Freund des Bräutigams davor, um böse Geister abzuwehren, während der Rest der Gesellschaft mit lauter Stimme Hochzeitslieder sang, um böse Geister zu verjagen.

Alltag einer Ehe

Die ersten Jahre der Ehe waren wahrscheinlich voller Freude. Als Demarete schließlich einen Sohn gebar, schien ihr Glück vollkommen […]

Mit der Zeit jedoch wurde Demarete immer unzufriedener mit ihrer Rolle. Außer Mikions Erziehung und der Überwachung der Dienerinnen gab es nur wenig, womit sie ihre Zeit verbringen konnte. Nur um gelegentlich ihre Verwandten oder Nachbarinnen zu besuchen, durfte sie die vier Wände des kleinen, düsteren Hauses verlassen, und es gab Zeiten, in denen sie die Dienerinnen beneidete, die auf den Markt gehen konnten, um dort die täglichen Einkäufe zu erledigen – und dabei mit den Frauen der Nachbarschaft zu schwätzen […]
Da eine Athener Braut zum Zeitpunkt der Hochzeit normalerweise noch sehr jung und der Altersunterschied zu ihrem Mann groß war, hatte ein Ehepaar gewöhnlich keine gemeinsamen Freunde. Außerdem war der Mann tagsüber meistens unterwegs. Die Sonne traf ihn nie zu Hause an, wie ein Athener Sprichwort lautete. Trotz der großen Bedeutung der Familie und des Haushalts war der typische Athener davon überzeugt, dass sein Platz in der Öffentlichkeit war und seine Rolle von ihm forderte, ständig auf den Beinen zu sein und seinen Geschäften nachzugehen. Die meisten von ihnen hätten den Worten des Historikers Xenophon wohl zugestimmt:

Q Ich verbringe sicherlich keine Zeit im Haus, denn meine Frau ist mehr als fähig, alles in seinem Inneren zu erledigen […]
Für die Frau ist es ehrenhafter, im Haus zu bleiben, anstatt draußen zu sein; für den Mann ist es schändlicher.

(nach: Wie sie damals lebten – Im Griechenland der Antike, (Time-Life-Verlag) Amsterdam/Hamburg 1998, S. 36ff.)

1. Stellt wichtige Stationen in den Lebensläufen von Euphiletos und Demarete einander gegenüber.
2. Über die Unterschiede in der Lebensweise von Frauen und Männern gab es im alten Athen ganz klare Vorstellungen. Man nennt solche Vorstellungen Rollenerwartungen. Welche typischen Rollenerwartungen gegenüber Frauen und Männern lassen sich diesem Hochzeitsbericht entnehmen?
3. Nun könnt ihr mit einer Zeitmaschine diesem Ehepaar einen Besuch abstatten und über das Leben vor und nach der Hochzeit ein Interview führen (und vorspielen).

Frauen in Athen

Hatten sie weniger Rechte als die Frauen in Ägypten?

Im Kapitel über Frauen im alten Ägypten habt ihr erfahren können, dass der Grieche Herodot, der um 450 v. Chr. nach Ägypten gereist war, sehr erstaunt über die zahlreichen Rechte der ägyptischen Frauen gewesen ist. Für den „Touristen" Herodot war es ungewöhnlich, viele ägyptische Frauen als Händlerinnen auf den Märkten zu sehen, während die Männer seiner Ansicht nach zu Hause saßen und Gewänder webten.

Arbeitet aus den beiden Quellentexten die Erwartungen der griechischen Männer gegenüber dem Verhalten der Frauen heraus.
Ihr könnt dann erklären, warum ein Grieche die Teilnahme der ägyptischen Frauen am Leben in der Öffentlichkeit so erstaunlich fand.

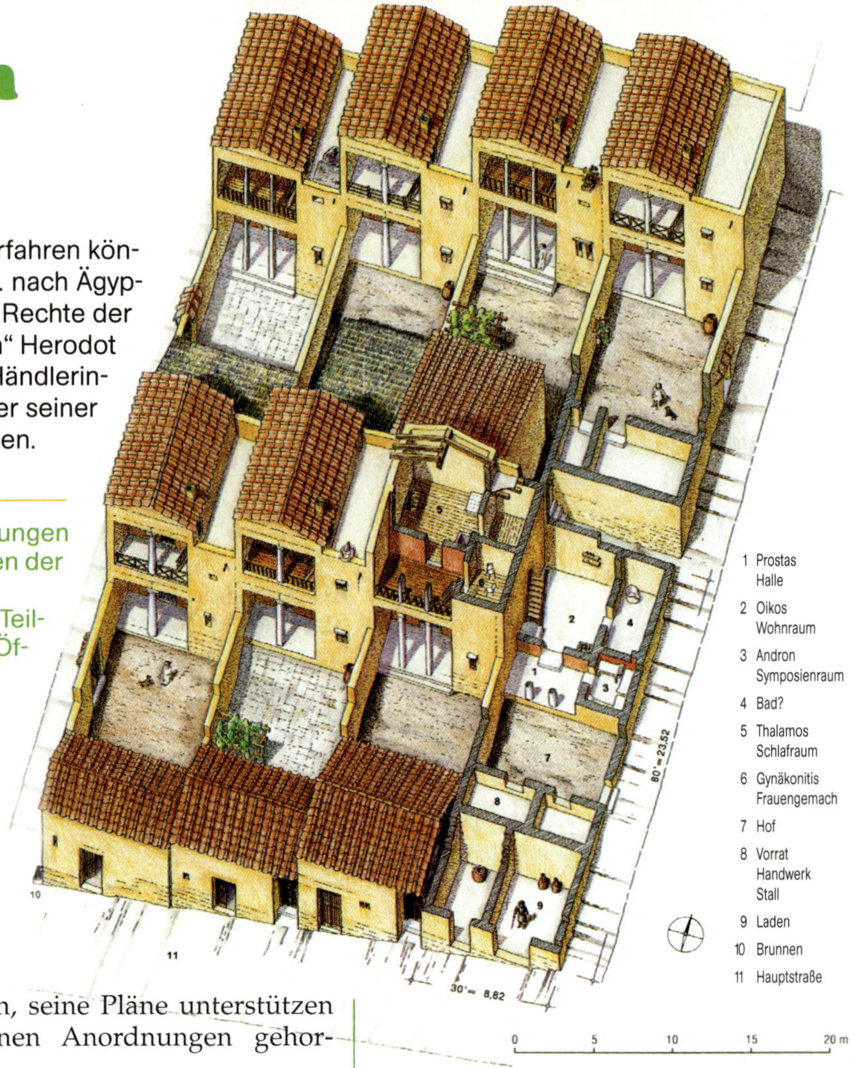

M 1

Q Eine gute Ehefrau soll im Inneren des Hauses wirken und nach den Gesetzen über alles dort Vollmacht haben. Sie soll niemandem den Zutritt gestatten, wenn es der Mann nicht weiß, und sich besonders hüten vor dem Gerede zwischen Frauen, das die Seelen verdirbt. Als Herrin über die Ausgaben und Aufwendungen für die Festlichkeiten soll sie in Anschaffungen, Kleidung und Ausstattung noch hinter dem zurückbleiben, was die Gesetze ihres Staates festlegen; sie soll immer bedenken, dass nicht die Sucht nach auffallendem Schnitt ihrer Kleider oder nach einer Masse Goldschmuck den Wert der Frau bestimmt, sondern Mäßigung in jedem Verhalten und das Streben nach einem geregelten, ehrenwerten Leben. [...] In allem Übrigen aber soll sie bestrebt sein, dem Manne zu folgen. Sie soll nicht auf ihre Mitbürgerinnen hören und dem Mann sich in allen Dingen unterwerfen, seine Pläne unterstützen und seinen Anordnungen gehorchen.

(Pseudo-Aristoteles, Über Haushaltung in Familie und Staat III; in: Rolf Illinger (Hg.), Lust an der Geschichte – Leben im antiken Griechenland, (Piper) München 1990, S. 205f., bearbeitet)

Die Frau als Herrin des Hauses

Eine athenische Ehefrau verbrachte den größten Teil ihres Lebens im Inneren des Hauses. In dieser rekonstruierten Wohnanlage und in anderen Wohnhäusern lagen die Räume der Frauen im oberen Stock, abgeschirmt von den Räumen, in denen der Hausherr männliche Besucher empfing.

M 2

Q Es steht dem Manne zu, über Frauen und Kinder zu herrschen. Denn der Mann ist mehr zur Führung begabt als die Frau. Die Fähigkeit nachzudenken hat z.B. der Sklave überhaupt nicht; die Frau besitzt sie, aber ohne daraus Entscheidungen zu fällen und diese durchsetzen zu können. Der Mann beweist die Tapferkeit beim Herrschen und sie beim Dienen.

(Aristoteles, Politik 1259bff.; gekürzt und bearb. nach W. Nestle, Aristoteles, Hauptwerke, Stuttgart 8/1977, S. 290f.)

Frauenalltag in Athen

Die Stellung der griechischen Frau war in den zahlreichen Stadtstaaten verschieden. Zu verwundern ist es, dass in Athen, in dem die Staatsform der Demokratie geboren wurde, die Frau im öffentlichen Leben so gut wie keine Rolle spielte.

Hatten die Männer Angst um die Frauen?

Frauen und Mädchen aus wohlhabenden Familien lebten von Männern ziemlich abgeschirmt. Sie sprachen selten mit ihnen, selbst mit männlichen Verwandten. Die Männer verbrachten den Tag draußen, während die Frauen und ihre Töchter im Haus bleiben mussten. Wenn eine junge Frau aus reichem Haus oft ausging, wurde ihrem Ehemann von anderen Männern gesagt, er solle mit Riegeln und wachsamen Sklaven auf sie Acht geben.
Warum wurden die Frauen so sehr bewacht? Ein Grieche fürchtete, dass seine Frau einen Geliebten finden könnte. Wenn es dazu kam, konnte niemand mit Sicherheit wissen, wer der Vater ihrer Kinder war. Die Kinder durften dann keine Staatsbürger werden. Dies war eine Schande für die ganze Familie.

Wie lebte eine reiche Athenerin?

Die wohlhabende Athenerin blieb zu Hause und beaufsichtigte die Sklaven. Sklaven erledigten den größten Teil der Hausarbeit und zogen die kleinen Kinder auf. Einige der Frauen konnten lesen und sahen oder lasen gern die anspruchsvollen griechischen Tragödien. Aber Mädchen gingen nicht zur Schule und wahrscheinlich konnten die meisten weder lesen noch schreiben. Einige Männer glaubten, dass man Frauen das Lesen gar nicht erlauben dürfe. Sie würden sonst zu viel lernen und dann mit ihren Männern streiten!

Der Ausschnitt eines Vasenbildes von 420 v. Chr. zeigt ein Mädchen, das tanzen lernt zu einer Melodie, die von seiner Tanzlehrerin auf einer Doppelflöte – *aulos* – gespielt wird. Wie könnte die Zukunft dieser Mädchen aussehen, (a) falls es reich ist, (b) falls es arm ist?

Wie lebten die ärmeren Frauen?

Einfache, arme Frauen konnten es sich nicht leisten, im Haus zu bleiben. Sie gingen hinaus um zu arbeiten: um Wasser zu holen, Waren auf dem Markt zu verkaufen oder Obst zu pflücken. Manche stillten auch als Ammen die Babys anderer Leute. Ein Mädchen aus armem Haus, das oft draußen war, traf junge Männer und heiratete vielleicht aus Liebe. Die Töchter der Reichen durften keine Männer kennen lernen und ihre Hochzeit wurde von den Eltern arrangiert.
Sehr arme junge Frauen und Sklavinnen lernten oft Instrumente zu spielen, zu tanzen und Männer bei Festen zu unterhalten. Man nannte sie *hetairai*. Aber auf diesen Festen ging es rau und unfein zu, wenn die Männer viel getrunken hatten. Eine wohlhabende Frau sah auf die hetairai herab – sie war stolz, unter vornehmen, geachteten Frauen in ihrer eigenen schattigen Welt zu leben. Einige hetairai wurden jedoch zu angesehenen Frauen.
Es gab nicht nur das abgeschiedene Leben der Frauen in der Gemeinschaft des Hauses. In der Dichtung Homers und in zahlreichen Theaterstücken wurden Frauengestalten hoch verehrt und kaum eine weibliche Person ist so großartig gefeiert worden wie die Göttin, von der auf der nächsten Seite die Rede sein wird.

„Als wären wir dabei gewesen“:

So könnte Athen das Fest seiner Göttin gefeiert haben ...

Als an diesem Julimorgen die Sonne über Athen aufgeht, setzt sich der feierliche Zug in Bewegung. Es ist wieder einmal so weit. Athen feiert das Fest zu Ehren seiner Schutzgöttin Athene, das Panathenäenfest, das alle vier Jahre stattfindet. Bereits in der Nacht hat das Fest begonnen. Auf der Akropolis sangen junge Männer Hymnen und die Mädchen tanzten dazu. Jetzt – in den frühen Morgenstunden – scheint es, als sei halb Griechenland in die 300.000 Einwohner zählende Hauptstadt Attikas gekommen um die Göttin zu ehren. Es wird sportliche Wettkämpfe und Theateraufführungen geben.
Nur langsam bewegt sich der Festzug durch die Straßen mit den geschmückten Häusern. Allmählich erreichen die Priester mit ihren schneeweißen Gewändern, die den Festzug anführen, den steilen Aufstieg zur Akropolis, dem Burgberg Athens. Es folgen die Musikanten und die Soldaten in voller Rüstung. Heute sind auch die Frauen auf den Straßen. Einige haben sich weißes Make-up und ein wenig Rouge aufgelegt.
Ziel des Festzuges ist der Parthenontempel an der höchsten Stelle des Burgberges. Er ist das Gemach der Jungfrau Athene. In seinem Inneren befindet sich die zwölf Meter hohe Statue der Schutzgöttin Athens. Als Höhepunkt des Festes wird die Göttin ein gewebtes Gewand erhalten, das die Frauen Athens in mühevoller Arbeit hergestellt haben.
Es ist schon eine besondere Frau, die sich die Athener zu ihrer Schutzgöttin ausgesucht haben. Bei ihrer Geburt war sie dem Kopf ihres Vaters Zeus entstiegen, voll gerüstet mit Helm, Speer und Schild.
An Weisheit und Kraft war sie so stark wie ihr Vater. Sie wurde Beschützerin der Städte gegen Feinde von außen und besonders der Stadt Athen. Sie sorgte für den inneren Frieden in der Stadt. Als Göttin der Weisheit schützte sie die Philosophen und die Dichter. Die Eule als Symbol der Klugheit wurde ihr heiliges Tier.

Der Parthenontempel in Athen enthielt wohl nichts anderes als das Kultbild der Göttin Athene. Die fast zwölf Meter hohe Statue bestand aus Gold und Elfenbein. Die Augen waren aus Edelsteinen. In ihrer linken Hand trug Athene eine zwei Meter hohe Figur der Siegesgöttin Nike. (Rekonstruktionszeichnung nach antiken Nachbildungen)

Stell dir vor, du hättest am Panathenäenfest teilgenommen. Nun bist du in dein Haus in Athen zurückgekehrt und erzählst vom Ablauf des Festes und von der Bedeutung der Göttin für das Leben der Menschen in Athen. Schreibe auf, was du berichten würdest.

Zeitreise: Wie verläuft das Gespräch zwischen diesen beiden Frauen?

Haben die Materialien in dieser Einheit auf Mädchen und Jungen heute eine unterschiedliche Wirkung oder nicht?

Darüber könnt ihr gut ins Gespräch miteinander kommen, wenn Mädchen und Jungen sich (ausnahmsweise einmal) die Arbeit teilen.

➜ **Das können die Mädchen in der Klasse vorbereiten:** Die kleine Terrakotta-Skulptur aus der spätgriechischen Zeit zeigt zwei Ehefrauen im vertraulichen Gespräch. Stellt euch vor, es wäre ein Gespräch zwischen einem Mädchen aus der heutigen Zeit mit einer Ehefrau aus dem alten Athen. Denkt euch aus, wie es verlaufen könnte.

➜ **Das können die Jungen vorbereiten:** Fasst noch einmal die Erwartungen der griechischen Männer an die Frauen zusammen. Formuliert dann, was ihr heute anders seht im Verhalten von Jungen und Mädchen, Männern und Frauen zueinander. Könnt ihr dazu eure Ansichten zur Diskussion stellen?

Wir untersuchen antike Vasenbilder in arbeitsteiliger Gruppenarbeit

Offensichtlich gab es auch ein anderes Leben der Frauen im antiken Athen als das, was uns in den von Männern geschriebenen schriftlichen Quellen überliefert ist. Zahlreiche Vasenbilder aus dem fünften Jahrhundert v. Chr. widersprechen nämlich eher dem Bild vom Leben in Abgeschiedenheit. Das aktive Leben der Frauen könnt ihr selbst darstellen. Dazu eignet sich die Methode der arbeitsteiligen Gruppenarbeit.

Jede Gruppe übernimmt eine Darstellung und

(1) beschreibt sie ganz genau. Achtet zum Beispiel auf Folgendes: Wirken die Personen traurig oder fröhlich? Ist die Kleidung kunstvoll oder schlicht? Welche Gegenstände sind zu erkennen? Gab es nur eine oder mehrere Frisuren? usw.

Der Reihe nach äußern sich alle zum Bild: „Mir fällt auf, dass…"

(2) fertigt eine Skizze ihres Bildes an, die man zum Beispiel auf Folie den Mitschülern zeigen und erläutern kann.

(3) erklärt, in welcher Situation die Frauen und die anderen Personen auf diesem Bild gezeigt werden.

(4) bringt die alte Darstellung zum Sprechen, indem die Gruppe eine Geschichte um dieses Bild herum erarbeitet, Rollen verteilt und vorspielt.

Tipp: Lest die Texte über das Leben der Frauen noch einmal aufmerksam durch, damit ihr in euren Geschichten darauf Bezug nehmen könnt.

M 1

Gruppe 1:
„Wie wird dieses Jahr das Fest unserer Göttin werden?" Frauen spinnen, weben und legen die fertigen Stoffe zusammen. Nehmt an, der Stoff sei für das Festgewand der Göttin Athene für das Panathenäenfest gedacht.

M 2

Gruppe 2:
„Was soll aus dir werden, mein Kind?" Eine Mutter spricht in zwei Szenen über die Zukunft ihres Kindes, a) zu einer Tochter, b) zu einem Sohn.

M 3

Gruppe 3:
„Woher kommst du so spät in der Nacht?" Der Ehemann kehrt von einem Trinkgelage nach Hause. Die Frau öffnet zögernd die Haustür.

M 4

Gruppe 4:
„Wie wird die Hochzeitsfeier verlaufen? Wie wird sich das Zusammenleben des Hochzeitspaares entwickeln?"
Festlich angezogene Frauen besuchen eine Hochzeit und nutzen die Gelegenheit zu einer Unterhaltung am Brunnen.

M 5

Gruppe 5:
„Liebe Ehefrau, liebe Söhne: Folgendes Verhalten erwarte ich von euch!"
Ein Mann mit dem Haushaltsgeld in der Hand beginnt ein Gespräch über die Aufgabenverteilung in der Familie.

5 Regeln für arbeitsteilige Gruppenarbeit

Bei dieser Arbeit könnt ihr auch die Tätigkeiten in der Gruppe untereinander aufteilen. Eine oder einer von euch fertigt eine Skizze an, andere denken sich eine Geschichte aus, andere überlegen sich einen Vortrag über das Bild und machen sich Notizen und so weiter.
Wichtig ist, dass alle etwas leisten.

Ergebnisse vorstellen: Wie geht das?

Bei arbeitsteiliger Gruppenarbeit kommt es darauf an, dass man den Schülerinnen und Schülern, die sich mit etwas anderem beschäftigt haben, die eigenen Ergebnisse möglichst überzeugend vorstellt. Folgende Regeln helfen dabei:

1. Ruhe abwarten

Die Gruppe beginnt erst mit der Vorstellung, wenn alle Schülerinnen und Schüler aufmerksam zuhören.

2. Blickkontakt zum Publikum

Jede(r), der etwas vorstellt oder vorspielt, hält den Kontakt zum Publikum. Sprecht also nicht nur zur Lehrerin oder zum Lehrer; schaut nicht nur an die Wand, wenn ihr eine Folie auflegt.

3. Teamarbeit

Achtet darauf, dass möglichst alle Gruppenteilnehmer bei der Präsentation eine Aufgabe übernehmen. Es bringt mehr Sicherheit und kommt gut an.

4. Aufmerksamkeit

Die Schülerinnen und Schüler im Publikum denken jetzt nicht daran, dass sie auch noch vorspielen müssen. Sie konzentrieren ihre Aufmerksamkeit auf die laufende Präsentation.

5. Rückmeldung:

Jede Gruppenpräsentation sollte in zwei Runden besprochen werden:
A inhaltlich: Entspricht die Darstellung dem, was wir schon über die Frauen in Athen erfahren haben?
B methodisch: Was war gut in der Gruppenpräsentation? Was könnte man beim nächsten Mal verbessern?

Kriegsland Griechenland: erst miteinander, dann gegeneinander

Im 5. Jahrhundert haben die Athener zwei völlig unterschiedliche Entwicklungen vollzogen. Einerseits schufen sie die erste Form einer Demokratie. Andererseits lagen sie ständig im Streit mit ihren Nachbarn.

Krieg: Das ist ein Thema, das sich wie ein roter Faden durch die Geschichte der Menschheit zieht.

Warum führen Menschen Krieg? Wie können Kriege verhindert werden? Das sind nur zwei von vielen Fragen, die man sich stellen kann, wenn man sich mit Krieg beschäftigt.

Welche Gedanken gehen euch beim Wort „Krieg" durch den Kopf? Welche Fragen über Krieg interessieren euch?

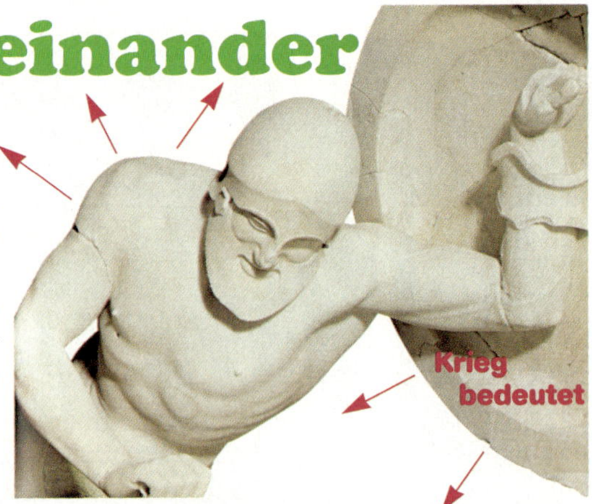

Tipp: Notiert eure Gedanken und Fragen auf Zetteln und sammelt sie in der Klasse. Überlegt am Ende dieser Einheit, ob ihr durch die Beschäftigung mit den Perserkriegen und dem Bruderkrieg zwischen Athen und Sparta einige Antworten auf eure Fragen gefunden habt und vielleicht auch einige Lehren aus der Geschichte formulieren könnt.

M 1

Ein junger Athener zieht in den Krieg. Seine Frau hat ihm zum Abschied die Opferschale mit Wein gefüllt. Nachdenklich betrachtet der Vater die Abschiedszene, während die Frau rechts – vielleicht die Mutter – die rechte Hand schützend erhebt. Der junge Mann gehört zu den freien Männern in Athen, die als schwer bewaffnete Hopliten in den Krieg zogen. Hoplon heißt der runde Schild, der um die 20 Pfund Gewicht hatte (athenisches Vasenbild um 430 v. Chr.).

Gehörte der Krieg zum Alltag der Menschen?

M 2 Eine moderne Schilderung des Lebens im alten Griechenland berichtet über die Bauern in Attika:

Q So wie sie im Juni das Getreide ernteten, im September die Trauben für den Wein lasen und im November die Oliven pflückten, erging jeden Sommer der Ruf zu einer weiteren Aufgabe: die Verteidigung des Heimatlandes. Der Athener Bauer holte die verrußte Ausrüstung – Panzer, Helm, Schild, Schwert und Lanze – von ihrem gewohnten Platz über dem Herd. Seine Frau oder sein Sklave polierten das Metall und packten alles in Ledertaschen. Einige Tagesrationen Gerstengrütze, Käse, Oliven, Zwiebeln und Wein kamen in einen anderen Sack, dessen Geruch nach alten Zwiebeln an frühere Feldzüge erinnerte. Dann kehrte er gemeinsam mit seinem Sklaven, den Brüdern, Freunden und Nachbarn seinem Hof den Rücken, und sie marschierten in den Krieg.

Gegen Ende des 5. Jahrhunderts v. Chr. war praktisch jeder Athener – Bürger, Metöke oder Sklave – zwischen 18 und 60 Jahren zum Militärdienst verpflichtet.

(nach: Wie sie damals lebten – Im Griechenland der Antike, (Time Life Redaktion) Amsterdam/ Hamburg 1998, S. 103)

1. Welche Rolle spielte der Krieg im Leben eines athenischen Bürgers und seiner Familie?
2. Was mag in der Abschiedszene (M1) in den Köpfen der vier abgebildeten Personen vorgehen?
3. Könnt ihr es aus der Sichtweise der Beteiligten erzählen? Im Stadtstaat Sparta lebten die Spartiaten nur für den Krieg: Was ist anders in Athen?

Warum wurden Kriege geführt?

Der griechische Geschichtsschreiber Herodot berichtet von einer Auseinandersetzung am Hofe des persischen Königs Xerxes. Dabei ging es um die Frage, ob die Perser zum Krieg gegen die Griechen aufbrechen sollten oder nicht.

Warum sind Kriege da? Der Perserkönig nennt seine Gründe und ihr könnt sie aus dem überlieferten Gespräch herausfinden. Später könnt ihr – wenn ihr euch mit anderen Kriegen beschäftigen werdet – überlegen, welche der hier genannten Gründe immer wieder zum Krieg führen und welche einmalig gewesen sind.

„Als wären wir dabei gewesen":

Am Hofe des Perserkönigs Xerxes im Frühjahr des Jahres 480 v. Chr.

M 3 Xerxes, der König von Persien, spricht:

Q Wie uns die Alten erzählen, haben wir Perser nie Frieden gehalten. Die Gottheit will es so.
Als ich nun den Thron bestiegen hatte, sann ich nach, wie ich es meinen Vorgängern gleichtun und dem persischen Reich ebenso viel Land hinzuerobern könnte wie sie.
Und indem ich nachsann, fand ich den Weg, wie wir Ruhm und ein großes Land gewinnen können.
Ich will eine Brücke über den Hellespont [Meerenge an den Dardanellen] schlagen und ein Heer durch Europa nach Hellas führen, um die Athener zu bestrafen für alles, was sie den Persern und meinem Vater angetan haben.
Ich will nicht ruhen, bis ich Rache geübt und Athen erobert und niedergebrannt habe.
Ich glaube auch, dass uns dieser Zug noch einen weiteren Vorteil bringen wird: Wenn wir die Athener und deren Nachbarvölker unterworfen haben, so dehnen wir das persische Reich so weit aus, dass es mit dem Himmel zusammenstößt.
Alle Länder machen wir zu einem einzigen Reich und ziehen durch ganz Europa.

Mardonius, ein Ratgeber, unterstützt seinen König:

Wer, mein König sollte mit dir den Kampf aufnehmen können, wenn du die ganze Heeresmacht Asiens und die ganze Flotte mit dir führst?
Wir wollen ihnen zeigen, dass kein Volk sich mit uns im Kampf messen kann.

(Herodot in der Übersetzung von A. Horneffer, zitiert in: Geschichte in Quellen, (Bayerischer Schulbuchverlag) München 4/1989, S. 175 f., bearbeitet)

Der Onkel des Königs mit Namen Artabanos warnt Xerxes vor dem Kriegszug gegen die Griechen. Er weist darauf hin, dass die Perser bereits einmal von den Griechen besiegt worden sind. Wütend schließt daraufhin Xerxes seinen Onkel von der Teilnahme am Feldzug gegen die Griechen aus.
Wenige Monate nach dieser Unterredung wird Xerxes mit einem gewaltigen Heer gegen die Griechen ziehen.
Auf der nächsten Doppelseite könnt ihr erfahren, ob sich seine Kriegshoffnungen erfüllt haben oder nicht.

M 4

Der Perserkönig hält Audienz. Einer der Berater legt die Hand vor den Mund, damit er den König mit seinem Atem nicht belästigt. Was könnte dieser Berater gerade sagen? Was würde der König antworten? (Thronrelief aus dem Palast von Persepolis, zwischen 490 und 480 v. Chr.)

Die Perserkriege: Griechen kämpfen gemeinsam

Von **560 v. Chr.** an drang das Volk der Perser in die Nachbarländer vor. Ein halbes Jahrhundert später war ein persisches Großreich entstanden, das sich bis an die Küste Kleinasiens ausdehnte. Die dort gelegenen griechischen Stadtstaaten wurden von den Persern unterworfen. **500** wagten die griechischen Küstenstädte einen Aufstand gegen die neuen Herrscher. Dabei wurden sie von Athen unterstützt. Der Aufstand blieb erfolglos. Die Perser fürchteten weitere Gefahren und sie beschlossen den Widerstandsherd Athen zu vernichten.

490 zogen sie mit einem 20.000 Mann starken Heer nach Griechenland. In der Ebene von *Marathon* konnten die Athener die zahlenmäßig deutlich überlegenen Perser besiegen. Ein Läufer soll die Siegesnachricht in das 42 Kilometer entfernte Athen gebracht haben. Sein „Marathonlauf" wurde zum sportlichen Vorbild.

Es war zu erwarten, dass die Perser Rache für die Schmach der Niederlage nehmen würden. **481** schlossen sich deshalb 31 Stadtstaaten unter der Führung Athens und Spartas zu einem Militärbündnis zusammen. Denn nur gemeinsam hatten die Griechen künftig eine Chance gegen die Perser. **480** war es so weit: Der Perserkönig Xerxes zog mit einem Heer von 400.000 Soldaten und 2000 Schiffen nach Griechenland. Am Engpass bei den *Thermopylen* gelang es den Griechen nicht, das Perserheer aufzuhalten. Athen fiel in die Hände der Eroberer und wurde auf Befehl des Xerxes völlig zerstört. Doch die Athener hatten auch vorgesorgt. Vor dem Eintreffen der Perser war ein Großteil der Bevölkerung auf nahe gelegene Inseln in Sicherheit gebracht worden. Dem Adeligen Themistokles war es gelungen, die athenische Volksversammlung von der Notwendigkeit einer großen Flotte zu überzeugen, die in aller Eile gebaut worden war. Unter der Führung der Athener überraschten nun 300 griechische Schiffe die persische Flotte in der *Bucht von Salamis.* Die großen persischen Kriegsschiffe konnten in der engen Bucht kaum manövrieren. Vom Ufer aus musste Xerxes zusehen, wie seine Flotte eingeschlossen und vernichtet wurde. Eilends ergriff er mit seiner Leibgarde die Flucht. Sein Landheer blieb in Griechenland zurück. Es wurde ein Jahr später bei *Plataiai* unter der Führung der Spartaner vernichtend geschlagen. Von 300.000 persischen Soldaten sollen hier nur 3000 überlebt haben. Die Perserkriege waren zu Ende.

Gemeinsam hatten die Griechen ihre Freiheit verteidigt.

M 1

Rekonstruktionszeichnung der Schlacht bei Salamis im September 480 v. Chr. Ahnungslos fährt die persische Flotte in die Meerenge ein und wird dann von den schnellen griechischen Ruderschiffen überrascht, zusammengedrängt und vernichtend geschlagen. Könnt ihr in der Zeichnung die persischen und die griechischen Schiffe voneinander unterscheiden?

Der Peloponnesische Krieg: Griechen kämpfen gegeneinander

Athen wird reich

Sparta und Athen hatten die Griechen im Krieg gegen die Perser angeführt und gemeinsam gegen den Feind gesiegt. Nach dem Sieg beanspruchten die Athener die Führungsrolle in der griechischen Staatengemeinschaft. **478 bis 477** gründeten sie den *Attischen Seebund*, in dem sich viele griechische Stadtstaaten zu einem Schutzbündnis gegen die Perser zusammenschlossen.
Sie mussten Abgaben an die Athener entrichten. So wurde Athen nicht nur zur einer führenden Macht in Griechenland, es wurde auch reich.
Die Kriegskasse des Attischen Seebundes wurde von Perikles zur Finanzierung der Tempelbauten auf der Akropolis von Athen verwendet.

Spartaner werden neidisch

In größter Gefahr hatten die Griechen zusammengehalten. Jetzt fanden sich die Spartaner nur widerwillig mit dem Aufstieg Athens ab. Als Athen ein Bündnis mit der Stadt Argos einging, die zu den Erbfeinden Spartas gehörte, kam es zum Bruch zwischen Athen und Sparta. Die Spartaner gründen nun den *Peloponnesischen Bund* als Gegenbündnis zum Attischen Seebund. Athen wendet sich ab. Perikles lässt eine lange Schutzmauer zwischen der Hafenstadt Piräus und Athen zum Schutz vor einem Angriff errichten. Sparta lehnt in einen neuen kriegerischen Konflikt die Hilfe Athens ab.

M 2 Weltreich der Perser und Griechenland um 480 v. Chr.

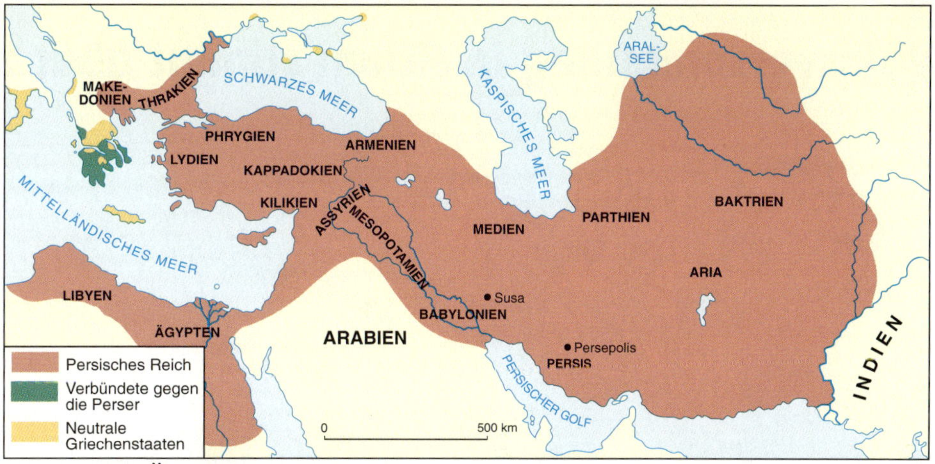

Was war mit Ägypten und Mesopotamien geschehen?

Es kommt zum Krieg

Die Spannungen zwischen Athen und Sparta nahmen zu. **431** begann der Peloponnesische Krieg zwischen den ehemals Verbündeten. Er wurde 28 Jahre lang mit äußerster Grausamkeit geführt. Siege und Niederlagen wechselten einander ab. Am Ende siegte Sparta. Aber eigentlich hatte Griechenland als Ganzes verloren. Es gab kaum eine Polis, die von Krieg, Elend und Zerstörung verschont geblieben wäre.
404 musste sich das belagerte Athen unterwerfen, die Schutzmauern zerstören und die Vorherrschaft Spartas anerkennen. Aber auch Sparta war durch den Krieg geschwächt und konnte die Vormachtstellung in Griechenland nicht lange halten. Der eigentliche Gewinner des Krieges war Persien, das jetzt die griechischen Städte an der kleinasiatischen Küste erneut eroberte.

Fragen, aus denen man auswählen kann:

1. Mithilfe der fett gedruckten Jahreszahlen lässt sich eine Zeitleiste über die Perserkriege und den Peloponnesischen Krieg erstellen. Auf Seite 154/155 kann man nachschlagen, was parallel dazu innerhalb Athens passiert ist.
2. Im Perserkrieg sind die Perser die Angreifer und die Griechen die Verteidiger. Welche Gründe zur Kriegsführung haben die einen, welche die anderen? Stellt sie einander gegenüber.
3. In den beiden großen Kriegen kann man sehen, wie sich das Verhältnis der Athener und Spartaner allmählich verändert. Beide machen sich ein neues Bild voneinander und es entsteht aus einem Freundbild ein *Feindbild*. Hätte diese Entwicklung verhindert werden können? Könnt ihr andere Geschichten erzählen, in denen Freunde zu Feinden wurden?
4. In vielen Kriegsberichten erfahren wir von den Taten der großen Heerführer und Könige. Wie steht es um den einfachen Soldaten? Berichtet über die Schlacht von Salamis aus der Sicht eines persischen Soldaten. Wer hat darüber entschieden, dass er in den Krieg ziehen muss? Was mag in den Verlierern vorgegangen sein?

„Als wären wir dabei gewesen":

Volksversammlung in Athen stimmt über Krieg oder Frieden ab

Athen im Winter 416 v. Chr., später Vormittag:

6000 Männer füllen die Pnyx, den halbrunden Platz der Volksversammlung. Obwohl die Sonne scheint, sind die meisten Gesichter ernst. Die zur Teilnahme berechtigten Vollbürger sprechen über die Zerstörungen in der Stadt und die zahlreichen Opfer, die der Krieg gegen Sparta bis jetzt gefordert hat.
Vierzehn Jahre sind seit der großen Pest vergangen, aber die meisten der Anwesenden haben die Seuche noch nicht vergessen, der auch Perikles zum Opfer gefallen ist.
Heute soll über einen neuen Krieg abgestimmt werden. Einige Athener planen die Flotte gegen Syrakus auf die Insel Sizilien zu entsenden, denn die Syrakuser sind mit Sparta verbündet und damit ein Feind Athens.
Wie jede Volksversammlung beginnt auch die heutige mit einem Tieropfer um den Beistand der Götter zu erbitten. Dann tritt der Vorsitzende aus dem Rat der 500 nach vorne und verliest die Tagesordnung:
„Soll Athen seine Flotte gegen Syrakus führen?"
Wer von den 6000 das Wort ergreifen will, lässt sich in die Rednerliste eintragen. Jeder freie Bürger hat das Rederecht auf der Versammlung.
Es folgt ein Streit mit Worten, den der Geschichtsschreiber Thukydides festgehalten hat.
Als erster spricht Nikias, ein Athener:
„Ich sage euch, ihr werdet euch zu den zahlreichen Feinden, mit denen ihr es schon hier zu tun habt, durch eure Fahrt noch neue auf den Hals laden. Mit diesem Kriegsvorhaben werdet ihr unser schwer kämpfendes Staatsschiff in die Gefahr des Untergangs bringen. Bedenkt, dass wir uns eben erst von schwerer Seuche und Krieg ein wenig erholt haben."
Von denen, die nach Nikias sprechen, sind die meisten gegen den Krieg. Doch dann spricht Alkibiades, ein Neffe des Perikles:
„Syrakus hat bereits eine unserer verbündeten Städte unterworfen. Andere Städte erbitten unsere Hilfe. Wir sind die Schutzmacht und können die Hilfe für unsere Verbündeten nicht ablehnen."
Alkibiades schwärmt der Versammlung vom großen Reichtum Siziliens vor. Er schildert die Insel als den „goldenen Westen" und begeistert stimmt nach seinem flammendem Kriegsaufruf die große Mehrheit der Versammlung auf der Pnyx den Kriegsplänen zu.
Der Kriegsbeschluss wird von einem Staatssklaven in Stein gemeißelt, sodass jeder Bürger Athens sich darüber informieren kann.
Die Volksversammlung ist beendet. Die Männer strömen heftig diskutierend auf die Plätze und die Gassen in der Stadt.

(frei erzählt nach einem Bericht des Thukydides aus: Der Peloponnesische Krieg, 5 u. 6)

Das Volk entschied über Leben und Tod

Mit kleinen Bronzeplättchen wurde abgestimmt. Hohl bedeutete „schuldig“, massiv „nicht schuldig“.

Ein merkwürdiger Verdacht

Die Volksversammlung war von der Redekunst des Alkibiades so begeistert, dass sie ihm auch die uneingeschränkte Befehlsgewalt über die Flotte im Kriegszug gegen Syrakus zubilligte. Doch dann, inmitten des allgemeinen Jubels, geschah etwas Merkwürdiges. In einer einzigen Nacht wurden in Athen an mehreren Götterstatuen die Gesichter zerschlagen. Die Gegner des Alkibiades schafften es, den Verdacht der Täterschaft auf diesen zu lenken. Der Geschichtsschreiber Plutarch berichtet, dass dessen prunksüchtiges Auftreten und sein Leben in „Schwelgerei und Üppigkeit“ zuvor den Neid vieler Athener erregt hatte. Auch fürchteten sie, Alkibiades könne die Macht in der Stadt an sich reißen und eine Tyrannis errichten. Sie wollten seine Verbannung oder noch besser: seinen Tod.

Vor seiner Abreise konnte Alkibiades die Volksversammlung von seiner Unschuld überzeugen. Doch als er die Stadt verlassen hatte, schlug die Stimmung gegen ihn um. Alkibiades wurde zum Tode verurteilt, sein gesamter Besitz mit all seinen Prunkmöbeln wurde beschlagnahmt.

Wie war das möglich?

In Athen war das Volk selbst auch das Gericht. Alle Bürger über 30 konnten Mitglied im Volksgericht werden, das aus 6000 Personen bestand. Daraus wurde der Rat der 500 durch Los ermittelt. Er bereitete die Gerichtsentscheidungen vor und stellte sie der Volksversammlung zur Abstimmung. Die Mehrheit der Versammlung stimmte für „schuldig“. Die Todesstrafe wurde dann von den Geschworenen festgelegt und verkündet.

Das Scherbengericht

Die Athener fürchteten stets ein Tyrann könne wieder die Macht übernehmen. Deshalb gab es auch das Scherbengericht, mit dem sie ungeliebte Personen für zehn Jahre in die Verbannung schicken konnten. Wenn mindestens 6000 Bürger den Namen eines bestimmten Mannes auf Tonscherben ritzten, bedeutete es für diesen zehn Jahre Verbannung. Bei Alkibiades war die Versammlung noch strenger verfahren.

Eine Tonscherbe von 6000 notwendigen

Übrigens: Der Krieg gegen Syrakus endete für Athen mit einer schweren Niederlage. Alkibiades flüchtete zunächst zu den Spartanern und dann zum König der Perser. Als er acht Jahre später nach Athen zurückkehrte, wurde er erneut bejubelt. Den Athenern tat jetzt die Verurteilung Leid und sie setzten das Urteil außer Kraft.

Vor Gericht wurde die einem Angeklagten zustehende Zeit für seine Verteidigung mit einer Wasseruhr begrenzt. Nach etwa sechs Minuten war das Wasser aus dem Topf geflossen. Warum hat das dem Alkibiades nichts genützt?

1. Wie wurde über Krieg oder Frieden entschieden? Vergleicht die Art der Entscheidung in Athen mit der Art und Weise, wie in Persien darüber entschieden wurde (s. S. 177). Welche Vorzüge haben demokratische Entscheidungen? Gibt es auch Probleme bei Volksentscheidungen?
2. In einer Demokratie entscheidet die Mehrheit. Was lehrt euch das Schicksal des Alkibiades darüber?
3. **Schaut euch am Ende dieser Einheit noch einmal die Frage über den Krieg an, die ihr zu Beginn formuliert habt. Welche Fragen könnt ihr jetzt besser beantworten?**

Alexander unterwirft die Griechen und erobert ein Weltreich – Warum hat er das gemacht?

In dieser Einheit könnt ihr euch mit einem jungen Mann beschäftigen, der mit seinem Heer einen Eroberungsfeldzug von bis dahin nie gekannten Ausmaßen unternommen hat. 15.000 Kilometer legten er und seine Truppen in elf Jahren zurück. Wir fragen: Warum hat dieser Alexander mit dem Beinamen „der Große“ sich und seine Truppen diese Strapazen zugemutet? Verdient Alexander Bewunderung oder Verachtung oder gar beides? War er wirklich „der Große“? Notiert die Frage und formuliert am Ende eure persönliche Antwort.

Philipp erobert das zerstrittene Griechenland

Nach dem peloponnesischen Krieg hatten die geschwächten griechischen Städte ihre militärische Stärke verloren. König Philipp aus dem nordgriechischen Volk der Makedonier nutzte die Situation und erkämpfte 338 v. Chr. die Vorherrschaft über ganz Griechenland. Philipp hatte den Plan gemeinsam mit den unterworfenen Städten einen Rachefeldzug gegen die Perser zu unternehmen. Doch 336 v. Chr. fiel er auf dem Weg zu einem Theaterbesuch einem Mordanschlag zum Opfer. Philipp war kein Freund der Demokratie gewesen und während die Athener noch über die Nachricht von seinem Tod jubelten, übernahm sein zwanzigjähriger Sohn Alexander die Nachfolge. Er zog sofort nach Süden um die Griechen in ihre Schranken zu verweisen. Die Stadt Theben, deren Bewohner Widerstand leisten wollten, ließ er dem Erdboden gleichmachen, die Bewohner wurden getötet oder in die Sklaverei verkauft. Von da an leisteten die griechischen Städte keinen Widerstand mehr. Alexander hielt am Plan seines Vaters fest und begann sofort mit den Vorbereitungen. 334 brach er mit einem Heer von 50.000 Soldaten aus Griechen, Makedoniern, Thessaliern und Thrakern zum Feldzug gegen Persien auf.

M Der Feldzug Alexanders von 334–323 v. Chr.

Stationen auf dem Feldzug Alexanders

Mit dem Feldzug Alexanders sind einige Aufgaben zur Wiederholung verbunden und einige, für die ihr die Geschichtskarte zu Rate ziehen müsst. Ihr solltet erst zur nächsten Station übergehen, wenn ihr die jeweilige Frage richtig beantwortet habt. Wo findet ihr Ereignisse und Aussagen, die euch etwas über den Charakter des Alexander verraten?

334 v. Chr.: Alexander kommt nach Troja und sucht dort das Grab seines Vorbildes, des größten griechischen Helden aus der Ilias des Homer auf. Welches Grab suchte er?

Grab des Achilles	Grab des Hektor	Grab des Paris

?

333 v. Chr.: Nach der Schlacht bei Granikos schlägt das Alexanderheer zum zweiten Mal ein persisches Heer bei Issos. Welche Insel ist der Bucht bei Issos vorgelagert?

Kreta	Rhodos	Zypern

?

332 v. Chr.: Ägypten unterwirft sich freiwillig. Im Nildelta gründet Alexander die Stadt Alexandria, die heute noch diesen Namen trägt. Insgesamt wird er über 30 Städte gründen. Wie viele Städte, die mit dem Namen Alexander verbunden sind, dokumentiert die Karte noch?

9	11	13

?

331 v Chr.: In der Oase Siwa fragt Alexander den Hohepriester, ob die Götter ihm die Macht über alle Menschen verleihen würden. Der Priester antwortet, Alexander sei der Sohn des höchsten griechischen Gottes. Als wessen Sohn fühlt sich Alexander jetzt?

Sohn des Apollon	Sohn des Poseidon	Sohn des Zeus

?

327 v. Chr.: An der Grenze zu Indien besiegt das Heer die Truppen des indischen Königs Poros. Dabei hatten Alexanders Soldaten große Angst vor einer Kriegswaffe der Inder, die ihnen bis dahin unbekannt war. Welche könnte das gewesen sein?

Streitwagen mit Pferden	vergiftete Pfeile	indische Kriegselefanten

?

323 v. Chr.: In Babylon überfällt ihn ein Fieber, an dem er schon nach wenigen Tagen stirbt. Von welcher früheren Hochkultur war Babylon einst die Hauptstadt gewesen?

Ägypten	Mesopotamien	Syrien

?

Was war dieser Alexander für ein Mensch?

Alexander wurde schon zu Lebzeiten bewundert und verachtet. Noch heute schwanken die Meinungen über Alexander zwischen Bewunderung und Verachtung hin und her.

Welches Bild gewinnst du von ihm?

Der Geschichtsschreiber Flavius Arrianus (95–175 n. Chr.) schrieb fast 500 Jahre nach den Ereignissen eine Geschichte der Feldzüge Alexanders, wobei er sich auf alte Berichte stützte. Die Texte auf dieser Seite sind diesem Werk entnommen. Was wollte Alexander? Was war er für ein Mensch? Befragt die Quellen danach und formuliert dann eure Ansicht über ihn.

M 1

Diese Münze Alexanders „des Großen" wurde wahrscheinlich schon zu seinen Lebzeiten in Umlauf gebracht (Vorderseite: Alexander als Sohn des Gottes Zeus-Ammon, mit Widderhörnern; Rückseite: Athene als Kriegs- und Siegesgöttin). Die Forscher sind nicht ganz sicher, ob Alexander sich hier selbst darstellen wollte oder ob die Menschen nur geglaubt haben, dass dies ein Selbstbildnis sei. Was meinst du beim Betrachten dieser Münze: Hat er sich als göttlich gefühlt?

M 2 Nach der Schlacht von Issos soll Alexander Folgendes an den Verlierer, den Perserkönig Dareios, geschrieben haben:

Q Eure Vorfahren sind in Makedonien und das übrige Griechenland eingebrochen und haben uns Böses getan, ohne von uns vorher gekränkt zu sein. Ich aber bin als anerkannter Führer der Griechen nach Asien hinübergegangen, um Rache an euch zu nehmen, da ihr mit dem Unrecht angefangen habt, […] Und künftig hast du, wenn du an mich schreibst, an mich als den König von Asien zu schreiben, nicht auf gleichem Fuße mit mir zu verkehren. Du hast mit mir als dem Herrn deines ganzen Daseins zu sprechen […].

Drei Begebenheiten: Was sagen sie über Alexander aus?

M 3 Arrianus berichtet, dass seine Truppen empört waren, weil Alexander die verletzten griechischen Krieger nach Hause schicken wollte, während er gleichzeitig persische Kleidung trug und persische Soldaten in sein Heer aufnahm.

Q Sie brachen ihr Schweigen und schrieen, er solle sie lieber gleich alle aus dem Heeresverband entlassen; er möge mit seinem Vater zusammen ins Feld ziehen. Sie meinten mit diesem Schimpfwort den Gott Ammon! Als Alexander das hörte – denn er war damals sehr erregbar – sprang er mitsamt seinen Generälen von der Rednerbühne herab und befahl, die offenkundigsten Rädelsführer der Masse festzunehmen […] Es wurden daher 13 verhaftet. Diese befahl er zum Tode abzuführen.

Später, als Alexander sich wieder beruhigt hatte, soll er die Todesurteile zurückgenommen haben.

(alle Zitate auf dieser Seite aus: Anabasis, übersetzt von Wilhelm Capelle; in: Walter Arend, Geschichte in Quellen, Band 1, (Bayerischer Schulbuch-Verlag) München 4/1989, S. 331–348)

M 4 Q Alexander veranstaltete große Hochzeitsfeiern für sich und seine Freunde. Er selbst heiratete Barsine, die älteste Tochter des Dareios, und dazu noch eine weitere Königstochter. […] Und ebenso gab er auch seinen anderen Getreuen, etwa 80 – die Töchter der angesehensten Perser und Meder. Die Hochzeiten wurden nach persischem Brauch gefeiert […] All diesen Frauen hatte Alexander eine Mitgift gegeben.

M 5

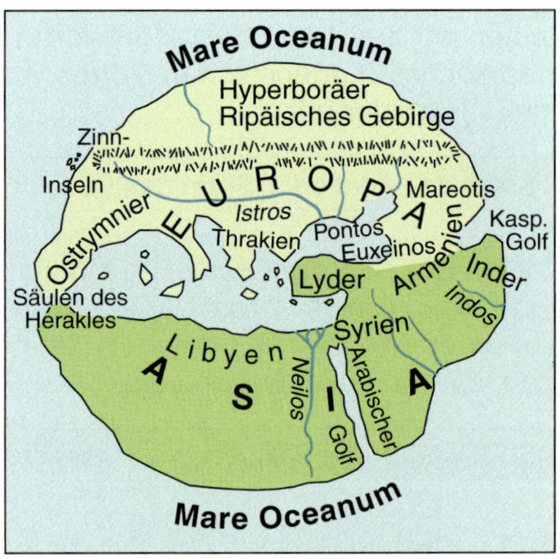

Eine Erdscheibe, von Ozeanen umflossen – die Erdkarte zeigt in etwa das geografische Wissen, über das Alexander verfügen konnte. Was lässt die Karte über seine Ziele vermuten?

Unglückseliger Alexander?

M 6

Zwei Ausschnitte aus einem Mosaik aus dem 1. Jahrhundert n. Chr., das im römischen Pompeji gefunden wurde. Es zeigt Alexander im Kampf gegen den Perserkönig Dareios.

M 7 In einer römischen Schrift wird Alexander kritisiert:

Q Seine Wut, Fremdes zu zerstören, trieb den unglückseligen Alexander in unbekannte Gegenden. […] Nicht zufrieden mit dem Zusammenbruch so vieler Städte, die (sein Vater) Philipp besiegt oder gekauft hatte, vernichtet er hier diese Stadt, dort jene. Und er trägt seine Waffen in der ganzen Welt herum. Seine Grausamkeit kommt nirgendwo zur Ruhe – ähnlich wie bei wilden Tieren, die mehr zerfleischen, als sie fressen können.

(Seneca, Briefe 94, 62 f., übersetzt von Christoph Andreas Marx)

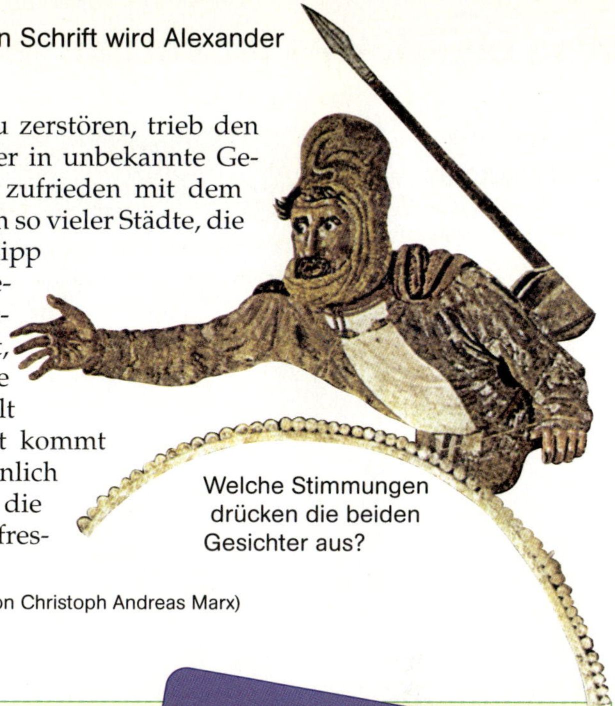

Welche Stimmungen drücken die beiden Gesichter aus?

Darf Alexander den Beinamen „der Große" behalten: Ja oder nein?

Die Klasse spielt eine Gerichtsverhandlung

Stellt euch einmal vor: Die Klasse hat ein Gerichtsurteil zu fällen. In einer gespielten Gerichtsverhandlung soll entschieden werden, ob Alexander weiterhin den Beinamen „der Große" führen darf oder ob ihm dieser Titel aberkannt werden soll. War seine Lebensleistung insgesamt „groß", also heldenhaft, bewundernswert, von herausragender Bedeutung oder verdient dieses Handeln nicht länger unsere Bewunderung? Im Gericht der Klasse nimmt jede Schülerin und jeder Schüler an der Urteilsfindung teil. So könnt ihr vorgehen:

1. Schritt: Was hat Alexander gemacht? Ein oder mehrere Schüler führen mithilfe der Geschichtskarte über den Alexanderfeldzug in die Zeit ein. Hier gilt folgende Regel: Es wird berichtet ohne die Handlungen Alexanders zu bewerten.

2. Schritt: Die Anklage: Ein oder mehrere Schüler begründen, warum Alexander der Titel „der Große" aberkannt werden soll.

3. Schritt: Die Verteidigung: Ein oder mehrere Schüler begründen, warum er weiterhin den Beinamen „der Große" führen darf.

4. Schritt: Diskussion: In dieser Gerichtsverhandlung haben alle Beteiligten das Rederecht. Jede Schülerin und jeder Schüler nimmt Stellung zur Anklage und zur Verteidigung und begründet ihre/seine Meinung.

5. Schritt: Das Urteil: Für das Urteil entscheidet hier die Mehrheit. Ihr könnt vor der Klasse zwei Urnen bereitstellen: eine für schuldig, eine für nicht schuldig. Alle gehen nach vorne und werfen einen Zettel in eine der beiden Urnen. Die Zettel werden ausgezählt. Gibt es mehr Zettel für schuldig, so erkennt die Klasse Alexander den Beinamen „der Große" ab. Gibt es mehr Zettel für nicht schuldig, so wird er auch in Zukunft den Beinamen „der Große" tragen.
Natürlich, das ist nur ein Spiel: In Wirklichkeit hat es eine solche Verhandlung nicht gegeben!

Worüber man noch nachdenken kann: Wer ist eine Heldin, wer ist ein Held?
Ein Held ist, wer ● **A** viele Kämpfe gewinnt ● **B** seine Macht vergrößert ● **C** ein Opfer für andere Menschen bringt ● **D** seine Feinde besiegt ● **E** sich für Schwächere einsetzt ● **G** sich etwas zutraut und eine große Leistung vollbringt ?

Was bleibt, was ist vergangen?

Die sieben Weltwunder der Antike

Griechische Kultur wird Weltkultur – Der Hellenismus

Alexanders Reich zerfiel schon bald nach seinem Tod. Seine Feldherrn stritten sich um das Erbe. Erneut gab es Krieg und Elend – fast 50 Jahre lang. Soldaten, die zuvor gemeinsam gekämpft hatten, kämpften nun gegeneinander. Schließlich entstanden neue, dauerhafte Reiche. Die neuen Könige stammten ursprünglich aus Griechenland. So wundert es nicht, dass in all diesen Nachfolgestaaten Städte nach griechischem Vorbild entstanden. Griechische bzw. griechisch sprechende Einheimische übernahmen die wichtigsten Ämter. Eine neue Epoche begann: der Hellenismus. Politisch war die große Zeit Griechenlands zu Ende. Griechische Kultur – also ihr Wissen, ihr Können, ihr Forscherdrang – wirkten nun weit über die Grenzen hinaus.

Die Griechen haben uns ein Bild vom Wesen des Menschen überliefert, das uns bis heute stark beschäftigt. In der Zeit des Hellenismus gab es in Athen eine Philosophenschule mit Namen Stoa, die ein damals sehr modernes Menschenbild entwickelte.

Es lohnt sich, die Lehren der Stoiker (s. M auf S. 187) Satz für Satz zu besprechen und dabei zu überlegen, was für uns heute, weit über 2000 Jahre später, noch gültig sein kann.

- **Was lehren uns diese Griechen?**
- **Was halten wir heute davon?**

Abgesehen von den Pyramiden kann niemand genau sagen, wie die antiken Weltwunder einmal ausgesehen haben. Die Rekonstruktionszeichnungen orientieren sich an alten Berichten und Fundstücken. Welches antike Bauwerk beeindruckt dich am stärksten?

☞ Der Mensch ist nicht mehr Stadtbürger, für den die Bürger aus einer anderen Stadt Feinde sind. Er reicht dem Fremden die Hand und ist Weltbürger, so genannter *Kosmopolit.*

☞ Alle Menschen können an der Weltvernunft teilhaben und sind deswegen gleichberechtigt.

☞ Der Wert eines Menschen wird nicht nach Haus oder Vermögen berechnet.

☞ Der Mensch ist für sein Tun selbst verantwortlich.

☞ Wertvoll ist ein Mensch, der etwas Nützliches für die Gesellschaft leistet und nicht nur an seinen eigenen Vorteil denkt.

Was sind die sieben Weltwunder?

Die sieben Weltwunder waren im Altertum berühmte und viel beachtete Bauwerke. Seit dem dritten Jahrhundert v. Chr. priesen die Griechen sie als Sehenswürdigkeiten. Jeder gebildete Grieche sollte diese hervorragenden Denkmäler einmal in seinem Leben besichtigt haben.
Heute sind die meisten der sieben Weltwunder von damals nicht mehr erhalten. Wie die Bauwerke einst ausgesehen haben, müssen Forscher nach Münzbildern, anderen bildlichen Darstellungen und Ausgrabungsfunden rekonstruieren.
Allein vier der damals sieben Weltwunder sind griechischen Ursprungs. Welche sind es?

Die sieben Weltwunder waren:

- die Pyramiden von Giza in Ägypten (2550 bis 2400 v. Chr.)
- die Hängenden Gärten der Semiramis, erbaut in Babylon (heute Irak) durch König Nebukadnezar zwischen 600 und 550 v. Chr.
- der Tempel der Göttin Artemis in Ephesos in der heutigen Türkei, erbaut 565–445 v. Chr.
- das Grabmal des persischen Statthalters Mausolos in Halikarnassos in der heutigen Türkei, vollendet 350 v. Chr.
- das Bronzestandbild des Gottes Helios auf der Insel Rhodos, erbaut 304–292 v. Chr. (das Standbild wurde nur 65 Jahre nach seiner Entstehung durch ein Erdbeben zerstört und ist bekannt als „Koloss von Rhodos")
- der Leuchtturm von Alexandria in Ägypten, erbaut 299–279 v. Chr.
- die Zeusstatue des Bildhauers Phidias in Olympia.

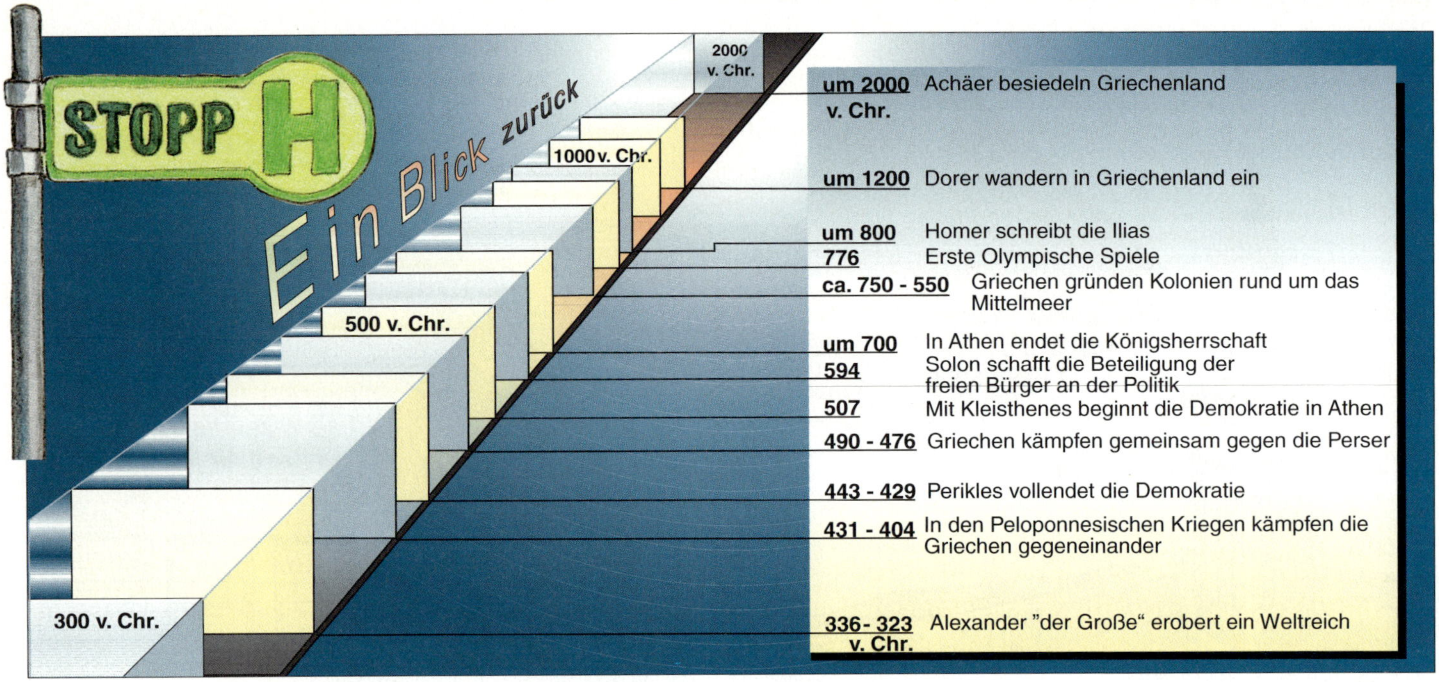

Kleines Quiz mit Zahlen

1. Aus welcher Zeit stammen die ersten Zeugnisse griechischer Kultur? A um 2000 B um 1500 C 700 v. Chr. ?	**2.** In welchem Jahrhundert liegen die Höhepunkte der attischen Demokratie? A im 7. Jahrhundert B im 5. Jahrhundert C im 3. Jahrhundert ?	**3.** Wenn du aus dem Jahr 2005 zurückblickst: Wie viele Jahre wird Perikles dann tot sein? A 2429 Jahre B 2430 Jahre C 2434 Jahre ?

Blick zurück auf die Götterwelt

1. Könnt ihr diesen Text rekonstruieren und ins Heft übertragen?

„Im Unterschied zu den Menschen waren die griechischen Götter u??????????. Sie sahen wie besonders edle, vornehme und schöne M??????? aus und verfügten über außergewöhnliche F??????????. Sie konnten durch die L??? fliegen und sich auf dem W????? bewegen."

2. Wer ist Zeus, wer Apollon, wer Athene? Wer hat sich hier von wo in die griechische Götterfamilie eingeschlichen?

1 Ilias
2 Homer
3 Odysseus
4 Hölzernes Pferd
5 Heinrich Schliemann

Blick zurück auf Homer

Wer kann eine Geschichte erzählen, in der
a) die Begriffe vorkommen,
b) der Name des Helden auf dem Bild,
c) eine Sage und
d) eine berühmte Entdeckung?

Blick zurück auf die Kolonisation

Eine Schülerin und ein Schüler sitzen vor dieser Geschichtskarte und fragen sich …

Was haben die Griechen in der Zeit der Kolonisation gemacht?

Was ist der Unterschied zwischen einer Geschichtskarte und einer aktuellen Karte aus dem Erdkundeatlas?

Kannst du behilflich sein?

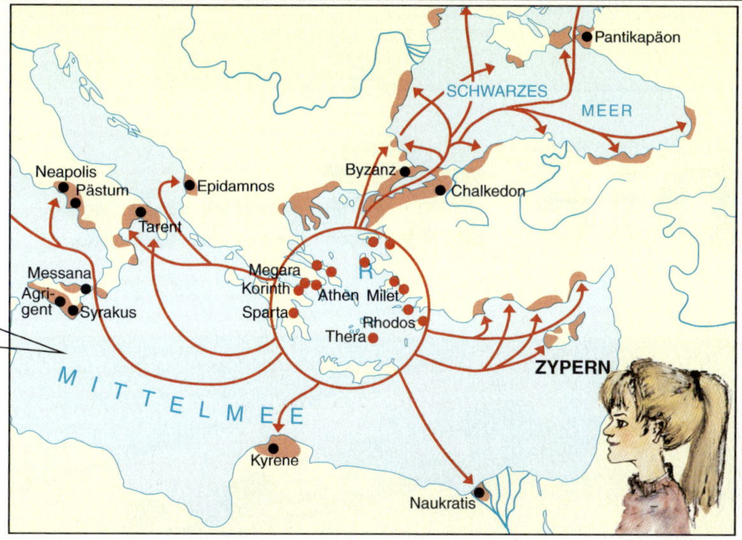

Blick zurück auf die Demokratie in Athen

A ein Schaubild

Das Schaubild auf der rechten Seite kann dich an andere in diesem Buch erinnern.

a) Es zeigt eine Entwicklung in Athen, welche?
b) Es enthält Fremdwörter, die erklärt werden müssen.
c) Es sagt etwas aus über die Beteiligung an der Macht im Staat, was?

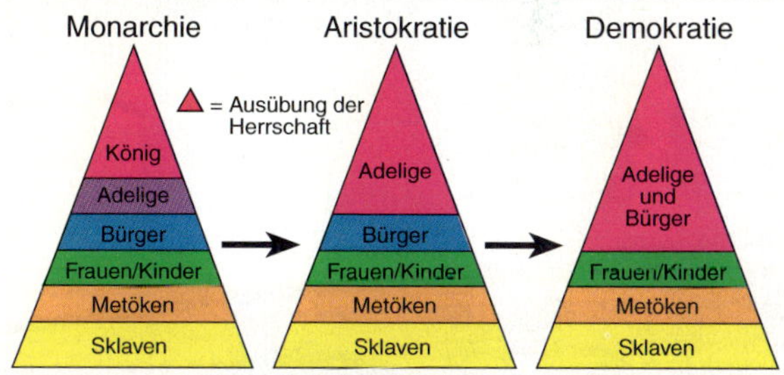

B eine Textquelle

Der nebenstehende Text stammt aus einem Theaterstück des griechischen Dichters Aristophanes, der etwa von 445 bis 386 v. Chr. gelebt hat. Es geht darin um die Situation in Athen. Was aber ist genau gemeint? Kannst du die Quelle deuten?

Q Volk, wie du doch mächtig bist!
Denn gefürchtet von jedermann, herrschest du
als unumschränkter Regent und Gebieter.
Aber leicht lässt du dich betören von Schmeichlern, die ränkevoll
dich am Narrenseil führen, denn schwatzt dir einer was vor,
da sperrst du Maul und Nase auf – dein Verstand aber ist entschwunden.

(Aristophanes, Die Ritter, 1111 ff.; nach der Übersetzung von L. Seeger, Aristophanes, Sämtl. Komödien, Zürich 1952)

C ein Fundstück
Was erzählt uns diese Scherbe?

In der Nähe der Pnyx, dem Platz der antiken Volksversammlung in Athen, hat man diese Scherbe gefunden, in die der Name Themistokles eingeritzt ist. Er hatte die Griechen in der Seeschlacht bei Salamis zum Sieg geführt. Wie viele andere traf ihn später ein hartes Schicksal und die Scherbe ist Zeuge dafür. Erzähle, was dem Themistokles passiert sein könnte.

Blick zurück auf berühmte Personen

Wer ist dieser Mann?

Wann hat er gelebt?

Was hat er gemacht?

Warum sind seine Taten umstritten?

Die Römer

Die Fotos auf Seite 190/191 zeigen den Aquaedukt Pont du Gard in der Nähe von Nimes, das Amphitheater in Arles, den Hadrianswall, die Kaiserthermen in Trier, das Amphitheater in El Djem bei Tunis und den Kaiserpalast in Split.

Überall in Europa finden wir Spuren der Römer. Überlegt einmal: Welchem Zweck können diese verschiedenen Bauwerke in der Zeit römischer Herrschaft gedient haben?

500 1000

Auf welche heutigen Länder sind sie verteilt?
Wie alt mögen diese Gebäude sein?
Kennt ihr andere Spuren römischer Herrschaft?
Wisst ihr schon etwas über die Römerzeit?

Vom Dorf zum Weltreich

Wie ist Rom entstanden?

Zu dieser Frage könnt ihr die Sage und die Ergebnisse der Forscher gegenüberstellen.

Was berichtet uns die Sage?

Der trojanische Held Äneas rettete sich mit einigen Mitkämpfern aus der brennenden Stadt Troja und fand nach langer Reise eine neue Heimat in Latium, einer Landschaft in Mittelitalien.
Seine Söhne gründeten dort die Stadt Alba Longa und herrschten als Könige. Die Königstochter Rea Silvia, die heimlich mit dem Kriegsgott Mars vermählt war, gebar die Zwillinge Romulus und Remus. Ein machthungriger Onkel entführte die beiden Jungen und setzte sie in einem Korb im Fluss Tiber aus.
Doch Romulus und Remus wurden in der Nähe des Hügels Palatin an Land gespült. Hier wurden sie von einer Wölfin gefüttert und später von dem Hirten Faustulus aufgezogen. Als die beiden Jungen erwachsen geworden waren, beschlossen sie eine Stadt zu gründen. Sie stritten sich jedoch darüber, ob diese Stadt auf dem Hügel Palatin oder auf dem Hügel Aventin erbaut werden sollte. Es kam zum Kampf und Romulus tötete Remus. Romulus gründete nun die nach ihm benannte neue Stadt auf dem Hügel Palatin und wurde der erste König Roms.
Sagen sind oft auf wahre Ereignisse zurückzuführen, die von Generation zu Generation weitererzählt und dabei immer mehr abgewandelt wurden. So wurde auch die Sage um Romulus und Remus über Jahrhunderte mündlich überliefert, bis sie der Römer Vergil (70–19 v. Chr.) aufgeschrieben hat.

Die römische Wölfin. Bronzefigur aus dem 5. Jahrhundert v. Chr. Die Zwillinge sind später hinzugefügt worden. – Wie gut vertragen sich die beiden Kinder? Vergleicht mit der Sage!

Was hat die Geschichtsforschung ermittelt?

Die Frage, wie Rom entstanden ist, hat immer wieder auch Archäologen und Historiker beschäftigt. Sie haben Berichte antiker Autoren studiert und Funde aus der Stadt Rom und ihrer Umgebung untersucht. Dabei sind sie zu folgenden Ergebnissen gekommen:

Die moderne Geschichtsforschung zeigt uns ein anderes Bild von der Entstehung Roms als die Sage.
Etwa um 1000 v. Chr. ließ sich das Volk der Latiner am unteren Tiber nieder. Auf den Hügeln *Palatin* und *Quirinal* bildeten sich in dieser Zeit Ansammlungen einfacher Hütten. In die nach den *Latinern* benannte Landschaft Latium wanderten ein Jahrhundert später die *Etrusker* ein. Die Herkunft dieses kulturell hoch entwickelten Volkes ist bis heute ungeklärt. Um 600 v. Chr. erlangten die Etrusker die Vorherrschaft über Latium.
Sie legten die sumpfigen Niederungen zwischen den besiedelten Hügeln trocken und schufen einen Entwässerungskanal, die *cloaca maxima.* In dieser Zeit entstand auch das *Forum,* ein Zentrum für die Siedlungen der Stadt.
Vieles spricht dafür, dass Rom als Stadtstaat von den Etruskern ins Leben gerufen wurde. Der Name Rom leitet sich wahrscheinlich von dem etruskischen Königsgeschlecht der Romulier ab.
Über hundert Jahre herrschten etruskische Könige über Rom. Etwa um 500 v. Chr. wurde der König Tarquinius Superbus gestürzt. Mit ihm endete das *Königtum* in Rom. Etwas Neues entstand: die römische *Republik.*
(Das war ungefähr in der Zeit, in der durch Kleisthenes im griechischen Athen die Demokratie geschaffen wurde.)

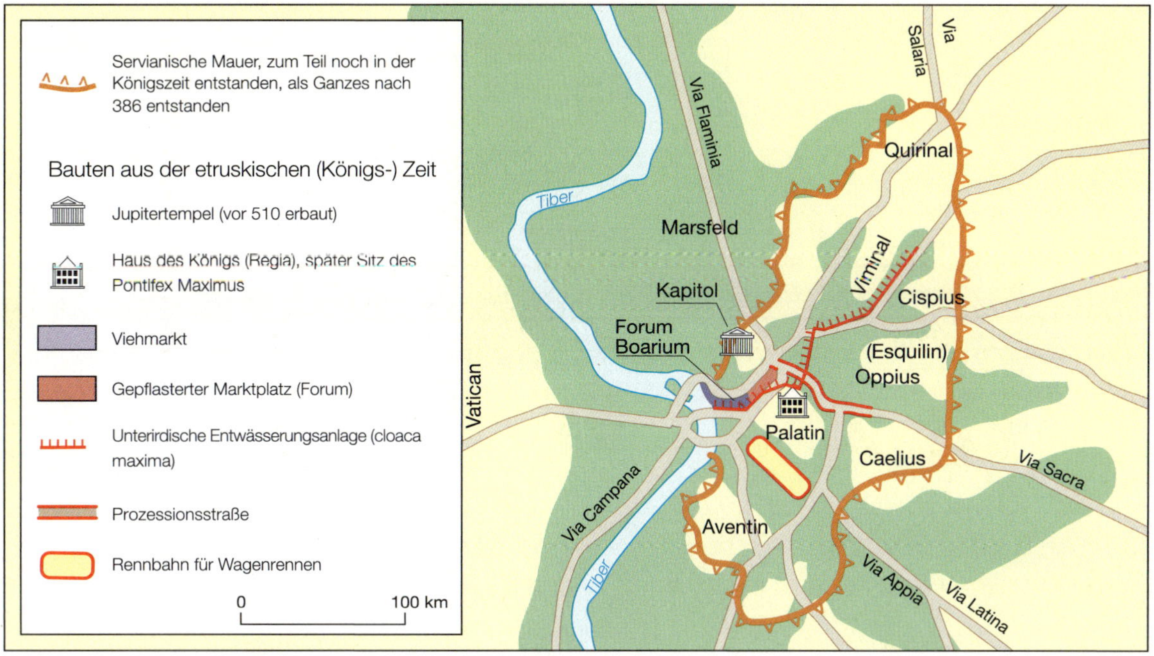

Plan der Stadt Rom zur Zeit der frühen Republik

1. Sage und Forschung – ihr könnt beides gegenüberstellen:

2. Zum Weiterdenken:
Die Sage nennt als Großvater des Romulus den trojanischen Helden Äneas und als Vater den Kriegsgott Mars. Angenommen, jemand hätte die Sage erfunden: Was wollte er damit zeigen?

Wie wurde aus Rom ein Weltreich?

Überlegt zunächst selbst: Wie könnte diese Entwicklung verlaufen sein?

Auch Experten können die Frage, wie aus Rom ein Weltreich wurde, nicht mit wenigen Sätzen beantworten. Denn diese Expansion, diese Ausdehnung, dauerte viele Jahrhunderte und die Gründe dafür, warum die Römer mit anderen Völkern Krieg führten, waren sehr unterschiedlich. Auf den folgenden Seiten könnt ihr mehr darüber erfahren.
Die Karte unten hilft euch, den Verlauf der Entwicklung Roms zum Weltreich nachzuvollziehen. Auf der folgenden Seite findet ihr Texte aus römischer Zeit; aus diesen Quellen erfahrt ihr, wie damals die Entwicklung Roms erklärt wurde.

M 1

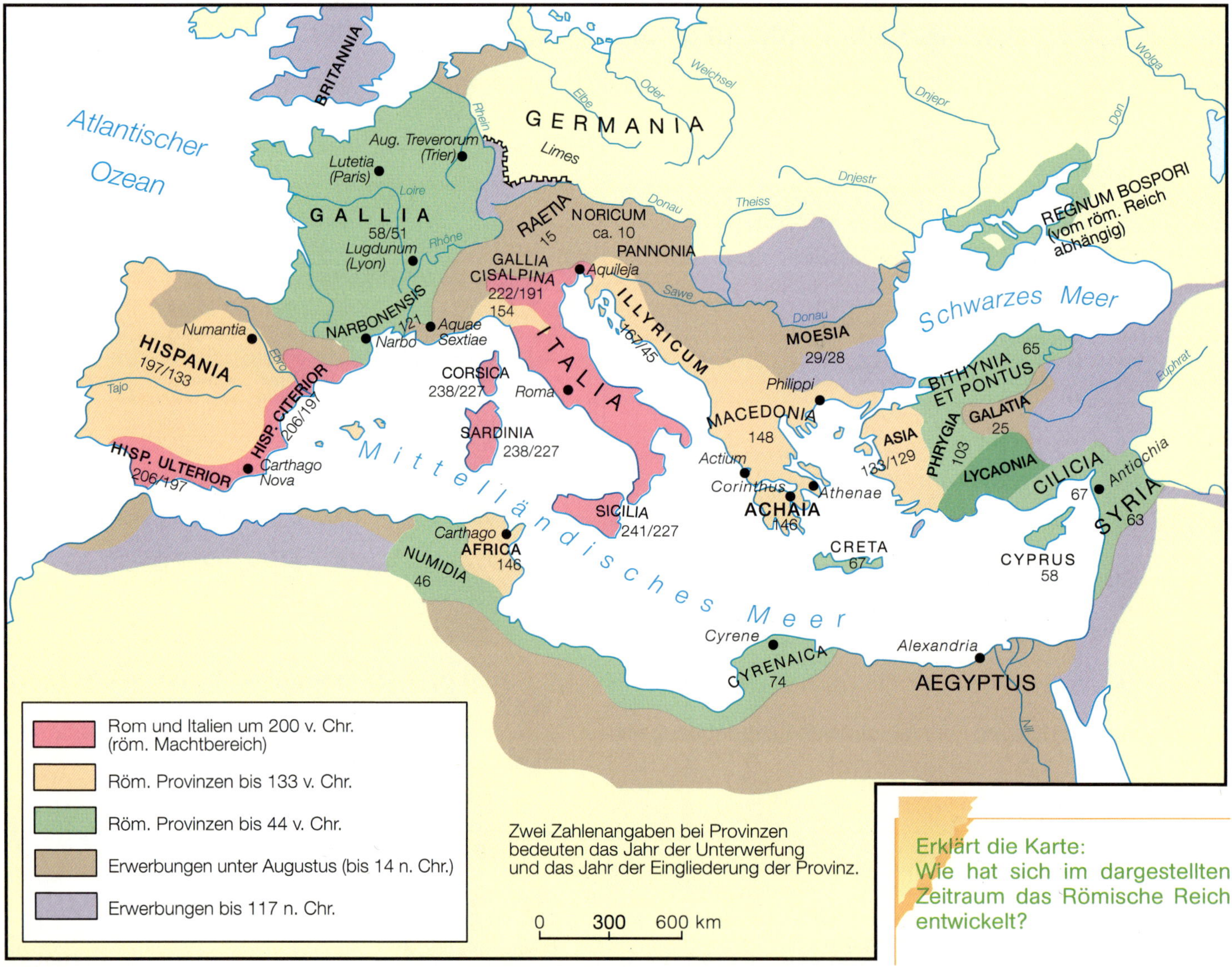

Erklärt die Karte:
Wie hat sich im dargestellten Zeitraum das Römische Reich entwickelt?

Wir untersuchen widersprüchliche Textquellen

Texte aus früheren Zeiten sind wichtige Quellen, wenn wir etwas über die Vergangenheit erfahren wollen. Doch Vorsicht! Nicht immer ist alles wahr, was wir in alten Texten lesen. Jeder Mensch, der etwas aufschreibt, hat schließlich seine persönliche Sicht der Dinge. Manchmal widersprechen sich Texte, auch wenn sie das gleiche Thema behandeln. Das könnt ihr an den beiden folgenden Texten von Diodor und Sallust untersuchen.

M 2 Der römische Historiker Sallust (86–34 v. Chr.) lässt den von den Römern besiegten König Mithridates VI. von Pontos über die Römer urteilen:

Q Die Römer haben ein einziges und uraltes Motiv dafür, mit allen Nationen und Völkern und Königen Krieg anzufangen: unermessliche Begierde nach Herrschaft und Reichtum. [...] die Römer führten ihre Waffen gegen alle Völker, die schärfsten gegen die, deren Niederlage die meiste Waffenbeute einbringt; durch [...] Täuschen und dadurch, dass sie Krieg an Krieg reihen, sind sie groß geworden. Und so werden sie alles vernichten und selbst zugrunde gehen [...].

(Sallust, Historien 4, 69, übersetzt von Walter Arend; in: Geschichte in Quellen, Altertum, (bsv) München 1989, S. 505f.)

M 3 Der sizilianische Schriftsteller Diodor (1. Jahrhundert v. Chr.) schreibt über die römische Eroberungspolitik:

Q Die Römer errichteten ihre Weltherrschaft durch die Tapferkeit ihrer Heere und brachten sie zur größten Ausdehnung durch die überaus anständige Behandlung der Unterworfenen. Und sie blieben so sehr frei von aller Grausamkeit und Rachsucht den Unterworfenen gegenüber, dass man hätte glauben können, sie kämen zu ihnen nicht wie zu Feinden, sondern gleichsam zu Männern, die sich um sie verdient gemacht hätten, und zu Freunden.

(Diodorus 32, 4, 4, übersetzt von Walter Arend; in: Geschichte in Quellen, Altertum, (bsv) München 1989, S. 456, bearbeitet)

Textquellen vergleichen: Wie geht das?

Ein Vergleich von Textquellen bietet sich immer dann an, wenn sie das gleiche Thema behandeln. Wir lernen so, die geschichtlichen Ereignisse aus unterschiedlichen Sichtweisen zu sehen, und können uns eine klügere Meinung bilden – zum Beispiel zu der Frage:

„Wie ist es den Römern gelungen, ein Weltreich zu errichten?"

Prägt euch für Textvergleiche die folgenden drei Schritte ein:

1. **Was ist das gemeinsame Thema der verschiedenen Texte?**
2. **Welche Informationen liefert uns jeder einzelne Text zum Thema?**
3. **Welche Unterschiede können wir feststellen?**

Ihr könnt dann weiter überlegen, wie die unterschiedlichen Bewertungen zu erklären sind. Schaut hin, wer den Text geschrieben hat und warum. War es ein Freund oder Feind, ein Sieger oder ein Besiegter, usw.? Könnt ihr nun zu euren Ergebnissen ein übersichtliches Tafelbild entwickeln?

Wie wurde aus Rom eine Weltmacht?

So sieht es Sallust:
–
–

?

So sieht es Diodor:
–
–

Wer kann mithilfe des Tafelbildes und der Karte einen Vortrag halten zum Thema: Roms Weg zur Weltmacht?

Die Römer führten 500 Jahre Krieg: Warum?

Der Fall Karthago

Seit dem 5. Jahrhundert v. Chr. haben die Römer eine endlose Zahl von Kriegen geführt. Am Beispiel der Auseinandersetzung Roms mit Karthago an der afrikanischen Mittelmeerküste können viele Dinge deutlich werden.

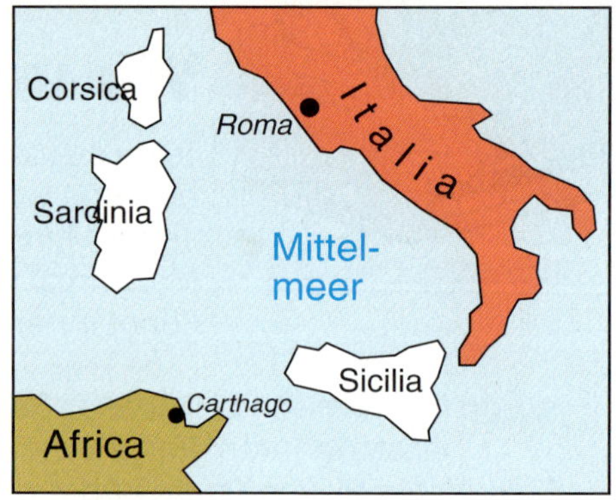

Die Karthager haben erst um Sizilien Krieg angefangen und dann um Spanien. Wir haben nach Recht und Pflicht zu den Waffen gegriffen …
(nach: Livius, Römische Geschichte, 30, 31)

Das grausame Volk der Römer nimmt alles in seinen Besitz und unterwirft alles seiner Entscheidung. Wir müssen uns wehren …
(nach: Livius, Römische Geschichte, 21,44)

Der römische Feldherr Scipio (236–184 v. Chr.)

Hannibal. Karthagos Staatsmann und Feldherr (247–183 v. Chr.)

Mit der Eroberung Süditaliens hatten die Römer auch den ehemals griechischen Seehandel übernommen. Römische Handelsschiffe befuhren nun das westliche Mittelmeer. Der Handel in diesem Bereich wurde von den Karthagern beherrscht. Sie wurden von den Römern auch Punier genannt und deshalb haben diese Kriege den Namen „Punische Kriege".

264 v. Chr. führte der Streit um Handelsgebiete auf Sizilien zum *1. Punischen Krieg.* 20 Jahre dauerten die Auseinandersetzungen. Erst als es den Römern gelungen war, die punische Flotte zu vernichten, war Karthago zum Frieden bereit. 218 v. Chr. gerieten die beiden Konkurrenten erneut aneinander. Wiederum war der Streit um Handelsgebiete die Ursache des *2. Punischen Krieges.*

Hannibal vor den Toren Roms

Im Jahre 221 v. Chr. war der 26 Jahre alte Hannibal Feldherr des karthagischen Heeres geworden. 218 v. Chr. eroberte er die Hafenstadt Sagunt in Spanien. Sagunt war mit den Römern verbündet. Hannibal wusste, dass die Römer auf dem Seeweg Truppen schicken würden.
Er tat das Unglaubliche: Mit 50.000 Soldaten, 9000 Reitern und 37 Kriegselefanten zog er über die Pyrenäen, durchquerte Südfrankreich und wagte die äußerst gefährliche Überquerung der Alpen. Noch ehe die Römer ein Heer nach Spanien schicken konnten, stand Hannibal in Oberitalien – zum Schrecken der Römer. Denn Hannibal zog durch das Land und verwüstete es. Die Römer versuchten Hannibal aufzuhalten. Doch die römischen Truppen wurden mehrfach vernichtend geschlagen. Im Jahre 216 v. Chr. brachte die Schlacht bei Cannä den Römern die Katastrophe: 70.000 Männer fielen – der Großteil des römischen Heeres. „Hannibal vor den Toren!" Das war die Angst, die nun in Rom umging. Die Römer bereiteten sich darauf vor, dass Hannibal die Hauptstadt angreifen würde. Selbst Tiberbrücken wurden abgerissen. Doch zur Verwunderung der Römer griff Hannibal nicht an, sondern zog weiter nach Süditalien, um das Land zu erobern.

Der Konkurrent wird ausgeschaltet

Viele Bundesgenossen lösten sich jetzt von Rom. Die Zahl der Gegner wuchs. Auch Makedonien erklärte Rom den Krieg. Die römischen Heere kämpften gleichzeitig in Italien, Sizilien, Spanien und Griechenland. Trotz großer Verluste nahm der Krieg kein Ende. Während die Römer neue Heere aufstellen konnten, hatte Hannibal bald Probleme mit dem Nachschub. Die Wende gelang dem römischen Feldherrn Scipio. Er besiegte die Karthager in Spanien, zwang Hannibal zur Rückkehr und besiegte ihn bei Zama nahe Karthago. Die Besiegten mussten alle Schiffe abgeben, auf Spanien und Sizilien verzichten und Zahlungen an die Römer leisten.
50 Jahre später wurde Karthago im *3. Punischen Krieg* endgültig vernichtet.

Kriegselefant (Teller aus dem 3. Jahrhundert v. Chr.)

1. Von der ersten Auseinandersetzung der Römer und Punier bis zur Zerstörung Karthagos hat es fast 100 Jahre gedauert. Da fällt es schwer, die Übersicht zu behalten. Aber vielleicht gelingt es euch doch. Mithilfe des folgenden Schemas könnt ihr die Informationen zum „Fall Karthago" in eurem Heft oder an der Tafel ordnen:

Die Punischen Kriege	**Ursachen/Anlass**	**Ziele/Strategien**	**wichtige Ereignisse**	**Ergebnisse**	**Folgen/Bedeutung**

2. Wenn ihr euch Übersicht verschafft habt, könnt ihr zum Punischen Krieg Stellung nehmen:

„Also, wenn ich Römer wäre, dann wäre ich sicher der Meinung, dass …"

„Ein Punier würde den Krieg aber ganz anders beurteilen …"

„Aus heutiger Sicht könnte man noch ganz anderer Meinung sein …"

Sieger und Besiegte

Wie rechtfertigten die Römer ihre Kriege?

M 1

Das römische Relief auf einem Sarkophag aus dem dritten Jahrhundert v. Chr. zeigt das Leiden der Krieger. Die Soldaten sind nackt dargestellt, obwohl sie in Wirklichkeit nicht nackt gekämpft haben. Links werden die Kämpfenden so gezeigt, als würden beide verlieren. Rechts versucht ein Soldat seinen Mitkämpfer zu retten: vergeblich. Was meint ihr: Verherrlicht oder verurteilt diese Darstellung den Krieg?

Zur Zeit der Römer wurde die Notwendigkeit von Kriegen wenig in Frage gestellt. Es gab Gründe, die einen Krieg offenbar rechtmäßig erscheinen ließen: der Wunsch nach Macht und Ausdehnung der Herrschaft, Angst vor Bedrohung, Landmangel, Hunger. Fragt man danach, warum die Römer Kriege führten, so fällt die Antwort schwer. Mal wurden sie angegriffen, mal war der Wunsch nach Reichtum und Macht im Spiel. Letztlich gibt es aber keine einheitliche Erklärung.
Der Römer Marcus Tullius Cicero (106–43 v. Chr.) war selbst als Politiker tätig. Er hat in einer Zeit der Bürgerkriege gelebt, als römische Feldherren gegeneinander Krieg führten. Gerade in dieser Zeit der Wirren schreibt Cicero in einem seiner Bücher darüber, welchen Krieg man als „gerecht" bezeichnen kann und welchen nicht. Das, was Cicero schreibt, ist typisch für römisches Denken:

M 2

Q Jene Kriege sind ungerecht, die ohne Grund unternommen werden. Ein gerechter Krieg kann nämlich nur aus Rache geführt werden oder um Feinde zurückzutreiben. Ein Krieg kann nur dann für gerecht gehalten werden, wenn er angesagt und erklärt ist und wenn das vom Gegner geraubte Eigentum vorher zurückgefordert worden ist.

(Cicero, de re publica 3,35, übersetzt von Christoph Andreas Marx)

Für Cicero war es auch gerecht, wenn man seinen Verbündeten verteidigte.

1. Ungerechter und gerechter Krieg: Was vermittelt uns der Text des Cicero über das Denken eines Römers?
2. Welche Gedanken über den Krieg gehen dir durch den Kopf, wenn du liest, wie ein römischer Politiker und Schriftsteller in alter Zeit darüber gedacht hat?

Wir versetzen uns in die Lage einer Kriegsgefangenen und formulieren unsere Gedanken zum Thema Krieg

M 3 Korinth wird erobert: Pausanias berichtet

Im Jahre 146 v. Chr. führten die Römer Krieg gegen die griechische Stadt Korinth. Der Grieche Pausanias (2. Jahrhundert n. Chr.) schreibt über die Eroberung Korinths durch den römischen Feldherren Mummius:

Q Am dritten Tag nach der Schlacht erstürmte Mummius Korinth und ließ es niederbrennen. Den größten Teil der gefangen genommenen Einwohner erschlugen die Römer, Weiber und Kinder ließ Mummius in die Sklaverei verkaufen […]. Von den Weihgeschenken und sonstigen Kunstgegenständen wurden die, die die meiste Bewunderung fanden, fortgeschafft.

(Pausanias 7, 16, übersetzt von Walter Arend, in: Walter Arend, Geschichte in Quellen, Altertum: Alter Orient – Hellas – Rom, (Bayerischer Schulbuch-Verlag) München [4]1989, S. 455)

M 4 Cynthia aus Korinth

Die folgende Geschichte finden wir nicht in den Schriften der Römer. Sie ist frei erfunden, könnte sich aber genauso zugetragen haben:

Wir nehmen an, Cynthia ist im Krieg als zwölfjähriges Mädchen aus Korinth nach Rom verschleppt worden. Sie lebt nun seit zwei Jahren als Sklavin im Haus einer römischen Familie. Sie muss dort den Haushalt führen. Cynthias Vater wurde bei der Eroberung Korinths von den Römern erschlagen. Wo ihre Mutter geblieben ist, weiß das Mädchen nicht. Weil sie mit niemandem so richtig reden kann, schreibt Cynthia oft abends ihre Gedanken in ein Tagebuch. Heute beginnt sie so:

„Ich verstehe nicht, warum viele meinen, ein Krieg könne irgendwie gerechtfertigt sein. Heute will ich aufschreiben, welches Leid der Krieg über die Menschen gebracht hat und wie ich über die Notwendigkeit von Kriegen denke …"

Versetze dich in die Lage Cynthias und schreibe ihre Gedanken zu Ende.

Kann Krieg ein rechtmäßiges Mittel der Politik sein? Diese Frage solltet ihr in der Klasse erneut diskutieren. Ihr dürft dabei auch von aktuellen Beipielen ausgehen. Bereitet euch vor: Jeder sammelt für sich zunächst alles, was ihm zur Frage einfällt. Danach ordnet er seine Gedanken auf Stichwortzetteln. Dann beginnt die Diskussion: Damit das Ganze nicht im Chaos endet und alle durcheinanderreden, verwendet einen „Redestein". Wer spricht, hält den Redestein in der Hand. Danach gibt er ihn weiter. Es darf nur der sprechen, der den Stein hat.

Das Relief aus dem 2. Jahrhundert n. Chr. zeigt römische Legionäre. Übrigens: In unserem Wort Militär steckt das römische Wort „milites", das „Krieger" bedeutet.

Wer regiert in Rom?

Das einfache Volk kämpft um seine Rechte

Betrachtet man ihre militärischen Erfolge, könnte man meinen, die Römer sind so stark gewesen, weil sie so gut zusammengehalten haben. Doch das stimmt nicht. Auch in Rom selbst gab es oft Streit. Und dabei ging es – wie so oft in der Geschichte – um die Frage: **Wer soll an der Macht im Staat beteiligt sein?**

Nach dem Sturz des letzten etruskischen Königs nannte sich der römische Stadtstaat *res publica,* d.h die öffentliche bzw. die gemeinsame Sache. Doch von einer gemeinsamen Sache konnte zunächst keine Rede sein. Denn alle politischen Ämter blieben den Angehörigen der vornehmen Familien, den *Patriziern,* vorbehalten.
Die einfachen Leute, die *Plebejer* (von lat.: plebs ≈ einfaches Volk), hatten zunächst keine Möglichkeit am Staat mitzuwirken. Andererseits trugen die Plebejer im Krieg die Hauptlast. Dort dienten sie als schwer bewaffnete Fußsoldaten.
Die Plebejer wussten, dass das römische Heer ohne sie kampfunfähig war. Diesen Umstand nutzten sie als Druckmittel. Sie forderten politische Rechte und ordentliche Gesetze.

Diese *Ständekämpfe,* der Streit zwischen dem Stand der Patrizier und dem Stand der Plebejer, dauerte über zwei Jahrhunderte. Dabei gelang es den Plebejern, eigene Forderungen durchzusetzen:

Der lange Weg zur Eintracht

490 v. Chr.: Plebejer dürfen eigene Versammlungen abhalten. Sie dürfen Volkstribunen wählen, die gegen Maßnahmen der Regierung Einspruch erheben können.

↓

450 v. Chr.: Auf zwölf Bronzetafeln werden Gesetze festgeschrieben, die Plebejer vor der Willkür der Patrizier schützen.

↓

367 v. Chr.: Plebejer dürfen oberste Staatsbeamte werden.

↓

350 v. Chr.: Plebejer dürfen das Priesteramt bekleiden.

↓

287 v. Chr.: In den Versammlungen der Plebejer dürfen Gesetze beschlossen werden.

↓

CONCORDIA

Münze mit dem Bild des Concordia-Tempels. Der Concordia-Tempel soll 367/366 v. Chr. als Zeichen der Einigkeit und Eintracht (lat.: concordia) von Patriziern und Plebejern errichtet worden sein. Wie sah das Verhältnis wirklich aus?

Wie schützt das Zwölf-Tafel-Gesetz die einfachen Leute?

Etwa 450 v. Chr. wurden in Rom auf zwölf Bronzetafeln grundsätzliche Regelungen festgeschrieben. Auf diese Regeln konnte sich jeder berufen, egal, ob er oder sie den Patriziern oder Plebejern angehörte. Damit war es den reichen Patriziern nicht länger möglich, mit den Leuten aus dem einfachen Volk so zu verfahren, wie es ihnen beliebte. Beging zum Beispiel von nun an ein Patrizier eine Körperverletzung an einem Plebejer, so konnte er dafür hart bestraft werden. Könnt ihr in den ausgewählten Tafeln die Schutzwirkung für die Plebejer entdecken?

M Q

Tafel I.1

Wenn der Kläger den Beklagten vor Gericht ruft, muss der Beklagte dorthin gehen. Geht er nicht, muss zum Zeugnis aufgefordert werden. Sodann soll der Kläger ihn festnehmen.

Tafel VII.2

Errichtet jemand neben einem fremden Grundstück einen Zaun, darf er ihn nicht über die Grenze rücken. Bei einer Mauer muss er einen Fuß zurückbleiben, bei einem Haus aber muss er zwei Fuß Abstand wahren.

Tafel VIII.2

Wenn jemand einem anderen ein Glied verstümmelt, soll der Täter das gleiche erleiden, wenn er sich nicht mit dem Verletzten gütlich einigt.

Tafel V.3

Wie jemand hinsichtlich seines Geldes und der Vormundschaft über seine Sache letztwillig entschieden hat, so soll es rechtens sein.

Tafel VIII.3

Wer mit der Hand oder dem Stock einem Freien einen Knochen gebrochen hat, muss sich zugunsten des verletzten Freien einer Strafe von 300 As, zugunsten eines verletzten Sklaven einer solchen von 150 As unterziehen.

(Zitiert nach: Rudolf Düll: Das Zwölftafelgesetz, München/Zürich (Artemis Verlag) 6/1989, S. 27ff., bearbeitet)

1. Erklärt, wie die einzelnen Bestimmungen des Zwölf-Tafel-Gesetzes in besonderer Weise die Schwachen vor den Starken schützen.
2. Wie bewertet ihr dieses Gesetz aus heutiger Sicht? Was erscheint euch vernünftig, was würdet ihr ablehnen?

Rom – eine Republik

Grieche trifft Römer: „Warum ist bei euch Römern alles so kompliziert?"

Das folgende Gespräch ist erfunden, könnte aber so stattgefunden haben. Mithilfe dieses Beispiels könnt ihr eure Kenntnisse über die Staatsformen der Griechen wieder auffrischen und zugleich sehen, wie es um die politische Beteiligung in Rom bestellt war.
Achtet besonders darauf, was ihr über den Senat, den Magistrat und die Volkstribunen erfahrt. Diese Informationen werdet ihr brauchen.

M 1 Wir schreiben das Jahr 350 v. Chr.. Der griechische Händler Empedokles ist mit seinem Schiff in Ostia, dem Hafen Roms gelandet. In den nächsten Tagen will er seine Ware auf den Märkten in Rom anbieten. Im Hafen von Ostia erwartet ihn sein Freund Markus Drusus, ein römischer Händler, den Empedokles vor einem halben Jahr in Athen kennen gelernt hat. Während Sklaven das Schiff entladen, setzen sich die beiden in eine Taverne und feiern ihr Wiedersehen.

Markus: Kannst du dich denn auf deine Sklaven verlassen, Empedokles?

Empedokles: Sicher. Sie müssen gehorchen, und wenn nicht, werden sie hart bestraft. Das wird bei euch nicht anders sein.

Markus: Nein, aber ich dachte, ihr habt doch eine Demokratie, in der jeder mitbestimmen kann und jeder frei ist.

Empedokles: Ja, wir haben eine Demokratie und wir haben sie sogar erfunden. Mitbestimmen dürfen allerdings nur die freien Männer. Frauen, Kinder und Sklaven dürfen das nicht.

Markus: Seltsam, eure Verfassung.

Empedokles: Das musst du gerade sagen. Bei euch Römern blickt man ja überhaupt nicht durch, wer da herrscht. Habt ihr eine Demokratie oder eine Aristokratie?

Markus: Diese Begriffe passen alle nicht auf unsere Verfassung.

Empedokles: Aber wer hat die Macht?

Markus: Also, das ist nicht so einfach. Es gibt da drei Machtzentren, wenn du so willst. Senat, Magistrat und Volkstribunen. Der Senat war früher der Adelsrat, so wie bei euch der Areopag. Heute haben die Senatoren angeblich nur beratende Funktion. Aber die Senatoren kommen alle aus dem alten Adel und waren früher selbst in der Regierung tätig. Sie haben großen Einfluss, und keine Regierung kann gegen sie arbeiten. Die Regierungsbeamten, die Magistrate, würden das ohnehin nicht tun, denn meist kommen sie ebenfalls aus den Adelsfamilien. Sie sind also auch Patrizier…

Empedokles: Patrizier?

Markus: Ja, so nennt man die Adligen. Die einfachen Leute heißen hier Plebejer.

Empedokles: Und die haben keine Rechte?

Markus: Doch schon. Sie dürfen eigene Versammlungen abhalten und sie wählen Volkstribunen, die gegen Maßnahmen der Magistrate Einspruch erheben können. Es ist ja auch nicht so, dass die Patrizier machen können, was sie wollen. Wir haben das Zwölf-Tafel-Gesetz. Das gilt für alle.

Empedokles: Aber grundsätzlich habt ihr hier in Rom doch eine Aristokratie.

Markus: Tatsache ist, dass die Patrizier, also der Adel, die wichtigsten Regierungsämter besetzen. So gesehen, kann man schon sagen, dass es in Rom eine Herrschafts des Adels, also eine Aristokratie gibt. Aber, wie gesagt, die Plebejer haben schon einen gewissen Einfluss. Und es sind auch nicht immer die gleichen Leute, die die Regierungsämter übernehmen. Jedes Amt darf man nur ein Jahr ausüben. Und man ist auch nie allein in seinem Amt, sondern hat immer mindestens einen Kollegen. Aber es ist sicherlich so, dass noch immer fast alle Regierungsämter von Patriziern besetzt werden.

Empedokles: Das ist wirklich eine komplizierte Sache, eure Verfassung.

Markus: Sie hat sich halt über Jahrhunderte so entwickelt und wird sich wohl auch weiter entwickeln. Aber jetzt Schluss mit der Politik. Lass uns auf dein Schiff gehen. Ich bin gespannt, was du mitgebracht hast.

1. Die unterschiedlichen Aufgaben von Senat, Magistrat und Volkstribunen könnt ihr in einer Tabelle gegenüberstellen:

	Senat	**Magistrat**	**Volkstribunen**
Aufgaben			

2. Überlegt, wer in Rom die Macht hat.

Republik: Was bedeutet das?

Über 200 Jahre dauerte der Streit zwischen Patriziern und Plebejern in Rom. Dabei ging es stets um die Frage, wer die Macht im Staat ausüben soll. Die reichen Patrizier wollten möglichst wenig von ihrer Macht abgeben. Die Plebejer forderten stärkere Beteiligung an der Macht. Im Laufe dieses Streites wurde eine recht komplizierte Ordnung für die Beteiligung der verschiedenen Gruppen an der Macht in Rom entwickelt. Eine solche Ordnung, welche die wichtigsten Regeln und Rechte in einem Staat festlegt, bezeichnen wir als eine Verfassung.
Die Römer sprachen von ihrem Staat als „res publica“, als gemeinsame Sache. Darin steckt das Wort **Republik**, das heute noch zahlreiche moderne Staaten in ihrer Namensbezeichnung führen. Eine Republik ist eine Staatsform, die aus dem Volk – als gemeinsame Sache aller Beteiligten – heraus entstanden ist. Wenn wir heute sagen: „Wir leben in einer Republik“, so heißt das: „Wir leben in einem Staat, dessen Verfassung das ganze Volk so will.“

Wie erklärt man ein Schaubild über die Verfassung eines Staates?

M 2

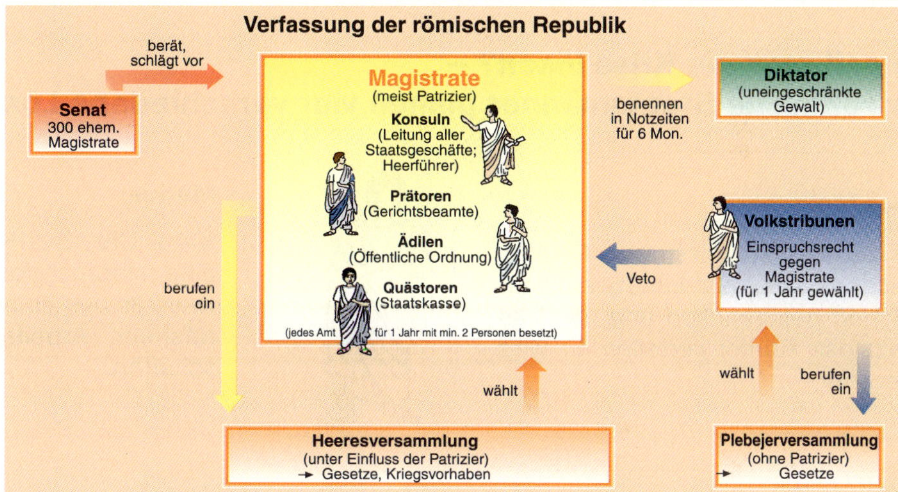

Ihr habt schon erfahren, dass man bei einem Schaubild über einen Staatsaufbau darauf achten soll, (a) welche Gruppen genannt sind, (b) welche festen Einrichtungen es gibt, (c) wer an der Macht beteiligt ist und wer nicht (vgl. S. 163). Jetzt solltet ihr noch auf weitere Merkmale achten.

Schaubilder erklären: Worauf muss man noch achten?

1. Wer macht was?

Hier müsst ihr auf die Pfeile achten und auf die Verben. Wer benennt, wer bestimmt, wer beruft ein, wer berät und wer schlägt vor? Wer hat welche Aufgaben? Das ist wichtig, wenn man erfahren will, wie die Macht verteilt ist. Denn wer etwas bestimmt, hat natürlich mehr Macht als derjenige, der nur „etwas vorschlägt“.

2. Wer steht mit wem in Verbindung?

Hier müsst ihr besonders auf die Pfeile achten. Welche Einrichtung, welche Gruppe, welche Person steht mit wem in Verbindung? So könnt ihr herausfinden, wer von wem abhängig ist und wer über den anderen steht.

3. Was erfahren wir aus dem Schaubild über unser Thema?

Wie funktionierte die Römische Republik? Hierzu könnt ihr am Schluss eure Ergebnisse zusammenfassen (zum Beispiel in einem kleinen Vortrag vor der Klasse).

Römer streiten um die Aufteilung der Macht

Rom in der Krise

Neuer Reichtum – neue Armut

Rom hatte seinen Machtbereich im 2. Jahrhundert v. Chr. erheblich ausgeweitet. Doch nur wenigen Römern brachten die militärischen Erfolge einen Gewinn.
Römer, die bereits wohlhabend waren, konnten die Gelegenheit nutzen, um ihre Ländereien zu vergrößern und Sklaven einzusetzen. Oder sie trieben Handel mit den Provinzen und vermehrten so ihren Reichtum.
Die römischen Kleinbauern dagegen mussten Kriegsdienst leisten. In dieser Zeit lagen ihre Äcker brach.
Bislang hatten sie ihren Lebensunterhalt mit dem Anbau von Getreide verdient. Nun kam Getreide zu Niedrigpreisen aus den Provinzen nach Rom. Einige Bauern fanden Arbeit auf den Ländereien der Großgrundbesitzer. Andere suchten ihr Glück in der Stadt, selten mit Erfolg. Die Kleinbauern verarmten. Es kam zu einem Bürgerkrieg, der fast 100 Jahre andauern sollte. In dieser Zeit hat es viele Versuche gegeben, die Krise zu lösen.

**Wie soll man die Krise lösen? –
Vier römische Staatsmänner planen vier verschiedene Lösungen**

Gracchus

133 v. Chr.: Der Volkstribun Tiberius Gracchus will den Landbesitz der Reichen beschränken und Land an besitzlose Römer verteilen. Er wird ermordet.

Marius

104 v. Chr.: Der Konsul Marius führt eine Heeresreform durch. Er verwandelt das Bürgerheer in ein Berufsheer. Arbeitsplätze werden geschaffen.

Sulla

Der Consul Sulla zieht mit den ihm unterstellten Soldaten gegen das dem Marius unterstellten Heer und siegt. Sulla lässt sich in Rom zum Diktator auf unbestimmte Zeit ernennen und schränkt die Rechte der Volksversammlung ein. Im Jahre 79 v. Chr. legt Sulla die Diktatur freiwillig nieder.

Caesar

Der Feldherr Julius Caesar zieht mit seinen Soldaten gegen Rom und lässt sich zum Diktator auf Lebenszeit ernennen: Er sichert die Getreideversorgung der Hauptstadt und schafft in den besetzten Gebieten Land für römische Bürger. Caesar wird ermordet.

Ihr könnt die Krise Roms in eurer Klasse durchspielen:

- „Ich erläutere zunächst die Krise …“
- „Ich berichte über Tiberius Gracchus …“
- „Ich berichte über das Vorgehen Sullas …“
- „Ich berichte über die Reformen des Marius …“
- „Ich berichte über Julius Caesar …“

„Wir sind römische Bürger. Wir diskutieren darüber, welcher Lösungsweg der beste war …“

FORSCHUNGS STATION

Mordfall Caesar

Die Klasse klärt einen der berühmtesten politischen Morde auf

Wahrscheinlich habt ihr den Namen des Julius Caesar schon gehört. Vielleicht habt ihr Caesar auch schon als Comicfigur in einem Asterixheft gesehen.
Mithilfe der Materialien auf den folgenden Seiten könnt ihr herausfinden, wer dieser Caesar wirklich war. Dazu müsst ihr in die Rolle von Forschern und von Kriminalisten zugleich schlüpfen. Ihr habt es nämlich mit einem der berühmtesten Kriminalfälle der Geschichte zu tun. Das Motiv? Ihr müsst es herausfinden. Am Ende eurer Untersuchungen könnt ihr – wie jede echte Kriminalpolizei – einen Bericht vortragen, der auf folgende Fragen Antwort gibt:

→ **Wer war Julius Caesar?**
→ **Wie ist die Mordtat begangen worden?**
→ **Wer waren die Täter?**
→ **Warum wurde Caesar ermordet?**
→ **Wie schätzt ihr die Schuld der Täter ein?**

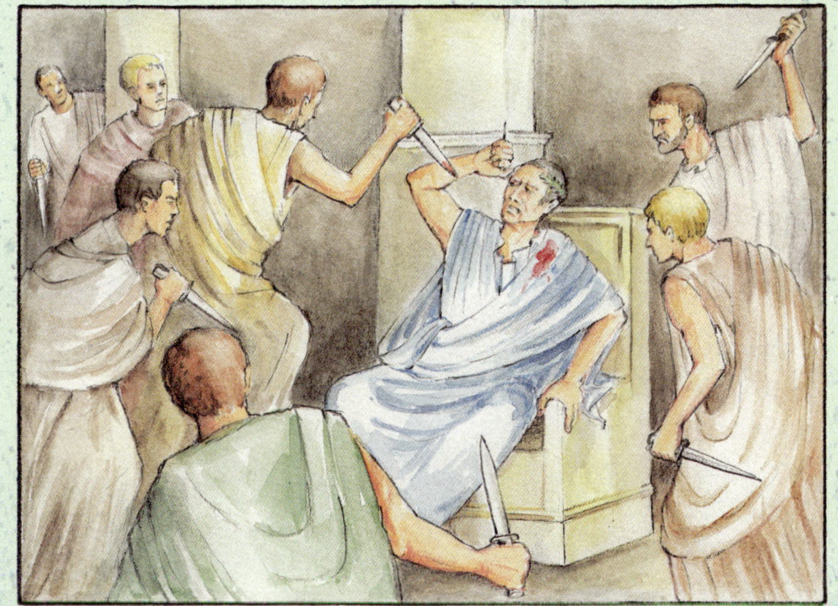

Mithilfe der Beratung von Geschichtsforscherinnen und -forschern hat ein Zeichner den Mord an Caesar rekonstruiert. Was wisst ihr über das Opfer und die Mörder?

„Als wären wir dabei gewesen“: Die Tat

(frei erzählt nach den Schilderungen des griechischen Schriftstellers Plutarch (46–125 n. Chr.)

15. März, 44 v. Chr., Mittagszeit:
Caesar betritt das Gebäude, in dem der römische Senat tagt. Ein Wahrsager hatte ihn vor einer möglichen Gefahr an den „Iden des März“, dem 15. Tag des Monats, gewarnt. Seine Frau Calpurnia hatte ihn am Morgen angefleht das Haus nicht zu verlassen. Vergeblich – sogar eine Leibwache hat Caesar abgelehnt. Nun schreitet er zu seinem Amtssessel und nimmt Platz. Die Sitzung beginnt. Da erheben sich einige Senatoren und gehen auf Caesar zu, darunter Gaius Cassius und Marcus Iunius Brutus. Einer von ihnen bringt ein Bittgesuch vor. Das ist das verabredete Zeichen. Im Senat starren die Leute entsetzt auf das, was jetzt geschieht. Als Caesar einen Dolch blitzen sieht, will er sich erheben. Zu spät: Die Männer werfen sich auf ihn mit ihren gezückten Dolchen. Der erste Stoß verletzt den Diktator an der Schulter. Vergeblich versucht er sich zur Wehr zu setzen und zu fliehen. Doch es ist aussichtslos. Schwer verletzt zieht das Opfer die Toga über den Kopf und wehrt sich nicht mehr. Nur einmal soll er aufgeschrien haben, als er seinen vermeintlichen Freund Brutus, den er doch vorher mit Ämtern und Ehren überhäuft hatte, unter den Mördern entdeckte. Mit 23 Dolchstichen, einem von jedem Verschwörer, sinkt er blutüberströmt zu Boden und stirbt. Die Täter stürzen aus dem Gebäude und versuchen sich in Sicherheit zu bringen.
Warum musste Caesar sterben?

FORSCHUNGSSTATION

Historiker aus alter Zeit berichten: Welche Motive führten zu Caesars Tod?

Marmorbüste Caesar.
Warum wurde er ermordet?

M 1 Der Schriftsteller Sueton (ca. 75–150 n. Chr.) äußert sich zu den Gründen für die Ermordung Caesars:

Q Caesar nahm nicht nur übertriebene Ehren an, wie die ständige Wiederwahl zum Konsul, die Diktatur […] auf Lebenszeit, […] den Titel „Vater des Vaterlandes“ und ein Standbild neben denen der Könige […]. Er duldete auch Ehrungen, die über jedes menschliche Maß hinausgingen, einen goldenen Sessel im Rathaus und im Gericht, sein Bild neben denen der Götter, die Benennung eines Monats nach seinem Namen. Auch vergab er nach eigenem Belieben Ämter. Er äußerte öffentlich, die Verfassung sei ein Nichts. Sulla habe wie ein Anfänger gehandelt, als er die Diktatur niederlegte. Die Leute müssten von jetzt an überlegen, was sie sagten, und seine Worte wie Gesetze achten.

(Sueton, Caesar 76ff., übersetzt von Christoph Andreas Marx)

M 2

Der Grieche Plutarch äußert sich zum Mord (ca. 46–125 n. Chr.):

Q

A Caesars Schicksal war so groß, dass die Bürger willig das Haupt senkten, um sich den Zügel überwerfen zu lassen. Denn die Herrschaft eines Mannes erschien ihnen wie ein Aufatmen nach dem Unheil der Bürgerkriege; so wählten sie ihn gern zum Diktator auf Lebenszeit. Dass das Tyrannis bedeutete, ließ sich nicht leugnen, denn mit der Unverantwortlichkeit, die in der Alleinherrschaft lag, verband sich nun auch die zeitliche Unbeschränktheit.

B Wenn allmählich der Hass gegen Caesar wuchs und schließlich zu seiner Ermordung führte, so lag der augenfällige Grund dafür in seinem Streben nach der Königswürde. Für das Volk war es die erste Ursache, warum es sich von ihm abwandte, und seinen heimtückischen, nur äußerlich versöhnten Feinden bot es einen schicklichen, bestechenden Vorwand. […] (Einmal) hatte der Senat wieder überschwängliche Ehren für ihn beschlossen. Caesar saß gerade auf der breiten Empore der (Rednertribüne), als Konsuln und Prätoren, geleitet von dem ganzen Senat, vor ihm erschienen. Caesar erhob sich nicht vor ihnen, vielmehr fertigte er sie ab, als wenn es sich um einfache Bürgersleute handelte […]. Diese Behandlung kränkte den Senat, doch auch das Volk verdachte sie ihm, weil in dem Senat der Staat selbst beschimpft schien.

(Plutarch, Caesar; in: Römische Heldenleben, übertragen und herausgegeben von Wilhelm Ax, Stuttgart (Kröner))

Wer war Caesar?

Gaius Julius Caesar wurde 100 v. Chr. als Sohn einer Adelsfamilie aus dem Geschlecht der Julier geboren.
In den 70er-Jahren wurde Caesar von Piraten entführt. Als sie ein Lösegeld von 20 Talenten forderten, erklärte er selbstbewusst, er sei 50 wert, und schwor, nach seiner Freilassung zurückzukommen und sie zu kreuzigen. Die Piraten hielten das für einen Scherz. Caesar jedoch hielt Wort, kehrte zurück und ließ sie töten.
68 v. Chr. wurde er zum Quästor gewählt, 62 zum Prätor und ein Jahr später wurde er in die Provinz Spanien geschickt um sie zu verwalten.
Nach seiner Rückkehr nach Rom verbündete er sich 60 v. Chr. mit den mächtigen Männern Pompeius und Crassus im Ersten Triumvirat gegen den Senat. Ohne ihre Zustimmung konnte nun nichts mehr geschehen im Staat. Ein Jahr später war Caesars Einfluss bereits so groß, dass man ihn in das höchste Amt der Republik, das Amt des Konsuls, wählte.
Als Befehlshaber einer riesigen Armee unterwarf Caesar dann zwischen 58 und 51 v. Chr. das gesamte Gallien bis zum Rhein. In der Zwischenzeit hatte Crassus den Tod gefunden. Der Senat fürchtete zunehmend Caesars Machtansprüche. Pompeius stellte sich nun gegen Caesar und auf die Seite des Senats. Der Senat forderte Caesar auf, ohne sein Heer nach Rom zurückzukommen um sich vor Gericht für verschiedene Verfassungsbrüche zu verantworten. Er widersetzte sich diesem Befehl und setzte mit den berühmten Worten „Der Würfel soll geworfen werden" (heute sagt man: „Die Würfel sind gefallen") mit seinem Heer über den Fluss Rubikon bei Rimini. Es folgte ein fast fünfjähriger Bürgerkrieg gegen Pompeius und den Senat, der sehr viel Blut forderte. 45 v. Chr. zog Caesar als Alleinherrscher im Triumph in Rom ein. Pompeius floh und wurde wenig später in Ägypten ermordet.
Caesar hatte keine ernst zu nehmenden Gegner mehr und wurde als Konsul, Oberbefehlshaber des Heeres und Diktator auf Lebenszeit der alleinige Herr in Rom.

Wer waren die Täter?

Der Widerstand gegen Caesar entstand in den Kreisen der wohlhabenden Patrizier. Mit Sorge beobachteten sie, wie Caesar daranging, den römischen Staat neu zu organisieren. Sie fürchteten um ihre Vorrechte. Caesar erweiterte den Senat von 600 auf 900 Mitglieder, indem er zahlreiche seiner Freunde, auch Nichtrömer, zu Senatoren ernannte. Er nahm den Titel eines Diktators auf Lebenszeit an. Das Volk von Rom unterhielt er mit großzügigen Spenden und Gladiatorenspielen.
Der Kopf der Verschwörung war Marcus Brutus. Caesar hatte ihn mit Ämtern und Ehren überhäuft und so geglaubt, dass Brutus sein Freund sei. Aber die Patrizier drängten Brutus zum Widerstand gegen Caesar. Die Vorfahren des Brutus hatten einst die etruskischen Könige vertrieben und von daher schien Brutus der richtige Mann zu sein um Rom vor der Tyrannei zu bewahren. Als Caesar mit dem Gedanken spielte König zu werden und öffentlich verkündete: „Die Republik ist ein Nichts!", sahen sich die Verschwörer zum Handeln gezwungen. Sie wählten die nächste Senatssitzung am 15. März als Zeitpunkt für den Mord.
Nach dem Mord verloren die Täter rasch die Kontrolle über die Lage. Brutus floh und beging drei Jahre später Selbstmord.

Stimmen zum Mord

„Der Mord an Caesar war ein gemeines Verbrechen!"

„Die Attentäter haben die Republik gerettet und die Tyrannei verhindert!"

„Caesar war ein guter Römer und ein Freund des Volkes!"

„Der Mord geschah aus Notwehr!"

„Man hätte Caesar mit friedlichen Mitteln bekämpfen sollen!"

1. Für den Vortrag eurer Abschlussberichte könnt ihr euch die Arbeit teilen:
   „Ich stelle Julius Caesar vor."
   „Ich schildere die Mordtat."
   „Ich berichte über die Täter und ihre Motive."

2. Am Ende der Untersuchung könnt ihr gemeinsam über die Schuld der Täter diskutieren. Dabei solltet ihr die Stimmen zum Mord berücksichtigen.
   Können wir ein „Attentat", also einen Mord aus politischen Gründen, rechtfertigen und verzeihen oder ist auch dieser Mord ein unverzeihliches Verbrechen?

Augustus setzt eine neue Ordnung durch: der Prinzipat

Augustus beendet die Bürgerkriege

Nach dem Tode Caesars stritten einflussreiche Römer erneut um die Macht. Wieder kämpften römische Heere gegeneinander. Im Jahre 31 v. Chr. konnte Caesars Adoptivsohn Oktavian mit seinem Heer alle Gegner ausschalten. Musste Rom nun einen neuen Caesar fürchten? Etwas Ungewöhnliches geschah: Im Jahre 27 v. Chr. gab Oktavian dem Senat von Rom alle Vollmachten zurück. Der Senat verlieh ihm daraufhin den Beinamen „Augustus", der Erhabene. Gleichzeitig bat man ihn die Verantwortung für die öffentliche Ordnung auch weiterhin zu übernehmen. Augustus hatte mit dieser Reaktion gerechnet. Nach Jahrzehnten der Bürgerkriege wollte das Volk Frieden.

Marmorbüste des Oktavian Augustus. Wie ging dieser Römer mit der Macht um?

Augustus festigt seine Macht mit einer neuen politischen Ordnung: der Prinzipat

Senat und Volksversammlung übergaben Augustus wichtige politische Rechte. Er erhielt den Oberbefehl über alle römischen Truppen. Viele Provinzen wurden ihm persönlich unterstellt. So verfügte Augustus über eigene Steuereinnahmen. Neben dem Senat entstand mit der Zeit eine eigenständige kaiserliche Verwaltung.

Augustus besaß nun also Befugnisse, die durchaus mit denen Caesars vergleichbar waren. Dennoch konnte er sich an der Macht halten. Viele Römer sahen in der Wiederherstellung des Friedens eine besondere Leistung. Auch vermied es Augustus, sich als König anreden zu lassen. Stattdessen ließ er sich im Jahr 29 v. Chr. zum princeps senatus, zum Ersten des Senats, ernennen. Die von ihm geschaffene neue Regierungsform bezeichnet man deshalb heute als Prinzipat.

Augustus und seine Nachfolger führten den Beinamen „Caesar". Dieser Beiname wurde bald zu einem Herrschaftstitel, den wir auch heute noch kennen: Aus „Caesar" wurde „Kaiser" oder auch „Zar". Deshalb nennen wir heute die mit Augustus beginnende Epoche auch „römische Kaiserzeit".

M

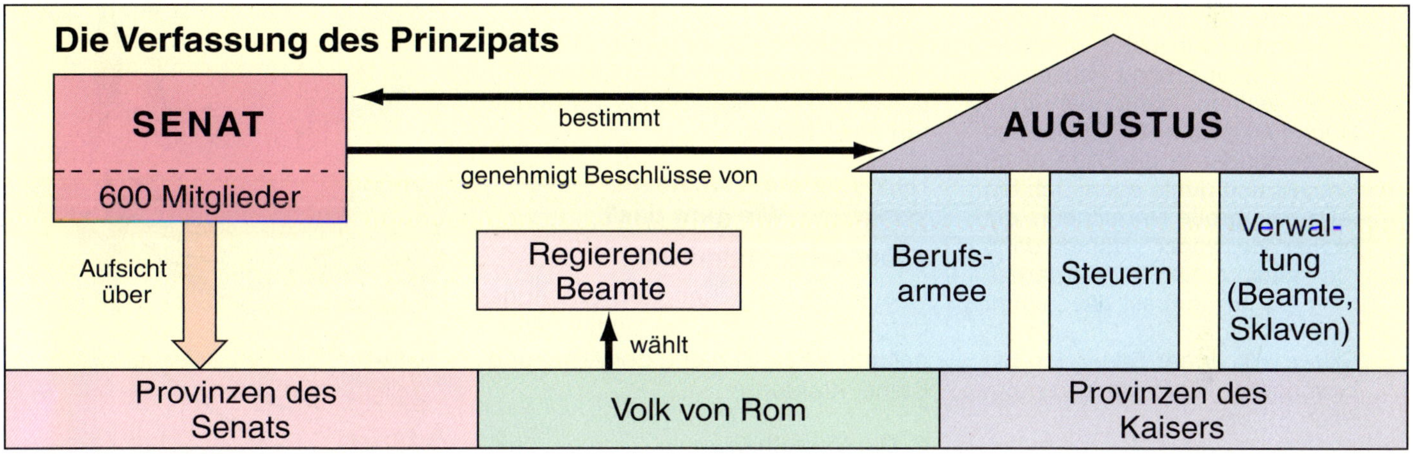

1. Mithilfe des Schaubildes und des Textes könnt ihr nachweisen,
   a) wie viel Macht Augustus tatsächlich besaß und
   b) warum die Mehrzahl der Römer seine Machtstellung nicht kritisierte.
2. Auf der Seite 203 habt ihr die Verfassung der Römischen Republik kennen gelernt.
   Unter Augustus hat sich einiges geändert. Ihr könnt die Verfassung von Prinzipat und Republik vergleichen, wenn ihr den folgenden Fragen nachgeht:
   – Wie ist der Staat aufgebaut?
   – Welche Gruppen gibt es?
   – Wer hat die Macht?

   Tipp: Das Schaubild auf S. 203 und eure Tabelle (S. 202) können euch dabei hilfreich sein.

Herrschaftsdarstellungen

Zu allen Zeiten haben Herrscher versucht, sich und ihr „Programm“ in der Öffentlichkeit darzustellen. Es ist schwierig, die Leistungen und Erfolge eines Menschen in einer Statue darzustellen. Schließlich lassen sich Eigenschaften wie Klugheit, Überlegenheit, Heldenhaftigkeit nicht so einfach aus einem Stein herausmeißeln.
Wie drückt man mit künstlerischen Mitteln Herrschaft aus?

> Ihr könnt das selbst – zum Beispiel in einer großen Pause – in einer kleinen pantomimischen Übung ausprobieren. Stellt euch nacheinander in die Mitte eines Kreises und denkt euch: „Ich bin jetzt eine große Herrscherin, ein großer Herrscher.“ Nehmt dann die entsprechende Körperhaltung an. Im Kontrast dazu könnt ihr auch sagen: „Ich bin jetzt ein Sklave, ein armer Bauer, ich bin besonders klug, stark, erfolgreich …“ usw.

Wir können davon ausgehen, dass Herrschaftsdarstellungen einen Menschen so zeigen, wie sie oder er gerne gesehen werden möchte, aber nicht, wie der Mensch wirklich ausgesehen hat.

Die Darstellung des Augustus zum Beispiel ist 2,04 Meter hoch. Augustus soll 1,70 groß gewesen sein. Sein Blick ist in die Ferne gerichtet. Augustus ist barfuß, obwohl die Römer doch Sandalen trugen. Aber die Götter wurden immer barfuß dargestellt. Was soll die kleine Figur an einer Seite? Die Römer wussten, dass der Knabe ein Liebesgott ist, ein Kind der Göttin Venus. Der Brustpanzer ist reich verziert. Zufall? Oder drückt der Künstler damit etwas aus? Hier zeigt der Panzer mehrere Götter und die Mutter Erde mit ihren Kindern. Wozu trägt ein Herrscher einen Stab in der Hand?
Um Herrschaftsdarstellungen zu verstehen, müssen wir ganz genau hinschauen. Die folgenden Schritte helfen euch dabei.

Herrschaftsdarstellungen Verstehen: Wie geht das?

1. Der Gesamteindruck

Wie sind Körper und Körperhaltung dargestellt? (Größe der Statue, Kopfhaltung, Blick, Stellung der Arme und Beine, Kleidung)

2. Die Einzelheiten

Welche Besonderheiten fallen euch auf? (Hier geht es um Einzelheiten, die nicht unbedingt dazugehören: der Knabe, der Brustpanzer, der Herrschaftsstab, die nackten Füße usw.)

3. Die Wirkung auf den Betrachter

Welche geistigen Eigenschaften der Person hat der Künstler auszudrücken versucht? (Klugheit, Überlegenheit, Heldenhaftigkeit, Göttlichkeit usw.)

M 1 Die Statue des Augustus aus Primaporta bei Rom

Hat Augustus wirklich so ausgesehen?

Wie stellt ein Künstler Frieden dar?

Von Kriegen kennen wir viele Darstellungen, vom Frieden nur wenige. Ist der Frieden schwieriger darstellbar als der Krieg?

Um das herauszufinden, könnt ihr wieder eine praktische Übung machen. Teilt ein Blatt in zwei Teile und schreibt auf die eine Seite: „Solche Vorstellungen habe ich vom Krieg" und auf die andere: „Solche Vorstellungen habe ich vom Frieden". Fertigt dazu Zeichnungen an.
Überlegt nachher, was euch leichter fiel: Krieg darzustellen oder Frieden.

M 2

Der Friedensaltar „ara pacis" des Augustus

Augustus sah sich als Friedensbringer. Deshalb ließ er im Jahre 9 v. Chr. einen Friedensaltar erbauen, die „ara pacis" – ausgerechnet auf dem Marsfeld, dem Truppenübungsplatz in Rom. Der Friedensaltar sollte ein sichtbares Zeichen für das Ende der Bürgerkriege und für die neue Friedenszeit unter der Herrschaft des Augustus sein. Auf einer Seite des Altars findet man das abgebildete Relief.
Wie kann man es deuten?

Stichwort: Symbole

Vielleicht habt ihr es ja bei euren Zeichnungen selbst gemerkt. Wenn man einen nicht sichtbaren Zustand wie Frieden darstellen will, verwendet man bestimmte Zeichen. Vielleicht habt ihr ein Herz gemalt als Zeichen für Liebe oder einen Sonnenuntergang als Zeichen für Harmonie oder zwei Menschen, die sich die Hand geben, als Zeichen für Freundschaft. Wenn man ein Zeichen verwendet, von dem man glaubt, dass der Betrachter es versteht, so bezeichnet man das als ein Symbol. Ein Symbol ist ein Erkennungszeichen.

Die Darstellung des Friedens auf dem Friedensaltar des Augustus ist voller Symbole.
Wir können symbolische Zeichen nicht verstehen, wenn wir nicht eingeweiht sind. Deswegen müssen wir uns manchmal Informationen über ein Kunstwerk besorgen, die uns die Symbolik erklären. Viele der Symbole können wir aber auch für uns selbst deuten, wenn wir nur lernen, genau und mit Interesse hinzuschauen.
Das Römische Reich ist als Mutter dargestellt. Die Mutter beschützt und ernährt ihre Kinder. Sie blickt voller Güte auf die Kinder herab und die Kinder blicken voll Freude und Hochachtung in das Gesicht der Mutter. Im unteren Teil weidet friedlich ein Schaf und der Stier ist ganz zahm. Blumen blühen im Hintergrund.
Was sollen die verschiedenen Symbole dem Betrachter mitteilen über den Frieden im Römischen Reich?

Achtet bei dieser Darstellung und bei anderen, die euch noch begegnen werden, immer auch auf Folgendes:

4. Symbole

Welche Zeichen, welche symbolischen Darstellungen kann ich erkennen? Wofür stehen die Symbole?

5. Offene Fragen

Welche Zeichen bleiben mir unerklärlich?

Das Kaiserreich und seine Menschen

Wer ist ein Römer?

Zur gleichen Zeit in einem kleinen gallischen Dorf...

Hat Asterix wirklicht Recht? Sind er und seine Gallier auch römische Bürger? – Wenn ihr diese Seite lest, kennt ihr die Antwort.

Wenn ihr euren Ausweis oder einen Reisepass aufschlagt, dann stellt ihr fest, dass dort die Staatsangehörigkeit verzeichnet ist. Wir gehören also einer bestimmten Nationalität an. War das im Römischen Reich ähnlich? Hatten auch die Römer einen Pass?

Zur Zeit des Augustus lebten etwa 70 Millionen Menschen unter römischer Herrschaft (Zum Vergleich: Deutschland hat 80 Millionen Einwohner). Durch die Expansion Roms war auch die Zahl der in den Grenzen des Reiches lebenden Menschen angewachsen. Waren das nun alles Römer?
Nein, das war nicht der Fall. Das römische Recht machte da feine Unterschiede:
Zunächst wurde zwischen Freien und Unfreien unterschieden. Die *Unfreien*, also die *Sklaven*, hatten nicht die römische Staatsbürgerschaft.
Aber auch bei den *Freien* unterschied man zwischen *Peregrinen* (Fremden) ohne römische Staatsbürgerschaft und *römischen Bürgern*.
Noch in der Zeit der Republik waren nur die freien Bewohner der Stadt Rom und einiger kleiner Nachbarstaaten römische Staatsbürger. Im Jahre 89 v. Chr. erhielten die freien Bewohner Süd- und Mittelitaliens die römische Staatsbürgerschaft. Zur Zeit des Augustus hatte sich daran kaum etwas geändert. Nur ganz wenige Menschen aus den Provinzen waren zu römischen Bürgern ernannt worden. Das geschah nur dann, wenn jemand besondere Leistungen für den römischen Staat erbracht hatte.
Als römischer Staatsbürger hatte man einige Vorteile: Man war von vielen Steuern befreit, konnte politische Ämter übernehmen und hatte in Notsituationen ein Anrecht auf Unterstützung durch den Kaiser. Auch vor Gericht stand man sich als römischer Staatsbürger besser. Ging es um Leben oder Tod, durfte nur das kaiserliche Gericht in Rom über einen römischen Staatsbürger urteilen.

Auch ein römischer Bürger: der Apostel Paulus

Jerusalem, 56 n. Chr.: Auf dem Vorplatz des Tempels von Jerusalem kommt es zu einem Tumult. Römische Soldaten greifen ein und bringen die Streitenden auseinander. Einer der Streitenden ist Paulus, jener Apostel, der seit mehr als 20 Jahren durch viele Länder gereist ist um den Menschen von Jesus Christus und seiner Botschaft zu erzählen. Die anderen Streitenden sind strenggläubige Juden. Sie sehen in Paulus einen Verfälscher ihres Glaubens. Paulus kann sich als römischer Bürger ausweisen und deshalb nehmen ihn die Soldaten zunächst in Schutzhaft. Er wird nach Caesarea zum römischen Statthalter gebracht.
Doch die Gegner des Paulus lassen nicht locker. Einige Tage später sprechen sie beim Statthalter in Caesarea vor und klagen Paulus wegen verschiedener Vergehen an. Man verlangt seinen Tod.
Der Statthalter entscheidet nach römischen Recht. Paulus wird deshalb nach Rom überführt.

1. Nachdem sich in unserem kleinen gallischen Dorf die Aufregung wieder gelegt hat, geht Obelix am folgenden Tag in den Wald um Wildschweine zu jagen. Er trifft dort auf den römischen Soldaten Secundus Furor, der natürlich Angst vor Obelix hat. Obelix verspricht dem Römer, ihm nichts zu tun. Dafür muss Secundus Furor ein paar Fragen beantworten: „Bin ich wirklich ein Römer?“, fragt Obelix. „Wer ist überhaupt Römer und wer nicht? Welche Vorteile hat man, wenn man ein Römer ist?“
   Spielt die Begegnung zwischen Secundus Furor und Obelix nach.
2. Der „Fall“ Paulus: Warum hat der Statthalter ihn nach Rom überführen lassen?

Rom und die Menschen im Reich

Die Kunst ein Weltreich zu regieren – Wie Augustus das „Imperium“ verwaltet

Das lateinische Wort „imperium“ bedeutet „Herrschaft“, aber auch „Reich“. „Imperium Romanum“, so nannten die Römer ihr Weltreich. Dieses Reich zu verwalten war keine einfache Aufgabe.

Die kaiserliche Verwaltungszentrale

Augustus hatte als Princeps so viele wichtige Aufgaben übernommen, dass er sie unmöglich alle allein ausführen konnte. Er brauchte zu diesem Zweck eine eigene Verwaltung. Dafür setzte er Beamte ein. Das folgende Schaubild zeigt:

a) wie Augustus die Verwaltung des Reiches organisiert hat und
b) wie er trotzdem die Fäden der Macht in der Hand behielt.

M 1

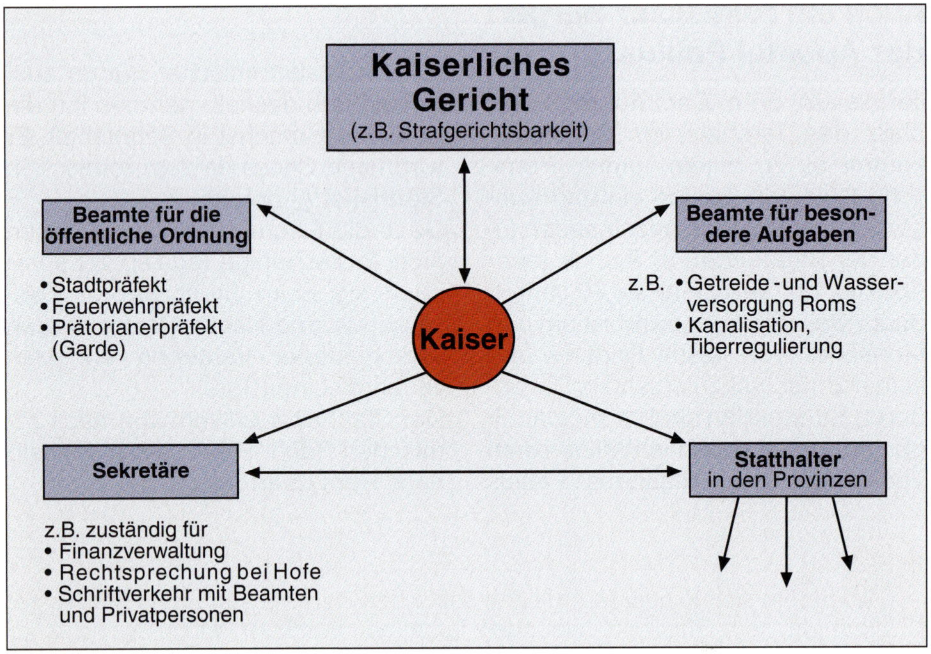

Ihr habt euch zunächst selbst Gedanken gemacht, wie man ein Weltreich wie das der Römer verwalten kann. Vergleicht eure Vorstellungen mit dem Vorgehen des Augustus. Was haltet ihr von seiner Lösung?

Ein Gedanke vorweg: Wie würdet ihr ein so großes Reich wie das der Römer verwalten?
- Würdet ihr von Rom aus alles selbst regieren?
- Würdet ihr erlauben, dass sich die Provinzen selbst verwalten?
- Würdet ihr Stellvertreter in die Provinzen senden, die dort in römischem Namen regieren?

Die Verwaltung in den Provinzen

Seit den Punischen Kriegen besaßen die Römer eroberte Gebiete außerhalb Italiens. Diese Gebiete wurden zu *Provinzen* erklärt. Ein Teil dieser Provinzen wurde im Auftrag des Senates durch einen Prokonsul verwaltet, die kaiserlichen Provinzen durch einen Verwalter des Kaisers. Die Provinzbewohner mussten regelmäßig Abgaben an die Römer leisten. So gelangte großer Reichtum nach Rom. Die Römer wären jedoch überfordert gewesen, jede der vielen tausend Städte im Reich selbst zu verwalten. Daher erhielten die Reichstädte das Recht eigene Beamte zu ernennen, die für das Eintreiben von Steuern und die Rechtsprechung zuständig waren.

Die Gesellschaft der frühen Kaiserzeit

Noch im 3. Jahrhundert v. Chr. gab es zwei große Gruppen in der römischen Gesellschaft. Das änderte sich in der folgenden Zeit. Neue gesellschaftliche Unterschiede entstanden.
Zur Zeit des Augustus sah die römische Gesellschaft so aus:

M 2

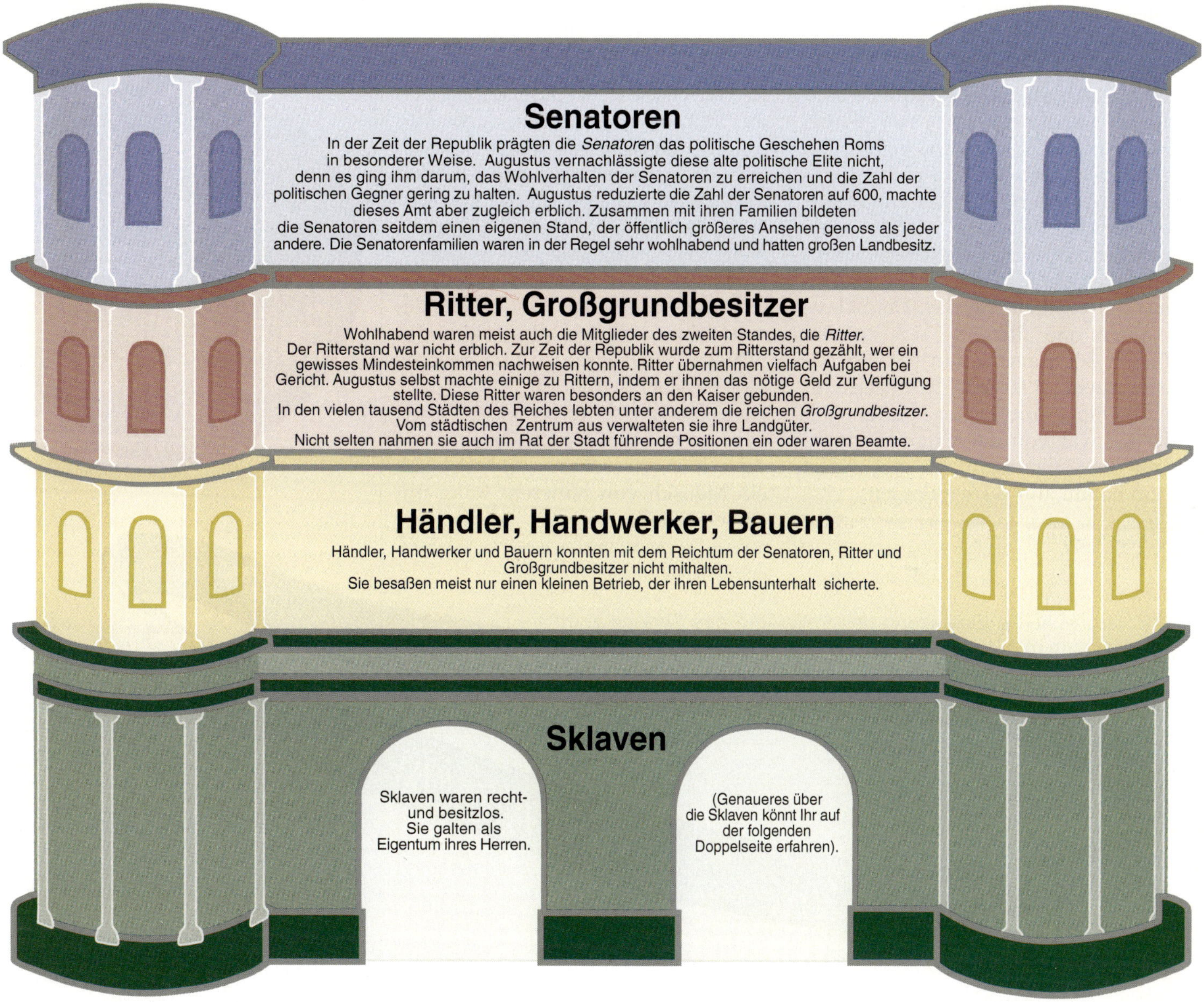

Vergleicht die römische Gesellschaft der frühen Kaiserzeit mit der Gesellschaft zur Zeit der Republik (S. 200). Was hat sich geändert?

Menschen oder Werkzeuge? – Sklaven im Römischen Reich

Wie lebten Sklaven im Römischen Reich? Wie ging man mit ihnen um? Was war das Leben eines Sklaven in den Augen der Römer wert? – Diese Fragen könnt ihr mithilfe der Materialien und des Darstellungstextes auf diesen beiden Seiten beantworten.

M 1 Der Philosoph Seneca (4 v.–65 n. Chr.) berichtet folgende Begebenheit

Q Als Augustus bei Vedius Pollio speiste, zerbrach einer von seinen Sklaven ein Glas. Vedius befahl, ihn zu ergreifen um ihn auf nicht alltägliche Weise sterben zu lassen: Er sollte seinen Muränen vorgeworfen werden, von denen er Riesenexemplare in einem Fischteich hielt. […] Eine Grausamkeit war das. Der Sklave entkam und flüchtete sich zu den Füßen des Kaisers und bat nur darum, nicht so sterben zu müssen, er wolle nicht zum Futter werden. Der Kaiser war von der Ungewöhnlichkeit und Grausamkeit erschüttert und befahl, ihn ja freizulassen.

(Seneca, de ira 3, 40, übersetzt von Christoph Andreas Marx)

M 2 Der römische Philosoph Seneca schreibt an seinen Freund Lucilius

Q Gern habe ich von denen, die von dir kommen, erfahren, dass du freundschaftlich mit deinen Sklaven lebst. Das spricht für deine Klugheit und Bildung. „Sie sind Sklaven." Nein, Menschen. „Sie sind Sklaven." Nein, Gefährten. „Sie sind Sklaven." Nein, geringer gestellte Freunde. „Sie sind Sklaven." Nein, Mitsklaven, wenn du bedenkst, dass das Schicksal über Freie und Unfreie die gleiche Macht hat. […]
Dies also ist der Kern meiner Lehre: Lebe so mit den Untergebenen, wie du selbst wünschen würdest, dass ein Mensch von höherem Rang mit dir leben sollte.

(Seneca, ep. 47, 1f., übersetzt von Christoph Andreas Marx)

M 3 Halsband und Plakette eines Sklaven

1. Vergleicht die Einstellung des Pollio und des Seneca zum Umgang mit Sklaven.

2. Die Inschrift auf der Plakette bedeutet: „Halte mich fest, damit ich nicht fliehe, und gib mich meinem Herren zurück."
   Könnt ihr eine Geschichte rund um das Halsband erfinden?
3. Menschen oder Werkzeuge? – Wie sahen die Römer die Rolle der Sklaven? Arbeite dazu auch die folgende Seite durch.

Wie lebten die Sklaven?

M 4 Sklaven bereiten in der Küche das Essen vor

In ihren Kriegen gegen andere Völker nahmen die Römer viele Feinde gefangen. Diese Kriegsgefangenen wurden sehr oft zu Sklaven gemacht. Sklaverei galt in dieser Zeit überall am Mittelmeer als Selbstverständlichkeit. So wurden etwa auf der Insel Delos, einem Zentrum des Sklavenhandels, täglich Tausende von Sklaven verkauft.

Sklaven dienten den Römern als Arbeitskräfte und waren gerade deshalb besonders begehrt, weil sie nicht zum Kriegsdienst herangezogen wurden und ihrem Herren somit uneingeschränkt zur Verfügung standen.

Wie lebten Sklaven? *Bergwerkssklaven* wurden von ihren Besitzern in der Regel rücksichtslos ausgebeutet. Ebenso ging es häufig auch *Sklaven,* die in der *Landwirtschaft* eingesetzt waren. Darüber hinaus gab es aber auch *Haussklaven,* die als Köche, Putzhilfen, als Kinderbetreuer oder als Buchhalter eingesetzt waren. Besonders gebildete Sklaven arbeiteten als Lehrer oder Ärzte. Ihnen ging es bedeutend besser als den Bergwerks- oder Landsklaven. Sie lebten meist unter einem Dach mit einer römischen Familie und wurden teilweise fast wie Familienangehörige behandelt.

Sklaven waren grundsätzlich Eigentum ihres Herren und galten vor dem Gesetz als *Gegenstand.* Welche Rechte hatte also ein Sklavenhalter? Er konnte frei über seine Sklaven verfügen, konnte sie bestrafen, foltern, töten oder auch weiterverkaufen. Ein Sklave galt aber zugleich auch als *Person,* denn er konnte freigelassen werden und sogar das römische Bürgerrecht erlangen. Manche Sklaven hatten die Möglichkeit eigenes Geld zu verdienen und sich freizukaufen; manche wurden aus Dankbarkeit für ihre Arbeit freigelassen.

M 5 Kritzelei an einer Hauswand in Pompeji

Die Inschrift bedeutet: Oceanus, der Freigelassene, hat dreizehnmal gesiegt.

M 6 Sklaven beim Keltern der Trauben

Erinnert ihr euch noch an die Rolle der Sklaven im antiken Griechenland? Ging es ihnen besser oder schlechter oder genauso wie denen in Rom? Vergleicht mit den Seiten 158 und 159.

Alltag in Rom

Zeitreise: Ein Spaziergang durch das alte Rom

Stellt euch vor, ihr seid mit einer Zeitmaschine im Rom der Kaiserzeit gelandet. Nun wollt ihr euch die Stadt anschauen und möglichst viel über das Leben in Rom erfahren.

M 1 **Modell der Stadt Rom zur Kaiserzeit**

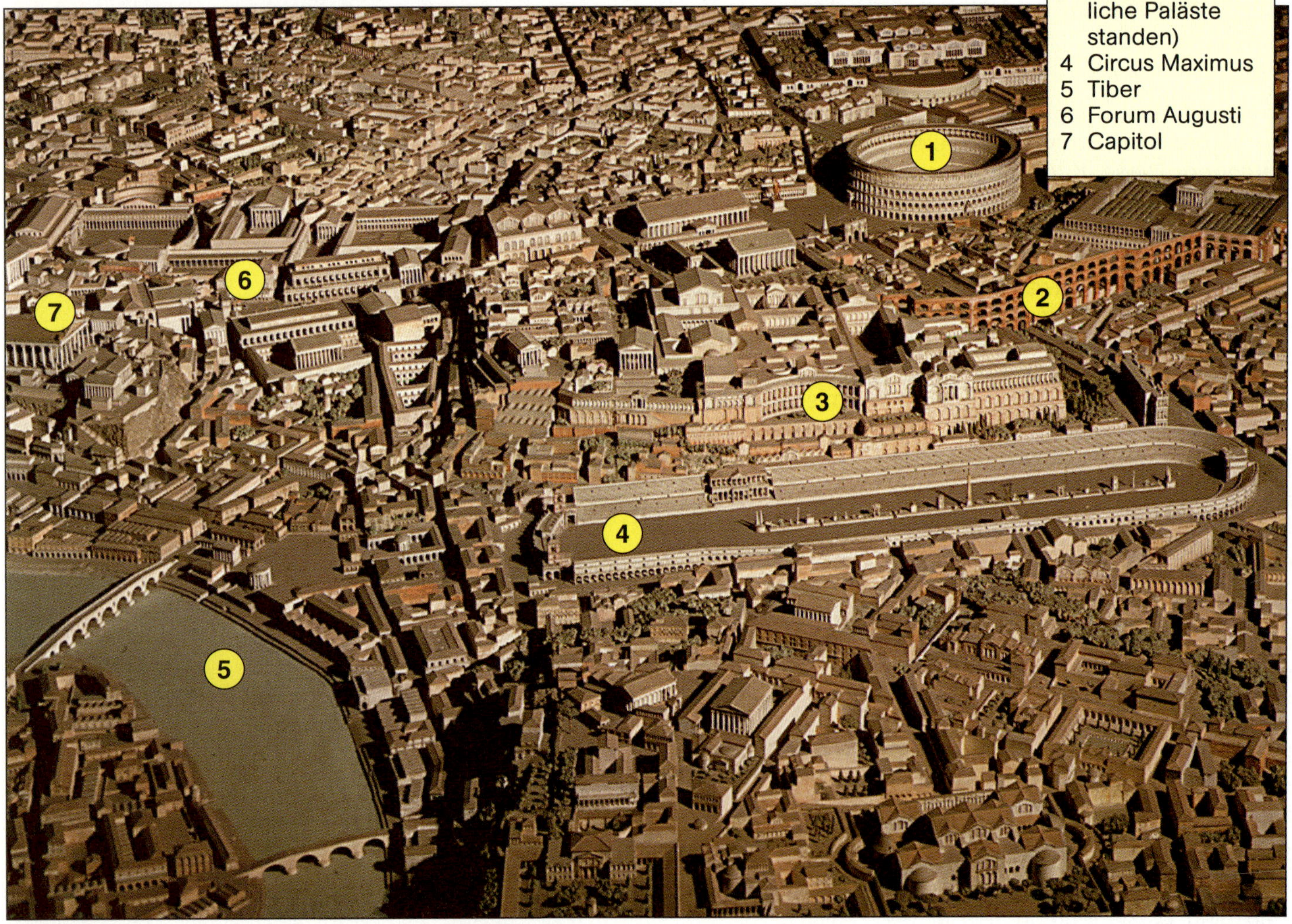

1 Kolosseum
2 Wasserleitung
3 Palatin (Hügel, auf dem kaiserliche Paläste standen)
4 Circus Maximus
5 Tiber
6 Forum Augusti
7 Capitol

M 2

Der griech. Geograf Strabon (63 v. – 20 n. Chr.) beschreibt Rom:

Q Die Wassermengen, die durch die Aquädukte in die Stadt geführt werden, sind so groß, dass ganze Flüsse durch die Stadt und die unterirdischen Kanäle strömen, dass nahezu jedes Haus Wasserbehälter und Wasserleitungen hat und reichlich sprudelnde Brunnen besitzt. […]

Pompeius, der göttliche Caesar, Augustus und dessen Söhne [...] haben allen früheren Eifer und Aufwand für die Bauwerke übertroffen, die meisten hat das Marsfeld aufzuweisen [...]. Allein die Größe des Feldes fordert Bewunderung heraus: ermöglicht sie doch die Abhaltung von Wagenrennen und sonstigem Pferdesport, während sich gleichzeitig ungehindert eine so gewaltige Menge von Menschen im Ball- und Reifenspiel und im Ringen üben kann [...]. In der Nähe liegt ein weiteres Feld mit zahlreichen Säulenhallen im Umkreis, dazu Haine, drei Theater, ein Amphitheater, reiche, ineinander übergehende Tempel, die es überflüssig machen könnten, die anderen Teile der Stadt zu schildern. So schien den Römern dieser Platz so ehrwürdig, dass sie auch die Grabmäler der angesehensten Männer und Frauen dort errichteten. Das erwähnenswerteste davon ist das so genannte Mausoleum, [...] nahe am Fluss gelegen, bis zum Gipfel mit immergrünen Bäumen beschattet; auf der Höhe steht ein ehernes Bild des Augustus [...]. Kommt man dann wieder auf den alten Markt und sieht, wie sich an diesen Markt um Markt reiht, und sieht die königlichen Basiliken und Tempel, dazu auch noch das Kapitol mit seinen Bauwerken und die auf dem Palatin [...], so könnte man leicht alles, was draußen liegt, vergessen. Solcher Art ist Rom.

(Strabon, 5, 3, 8ff., übersetzt von Albert Forbiger; in: Walter Arend, Geschichte in Quellen, Altertum: Alter Orient-Hellas-Rom, (Bayerischer Schulbuch-Verlag) München [4]1989, S. 594f.)

M 3 Karte der Stadt Rom zur Kaiserzeit

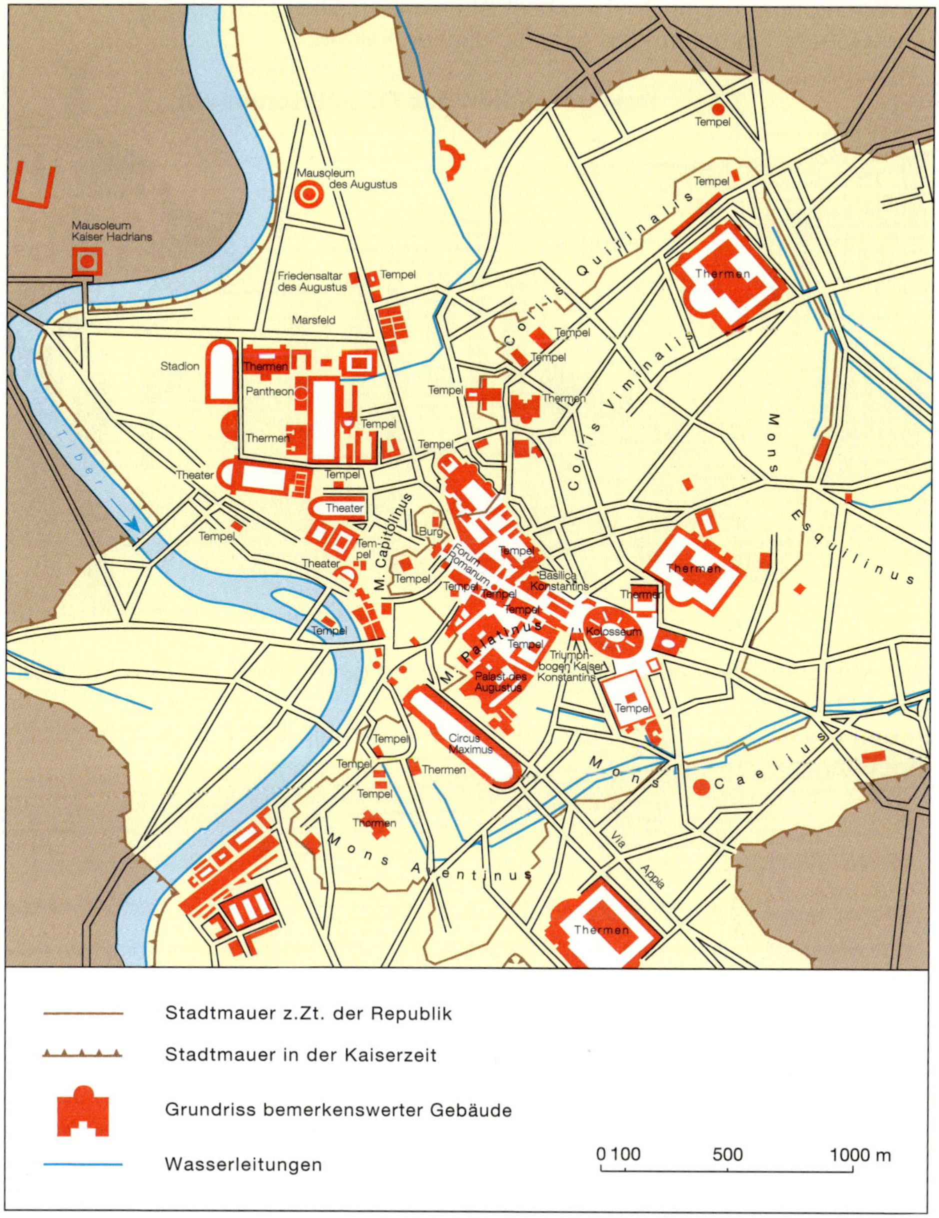

1. Strabons Text liest sich teilweise wie ein Reiseführer durch Rom. Versucht die von ihm genannten Bauwerke und Anlagen auf der Karte oder im Modell aufzufinden. Nennt ihre Funktion.
2. Das Mädchen Dina aus Korinth kommt nach Rom um ihre Freundin Lea zu besuchen. Lea möchte Dina am ersten Tag möglichst viel von Rom zeigen. Du kannst Lea helfen: Entwirf für sie einen Stadtrundgang.

Leben und Wohnen in Rom – Genuss oder Qual?

Auf den folgenden Seiten werden die Mädchen Lea und Dina zu Wort kommen. Der Briefwechsel ist erfunden. Die Informationen über Rom entsprechen den geschichtlichen Fakten.

M 1 Rekonstruktion des Forum Romanum

Das Mädchen Dina aus Korinth ist nach Rom gekommen um ihre Freundin Lea zu besuchen.
In den ersten Tagen bummeln die beiden durch die Stadt. Dina schreibt an ihre Eltern.

Mädchen mit Schreibgriffel und Wachstafel (Wandmalerei aus Pompeji)

1. Brief

Liebe Eltern,

Rom ist wirklich unvorstellbar groß. Die Stadt ist voller Menschen. Lea sagt, dass etwa eine Million in Rom wohnen. Genau weiß man das nicht. Dazu kommen die vielen Besucher aus den Provinzen.
Sie treiben Handel, wollen Bekannte und Verwandte wiedersehen. Oder sie kommen hierher um sich zu amüsieren.
Den ersten Tag waren wir auf dem Forum Romanum. Hier versammelt sich der Senat. Man findet dort alle wichtigen Behörden und die Gerichte. Der Palast des Augustus liegt in unmittelbarer Nähe. Und man sieht Menschen aus allen Provinzen des Reiches. Auf dem Forum wird nämlich auch gehandelt. Lea hat Lebensmittel eingekauft, weil wir am Abend kochen wollen. Es gibt Chicoréesalat, Huhn auf parthische Art, Gemüse aus Lattichblättern mit Zwiebeln, Champignons und zum Nachtisch Birnenpatina. Stellt euch vor: Die Römer essen sogar Flamingo. Lea meint aber, die Flamingos wären nicht mehr gut, wenn sie aus Ägypten nach Rom gekommen sind.

Viele Grüße *eure Dina*

Was erfahren wir aus Dinas Brief über das Forum Romanum?

Die Mehrzahl der Römer lebte in einfachen *Mietwohnungen*, zumeist in mehrstöckigen Häusern. Im Erdgeschoss hatten kleine Händler und Handwerker ihre Läden bzw. Werkstätten eingerichtet. In den oberen Stockwerken befanden sich einfach ausgestattete Wohnungen.

M 2 Modell eines Mietshauses mit Wohnungen und Läden

M 3 Grundriss: Raumaufteilung in einem Mietshaus

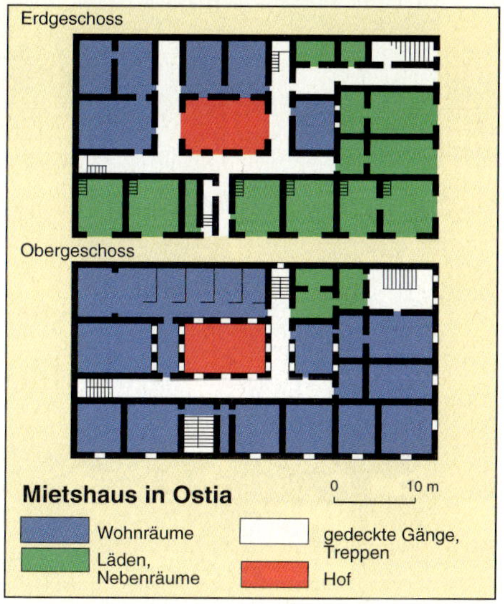

Die Häuser wohlhabender Römer besaßen dagegen genügend Platz für die ganze Familie und die Bediensteten. Hier fand man auch Geschäftsräume und Gästezimmer. Die Wände waren oft kunstvoll bemalt und der Boden mit Mosaiken verziert.

M 4 Vornehme Villa (Querschnitt)

① Eingang
② Läden
③ Atrium
④ Regenbecken
⑤ Schlaf- und Wirtschaftsräume
⑥ verschiedenartige Nutzung (z. B. Studierzimmer, Bibliothek)
⑦ Empfangsraum
⑧ Esszimmer
⑨ Garten mit Säulenhalle

Lea und Dina sind wieder in Rom unterwegs um einzukaufen. Rechts und links der Straße sehen sie vornehme Villen.
Dina: „Wie sieht es eigentlich im Innern einer Villa aus?“
Lea: „Unsere Wohnung im Mietshaus kennst du ja. Also, in einer Villa sieht es natürlich ganz anders aus …“

Ingenieurskunst erleichtert das Leben

Gartenhof einer vornehmen römischen Villa mit Wasserspielen (s. auch M 4, S. 221)

2. Brief

Liebe Eltern,

wir sind wieder in Rom unterwegs. Heute ist es sehr heiß. Man kommt fast um in der Stadt. Jetzt sitzen wir gerade an einem Brunnen. Wir haben uns die Hände gewaschen und etwas erfrischt. Glücklicherweise findet man in Rom viele solcher Brunnen. Ich habe mich schon am ersten Tag gewundert, dass es in der Stadt so viel Wasser gibt. Bei der Hitze könnte man es sonst auch kaum aushalten. Viele Menschen besuchen tagsüber die Badeanstalten. Die Villa von Leas Onkel Titus hat sogar einen eigenen Wasseranschluss. Auch öffentliche Toiletten findet man überall. Lea meint, dass es in Rom ein Theater gibt, das man unter Wasser setzen kann. Wie das ganze Wasser in die Stadt kommt, habe ich bis jetzt nicht so recht verstanden. Lea hat eine Skizze gezeichnet. Ihr könnt ja mal schauen, ob ihr etwas damit anfangen könnt. Bis bald

eure Dina

PS: Morgen gehen wir zu den Wagenrennen in den Circus Maximus.

M 5

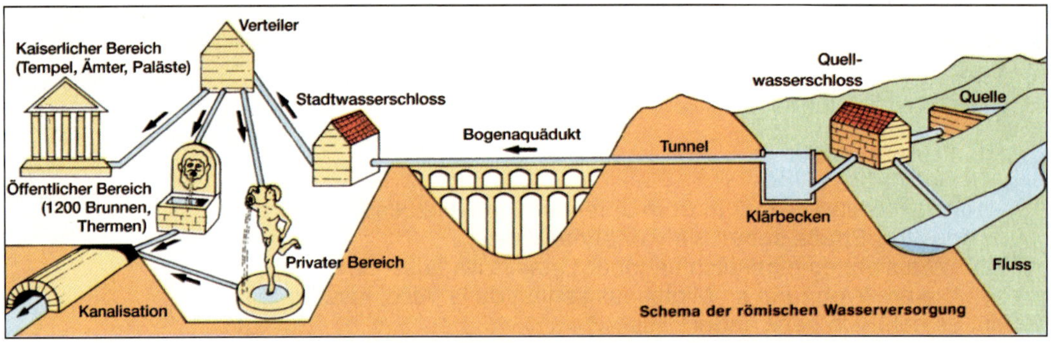

Schema der römischen Wasserversorgung

Dina schildert hier eine recht komplizierte Sache. Aber mithilfe von Leas Zeichnung könnt ihr beschreiben, wie die römische Wasserversorgung funktionierte.

Genuss oder Qual? – Römische Zeitzeugen über alltägliches Leben in Rom

M 6 Der Dichter Juvenal (ca. 60–140 n. Chr.) über die Gefahren des Großstadtlebens

Q […] selbst im traurigsten Nest lebt sich's besser als hier im wilden Getriebe der Hauptstadt mit ihren tausend Gefahren, den Häusereinstürzen und Bränden […].
Das ist durchweg der Fehler: In vornehm tuender Armut leben wir alle in Rom […].
Wir hausen zumeist in Gebäuden mit Stützbalken leichter Art; solche zieht der Verwalter nur ein, wenn die Wand schwankt. Hat er die alten Risse verstopft, dann sagt er, wir sollten ruhig schlafen, obgleich die Gefahr des Einsturzes andauert. Wahrlich leben sollte man dort, wo Brände nicht schrecken, dort, wo Alarme nicht wecken! […]
Weil es an Schlaf fehlt, gehen in Rom viele Kranke zugrunde, und die Krankheit kommt von der schlechten Verdauung der schweren, magenentzündenden Kost. Doch wen lässt die Mietswohnung schlafen? Viel Geld kostet der Schlaf in der Hauptstadt, das ist des Übels Kern. Allnächtlich rollen die Reisewagen durch das Gewinkel enger Gassen, wo sich Herden stauen und Flüche der Treiber hallen […].
Hat ein Reicher ein dringendes Geschäft: lässt in der Nacht noch er sich in riesiger Sänfte über die Köpfe der sich drängenden Menge tragen, die ausweicht […].
Mir Eiligem hemmt die vor mir flutende Menge den Schritt, und hinter mir drückt das Volk in Scharen nach. Der stößt mir den Arm in die Seite, jener ein hartes Brett; bald trifft mich ein Balken am Schädel, bald ein Ölfass. Kot bespritzt meine Waden, von allen Seiten bekomme ich Tritte […].
Himmelhoch über der Straße sind Dächer, von denen – wie oft! ein Ziegel herabkracht, uns auf den Schädel. Da sind die Fenster. Wie oft wirft man altes, zerbrochenes Geschirr herunter, mit einer Wucht, dass Spuren und Loch im Pflaster zurückbleiben […].
Richte zum Himmel ein seufzendes Gelübde und ein stilles Gebetlein, dass diesen Fenstern nicht mehr entström' als der Guss einer Wanne.

(Juvenal, Satire 3,6ff., übersetzt von Otto Weinreich; in: Walter Arend, Geschichte in Quellen, Altertum: Alter Orient – Hellas – Rom, (Bayerischer Schulbuch-Verlag) München [4]1989, S. 666ff., bearbeitet)

M 7 Der Architekt Vitruv, ein Zeitgenosse des Augustus, beurteilt die Bauplanung Roms

Q Bei der gewaltigen Ausdehnung der Hauptstadt und der unermesslichen Zahl ihrer Bevölkerung besteht die Notwendigkeit, unzählige Wohnungen zu beschaffen. Da nun das vorhandene Baugelände bei einer ebenerdigen Bebauung nicht mehr dem Bedarf einer solchen Menschenmenge genügen kann, zwang die Not dazu, durch Errichtung höherer Gebäude Abhilfe zu schaffen […]. Da auf diese Weise der Umfang der Stadt durch die vielen Stockwerke sozusagen nach der Höhe hin vervielfacht wurde, verfügt die Bevölkerung Roms ohne irgendwelche Einschränkungen über vortreffliche Wohnungen.

(Vitruvius, Über die Baukunst 2, 8, 17, übersetzt von Jakob Prestel; in: Walter Arend, Geschichte in Quellen, Altertum: Alter Orient – Hellas – Rom, (Bayerischer Schulbuch-Verlag) München [4]1989, S. 595)

M 8 Der Jurist Ulpian (gestorben 228 n. Chr.) über Schadensersatzforderungen

Q Wenn die Wohnung unter mehrere Benutzer aufgeteilt ist, wird nur derjenige zur Rechenschaft gezogen, aus dessen Wohnungsteil die Flüssigkeit herabgeschüttet wurde. Wenn der Mieter gewerbsmäßig untervermietet, selbst aber den größten Teil der Wohnung benutzt, wird er allein zur Verantwortung gezogen. Wenn dagegen der Mieter zwar gewerbsmäßig untervermietet, aber einen geringeren Teil der Wohnung für sich beansprucht, so sind er und seine Untermieter gleichermaßen zur Verantwortung zu ziehen. Ebenso ist zu verfahren, wenn Wurf oder Guss von einem Balkon erfolgt sind.

(Zitiert nach: Jerome Carcopino, So lebten die Römer während der Kaiserzeit, (Deutsche Verlagsanstalt) Stuttgart 1959, S. 59)

Juvenal, Vitruv, Ulpian und Strabon (s. S. 218f.) äußern sich über die Lebensqualität in Rom. Vergleicht die Aussagen.
Waren die Römer umweltbewusst? Ihr könnt mit heute vergleichen.

Viele Menschen waren nach Rom gekommen, um dort ihr Glück zu finden. Doch die wenigsten hatten dabei Erfolg. Sie besaßen nichts außer ihren Kindern. Deshalb wurden sie als Proletarier bezeichnet; darin steckt das Wort „proles“, das Nachkömmling bedeutet. Die Zahl der Proletarier unter den Einwohnern Roms war groß. Man befürchtete Unruhen und Aufstände. Was tat die kaiserliche Verwaltung für die wachsende Zahl der Armen? „Brot und Spiele“ lautete damals die Antwort.
Aus den Provinzen wurde regelmäßig Getreide herangeschafft und kostenlos an Bedürftige verteilt. So war sichergestellt, dass die Ärmsten keinen Hunger leiden mussten.
Außerdem wurden zur Unterhaltung und Ablenkung Wagenrennen und Gladiatorenkämpfe organisiert. Beliebt waren auch Tierhetzen. Raubtiere wie Löwen und Tiger wurden aufeinander gehetzt oder in die Arena geschickt um hilflose Menschen zu zerfleischen. Gladiatoren mussten mit unterschiedlichen Waffen so lange gegeneinander kämpfen, bis der Besiegte tot am Boden lag.
Von den beliebten Wagenrennen erzählt die folgende Geschichte. Sie ist erfunden, könnte sich aber durchaus so zugetragen haben.

Freizeit und Unterhaltung im alten Rom

„Als wären wir dabei gewesen“:

Im Circus Maximus

„Achtung, bleib hier! Lass dich nicht abdrängen!“, ruft Lea Dina zu, und die beiden drängeln sich weiter durch die Massen von Menschen, die schon seit Stunden in den Circus strömen, um die Wagenrennen zu sehen. Etwa 200.000 Menschen finden im ovalen Circus Maximus Platz.
Dina ist von der Größe des Circus überrascht. „Wie lang ist die Bahn?“ „So etwa 200 Meter“, sagt Lea. „Die Quadrigen müssen sieben Bahnen fahren. Also sieben mal 400 Meter.“ „Die Quadrigen?“, fragt Dina. „Ja, das sind die Pferdegespanne. Da unten am Startpunkt siehst du sie. Es sind immer vier Pferde, die einen Wagen ziehen. Sie haben unterschiedliche Farben. Siehst du? Die Blauen, die Roten, die Gelben …“ „Wer wird gewinnen?“ „Ich tippe auf die Blauen. Übrigens, der Kaiser ist heute auch da. Er wird das Startzeichen geben.“ Dina blickt zur großen Loge, die nur für Prominente gedacht ist. Tatsächlich. Von dort beobachtet der Kaiser, wie die Fahrer noch einmal ihre Gespanne überprüfen. Auf den Rängen ist der Lärm der Menschen noch lauter geworden. „Es geht gleich los“, ruft Lea. Fanfaren erklingen. In der Loge hebt der Kaiser ein weißes Tuch. Dann lässt er es fallen und neun Pferdegespanne preschen los. An der ersten Wende stürzt einer der Fahrer. Dann jagen die Gespanne wenige Meter an Dina und Lea vorbei. Lea sieht, wie die Fahrer ihre Pferde mit der Peitsche antreiben. „Die Roten sind vorne!“, ruft Dina. „Wart’s ab“, ruft Lea zurück, „die Blauen schaffen es!“

Im Circus Maximus

M 1 Rekonstruktion der Thermen des Kaisers Caracalla

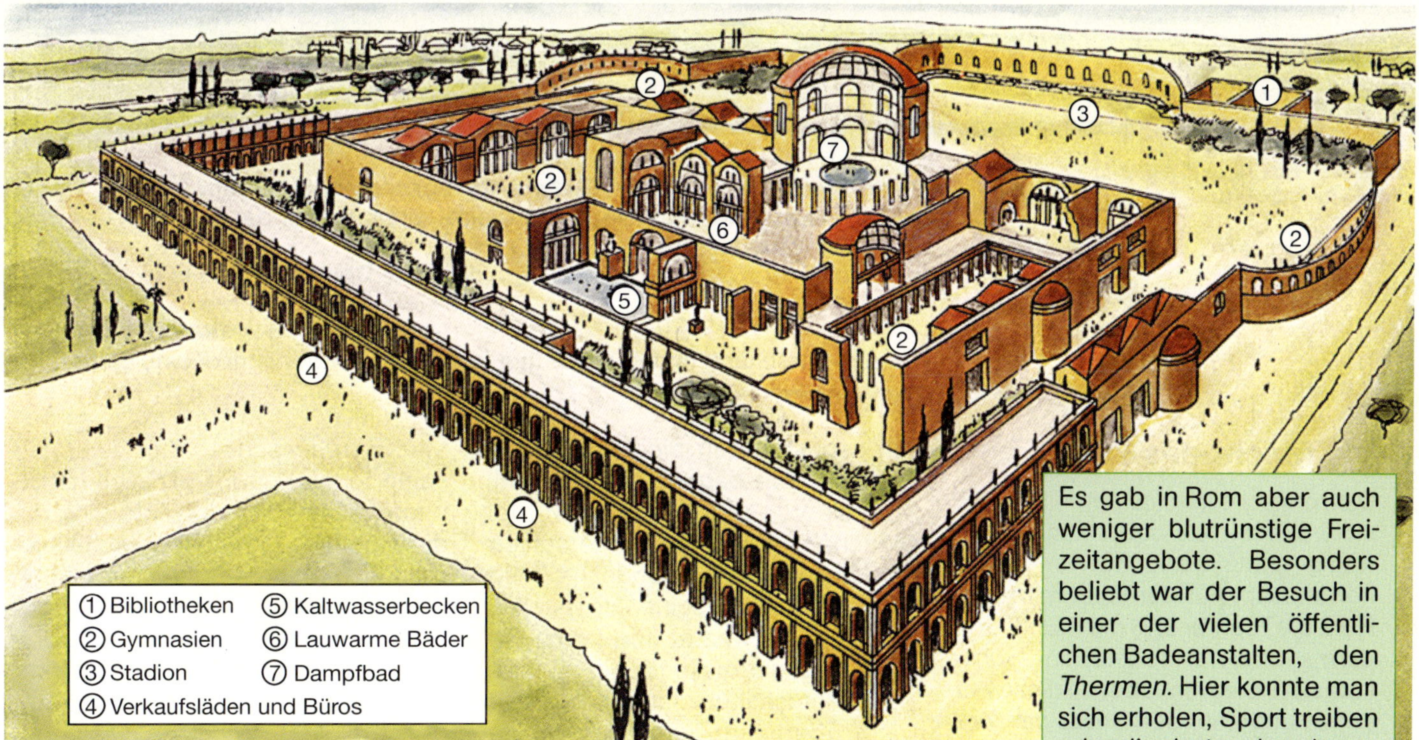

Es gab in Rom aber auch weniger blutrünstige Freizeitangebote. Besonders beliebt war der Besuch in einer der vielen öffentlichen Badeanstalten, den *Thermen.* Hier konnte man sich erholen, Sport treiben oder die dort vorhandenen Bibliotheken benutzen.

M 2 Galenus, Leibarzt des Kaisers Commodus, über das Baden

Q Nach ihrem Eintritt halten sie sich zuerst im Warmluftzimmer auf, darauf steigen sie ins warme Bad, dann gehen sie hinaus und steigen ins kalte, schließlich reiben sie sich den Schweiß ab. […]
Nach dem Bad muss man den Körper mit Öl salben, […] damit vielmehr die Poren der Haut geschlossen werden. Eben dies dürfte ein Heilmittel gegen die Sprödigkeit der Haut und zugleich gewissermaßen ein Panzer gegen Schädigungen durch die umgebende Luft sein.

(Galenus, de methoda medendi 11, 10; 6, 4; zitiert nach: Susanne Grunauer, Thermen und öffentlicher Badebetrieb; in: Der altsprachliche Unterricht 20 (1977), Heft 3, 49–58, S. 56f.)

M 3 Der römische Schriftsteller Seneca schreibt über den Badebetrieb

Q Ich wohne unmittelbar über einer Badeanstalt. Stell dir nun alle möglichen Arten von Stimmen vor, die mich dazu bringen, mein eigenes Gehör zu hassen: Wenn die Kraftmeier trainieren und die Bleihanteln schwingen, wenn sie sich anstrengen oder nur so tun, dann höre ich Geschnaufe, sooft sie die angehaltene Luft ausatmen, Pfeifen und heftiges Ausatmen. […] Wenn aber ein Ballspieler dazukommt und anfängt die Treffer zu zählen, dann ist's aus. Nimm noch einen Zankteufel hinzu, einen ertappten Dieb und einen, der gerne seine eigene Stimme im Bade hört; nun noch welche, die mit laut aufklatschendem Wasser ins Becken springen. […] ferner die verschiedenen Ausrufe des Getränkeverkäufers, des Wurstverkäufers, des Zuckerbäckers und der ganzen Kneipenkellner, die in ihrer eigentümlich durchdringenden Tonweise ihre Waren anpreisen.

(Seneca, ep 56, 1ff., übersetzt von Christoph Andreas Marx)

Ihr könnt eine Reportage über die Freizeitgestaltung in Rom schreiben:
Thema 1: Gladiatorenkämpfe und Wagenrennen
Thema 2: Baden als Freizeitspaß

Die römische Familie und das Leben der Kinder

FORSCHUNGSSTATION

Leben in der Familie

Im Ägyptenkapitel (S. 112–119) habt ihr erforscht, ob die ägyptischen Frauen gleichberechtigt waren. Auf gleiche Weise könnt ihr hier das Leben in der römischen Familie erforschen.
Teilt euch in drei Gruppen und untersucht
– die Rolle des Mannes
– die Rolle der Frau
– das Leben der Kinder.

Für eure Forschung findet ihr auf den folgenden vier Seiten Text- und Bildquellen sowie Darstellungstexte.

Die Macht des Vaters

Die römische *familia* hat mit der Familie, wie wir sie heute kennen, nur wenig gemeinsam. Zur familia gehörten nicht nur der Vater mit seiner Frau, die Töchter und die Söhne, sondern auch deren Töchter und Söhne sowie die Sklaven. Über all diese Personen und über den Besitz der *familia* hatte der Vater absolute Gewalt. Nur er durfte Besitz erwerben und Geld ausgeben. Erst wenn der Vater starb, wurden seine Söhne selbstständig und konnten Familienoberhaupt sein. Nicht nur Sklaven, sondern auch Frauen und Kinder waren also persönliches Eigentum des Vaters und konnten von ihm in besonderen Ausnahmefällen sogar getötet werden. Solch ein besonderer Fall konnte bei der Geburt eines Kindes vorliegen, wenn es behindert zur Welt kam und die Familie sehr arm war.

Die Rolle der Frau

In der römischen familia bestand die Aufgabe der Frau vor allem darin, Kinder zu bekommen und den Haushalt zu führen.
Auch die Erziehung war in den ersten sechs Jahren die Aufgabe der Mütter. Dann begann die Schulzeit. Vom siebten Lebensjahr an wurden Mädchen und Jungen unterschiedlich erzogen. Das römische Mädchen blieb bis zu seiner Hochzeit im Haus bei der Mutter und lernte hier alle Fähigkeiten, die für die Führung eines Haushaltes nötig waren. Der Vater übernahm die Erziehung der Jungen.
Erst mit der Hochzeit wurden die Mädchen erwachsen. Der Vater gab seine Tochter dann frei (lat.: emancipatio). Doch die junge Frau ging mit der Hochzeit unmittelbar in die Vormundschaft ihres Ehemannes über. Etwa seit Beginn der Kaiserzeit gelang es Frauen vor allem aus wohlhabenderen Familien, sich stärker von der Bevormundung durch Männer zu lösen. Wirkliche Gleichberechtigung erlangten jedoch auch sie nicht.

M 1 Aufbau der römischen Familie

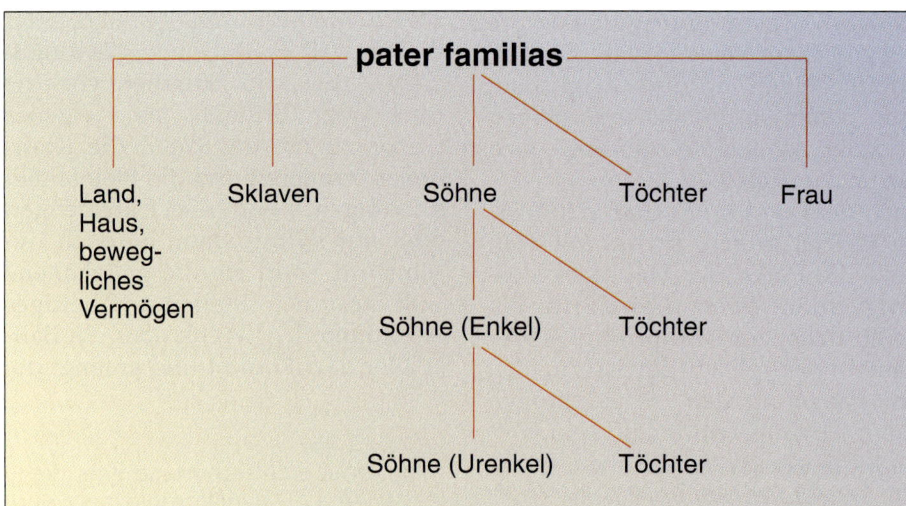

Vater, Mutter und Kind – Wertvorstellungen in der römischen Familie

M 2 Römische Familie: Teilansicht eines Sarkophags aus dem 2. Jahrhundert n. Chr.

M 3 Römer mit den Büsten seiner Vorfahren. Marmorstatue (1. Jahrhundert n. Chr.)

M 4 Grabinschrift für eine Frau

Q Fremder, es ist nur wenig, was ich sage, bleib stehen und lies:

Hier ist das einfache Grab einer schönen Frau. Die Eltern gaben ihr den Namen Claudia. Ihren Mann liebte sie von ganzem Herzen. Sie brachte zwei Söhne zur Welt. Den einen ließ sie auf der Erde zurück, der andere liegt unter der Erde. Ihre Sprache war geistreich, ihr Gang war voll Anmut. Sie hütete das Haus und spann Wolle. Ich habe gesprochen. Nun geh!

(CB 52, übersetzt von Christoph Andreas Marx)

M 5 Grabinschrift für einen Mann

Q Die Mannestugenden meines Geschlechtes habe ich durch meine Lebensführung gemehrt, Nachkommenschaft gezeugt, den Taten des Vaters nachgeeifert, den Ruhm der Vorfahren erhalten, damit sie sich freuen sollten, dass ich ihnen geboren wurde.

(CIL VI 1293, übersetzt von Walter Arend; in: Walter Arend, Geschichte in Quellen, Altertum: Alter Orient – Hellas – Rom, (Bayerischer Schulbuch-Verlag) München [4]1989, S. 407, bearbeitet)

M 6 Grabinschriften für Kinder

Q Dieses Grab hat mir meine Mutter errichtet, die mich sehr vermisst, mich, der ich hier viel zu früh begraben worden bin.

(CIL VI 16606, übersetzt von Christoph Andreas Marx)

Für Anthis Chrysostoma, das süße geschwätzige Vögelchen, das Plappermäulchen, die drei Jahre, fünf Monate und drei Tage gelebt hat. – Die Eltern Faenomenus und Helpis.

(CIL VI 34421, übersetzt von Christoph Andreas Marx)

Erziehung in der Familie

Die Erziehung in der Familie war für die Römer wichtiger als der Schulunterricht. Nicht für alle wird das Leben idyllisch gewesen sein. Die Kinder einfacher Bauern, Handwerker oder Sklaven wurden wohl schon früh zur Arbeit herangezogen.
Vom siebten Lebensjahr an erzog man Mädchen und Jungen unterschiedlich. Das römische Mädchen blieb bei der Mutter. Die Jungen begleiteten den Vater auf allen Wegen. Sie konnten an dessen Seite sogar an Senatssitzungen und den Festen der Erwachsenen teilnehmen.
Die Familienerziehung der Jungen und Mädchen endete etwa mit dem 17-ten Lebensjahr.

Die römischen Kinder gehen zur Schule

Mit dem siebten Lebensjahr begann für die römischen Kinder die Schulzeit. Jungen und Mädchen gingen zunächst einige Jahre zur *Elementarschule* um lesen, schreiben und rechnen zu lernen. Eine Schulpflicht gab es nicht. Aber viele römische Kinder werden zumindest diese Schule besucht haben, denn der Unterricht in der Elementarschule war nicht teuer. Unterrichtet wurde in einfachen Mieträumen oder auf offener Straße. Die Schüler verbrachten hier die Vormittagsstunden. Geschrieben wurde mit einem Griffel auf Wachstafeln. Die Kinder erlernten die vier Grundrechenarten und auch Bruchrechnen.
Für die Mädchen endete danach meist die Schulausbildung. Jungen aus besser gestellten Familien gingen in den folgenden Jahren in die *Schule des Grammatiklehrers.* Hier lernten sie vor allem römische und griechische Dichtkunst, Geschichte, Geografie und Physik. Die Schüler mussten dabei viel auswendig lernen.
Einige wenige Jugendliche besuchten dann die *Rhetorenschule.* Für eine Laufbahn als Politiker oder Anwalt war es wichtig, dass man gute Reden halten konnte.

M 7 Unterricht beim Privatlehrer (Relief aus Neumagen/Mosel)

M8 Das römische Relief zeigt vier Lebensabschnitte des Kindes

M9 Juvenal (ca. 60 – 140 n. Chr.) über den Alltag an römischen Schulen

Q In einem Säulengang war die Schule des Lehrers für die Kleinen: ein paar Schemel, ein Pult für den Lehrer, einen freigelassenen Sklaven, der sich für geringes Entgeld die Mühe aufgeladen hatte, den Lausbuben das Lesen und Schreiben beizubringen.
Die Leute, die in der Nähe des Säulenganges vorbeikamen, sahen und hörten die Buben, wie sie mit einer Tafel auf den Knien ein Diktat schrieben oder der Reihe nach das aufsagten, was der Lehrer vorsprach. Immer wieder musste einer eine tüchtige Tracht Prügel einstecken, denn auch das gehört zu der Erziehungsmethode des Lehrers. […] Nicht viel anders waren die Verhältnisse an der höheren Schule, beim Rhetoriklehrer: ein enger Raum oder ein Säulengang, die gleiche Litanei sechs Stunden lang und die gleichen Prügel, solange einer nicht halbwegs erwachsen war.

(Juvenal, 7. Satire, zitiert nach: Italo Salvan/Renato Coporali (Hg.), Rom und seine große Zeit – Leben und Kultur im antiken Rom, (Arena Verlag) Würzburg 1963, S. 68; bearbeitet)

Nun könnt ihr eure Ergebnisse der Klasse vorstellen. So erfahrt ihr alle etwas über Männer, Frauen und Kinder in der römischen Familie.

Abschließend könnt ihr vergleichen: Familie damals und heute.

Möglich ist auch eine Zeitreise: Stellt euch vor, eine Römerin und ein Römer reisen mit einer Zeitmaschine und treffen in Luxor eine Ägypterin und einen Ägypter. Sie berichten den Ägyptern vom Leben in den römischen Familien und vom Schulalltag in Rom. Ihr könnt die Szene nachspielen.

Ihr könnt auch Rollenspiele durchführen; mögliche Themen sind:
- Ein Tag in der Schule
- Frauen unterhalten sich über die römischen Männer.
- Ein Hochzeitspaar spricht über die Verteilung der Aufgaben in der Ehe.

Wie spielten die römischen Kinder?

M 1

M 3

M 2

M 4

M 5

1. Beschreibe die römischen Spiele und das Spielzeug.
2. Welche Spiele gibt es heute noch?

M 6

M7 Ein Spiel der Römer

Q Es besteht im Ganzen aus 14 kleinen Knochen, zu geometrischen Figuren geformt. [...] Auf verschiedene Weise zusammengesetzt, bilden sie Figuren von tausendfältiger Gestalt: ein Elefantenungetüm, ein wildes Schwein, eine fliegende Gans, ein bewaffneter Gladiator, ein Jäger im Hinterhalt, ein bellender Hund und ebenso ein Turm, ein Krug und unzählige andere Figuren solcher Art, verschieden gemäß der Gewandtheit des Spielers. Das kunstvoll zusammengewürfelte Gebilde der Könner aber ist ein Wunder, das von Unkundigen zusammengesetzte lächerlich.

(Ausonius, Begleitbrief zum cento nuptialis, übersetzt von Gerhard Lunde)

M8 Der „loculus Archimedicus"

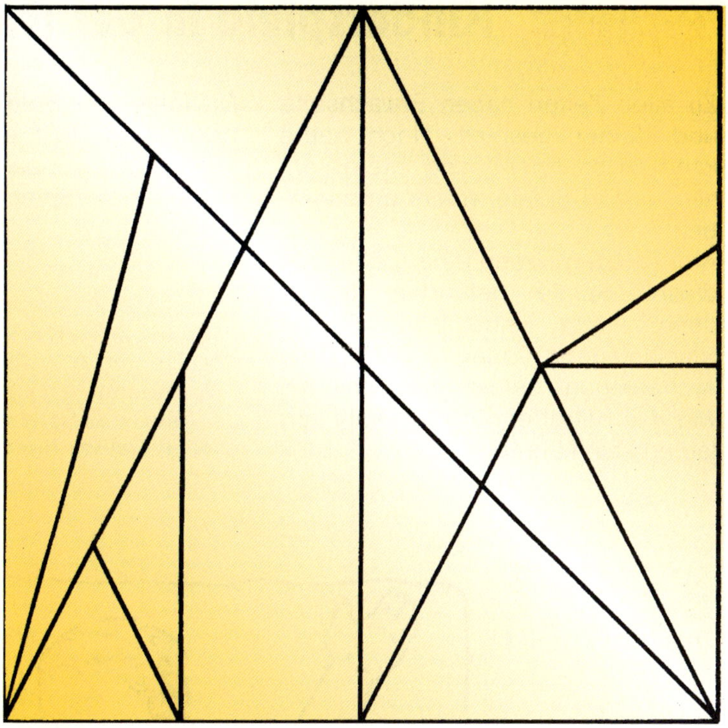

M9 Das „Elefantenungetüm"

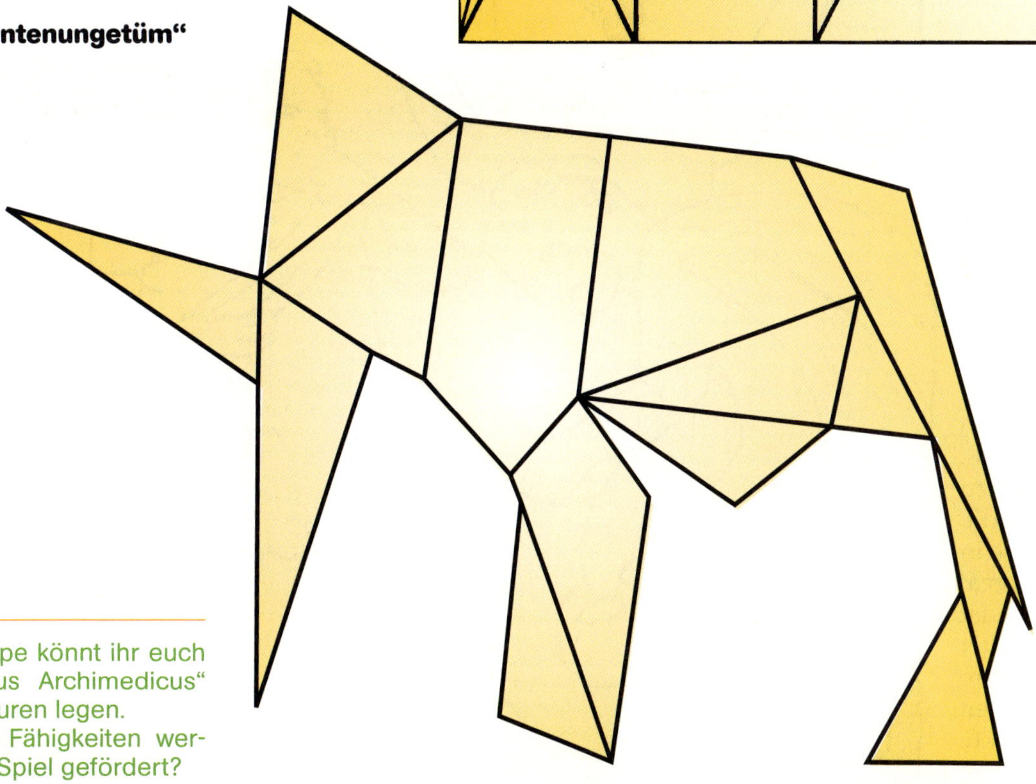

Mit Holz oder Pappe könnt ihr euch selbst ein „loculus Archimedicus" herstellen und Figuren legen.
Überlegt: Welche Fähigkeiten werden durch dieses Spiel gefördert?

Projekt: Kinderspiele in der Antike

Zu allen Zeiten haben Erwachsene und Kinder gespielt. Noch heute kann es spannend und interessant sein, antike Spiele wieder auszugraben.
Archäologen haben eine große Zahl dieser Spiele gefunden. Immer dann, wenn keine ausreichende Spielanleitung vorlag, mussten die Archäologen selbst ausprobieren, wie das betreffende Spiel wohl verlaufen sein könnte.

Die folgenden Spiele könnt ihr selbst erforschen. Teilt euch in Gruppen auf. Jede Gruppe beschäftigt sich mit je einem Spiel. So könnt ihr vorgehen:

1. Lest die Spielanleitung.
2. Probiert das Spiel aus.
3. Bereitet einen kleinen Vortrag über das Spiel vor.
4. Erzählt vor der Klasse.

Tipp:

Für euren Vortrag vor der Klasse hier noch einige Anregungen:

1. Erläutert euren Klassenkameraden, wie das Spiel gespielt wird.
2. Was gefällt euch an dem Spiel gut, was nicht so gut?
3. Welche Fähigkeiten werden durch das Spiel besonders gefördert?
4. Kennt ihr Spiele, die ähnlich aufgebaut sind? Wenn ja, erläutert sie kurz.
5. Verratet euren Klassenkameraden zum Schluss noch einen Trick, der ihnen helfen kann euer Spiel zu gewinnen!

M 1

Das „Orca-Spiel“

Jeder Spieler erhält 5 Haselnüsse. Nacheinander versucht jeder seine Nüsse aus einer Entfernung von etwa 2 Metern in ein kleines Tongefäß, die ‚orca', zu werfen. Wer die meisten Nüsse in die ‚orca' geworfen hat, ist Sieger. Ihr solltet über mehrere Runden spielen und die Punkte aufschreiben.

M 2 Das Soldatenspiel

Es wird zu zweit gespielt. Jeder Spieler hat 16 Spielsteine (Soldaten), die sich zu Beginn des Spiels in zwei Reihen auf den Randfeldern gegenüberstehen. Jeweils ein Stein wird um ein Feld geradeaus nach vorn oder nach hinten gezogen. Gegnerische Steine werden dadurch geschlagen und aus dem Spiel genommen, dass man sie diagonal vorwärts oder rückwärts überspringt. Man kann auch mehrere Steine mit einem Sprung schlagen. Ziel des Spiels ist es, möglichst viele Steine des Gegners zu schlagen oder ihn bewegungsunfähig zu machen. Das Soldatenspiel könnt ihr auf Papier oder auf dem Boden aufzeichnen. Als Spielfiguren eignen sich Steine oder Nüsse.

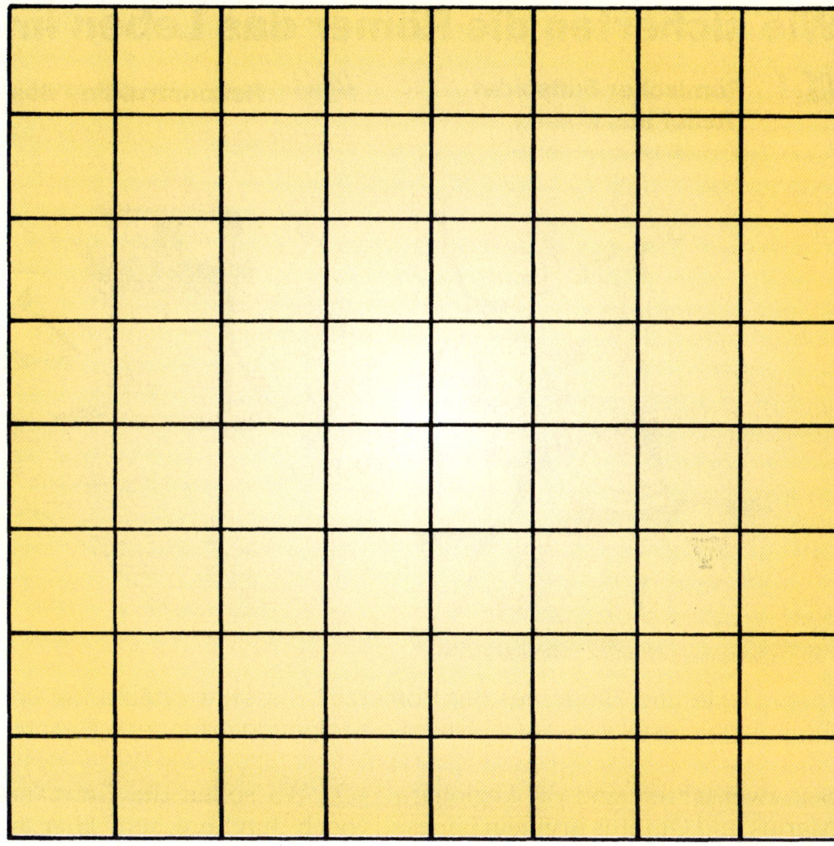

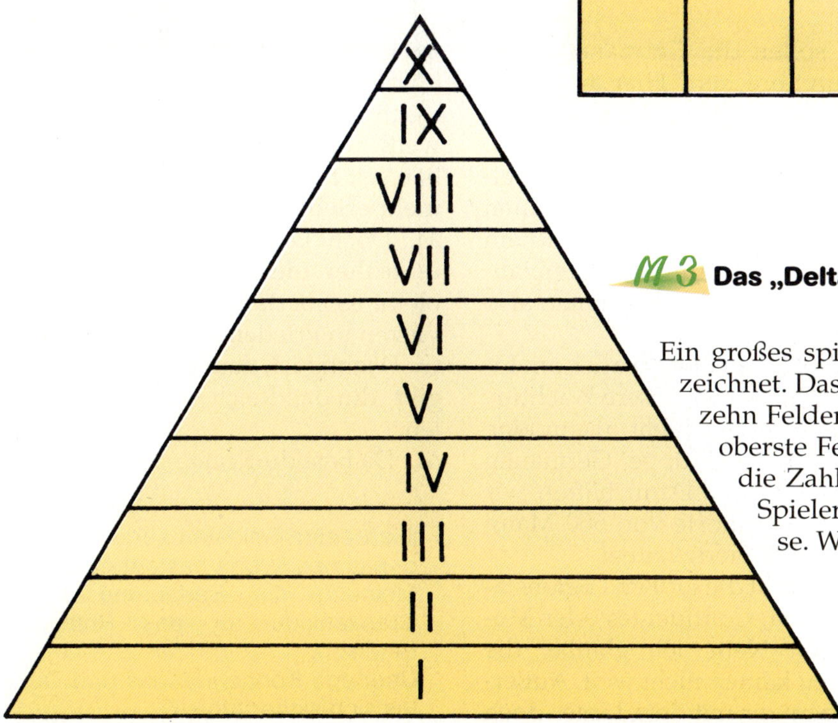

M 3 Das „Delta-Spiel“

Ein großes spitzwinkeliges Dreieck wird auf den Boden gezeichnet. Das Dreieck wird mit Hilfe waagerechter Striche in zehn Felder aufgeteilt. Alle Felder bekommen Zahlen, das oberste Feld in der Spitze die Zahl 10, das unterste Feld die Zahl eins. Aus drei Metern Entfernung werfen die Spieler Nüsse in die Felder. Jeder Spieler hat fünf Nüsse. Wer die meisten Punkte erreicht, hat gewonnen.

Römische Zivilisation

Wie sicherten die Römer das Leben im Reich?

M 1 **Römischer Fußsoldat (Relief aus Mainz)**

M 2 **Rekonstruktion des obergermanischen Grenzwalls**

Durch Texte und Funde aus der Römerzeit wissen wir heute viel über das Leben am Limes (Grenzanlage). Auf der Grundlage dieses Wissens entstand die folgende erfundene Geschichte: Wir schreiben das Jahr 170 n. Chr. …

Seit zwei Jahren sind die Legionäre Marius und Quintus in einem Limeskastell in der Nähe von Confluentes (Koblenz) stationiert. Vor einer Stunde sind sie mit ihrer Wachmannschaft ins Lager ihrer Kohorte zurückgekehrt. Die Wachtürme am Limes sind Tag und Nacht besetzt. Denn ständig besteht die Gefahr, dass feindliche Germanen die Grenze überqueren wollen. Dann geben die Wachposten Lichtsignale und alarmieren ihre Kohorte (ca. 500 Mann). In der Lagerkantine gönnen sich Marius und Quintus noch ein Glas Wein und unterhalten sich:

M.: In letzter Zeit ist es ja wieder ruhig an der Grenze.
Q.: Kein Wunder, jetzt wo die Grenzanlagen fertig sind.
M.: Wie meinst du das?
Q.: Wo sollen die Germanen denn noch durchbrechen? Hier am Oberrhein haben wir die Grenze mit Pfahlreihen und Gräben gesichert. Der Limes im Süden besitzt sogar eine Steinmauer. Und da, wo es keinen Limes gibt, sind Flüsse wie der Rhein oder die Donau natürliche Grenzanlagen. Wo sollen die Germanen also durchkommen?
M.: Stimmt. Wir haben ja auch am Limes alle 2000 Meter unsere Wachtürme. Aber was geschieht, wenn eine wirklich große Gruppe Germanen angreifen würde? Dann hätten wir mit unserer Kohorte von 500 Mann ziemliche Schwierigkeiten!
Q.: Du vergisst die großen Legionslager in Bonna, Confluentes oder Mogontiacum. Nein, ich glaube, die Germanen kämen nicht weit. Außerdem haben wir mit dem Limes doch auch gute Erfahrungen in Afrika und an der Grenze zum Partherreich gemacht. Kaiser Marc Aurel in Rom weiß, was er tut. Die Provinzen haben seit fast 150 Jahren keinen Krieg mehr erlebt. Ist das nichts?
M.: Doch. Das stimmt. So etwas hat es früher nie gegeben. Hoffentlich bleibt es so, damit man in den Provinzen in Frieden leben kann.
Q.: Wichtig ist, dass es Leute wie uns gibt, die das Reich verteidigen wollen.
M.: Da hast du Recht.

Die beiden Soldaten sprechen über den Limes. Worin besteht nach ihrer Meinung die Bedeutung dieser Grenzanlage für das Römische Reich?
Überlegt: Können Marius und Quintus sich sicher fühlen?

M 3

Standorte römischer Legionen um 100 n. Chr.

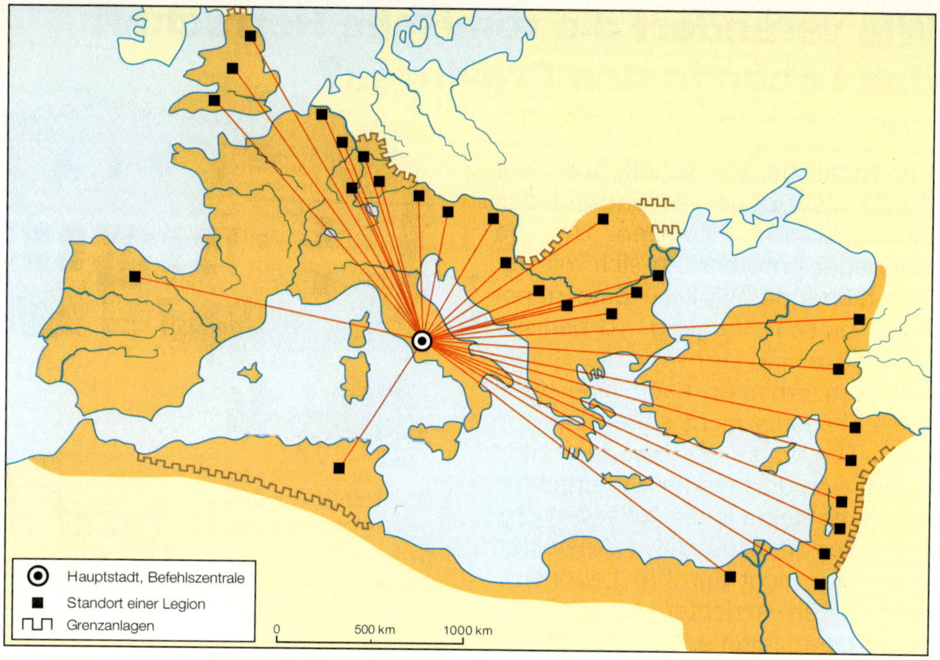

M 4

Die Römer an Rhein und Mosel (3. Jh. n. Chr.)

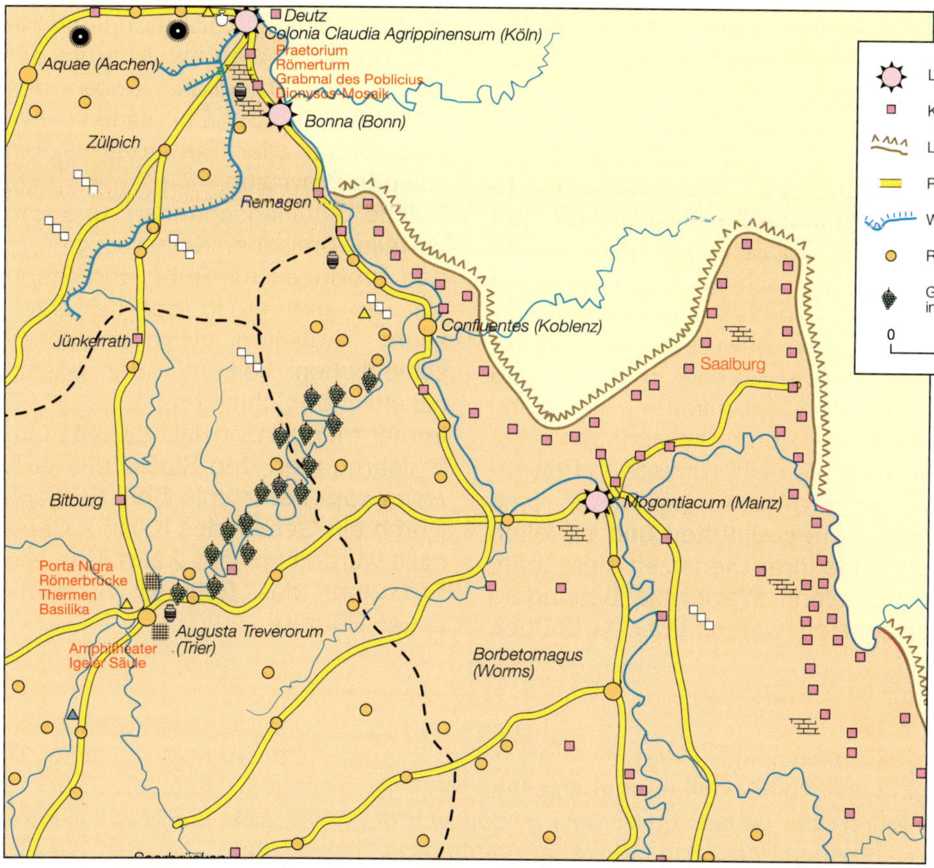

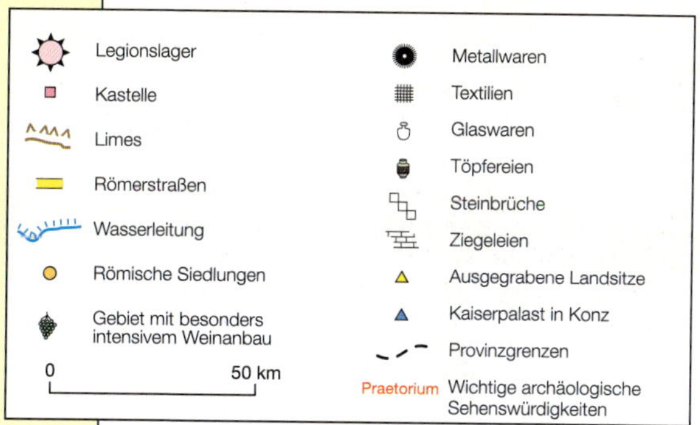

1. Beide Karten zeigen euch, wo die römischen Truppen stationiert waren. Könnt ihr eine geschickte Planung der Römer erkennen?
2. Die Karte zeigt mehr als nur Limes, Lager und Kastelle. Was erfahren wir über Handel, Handwerk und Leben an Rhein und Mosel?

Wie verändert die römische Herrschaft das Leben in den Provinzen?

Römischer Gutshof in der Provinz Germanien (Rekonstruktion im Limesmuseum Aalen)

Die römische Herrschaft blieb auf Dauer nicht ohne Wirkung auf das Leben in den Provinzen. Um die Heerlager entwickelten sich mit der Zeit blühende Städte. Heute nennt man diesen Vorgang „Urbanisierung“ (von lat. „urbs“ = die Stadt). Soldaten erhielten nach Ableistung ihres Dienstes nicht selten Land in den Provinzen zugewiesen und ließen sich dort nieder. Sie brachten römische Kultur in die äußersten Gebiete des Reiches, denn sie wollten auch hier nicht auf ihre Lebensgewohnheiten verzichten. An der Grenze zu Germanien entstanden Städte mit Tempeln, Säulenhallen, Wasserleitungen, Thermen und Theatern. Eine Stadt wie Trier war in vielen Dingen Abbild der Hauptstadt Rom.

Vielen Ansiedlungen wurde von den römischen Kaisern das *Stadtrecht* verliehen. Eine solche *civitas* besaß eine eigene Verwaltung. Eingewanderte Römer bildeten hier zunächst die Oberschicht. Viele von ihnen waren als *decuriones* Mitglieder des Stadtrates und wählten aus ihren Reihen die städtischen Magistrate und die beiden Stadtvorsteher, die *duoviri.*

Römische Lebensweise wird zum Vorbild

Römische Kultur prägte nicht nur die Städte, sondern auch das *Landleben.* Häufig waren es Veteranen, die aufs Land zogen und Gutshöfe und auch Villen im römischen Stil anlegten. Neben einfachen Höfen bauten sich Großgrundbesitzer Herrschaftshäuser im römischen Stil. Solch eine *villa rustica* konnte oft in Größe und Ausstattung mit den Villen in der Hauptstadt durchaus mithalten. Mosaikfußböden, Hausbäder und andere Annehmlichkeiten waren keine Seltenheit.

Für die Provinzbewohner gab es eigentlich Grund genug, neidisch auf die Eroberer zu sein. Wie reagierte die einheimische Bevölkerung auf die ‚Romanisierung'? Man passte sich relativ schnell der römischen Kultur an; römische Lebensart wurde für viele Bewohner zum erstrebenswerten Vorbild und es gab durchaus Möglichkeiten, am Wohlstand der Römer teilzuhaben. *Provinziale,* die nicht-römischen Bewohner der Provinz, konnten in die römische Armee eintreten und erhielten am Ende ihrer Dienstzeit eine Abfindung. Wenn Provinziale besonders erfolgreich waren, über Vermögen verfügten und die römische Lebensweise übernahmen, hatten sie Aufstiegschancen in Verwaltung und Militär. Auch der Weg ins Zentrum der Macht war möglich. Ende des 2. Jahrhunderts n. Chr. kamen etwa zwei Drittel aller Senatoren Roms aus den Provinzen.

Solche Aufstiegschancen und die Vorteile römischer Kultur sorgten in den Provinzen für Ruhe und Stabilität. So gab es in der Kaiserzeit kaum Rivalitäten zwischen unterschiedlichen Völkern oder gesellschaftlichen Schichten.

Immer mehr Provinziale erhielten im 2. Jahrhundert den Status des *civis Romanus,* des römischen Bürgers. Durch ein Gesetz des Kaisers Caracalla wurden im Jahr 212 n. Chr. alle Bewohner des Reiches zu römischen Bürgern.

1. Die römische Zivilisation (Lebensweise) brachte den Provinzbewohnern sicherlich manch Gutes. Ihr könnt die im Text genannten Vorteile in Stichpunkten in eurem Heft oder an der Tafel sammeln.
2. Trotz der genannten Vorteile fanden sich die Völker nicht immer mit der römischen Herrschaft ab. Woran könnte das gelegen haben?

Trier – Kaiserstadt an der Grenze des Reiches

Augusta Treverorum (Trier) wurde im Jahr 15 v. Chr. gegründet. Von 293 bis 395 n. Chr. war Trier die Residenz der römischen Kaiser. Noch heute findet man in und um Trier gut erhaltene römische Bauwerke.

Trier: Porta nigra

Trier: Kaiserthermen

Rom bestimmt das Stadtbild der Stadtgründungen in der Provinz. Stimmt das wirklich? Das könnt ihr selbst überprüfen, indem ihr den Stadtplan Triers mit dem der Stadt Rom vergleicht:

Rom und Trier

Was ähnlich ist	Was unterschiedlich ist

Plan der Stadt Trier

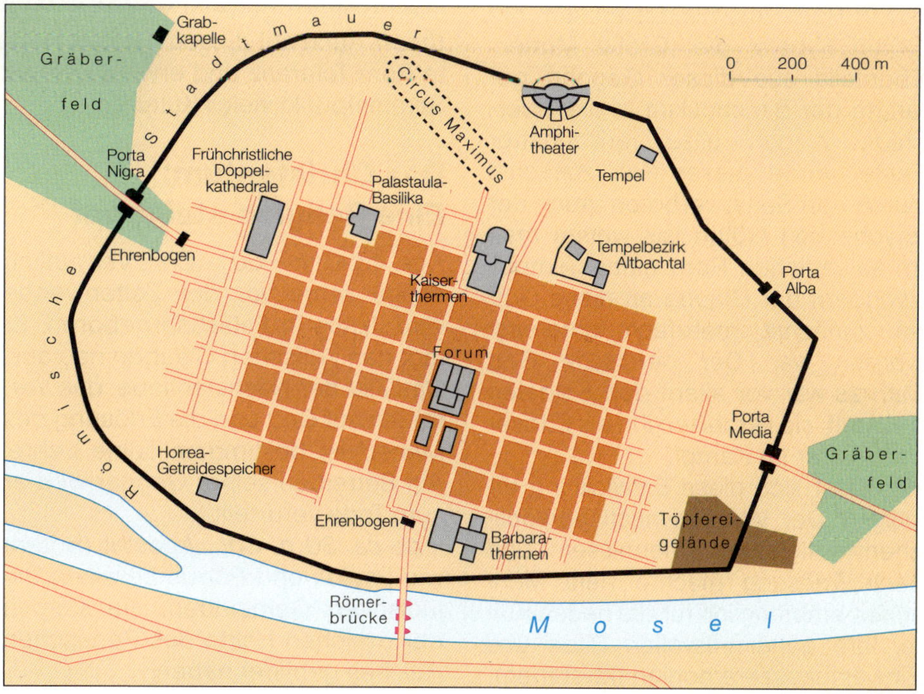

Römisches Leben verändert sich

Die heimliche Eroberung Roms

Schon seit Mitte des 2. Jahrhunderts v. Chr. waren infolge der Ausweitung römischer Herrschaft nicht nur Beutegut und Sklaven nach Rom gelangt. Waren aus dem gesamten Mittelmeerraum erreichten die Hauptstadt. Die Reiserouten römischer Händler führten bis nach Indien. Zur Zeit des Kaisers Marc Aurel gab es sogar Handelsbeziehungen mit China.

Auch die geistige Welt des *Hellenismus* fand Einzug in Rom. Zwar wurde Griechenland von Rom erobert, als Folge eroberten aber griechische Philosophie und Wissenschaft Rom. In vornehmen römischen Kreisen war es bald üblich, in griechischer Rhetorik, Literatur und Philosophie ausgebildet zu sein.

Zu Beginn des 2. Jahrhunderts v. Chr. fanden fremde Kulte Anhänger in Rom. Aus Kleinasien kam die Göttin Kybele, die ‚Große Mutter'. Ebenfalls aus dieser Gegend gelangte der Bacchuskult in die Tiberstadt. Wegen allzu rauschhafter Feste wurde dieser Kult zunächst durch den Senat verboten. Auch der ägyptischen Göttin Isis weihte man im kaiserlichen Rom einen Tempel, nachdem der Glaube an diese Göttin zunächst mehrfach untersagt worden war. Der persische Gott Mithras war vor allem den Soldaten bekannt; sie verehrten ihn als Erlöser und Helfer im Kampf.

Wie lässt sich diese Entwicklung erklären? Der Wunsch nach persönlichen religiösen Erlebnissen und nach Erlösung machte viele Menschen empfänglich für die neuen Kulte, ihre geheimnisvollen Riten und Einweihungszeremonien (Mysterien).

Mithras-Altar. Der Gott Mithras tötet den heiligen Stier und schenkt dadurch Erlösung und Wiedergeburt.

Im Jahre 25 v. Chr. wurde in Rom ein Tempel errichtet, der ausdrücklich allen Göttern geweiht war, das *Pantheon.* Auch auf diesem Gebiet zeigte Rom Toleranz und erwies sich als Sammelpunkt vieler Kulturen.

Das Christentum: Eine Religion steigt auf

- *ca. 4 v. Chr. – 30 n. Chr.:* Vermutlich einige Jahre vor der Zeitenwende wird Jesus in Palästina geboren. Er legt den jüdischen Glauben neu aus. Das Ziel der Nächstenliebe, das Vertrauen auf Gott und die Erlösung des Menschen bestimmen seine Lehre. Auf Betreiben seiner Gegner wird er zum Tode verurteilt.
- *ab ca. 30 n. Chr.:* Apostel (Boten) wie Paulus und Petrus bereisen die jüdischen Gemeinden, die sich in der östlichen Hälfte des Römischen Reiches gebildet haben.
- *seit 64 n. Chr.:* In der Öffentlichkeit entstehen Gerüchte über die Christen. Unter den Kaisern Nero, Domitian, Trajan und Mark Aurel kommt es zu Christenverfolgungen in einzelnen Städten und Regionen.
- *seit 249 n. Chr.:* Unter den Kaisern Decius, Valerian und Diokletian werden Christen im gesamten Reich verfolgt.
- *313 n. Chr.:* Kaiser Konstantin verkündet allgemeine Religionsfreiheit. Das Christentum wird als Religion anerkannt.
- *391 n. Chr.:* Unter der Regierung des Kaisers Theodosius (379–395) werden Kirche und Staat eng verbunden. Theodosius erklärt das Christentum zur Staatsreligion.

Die „heimliche Eroberung Roms" – Könnt ihr erklären, wie diese Überschrift gemeint ist?

Wie soll man mit Neuem umgehen? – Das Beispiel Christentum

Als kaiserlicher Beauftragter musste der Römer Plinius (62–114 n. Chr.) in der Provinz Bithynien Christen bestrafen, die sich weigerten den Kaiser anzubeten. Da die Sache nicht ganz einfach war, fragte Plinius bei Kaiser Trajan um Rat.

M 1 Plinius an Kaiser Trajan

Q Ich habe es mir zur Regel gemacht, Herr, alles, worüber ich im Zweifel bin, Dir vorzutragen. [...]
Gerichtsverhandlungen gegen Christen habe ich noch nie beigewohnt; deshalb weiß ich nicht, was und wie weit man zu strafen oder zu untersuchen pflegt. [...]
Vorerst habe ich bei denen, die bei mir als Christen angezeigt wurden, folgendes Verfahren angewandt. Ich habe sie gefragt, ob sie Christen seien. Wer gestand, den habe ich unter Androhung der Todesstrafe ein zweites und drittes Mal gefragt; blieb er dabei, ließ ich ihn abführen. [...] Andere, in dem gleichen Wahn befangen, habe ich, weil sie römische Bürger waren, zur Überführung nach Rom vorgemerkt. [...]
Mir wurde eine anonyme Klageschrift mit zahlreichen Namen eingereicht: Diejenigen, die leugneten, Christen zu sein oder gewesen zu sein, glaubte ich freilassen zu müssen, da sie nach einer von mir vorgesprochenen Formel unsere Götter anriefen und vor Deinem Bilde [...] mit Weihrauch und Wein opferten, außerdem Christus fluchten, lauter Dinge, zu denen wirkliche Christen sich angeblich nicht zwingen lassen. Andere [...] gaben zunächst zu, Christen zu sein, widerriefen es dann aber; sie seien es zwar gewesen, hätten es dann aber aufgegeben [...]. Auch diese alle bezeugten Deinem Bilde und den Götterstatuen ihre Verehrung und fluchten Christus. Sie versicherten jedoch, ihre ganze Schuld oder ihr ganzer Irrtum habe darin bestanden, dass sie sich an einem bestimmten Tage vor Sonnenaufgang zu versammeln pflegten, Christus als ihrem Gott einen Wechselgesang zu singen und sich durch Eid nicht etwa zu irgendwelchen Verbrechen zu verpflichten, sondern keinen Diebstahl, Raubüberfall oder Ehebruch zu begehen, ein gegebenes Wort nicht zu brechen, eine angemahnte Schuld nicht abzuleugnen. [...] Für umso notwendiger hielt ich es, von zwei Mägden, so genannten Diakonissen, unter der Folter ein Geständnis der Wahrheit zu erzwingen. Ich fand nichts anderes als einen wüsten, maßlosen Aberglauben.
Somit habe ich die weitere Untersuchung vertagt, um mir bei Dir Rat zu holen. Die Sache scheint mir nämlich der Beratung zu bedürfen, vor allem wegen der großen Zahl der Angeklagten. [...]

(Plinius, ep. 10, 96, übersetzt von Helmut Kasten, (Heimeran) München [3]1976, S. 641ff.)

M 2 Kaiser Trajan an Plinius

Q Mein Secundus!
Bei der Untersuchung der Fälle [...] hast du den rechten Weg eingeschlagen. Denn insgesamt lässt sich überhaupt nichts festlegen, was gleichsam als feste Norm dienen könnte. Nachspionieren soll man ihnen nicht; werden sie angezeigt und überführt, sind sie zu bestrafen, so jedoch, dass, wer leugnet, Christ zu sein und das durch die Tat, das heißt: durch Anrufung unserer Götter beweist [...], aufgrund seiner Reue Verzeihung erhält.
Anonym eingereichte Anklagen dürfen bei keiner Straftat Berücksichtigung finden, denn das wäre ein schlimmes Beispiel und passt nicht in unsere Zeit.

(Plinius, ep. 10, 97, übersetzt von Helmut Kasten, (Heimeran) München [3]1976, S. 645)

1. Plinius weiß offenbar wenig über Christen. Wie stellt er sie dar?
2. Welche Probleme hat Plinius mit den Christen?
3. Manchmal taten sich die Römer mit Neuem auch schwer. Der Fall des Plinius zeigt, dass es z.B. zwischen Römern und Christen zwangsläufig zu Problemen kommen musste. Könnt ihr erklären warum?
4. Ihr könnt die Gerichtsverhandlung des Plinius nachspielen.
   An der Verhandlung nehmen teil:
   - Plinius
   - 2 Christen
   - 2 Römer, die „irrtümlich“ vor Gericht stehen.

Was wurde aus dem Römischen Reich?

Ein Weltreich geht unter

Trotz einiger Auseinandersetzungen an den Grenzen erlebte das römische Weltreich im 1. und 2. Jahrhundert n. Chr. eine weitgehend ruhige Zeit. Das ändert sich Mitte des 3. Jahrhunderts grundlegend.

Germanen vor einem römischen Lager. Relief aus dem 2. Jahrhundert n. Chr.

Gründe für die Krise

Germanen und Perser bedrängen die Grenzen des Reiches. Verteidigung und Verwaltung des Reiches werden zunehmend schwieriger. 284 wird das Reich in einen westlichen und einen östlichen Bezirk geteilt um es besser regieren zu können.

An der Spitze des Reiches herrscht Unordnung. Rivalisierende Heerführer streiten um den Kaiserthron. Allein zwischen 235 bis 284 n. Chr. erheben 40 Feldherren Anspruch auf die Reichsführung.

Immer weniger römische Bürger erklären sich bereit ins Heer einzutreten. Söldner aus fremden Völkern (z.B. Germanen) müssen angeworben werden.

Inhaber politischer Ämter werden zu immer größeren eigenen Abgaben verpflichtet. So will kaum noch jemand politische Verantwortung übernehmen.

Die Kaiser fordern immer mehr Abgaben. Wer sich Wohlstand erarbeitet, wird mit immer neuen Steuern belegt. Handwerk und Handel erlahmen.

Das Römische Reich zerfällt

Ende des 4. Jahrhunderts dringen die Hunnen, ein mongolisches Nomadenvolk, über die Wolga in das Gebiet der germanischen Stämme ein. Vielen Germanen bleibt nur die Flucht auf das römische Reichsgebiet.
Anfangs versuchen die römischen Kaiser die eindringenden Germanenstämme als Verbündete auf römischem Territorium anzusiedeln. Doch der Druck wird größer. Es kommt zum Kampf, wenn Germanen ohne Billigung der Römer das Reichsgebiet betreten. 410 erobern die Westgoten die Stadt Rom und ziehen weiter. Aber auch andere germanische Völker bedrohen das Reich und durchziehen Gallien, Spanien und Nordafrika. Den römischen Kaisern gelingt es nicht mehr, Herr der Lage zu bleiben. Im Jahre 476 setzen germanische Truppen den letzten weströmischen Kaiser ab.
Im 6. Jahrhundert versucht der oströmische Kaiser Justinian im Laufe seiner Amtszeit (527–565) weströmisches Gebiet zurückzuerobern. Doch seine Erfolge haben nicht dauerhaft Bestand. Das Römische Reich ist in der alten Form nicht wiederherzustellen.

Geschichtskarten

Auf S. 148 habt ihr bereits eine Geschichtskarte kennen gelernt und mit ihrer Hilfe vieles über die Kolonisation der Griechen erfahren.
Auch auf dieser Seite findet ihr Geschichtskarten. Sie stellen jeweils den Raum des Römischen Reiches dar – allerdings zu unterschiedlichen Zeitpunkten.

Geschichtskarten auswerten:
Wir erinnern uns, wie das geht.

Beschreibt zunächst jede der Karten für sich. Dabei könnt ihr von den bekannten Fragen ausgehen:

1. **Welcher Raum und welcher Zeitabschnitt ist dargestellt?**
2. **Was ist auf der Karte verzeichnet?**
3. **Was erfahren wir aus der Karte zu unserem Thema?**

Anschließend könnt ihr alle Karten vergleichen und deutlich machen, was sich verändert hat.

Tipp:
Macht euch Stichpunkte für einen kleinen Vortrag vor der Klasse. Thema: „Das Römische Reich zerfällt".

M 1 **Das Römische Reich unter Theodosius (379 – 395 Kaiser)**

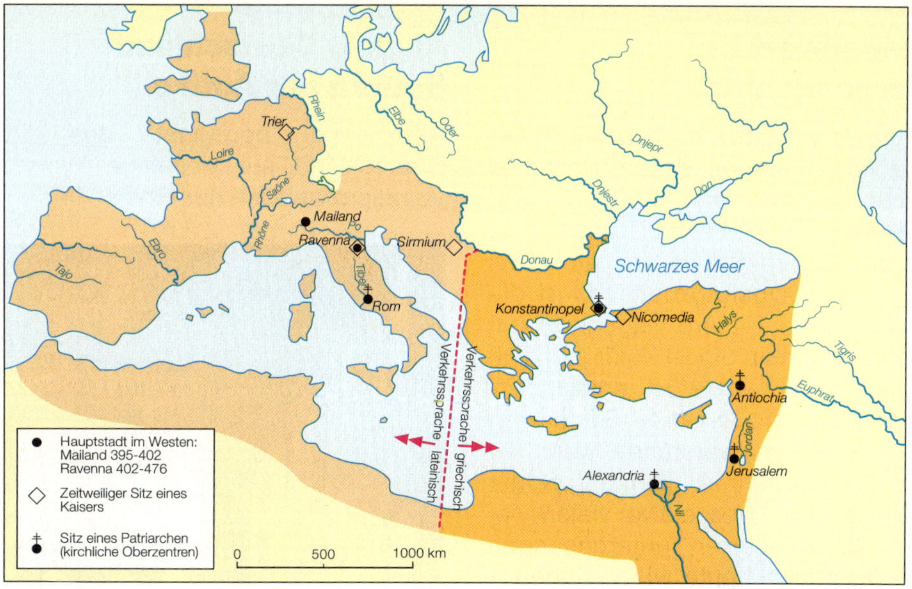

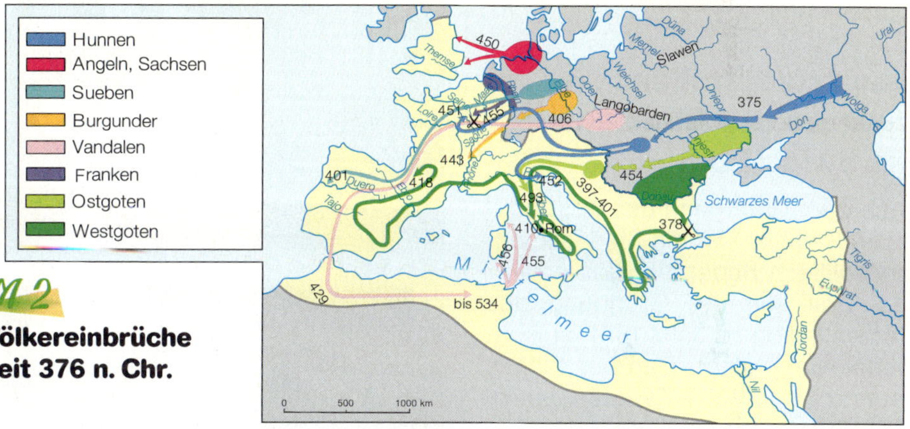

M 2
Völkereinbrüche seit 376 n. Chr.

M 3
Römisches Reich und germanische Reiche um 500 n. Chr.

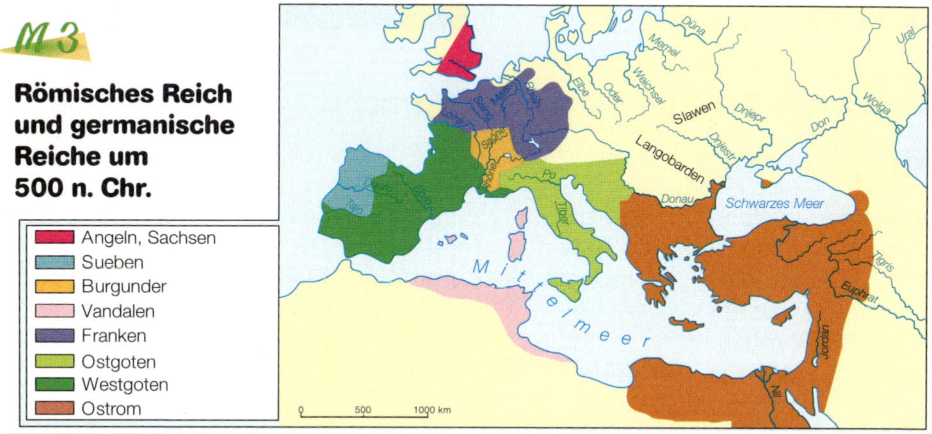

Was bleibt? – Römisches Erbe

Gegenwart hat Vergangenheit

Müssen wir tatsächlich so viel über die Vergangenheit wissen? Reicht es nicht, das zu wissen, was in der Gegenwart geschieht? Im Grunde ist es ja die Gegenwart, in der wir leben müssen. – Doch: So einfach ist die Sache nicht. Unsere Gegenwart hat Vergangenheit. Sie ist nicht plötzlich einfach so da; sie ist entstanden. Und vieles in unserer Gegenwart können wir nur verstehen, wenn wir die Vergangenheit kennen. Sogar die römische Welt, die vor vielen, vielen Jahrhunderten untergegangen ist, lässt sich heute wiederfinden – auch bei uns.

Hauptstadt Italiens und Zentrum des Glaubens: das ewige Rom

Nach dem Untergang des weströmischen Reiches war die Stadt allmählich politisch bedeutungslos geworden. Erst seit der Gründung des Staates Italien im Jahr 1871 ist Rom wieder Hauptstadt. Darüber hinaus war und ist Rom das Zentrum der römisch-katholischen Kirche und Sitz des Papstes.

Auch in Deutschland: Spuren der Antike

Römisches begegnet uns in Deutschland auf vielfältige Weise. Vor allem westlich des Rheins finden sich noch Bauwerke aus der Zeit des Weltreiches. Hier kommen bei Bauarbeiten manchmal noch römische Mauern, Münzen und Mosaike zum Vorschein. Museen wie die in Köln und Trier oder archäologische Parks wie in Xanten versuchen die römische Vergangenheit wieder anschaulich und lebendig werden zu lassen.

Trier:
Die Konstantinbasilika –
im 4. Jahrhundert Thronsaal des Kaiserpalastes, heute evangelische Kirche

Römisches Erbe im Alltag: die Sprache

M 1

fenestra	vallum	corbis	Punkt	Feiertag	Schule
cella	calx	tabula	Tafel	Öl	Karren
crux	caulis	moneta	Korb	Straße	Münze
murus	oleum	pulvis	Kalk	Wein	Most
porta	mustum	punctum	Pforte	Kreuz	Mauer
scola	carrus	feriae	Fenster	Pulver	Keller
vinum	stratum	pater	Vater	Kohl	Wall

Sucht zu den deutschen Begriffen die entsprechenden lateinischen Wörter und ordnet sie nach Lebensbereichen. Wo war der Einfluss der Römer offenbar besonders stark?

Noch heute Vorbild: römische Architektur

M 2 **Das Pantheon in Rom,** erbaut zur Zeit des Kaisers Augustus, ein Tempel, der allen Göttern geweiht war

M 3 **Das Nationalarchiv in Washington**

Das Pantheon ist fast 2000 Jahre älter als das Nationalarchiv in Washington. Dennoch sind die Ähnlichkeiten erstaunlich.

Vergleicht beide Bauwerke und nennt Gemeinsamkeiten.

M 4 **Die innere Kuppel des Pantheons**

M 5 **Die ‚Rotunda' im Nationalarchiv in Washington**

Hier befinden sich die Originalmanuskripte der Unabhängigkeitserklärung, der Verfassung und des Grundgesetzes der USA.

Ein Blick zurück

Wir erstellen Quizkarten über Dinge, die man von den Römern wissen sollte

Am Ende dieses Kapitels und dieses Buches steht eine besonders knifflige Aufgabe. Ihr löst sie am besten zu zweit oder in kleinen Gruppen.
Ihr habt den Auftrag Quizkarten über die Zeit des Römischen Reiches zu entwickeln. Auf der einen Seite findet ihr die Fragen, auf der anderen eine Gruppe von Antworten, von denen immer eine zu einer bestimmten Frage passt. Ihr benötigt kleine Karteikarten. Auf die Vorderseite schreibt ihr jeweils eine Frage. Dann sucht ihr aus der Gruppe der Antworten die passende Antwortgruppe und die passende Antwort und notiert sie auf der Rückseite. So entstehen fertige Quizkarten. Ihr könnt euch die Fragen dann gegenseitig stellen.

Tipp: Ein solches Quiz könnt ihr auch für die anderen Kapitel in diesem Buch herstellen.

1. Der Sage nach tötete der Gründer der Stadt Rom mit Namen Romulus seinen Zwillingsbruder. Wie hieß das Opfer?
2. Wie hieß der Feldherr, der zwischen 218 und 216 v. Chr. mit einem Heer und mit Kriegselefanten gegen die Stadt Rom zog?
3. Mit welchem Begriff haben die Römer ausgedrückt, dass der Staat „ihre gemeinsame Sache“ ist?
4. Stelle dir vor, du hättest im alten Rom zur Gruppe der einfachen Leute gehört, die im Krieg als Fußsoldaten gekämpft haben. Wie hätte man dich genannt?
5. Wie hießen in der Zeit der römischen Republik die beiden höchsten Staatsbeamten, welche die Staatsgeschäfte leiteten?
6. Welches war der wichtigste Grund für die Ermordung Caesars im Jahre 44 v. Chr.?
7. Nach Caesar schuf Augustus eine staatliche Ordnung, die ihm sehr viel Macht gab und trotzdem von den Bürgern akzeptiert wurde. Welchen Namen hat diese Ordnung?
8. Worin sahen die Römer eine besonders gute Leistung des Augustus?
9. Warum gelangte in der Zeit des Augustus großer Reichtum nach Rom?
10. Welches der folgenden Rechte besaß eine Ehefrau und Mutter im alten Rom mit Sicherheit nicht?
11. Mit welchem Gebiet auf der Erde hatten die Römer bereits Handelsbeziehungen?
12. Wie entwickelte sich die Lebensweise der Provinzbewohner in den ersten beiden Jahrhunderten nach Christus?
13. Wie heißt der Tempel in Rom, der ausdrücklich allen Göttern geweiht war?
14. Welches Erbe der Griechen hat mit der Zeit immer stärker das Leben im Römischen Reich geprägt?
15. Welche Entscheidung traf Kaiser Konstantin im Jahre 313 n. Chr.?

Welche Antwortgruppe passt auf die Rückseite welcher Frage?

I
A Senatoren
B Konsuln
C Kaiser

II
Er wurde ermordet, weil er …
A sich aus der Staatkasse bereichert hatte.
B sich zum Alleinherrscher über Rom machen wollte.
C einen neuen Eroberungskrieg beginnen wollte.

III
A Aeneas
B Faustulus
C Remus

IV
A die Kriegskunst
B die Mathematik
C der Hellenismus

V
A mit China
B mit Australien
C mit Amerika

VI
A Monarchie
B Republik
C Demokratie

VII
A Forum Romanum
B Pantheon
C Circus Maximus

VIII
A Er verbot das Christentum.
B Er erkannte das Christentum als Religion an.
C Er ließ die Christen ins Gefängnis werfen.

IX
A Hannibal
B Scipio
C Cicero

X
A Aristokrat
B Patrizier
C Plebejer

XI
A Sie nahmen die römische Kultur und Lebensweise mehr und mehr an.
B Sie weigerten sich strikt so zu leben wie die Römer.
C An ihren Lebensverhältnissen änderte sich nichts.

XII
A die Alleinherrschaft
B das Königreich
C der Prinzipat

XIII
A Mehr und mehr Abgaben der Provinzbewohner füllten die Staatskasse.
B Die Römer entdeckten zur Zeit des Augustus große Goldvorkommen.
C Die reichen Römer spendeten immer mehr Geld für die Staatskasse.

XIV
A Er hat sich als Kaiser anreden lassen.
B Er hat den inneren Frieden in Rom wiederhergestellt.
C Er hat einige Provinzen in die Unabhängigkeit entlassen.

XV
A das Recht die Kinder zu erziehen
B das Recht den Haushalt zu führen
C das Recht ein politisches Amt zu übernehmen

Ihr habt die Antworten mit hoher Wahrscheinlichkeit den Fragen richtig zugeordnet und beantwortet, wenn für die 15 Fragen je 5-mal die Lösungen A, B und C gewählt wurden.

Begriffe zum Nachschlagen

Abstimmung. „Stimmen wir ab", heißt es immer, wenn es in einer Gruppe verschiedene Meinungen zu einem Thema gibt und wenn eine faire Entscheidung getroffen werden soll. In der Volksversammlung in Athen haben zum Beispiel die stimmberechtigten Männer alle Entscheidungen per Abstimmung getroffen. Eine besondere Form der Abstimmung ist die Wahl. Es wird abgestimmt und wer die meisten Stimmen erhält, ist gewählt (siehe auch Mehrheitsprinzip).

Adel. Eine zahlenmäßig kleine Bevölkerungsgruppe, deren Mitglieder aufgrund von Geburt, Besitz oder Bildung besondere Vorrechte besaßen. Dieser gehobenen gesellschaftlichen Stellung entsprach in der Antike oft auch eine besondere Lebensweise. Die Zugehörigkeit zum Adel war in Griechenland und Rom erblich, konnte in Rom seit Ende der Ständekämpfe aber auch durch die Bekleidung wichtiger öffentlicher Ämter erlangt werden. In der Kaiserzeit bestimmten oft die Kaiser über die Zugehörigkeit zum Adel. (Vgl. auch Aristokratie.)

Altsteinzeit. Auf dieser Stufe der Entwicklungsgeschichte kannten die Menschen keine festen Wohnsitze und zogen als Nomaden umher. Sie lebten in Horden von etwa 10 bis 30 Personen. Sie ernährten sich, indem sie Pflanzen und Kleintiere sammelten oder auf wilde Tiere Jagd machten, etwa das Mammut. Die Menschen der Altsteinzeit besaßen eine ganz enge Bindung zur Natur, in der sie sich hervorragend auskannten. Die Altsteinzeit endete im Vorderen Orient etwa um 10000 vor Christus, in Mitteleuropa um 6000 vor Christus. (Vgl. auch Steinzeit, Jungsteinzeit.)

Arbeitsteilung. Eine einfache Form der Arbeitsteilung wurde bereits in der Altsteinzeit praktiziert – die Frauen sammelten Früchte und Beeren, die Männer gingen auf die Jagd. Im Neolithikum, besonders aber während der Metallzeiten spezialisierten sich die Menschen auf bestimmte Tätigkeiten; es bildeten sich erste Berufe heraus. Vielschichtige Formen der Arbeitsteilung, ohne die das Entstehen von Hochkulturen (Mesopotamien, Ägypten) nicht vorstellbar wäre, entstanden.

Archäologie. Diese Wissenschaft befasst sich mit der Erforschung früherer Zeiträume. Archäologen (wie Herr Kamoya) suchen nach Überresten, z. B. nach Knochen, Bauwerken, Werkzeugen usw. Die Funde werden sorgfältig beschrieben, ausgewertet und rekonstruiert. Je weiter man in der Erdgeschichte zurückgeht, umso häufiger ist man auf Fossilien angewiesen; das sind Abdrücke von Tieren oder Pflanzen im Gestein.

Aristokratie. Die Griechen verstanden darunter „die Herrschaft der Besten und der Angesehensten". Eine Aristokratie ist ein Staat, in dem die politische Herrschaft vom Adel ausgeübt wird. Um 700 v. Chr. hatte der Adel in Athen die Königsherrschaft beseitigt und die Aristokratie eingeführt.

Barbaren. Die Griechen nannten diejenigen Völker, die kein Griechisch sprachen, abfällig Barbaren, was man als ‚Stammler, Laller' übersetzen muss. Die Römer, die ebenfalls ihre eigene Kultur hoch schätzten, übernahmen diese Vorstellung von den Griechen und bezeichneten fremde, auswärtige Stämme (z. B. Germanen) als Barbaren. Barbaren galten in der Antike als ungebildet, grausam, wild, roh, gewalttätig und treulos.

Beamter. Inhaber eines Verwaltungsamtes im Dienste des Staates. Meist wird das Amt auf Dauer ausgeübt, nicht nur für eine begrenzte Zeit; die obersten Beamten allerdings üben in einigen Staaten ihr Amt nur für begrenzte Zeit aus. Beamte erledigen fest umrissene Aufgaben, z. B. Einziehen von Steuern. Es gibt unter den Beamten deutliche Rangunterschiede: Höhere Beamte können Weisungen erteilen, niedere Beamte haben diese Weisungen auszuführen. Aber auch der höchste Beamte im Staate (in Ägypten: der Wesir) muss seinem obersten Herrn gehorchen. Diese oberste staatliche Macht (in Ägypten: der Pharao) ist auf die Beamten angewiesen und erwartet, dass sie ihre Pflichten treu erfüllen. In jeder staatlichen Organisation hat es Beamte gegeben. Die früheste deutliche Ausprägung eines Beamtentums finden wir in Ägypten.

Bürger. Als Bürger bezeichnet man in der Antike diejenigen Personen, die das uneingeschränkte Bürgerrecht besitzen. Häufig befanden sich Bürger im Verhältnis zur gesamten Einwohnerschaft in der Minderheit. Nur die Bürger stimmten in der Volksversammlung einer Polis oder Roms ab, nur sie durften alle Ämter bekleiden und an allen Kulten teilnehmen. Das Bürgerrecht erlangte man in der Regel durch die Geburt, eine Ausnahme bildete dagegen die Verleihung des Bürgerrechts an Fremde. Jede griechische Polis kannte ihr eigenes Bürgerrecht; im römischen Kaiserreich gab es dagegen seit 212 n. Chr. ein einheitliches römisches Bürgerrecht, denn in diesem Jahre verlieh der Kaiser Caracalla das römische Bürgerrecht an alle freien Bewohner des Reiches.

Christen. Die Anhänger des Christentums. Sie vereint der Glaube an Jesus Christus als den Sohn Gottes, der in die Welt gekommen ist um die Menschheit zu erlösen. Die Verkündigungen Jesu sind im Neuen Testament überliefert. Jesus setzte sich für die Nächstenliebe und tatkräftige Unterstützung der Armen und Leidenden ein. Auch die Feinde sollen in dieses Liebesgebot miteinbezogen werden. Jesus verkündete die ‚Frohe Botschaft' (Evangelium) vom ‚Reich Gottes' als dem Endpunkt der Weltentwicklung. Nach dem Tode Jesu verbreiteten die Apostel seine Lehre im Römischen Reich. Die Christen kamen häufig in Konflikt mit dem Staat, weil sie sich weigerten dem Kaiser zu opfern. Im Jahr 313 n. Chr. wurde das Christentum von Kaiser Konstantin als gleichberechtigte Religion anerkannt, unter Kaiser Theodosius I. 381 n. Chr. zur Staatsreligion erklärt.

Demokratie. Der aus dem Griechischen stammende Begriff ist als ‚Volksherrschaft' zu übersetzen (demos: Volk; kratein: herrschen). Ihren Ursprung hat die Demokratie in Athen, wo alle Angelegenheiten der Polis direkt in die Zuständigkeit der Versammlung der (männlichen) Bürger fielen. Die römische Republik dagegen war keine demokratische Ordnung: In den verschiedenen Volksversammlungen besaß nicht jeder Mann gleiches Stimmrecht.

Diktatur. Die Konzentration aller öffentlichen Macht in der Hand einer einzelnen Person für einen befristeten oder unbegrenzten Zeitraum. In der römischen Republik konnte in besonderen Notsituationen einer der Konsuln auf Vorschlag des Senats zum Diktator ernannt werden um Krisen durch schnelles entschlossenes Handeln zu meistern. Diese ‚Diktatur' war auf höchstens sechs Monate beschränkt.

Eiszeit. Auf der Erde herrschte nicht immer das gleiche Klima. Im Laufe der Jahrtausende und Jahrmillionen wechselten sich kalte und warme Zeiten ab. In den letzten zwei bis drei Millionen Jahren gab es mindestens sechs Eiszeiten, in deren Verlauf riesige Wassermassen zu Eis gefroren. Nordeuropa lag mehrfach unter einer kilometerdicken Eisdecke. Die letzte Eiszeit dauerte bis etwa 10000 vor Christus.

Expansion. Die Ausdehnung des Einfluss- bzw. Herrschaftsgebietes eines Staates mithilfe militärischer, wirtschaftlicher oder politischer Mittel. So erweiterten die Griechen durch Gründung von Kolonien ihren wirtschaftlichen und politischen Einflussbereich. Den Römern gelang es, durch eine Vielzahl von Kriegen über mehrere Jahrhunderte hinweg das eigene Einflussgebiet auszudehnen und ein Weltreich entstehen zu lassen.

Familie. Über ein Familienleben in der Altsteinzeit ist nichts Konkretes bekannt, wahrscheinlich gab es in der Jungsteinzeit bereits Familien, die in einem Haus zusammenlebten, eine Hausgemeinschaft. In Ägypten wurden ebenso wie später in Griechenland und Rom Haus und Familie als Bereich der Frau angesehen. In Ägypten war die Stellung der Frau dennoch besser als in Griechenland oder Rom. Sie war dem Mann rechtlich gleichgestellt, durfte persönliches Eigentum besitzen und auch erben und vererben. In Griechenland gehörten zur Familie der Mann, die Frau und nur wenige Kinder. Der Mann besaß die Verfügungsgewalt über den Familienbesitz und die Kinder. Wie auch in Rom entschied der Vater nach der Geburt eines Kindes, ob es in die Familie aufgenommen oder ausgesetzt wurde. Die römische Familie bestand mit dem pater familias als Vorstand aus der Frau und den Kindern, den Enkeln, Urenkeln und Sklaven. Der pater familias hatte über die Familie und deren Besitz die absolute Gewalt, sie waren sein persönliches Eigentum.

Fronarbeit. Unbezahlte Arbeitsleistung, zu der ein vorgesetzter Herr, z. B. der Pharao, Abhängige verpflichten kann.

Gesellschaft. Eine Gesellschaft ist die Gesamtheit der Menschen, die beispielsweise in einem Staat wie durch ein Netz miteinander verbunden und aufeinander angewiesen sind. Jede Gesellschaft gliedert sich in Gruppen. Diese Gruppen unterscheiden sich durch den Rang innerhalb der Gesellschaft. Häufig wird zur Darstellung der Rangunterschiede innerhalb einer Gesellschaft auf die Form der Pyramide zurückgegriffen. Dies ist jedoch eine stark vereinfachende Darstellung. In der ägyptischen Gesellschaft etwa waren die Abstände zwischen der Spitze der Gesellschaft (Pharao, hohe Beamte und Priester) und der unteren Stufe (Bauern, Arbeiter, Diener, Sklaven) so groß, dass sie im Bild der Pyramide nicht angemessen dargestellt werden können.

Gottkönigtum. Der König ist gleichzeitig Gott und wird als Gott verehrt; in Ägypten gab es auch Vorstellungen, die den König nicht als Gott sahen, sondern als Menschen, der aber Sohn eines Gottes war, oder als Stellvertreter Gottes dem göttlichen Bereich sehr nahe stand. Ähnlichkeit mit dem Gottkönigtum hat das Gottesgnadentum, d. h.: der König wird durch einen Gott auserwählt. Für die Stellung eines Königs ist es wichtig, sich auf göttlichen Willen berufen zu können; die Herrschaft ist also durch Berufung auf heilige Kräfte gerechtfertigt (Fachausdruck: sakrale Legitimation).

Handel. In der Steinzeit wurden die einzelnen Waren, da Geld noch unbekannt war, getauscht (Tauschhandel). Beliebte Handelsobjekte waren Bernstein, Feuerstein und später in den Metallzeiten für die Herstellung von Bronze auch Zinn und Kupfer. Es entstanden Handelsstraßen und Handelsbeziehungen. In Griechenland und Rom war unter anderem der Sklavenhandel ein einträgliches Geschäft. Athen verdankte seinen Reichtum nicht zuletzt dem Seehandel.

Handwerk. In der Altsteinzeit und auch in der Jungsteinzeit musste jeder alles können: Steine zu Faustkeilen schlagen, Häuser bauen und Keramik herstellen. Da die Herstellung von Metallgeräten Erfahrung und besondere Kenntnisse erforderte und sehr zeitraubend war, spezialisierten sich manche Menschen auf die Verarbeitung von Metall; sie wurden Bergmann oder Schmied. Andere übernahmen dafür die Tätigkeiten, für die jetzt keine Zeit mehr blieb, und wurden Zimmermann, Schreiner usw.

Hegemonie. Das aus dem Griechischen abgeleitete Wort bedeutet ‚Vorherrschaft'. Sparta übte die Hegemonie über die Mitgliedstaaten im Peloponnesischen Bund aus; Athen war die Hegemonialmacht des Delisch–Attischen Seebundes; zwischen dem 5. und 3. Jahrhundert v. Chr. errang Rom die Hegemonie in Italien.

Hellenismus. Das Wort bezeichnet den Zeitabschnitt von 336 v. Chr. (Herrschaftsantritt Alexanders des Großen) bis 30 v. Chr. (Eroberung Ägyptens durch die Römer). Vorherrschende Staatsform des Hellenismus war das Königtum (Alexanderreich und die Nachfolgereiche). Im Hellenismus breitete sich die griechische Siedlungs-, Denk- und Lebensweise im gesamten östlichen Mittelmeerraum aus.

Herrschaft. Herrschaft ist die Ausübung von Macht über Untergebene. Dazu verfügen die Herrschenden über Machtmittel. Es gibt verschiedene Formen, die Herrschaft zu rechtfertigen, z. B. durch eine Wahl. In Mesopotamien und Ägypten wurde die Herrschaft mit göttlichem Willen gerechtfertigt: der Herrscher sei also von Göttern berufen. Der Fachausdruck hierfür ist „sakrale Legitimation der Herrschaft" (vgl. auch Gottkönigtum).

Hierarchie. Jede Gruppe, in der deutlich gegliederte Rangstufen bestehen, bezeichnet man als hierarchisch. Der Rangniedere ist an Weisungen des Ranghöheren gebunden. Ein hierarchisches System lässt sich mit einer Pyramide vergleichen: Es ist auf die Spitze hin ausgerichtet. Die Beamten im Alten Ägypten bildeten eine Hierarchie.

Hochkultur. Hochkultur ist die Bezeichnung für die seit etwa 3000 v. Chr. beginnende späte Kulturstufe in der Entwicklung der Menschheit. Kennzeichen sind: Arbeitsteilung, zentrale Verwaltung, städtische Lebensform, Kenntnis einer Schrift, umfangreicher religiöser Kult, anspruchsvolle künstlerische Leistungen. Die ersten Hochkulturen entstanden 3000 v. Chr. in den sumerischen Stadtstaaten und in Ägypten. Die ersten Hochkulturen entstanden alle in großen fruchtbaren Stromtälern, am Euphrat und Tigris, am Nil, am Hoangho und am Indus. Man nennt sie deshalb auch Stromtal- oder Stromkulturen.

Imperium. Ursprünglich ‚Oberbefehl' oder ‚Herrschaft'. Im republikanischen Rom konnte das Imperium den höchsten Beamten als Amtsgewalt übertragen werden, die sich auf das Heereskommando bezog. Seit dem 1. Jahrhundert v. Chr. bezeichnete ‚Imperium' auch das Gebiet, in dem Rom seine Herrschaft ausübte (Imperium Romanum = Römisches Weltreich).

Jungsteinzeit. Auf dieser Stufe der Entwicklungsgeschichte wohnten die Menschen in festen Häusern in Siedlungen; sie waren also sesshaft (Beispiel: Köln-Lindenthal). Anders als in der Altsteinzeit arbeiteten die Menschen jetzt als Ackerbauern und Viehzüchter und stellten ihre Lebensmittel selbst her. Dadurch wurden sie unabhängiger von der Natur. Die Auswirkungen auf das alltägliche Leben waren so bedeutsam, dass man von der **Neolithischen (= landwirtschaftlichen) Revolution** spricht. Großsteingräber sind beeindruckende Gemeinschaftsleistungen dieser Zeit. (Vgl. auch Steinzeit, Altsteinzeit.)

Kolonien. Eine Kolonie ist eine neu gegründete Siedlung; Griechen und Römer haben derartige Neusiedlungen angelegt. Zwischen dem 8. und 6. Jahrhundert v. Chr. entstanden im Bereich der Mittelmeer- und Schwarzmeerküsten griechische Kolonien; hellenistische Könige verlegten in neu gegründete Siedlungen ihre Soldaten (Militärkolonien) und auch den Römern dienten im 4./3. Jahrhundert v. Chr. ihre neu eingerichteten Kolonien vor allem als militärische Außenposten. Seit dem 1. Jahrhundert v. Chr. wurden häufig römische Soldaten nach Beendigung ihrer Dienstzeit in neuen Kolonien angesiedelt (Veteranenkolonien); in der Kaiserzeit schließlich erhielten bis dahin schon bestehende Orte als Auszeichnung den Ehrentitel „colonia".

König. Die Herrschaft eines Königs als Alleinherrscher (Monarchie) ist in der Frühzeit die vorherrschende Verfassungsform gewesen: in Mesopotamien, in Ägypten, in Persien, aber auch in Griechenland und Rom. Während beispielsweise in Ägypten das Königtum nie abgeschafft wurde, löste in vielen griechischen Poleis der Adel die Könige ab, und in Rom entstand nach der Vertreibung der Könige die Republik. In hellenistischer Zeit setzte sich unter Alexander dem Großen und seinen Nachfolgern (Diadochen) jedoch wieder die Königsherrschaft durch und auch das Römische Reich wurde nach dem Untergang der Republik und Caesars Ermordung wieder jahrhundertelang monarchisch (von Kaisern) regiert.

Kult. Verehrung der Gottheit, z. B. in einem Gottesdienst; dabei werden häufig auch Opfer dargebracht. Den Kult vollziehen meist die Priester.

Kultur. In der Vorgeschichte spricht man von verschiedenen Kulturen, wenn sich eine Gemeinschaft durch eine bestimmte Form oder Verzierung ihrer Geräte, Waffen oder Keramik (z. B. Bandkeramik) oder durch die Art und Weise ihrer Siedlungen und Begräbnisse von einer anderen unterscheidet. Typisch für die mykenische Kultur sind z. B. die Bemalung der Keramik und die Architektur. Die frühen Kulturen sind nur aus Funden, die im Boden erhalten blieben, bekannt. Von den Hochkulturen (Mesopotamien, Ägypten) sind wir durch schriftliche Zeugnisse auch über Verwaltung, Regierung, Recht usw. unterrichtet, sodass wir uns eine genauere Vorstellung von ihrer Kultur machen können.

Manipulation. Wörtlich übersetzt heißt das Wort „geschickte Handhabung". Wer manipuliert, der besitzt die Fähigkeit durch geschickte Handhabung den Willen anderer Menschen in die von ihm gewünschte Richtung zu lenken. Manipulation wurde zum Beispiel dem Griechen Perikles und dem Römer Cäsar vorgeworfen. In der Geschichte und in der Gegenwart haben immer wieder politische Führer und Verführer versucht den Willen der Bevölkerung in ihrem Sinne zu beeinflussen. Wichtig ist, dass man lernt Manipulationsversuche zu durchschauen, damit man nicht darauf hereinfällt. Heute wird das Wort Manipulation oft im Zusammenhang mit den Maßnahmen der Werbung gebraucht.

Mehrheitsprinzip. Das ist eine bestimmte Art und Weise, wie durch eine Abstimmung in einer Gruppe oder in einem Staat eine Entscheidung getroffen werden kann. Zum Beispiel ist gewählt, wer die Mehrheit der Stimmen erhält. Dabei kann man verschiedene Arten von Mehrheit unterscheiden. Bei der *absoluten Mehrheit* müssen es mehr als die Hälfte der Stimmen sein, bei der *relativen Mehrheit* genügt es, wenn von mehr als zwei zu wählenden Personen oder Gruppen eine die meisten Stimmen erhält. Zum Mehrheitsprinzip gehört, dass sich die unterlegene Minderheit dem Willen der Mehrheit fügen muss. Fester Bestandteil der Demokratie muss sein, dass die Minderheit gleiche Rechte hat und besonderen Schutz genießt. (Vgl. auch Abstimmung und Demokratie.)

Metallzeit. Diese Zeitstufe folgte auf die Jungsteinzeit. Als die Menschen lernten, Geräte und Waffen aus Metall herzustellen, wurde der Stein als wichtigster Rohstoff abgelöst. Der Gletschermann Ötzi lebte in einer Übergangsphase zwischen Jungsteinzeit und Metallzeit.

Monotheismus. Glaube an einen einzigen Gott, z. B. im Judentum, Christentum, Islam; im Gegensatz dazu: Polytheismus.

Naturvölker. Dieser Sammelbegriff bezeichnet Menschen, die auch heute noch auf der Entwicklungsstufe der Steinzeit leben (bzw. bis vor kurzer Zeit gelebt haben).

Oikos. Dieses griechische Wort bedeutet nicht nur ‚Haus', sondern darüber hinaus ‚Hausstand' und ‚Familie'. Es bezeichnet die typische Lebens- und Wirtschaftsform der Griechen, die Familie, die (wie auch in Rom) aus den zusammenlebenden Personen und dem zugehörigen Besitz besteht.

Oligarchie. Darunter versteht man die Herrschaft von wenigen (griechisch: oligoi = wenige, archein = herrschen). Diese Art der Herrschaft war im frühen und klassischen Griechenland verbreiteter als die Demokratie (Volksherrschaft). In der griechischen Staatslehre wird der Begriff oft auf die Adelsherrschaft (Aristokratie) angewandt.

Philosophie. Bei den Griechen bedeutete das Wort „Liebe zur Weisheit“. Ein Philosoph denkt zum Beispiel über den Sinn des Lebens nach und stellt viele Fragen, zum Beispiel: Wie soll der Mensch sich verhalten um ein guter Mensch zu werden? Ein berühmter Philosoph ist der Grieche Aristoteles. Er erklärte seinen Schülern, wie sie als einzelne Personen zu einem glücklichen Leben finden könnten und wie das Leben in der Gesellschaft gestaltet werden soll, damit die Menschen glücklich miteinander leben können. Heute ist Philosophie ein Studien- und Schulfach.

Plebejer. In Rom all jene freien Bürger, die nicht dem Adel angehörten. Die Plebejer sind lange Zeit rechtlos gewesen und erlangten erst durch die Ständekämpfe die Möglichkeit öffentliche Ämter zu übernehmen und am politischen Leben gleichberechtigt mitzuwirken.

Polis. Das griechische Wort Polis (Mehrzahl: Poleis) bezeichnet den zentralen Lebensraum der Griechen: Eine Polis besteht aus einem Siedlungszentrum und dem dazugehörigen Umland. Die Gesamtzahl der Vollbürger einer Polis bildet die Bürgergemeinde, die nach Möglichkeit alle öffentlichen Angelegenheiten eigenständig regelt und wirtschaftlich unabhängig ist. Seit dem 8. Jahrhundert v. Chr. war die Polis der Mittelpunkt des öffentlichen Lebens in Griechenland, das in hunderte derartiger Poleis zerfiel. Unser heutiger Begriff ‚Politik' ist von der griechischen Polis abgeleitet.

Polytheismus. Glaube an mehrere Götter, z. B. bei den Ägyptern, Griechen, Römern.

Prinzipat. Die Bezeichnung der von Augustus geschaffenen Herrschaftsform. Augustus nannte sich ‚Princeps' (=Erster) um seine Herrschaft vom Königtum und von der Diktatur zu unterscheiden. Er ließ Elemente der republikanischen Verfassung bestehen, hatte aber selbst fast uneingeschränkte Macht. Der Prinzipat kann demnach als eine Form der Monarchie angesehen werden. Nach dem Tod des Augustus blieb diese Herrschaftsform mehrere Jahrhunderte lang erhalten.

Provinzialisierung. Ein Begriff, der jene Veränderungen bezeichnen soll, die sich für Rom und die Römer aus dem Kontakt mit den Provinzen ergaben. In der Kaiserzeit konnten zunehmend mehr Provinzbewohner (Provinziale) das römische Bürgerrecht erwerben oder Beamte und Senatoren werden. Die Bevölkerung Roms war in dieser Zeit, zumindest was die unteren Schichten betraf, eine bunte Völkermischung. Ebenso wie römische Lebensweise in die Provinzen getragen wurde (Romanisierung), gelangten provinziale Einflüsse in die Hauptstadt. Die altrömische Kultur wandelte sich, neue Religionen und Kulte fanden in Rom ihre Anhänger. Rom wurde ‚provinzialisiert'.

Quellen. Das sind Überlieferungen aus der Vergangenheit; sie berichten über die Zeit, aus der sie stammen (oder umgekehrt: stammen aus der Zeit, über die sie berichten). Die wesentlichen Quellengruppen sind: Textquellen (z. B. Inschriften, Urkunden, Briefe), Bildquellen und gegenständliche Quellen (z. B. Bauwerke, Gräber, Münzen).

Recht. Das Recht besteht aus einzelnen Regeln, die ein geordnetes Zusammenleben von Menschen ermöglichen sollen. Die Einhaltung dieser Regeln wird durch die Androhung von Strafen angestrebt. Die entsprechenden Verbote bzw. Vorschriften können schriftlich niedergelegt sein, aber dies muss nicht der Fall sein. Der Kodex Hammurabi etwa ist eine schriftlich aufgezeichnete Gesetzessammlung; auch der ägyptische Pharao ließ Ge- und Verbote aufschreiben. In Griechenland ragt Solon als Gesetzgeber hervor; in Rom wurden um 450 v. Chr. auf 12 Tafeln die wichtigsten Gesetze festgeschrieben (Zwölftafelgesetze). Über die Einhaltung des Rechts wachen Richter und Gerichte, bei denen Klagen eingereicht werden können.

Religion. Im weitesten Sinne ein besonderes Verhältnis des Menschen zu Gott. Im alten Ägypten, Griechenland und Rom wurden viele unterschiedliche Götter verehrt (Polytheismus). Für die Ägypter verkörperte sich das Göttliche in Tier- und Menschengestalten. Die Götter der Griechen hatten nicht nur menschliches Aussehen, sondern auch menschliche Eigenschaften. Die Römer kannten darüber hinaus Götter, die symbolisch für bestimmte Werte standen. Während man in Ägypten und Rom mithilfe von Opfergaben und Gebeten versuchte die Götter gnädig zu stimmen, war es in Griechenland auch möglich, sich in Zukunftsfragen an ein Orakel zu wenden um göttlichen Rat zu erhalten. Bei Opfern, Gebeten und Orakeln übernahmen zumeist Priester eine vermittelnde Funktion zwischen Mensch und Gottheit. Während die meisten antiken Völker mehrere Götter anbeteten, verehrten schon in dieser Zeit die Juden einen einzigen Gott (Monotheismus). Eine weitere Ausnahmeerscheinung stellten in der Antike die Erlösungsreligionen dar, deren Anhänger an ein Leben nach dem Tod glaubten. Hierzu zählten auch die Christen.

Republik. Eine Staatsform, in der das Volk oder ein Teil des Volkes die politische Macht besitzt (lat.: res publica = die öffentliche Angelegenheit). Die obersten Staatsämter werden nur für eine bestimmte Zeit durch Wahl besetzt. Die römische Republik war keine Demokratie wie Athen. In Rom wurden politische Ämter zunächst nur von den Adligen bekleidet. Durch die Ständekämpfe erlangten auch die Plebejer Mitbestimmungsrechte. Dennoch blieb die römische Republik weitgehend eine Aristokratie (= Herrschaft der Besten).

Ritter. In der römischen Republik all jene Bürger, die über genügend Einkommen verfügten, um sich im Kriegsfall aus eigenen Mitteln als Reiter auszurüsten. Ab dem 2. Jahrhundert v. Chr. wurden offenbar all jene, die ein gewisses Mindestvermögen nachweisen konnten, zu den Rittern gezählt. Seit dem Ende der Republik setzten die Kaiser Ritter in wichtige Verwaltungspositionen ein und bestimmten selbst, wer in den Ritterstand aufgenommen wurde.

Romanisierung. Die Verbreitung der römischen Kultur im Römischen Weltreich. Durch die Ausbreitung römischer Bürger im gesamten Reichsgebiet gelangten römische Baukunst, Verwaltung, Bildung und Sprache in die eroberten Provinzen. In vielen Lebensbereichen übernahmen die Provinzbewohner das römische Vorbild. Die lateinische Sprache wurde vor allem im Westen zum gemeinsamen Verständigungsmittel.

Schrift. Ist ein wesentliches Kennzeichen einer Hochkultur. Von Schrift kann erst gesprochen werden, wenn Bildzeichen – eine Vorform der Schrift – durch Lautzeichen ersetzt werden. Dieser Schritt vollzog sich um 3000 v. Chr. in Ägypten und Mesopotamien. Die ägyptischen Hieroglyphen haben zwar die Form von Bildern, stehen jedoch überwiegend für einzelne Laute (wie in unserem Alphabet) oder Silben. Die Zeit, aus der schriftliches Material vorliegt, nennen wir Geschichte, die Zeit davor: Vorgeschichte.

Senat. Die Bezeichnung für das Beratungsgremium des römischen Staates (lat.: senatus = Rat der Ältesten). Der Senat unterbreitete den Konsuln Vorschläge für ihre

Arbeit; er hatte großen politischen Einfluss. In der Zeit der Republik war der Senat aus Mitgliedern der Patrizier zusammengesetzt. Hohe Beamte (Magistrate) wurden nach Ablauf ihrer Amtstätigkeit ebenfalls zu Senatoren auf Lebenszeit. Im Zusammenhang der Ständekämpfe erhielten ab 367 v. Chr. auch die Plebejer Zugang zu diesem Ratsgremium. In der Kaiserzeit verlor der Senat zunehmend an politischer Bedeutung.

Sklaven. Nach griechischem und römischem Recht Gegenstände, über die der Besitzer frei verfügen konnte. Sie wurden im Bergbau, in der Landwirtschaft, im Haus und in der öffentlichen Verwaltung eingesetzt und lebten unter sehr verschiedenartigen Bedingungen. Vor allem durch Kriegsgefangenschaft gelangten Menschen in die Sklaverei. Die Kinder von Sklaven waren ebenfalls Sklaven.

Staat. Eine Einrichtung, die das Zusammenleben einer bestimmten Menschengruppe auf einem abgegrenzten Gebiet ermöglichen soll. Die ersten Staaten entstanden in Mesopotamien und Ägypten vor dem Hintergrund hoher kultureller Entwicklung und der Notwendigkeit größere Aufgaben gemeinsam bewältigen zu müssen. Seit Aristoteles unterscheidet man drei grundsätzliche Formen der Herrschaft in einem Staat: Monarchie (Herrschaft eines Einzelnen), Aristokratie (Herrschaft der Besten) und Demokratie (Volksherrschaft).

Staatsform. Darunter versteht man die Art und Weise, wie ein Staat organisiert und gegliedert ist. Die Griechen haben die Staatsform der Demokratie entwickelt, die Römer die der Republik. Auch die Monarchie und die Aristokratie sind Kennzeichnungen für verschiedene Staatsformen. Wichtige Merkmale zur Unterscheidung verschiedener Staatsformen sind die Machtverteilung, das Maß an Mitbestimmung der Menschen in der Politik, die Freiheit und die Gleichheit vor dem Gesetz.

Steinzeit. Grob gesagt bezeichnet der Begriff den Abschnitt der Geschichte, in dem die ersten Menschen lebten. Ihren Namen erhielt die Steinzeit, weil die typischen Werkzeuge (etwa der Faustkeil) aus Stein hergestellt wurden und diese Steingeräte in großer Zahl erhalten blieben – im Gegensatz zu Geräten aus anderen Materialien wie etwa Holz. Da man nicht genau sagen kann, wann die ersten Menschen gelebt und Steinwerkzeuge hergestellt haben, kann man auch den Beginn der Steinzeit nicht mit einer genauen Jahreszahl angeben; einige Wissenschaftler rechnen schon „Lucy" zur Steinzeit, andere erst den „Jungen vom Turkana-See"; wieder andere meinen, die Steinzeit beginne erst viel später. Wann aber endete die Steinzeit? Diese Frage ist einfacher zu beantworten: Mit der Erfindung von Bronze und Eisen brach eine neue Zeit an, die Metallzeit löste die Steinzeit ab. Dies geschah in Mitteleuropa etwa um 3000 vor Christus. (Vgl. auch Altsteinzeit, Jungsteinzeit.)

Tragödie. Die von den Griechen entwickelte Tragödie, das Trauerspiel, ist eine der beiden bis heute in den Theatern ständig gespielten Hauptformen des Schauspiels (neben der Komödie). Die Handlungen wurden aus den griechischen Heldensagen entnommen; gespielt wurde von 2 bis 3 Schauspielern und einem so genannten Chor (einer Gruppe von Bürgern). Die Tragödie war Bestandteil der Kultfeiern zu Ehren des Gottes Dionysos.

Tyrannis. Die Tyrannis bedeutete für die Griechen die Herrschaft eines einzigen Adligen, der sich im Kampf um die Macht gegen seine (ebenfalls meist adligen) Gegner durchgesetzt hatte. Tyrannen gab es vor allem in größeren griechischen Poleis im 7. und 6. Jahrhundert v. Chr. (z. B. in Athen und Korinth). Nach heutigem Verständnis ist die Tyrannis gleichbedeutend mit der Unterdrückung von Bürgern und der Ausübung von Gewalt. Diese Vorstellungen dürfen jedoch nicht einfach auf die griechische Zeit übertragen werden.

Verfassung. Unter der Verfassung versteht man die Ordnung eines Gemeinwesens (z. B. einer Polis oder eines größeren Reiches). In dieser Ordnung ist geregelt, wer für was zuständig ist, welche Rechte und Pflichten Amtsträger (z. B. die römischen Konsuln), Einrichtungen (z. B. der römische Senat) und die Bürger haben. Manchmal, aber nicht immer, wird die Verfassung in schriftlicher Form festgehalten.

Verwaltung. Vor allem die Regelung von Aufgaben des Staates; eine sehr frühe Form wirksamer Verwaltung findet man im Alten Ägypten in der Tätigkeit der Beamten.

Volksgericht. Die Einrichtung des Volksgerichts gehört zu den Reformen Solons in Athen. Jeder

Bürger Athens durfte hier eine Klage einreichen, selbst wenn er nicht persönlich von einem Unrecht betroffen war. Später, im klassischen Athen, wurden aus der gesamten Bürgerschaft 6000 Richter durch das Los bestimmt. Auch im republikanischen Rom gab es das Volksgericht: Die Volksversammlung betätigte sich zugleich als Gerichtshof, seit dem 2. Jahrhundert v. Chr. wurde das Volksgericht jedoch zusehends von ständigen Gerichten verdrängt.

Volksversammlung. Die Versammlung aller stimmberechtigten Bürger eines Staates. Im demokratischen Athen übte die Volksversammlung selbst die höchste Staatsgewalt aus und entschied über alle wichtigen politischen Fragen. Im republikanischen Rom gab es verschiedene Formen der Volksversammlung. Dort wurden zwar Gesetze beschlossen, Beamte gewählt und über Krieg und Frieden entschieden; diese Volksversammlungen hatten jedoch bei weitem nicht das politische Gewicht wie im demokratischen Athen. In der Kaiserzeit wurde die Volksversammlung zunehmend bedeutungslos.

Vorgeschichte. Umfasst den Zeitraum, aus dem wir keine schriftlichen Zeugnisse besitzen (also die Steinzeit und die frühe Metallzeit). Um etwas über die Menschen herauszufinden, die in diesen Zeiten gelebt haben, sind wir auf Funde angewiesen: auf Knochenfunde („Lucy“, Neandertaler), auf Höhlenmalerei (Altsteinzeit), auf Pfostenlöcher (Köln-Lindenthal) oder auf eine Gletschermumie („Ötzi“).

Zeitrechnung. (Antike, Mittelalter, Neuzeit) Ist ein von uns Menschen geschaffenes System, bestimmte Ereignisse in der Vergangenheit in eine Zeitskala einzuordnen; es ist abhängig von der jeweiligen Kultur. Unsere Zeitrechnung geht von der Geburt Christi aus. Eine andere Zeitrechnung haben die Muslime, die die „Hedschra“ 622 n. Chr. als Ausgangspunkt für ihre Zeitrechnung nehmen. Die alten Römer begannen ihren Kalender mit der Gründung Roms im Jahre 753 v. Chr. Als grobes Raster wird die Geschichte unterteilt in Vorgeschichte, Antike, Mittelalter, Neuzeit. Die Antike umfasst die Geschichte Griechenlands und Roms. In Zahlen ausgedrückt umfasst die Antike oder das „klassische Altertum“ die Zeit vom 11. Jahrhundert v. Chr. bis zum 6. Jahrhundert n. Chr. Das Mittelalter schließt an die Antike an und endet im 16. Jh.; hier beginnt die Neuzeit. Die Übergänge zwischen den einzelnen Epochen sind fließend, auch die Anfangs- und Enddaten können variieren. Die Historiker sind sich nicht immer einig, welches Ereignis den Beginn einer ‚neuen' Zeit auslöste.

Zivilisation. Voraussetzung für eine Zivilisation ist eine arbeitsteilig organisierte Gesellschaft, die in Städten zusammenlebt und von der Landbevölkerung versorgt wird. Zivilisation und Kultur stehen im engen Zusammenhang. Römische Kultur, Lebensweise, technische Errungenschaften sowie die sozialen Lebensbedingungen ergeben die römische Zivilisation.

Register

Begriffe

Personen

Ortsnamen